DIETRICH RUSAM

# Als über Bayreuth der Himmel aufging

DIETRICH RUSAM

# Als über Bayreuth der Himmel aufging

Ein historischer Roman über den Reformator
Georg Schmalzing

Freimund-Verlag

**Bibliografische Information der Deutschen Nationalbibliothek**
Die Deutsche Nationalbibliothek verzeichnet diese Publikation in der Deutschen Nationalbibliografie; detaillierte bibliografische Daten sind im Internet über http://dnb.d-nb.de abrufbar.

DIETRICH RUSAM

Als über Bayreuth der Himmel aufging

Ein hhistorischer Roman über den Reformtor
Georg Schmalzing

ISBN 978 3 946083 41 2


www.freimund-verlag.de



Gestaltung: Silvia Bachl

Gesamtherstellung: Freimund Verlag

Titelbild: Älteste Stadtansicht Bauyreuths, 1615, Küffnerschen Epitaphs,
Stadtkirche Bayreuth, Foto: David Sünderhauf

# Inhalt

# Geleitwort

# Zum Geleit

*… da ich ein Büchlein oder viere D. Martin Luthers gelesen, trat ich von Stund an auf zu predigen […] Vom Hauptstück christlicher Lehr bin ich aber nit gewichen, nämlich dass unser Herr Christus allein unsere Gerechtigkeit und Seligkeit sei.*

Georg Schmalzing

Wer diesen Roman aufschlägt, taucht ein in eine lange vergangene Zeit. Der geht ein und aus in den kleinen, verwinkelten Häusern des spätmittelalterlichen Bayreuth, blickt hinter die verschlossenen Türen der markgräflichen Burgen – und in die Herzen der Menschen, die dort leben.

Es ist fast ein halbes Jahrtausend her, dass Bayreuth eine evangelische Stadt geworden ist. Sie ist es bis heute geblieben. Wie ist dazu kam, ist eine aufregende Geschichte – und hat viel zu tun mit dem Mut und dem Rückgrat eines einzelnen Mannes: Georg Schmalzing. Er fing als einfacher Schulmeister und Messpriester an. Doch er begann, das immer Geglaubte und seine eigene Arbeit zu hinterfragen – und fing an, gegen die Missstände in der Kirche zu predigen, obwohl er eigentlich gar nicht predigen durfte. Das brachte ihm viele Zuhörer – und ihn selbst ins Gefängnis und wieder heraus.

Die große Reformationsgeschichte, die mit bekannten Namen – wie Martin Luther in Wittenberg und Huldrich Zwingli in Zürich – verbunden ist, hätte sich nicht ereignet, wären nicht Menschen in den einzelnen kleinen Städten und Dörfern gewesen, die von den reformatorischen Gedanken erfasst wurden und sie weiterverbreiteten: Das Heil ist uns

geschenkt und der Himmel steht uns offen allein durch die Gnade Gottes und den Glauben an Jesus Christus. Grundlage des „neuen" Glaubens war die Bibel, und dieser Glaube zeigte sich im Singen von Glaubensliedern, durch die Sehnsucht nach Predigten in deutscher Sprache und in der Abendmahlsfeier mit Brot und Wein.
Wer die Lebensgeschichte von Georg Schmalzing liest, für den wird Reformation konkret, der wird hinein genommen in die Ereignisse und diese große Bewegung, die da vor bald 500 Jahren auch das kleine Städtchen Bayreuth ergriff, den Stadtrat und den Markgrafen. Die historisch kundige und zugleich spannende Erzählweise Dietrich Rusams fesselt – und bildet uns.
Wenn Sie dieses Buch lesen, dann werden sie vielleicht nicht „von Stund an" öffentlich predigen, doch mehr wissen und verstehen von dem, was die Reformation damals ausmachte und Bayreuth bis heute prägt.

Viel Freude dabei!

Dr. Dorothea Greiner
Regionalbischöfin des Kirchenkreises Bayreuth

# Vorwort

Die Idee zu dem vorliegenden historischen Roman kam mir, als ich im Rahmen der Feierlichkeiten zum 500. Reformationsjubiläum im Herbst 2017 für die Bayreuther Partnerstadt La Spezia einen Vortrag über die Entstehung und den Verlauf der Reformation in Bayreuth unter dem Titel „La Riforma a Bayreuth – un capitolo della Riforma della Chiesa“ ausarbeitete. Dabei fiel mir auf, dass derzeit nichts in Bayreuth an Georg Schmalzing erinnert, dem die Evang.-Luth. Kirche in Bayreuth, aber auch die ganze Stadt so viel zu verdanken hat. Lange bevor in anderen Städten reformatorisch gepredigt wurde, fand dieser Mann den Mut und wurde in Bayreuth zum Sprachrohr des reinen und lauteren Evangeliums – und das, obwohl er als einfacher Messpriester überhaupt keinen Predigtauftrag hatte. Seine Unerschrockenheit und Tatkraft bereiteten den Boden für die friedliche Einführung der Reformation durch Markgraf Georg den Frommen im Jahr 1528.
Auch wenn die einzelnen Dialoge der Phantasie des Verfassers entsprungen sind, sind die Fakten sowie deren Abläufe alle historisch belegbar. So ist der im Gefängnis verfasste Psalmenkommentar von Georg Schmalzing bis heute überliefert. Sehr hilfreich war mir bei der Ausarbeitung die Untersuchung von Friedrich Lippert, Die 400jährige Reformation im Markgrafentum Bayreuth und Georg Schmalzing, aus dem Jahr 1928. Lippert hat in seiner Darstellung auch historische Dokumente, wie etwa den genauen Wortlaut einzelner Landtagsabschiede sowie den Widerruf Schmalzings zusammengetragen. Ohne dieses Werk hätte das vorliegende Buch nicht geschrieben werden können.
Anlässlich der Veröffentlichung danke ich der evang.-luth. Kirchengemeinde Bayreuth-Stadtkirche für alle Unterstützung und im Besonderen Frau Pfarrerin Ruth Scheil,

die in gleicher Weise wie meine Schwiegermutter, Frau Dr. Gisela Gersch, die Mühe des Korrekturlesens auf sich genommen hat.
Herzlichen Dank auch dem Landeskirchenrat der Evang.-Luth. Kirche in Bayern, der einen namhaften Druckkostenzuschuss gewährt hat.
Ebenso danke ich dem Freimund Verlag, der bereitwillig das vorliegende Werk in sein Verlagsprogramm aufgenommen hat. Hierbei bin ich besonders Herrn Prof. Dr. Thomas Kothmann sowie Frau Lektorin Silvia Bachl, die neben der Umschlaggestaltung auch die gesamte Betreuung und das Layout übernommen hat, zu großem Dank verpflichtet.
Auch Herrn David Sünderhauf möchte ich für die kostenfreie zur Verfügungstellung des Umschlagfotos meinen Dank aussprechen.
Ganz besonders danke ich schließlich meiner Frau Christiane, die mich stets und in allen Belangen unterstützt. Sie verleiht meinen Gedanken Flügel.
Möge meine Darstellung dazu helfen, dass man sich in Bayreuth wieder an die mutige Lebensleistung des Georg Schmalzing erinnert und diese herausragende Person der Bayreuther Stadtgeschichte entsprechend würdigt!

Bayreuth, am Reformationstag 2019
Dietrich Rusam

# Prolog

## Von Hersbruck nach Bayreuth

Leonhard Schmalzing (1470-1532) war Magister der freien Künste. Von 1487 bis 1490 hatte er zunächst das „Trivium" (Grammatik, Dialektik und Rhetorik), und danach das „Quadrivium" (Arithmetik, Geometrie, Astronomie und Musik) an der Universität Leipzig studiert. Nachdem er mit dem Studienabschluss in der Tasche wieder nach Hersbruck zu seinen Eltern zurückgekehrt war, hatten diese ihm eröffnet, dass er heiraten müsse. Die für ihn bestimmte Braut war Katharina Gruber, die Tochter des Sattlermeisters Albrecht Gruber aus Hersbruck. Leonhard und Katharina hatten sich in den Beschluss ihrer Väter gefügt und geheiratet.

Ein knappes Jahr später brachte Katharina am 4. Juni 1491 ihren ersten Sohn zur Welt. Leonhard und Katharina nannten ihn Georg – nach dem damaligen Landesherrn von Hersbruck, Herzog Georg von Bayern-Landshut (1455-1503). Nach wie vor hatte Leonhard keine Anstellung und hielt die kleine Familie als Privatlehrer für Kinder begüterter Hersbrucker Bürger über Wasser. Immer wieder bewarb er sich zeitgleich bei Adeligen als Hauslehrer und bei Städten als Mitarbeiter der Stadtverwaltung.

Im Frühjahr 1492 kam der Durchbruch: Man bot ihm die Stelle als „Stadtschreiber", d. h. als Leiter der städtischen Verwaltung, in Bayreuth an. Die Stadt war damals mit etwa 4.000 Einwohnern die größte in der Markgrafschaft Brandenburg-Kulmbach. Markgraf Siegmund von Brandenburg regierte seit 1486 jedoch von dem kleineren Kulmbach aus, weil dort die gut befestigte Plassenburg Schutz bot. Bayreuth selbst war im Jahr 1430 durch die Hussiten zerstört worden, aber bereits 7 Jahre später hatte man mit dem Wiederaufbau der Stadtkirche begonnen. Dieser nach den Plänen des Baumeisters Oswald durchgeführte Neubau war etwa dreimal so groß wie ihr Vorgängerbau, 55 m lang, 20 m breit und 16 m hoch. Im

Jahr 1492 war die Kirche nahezu fertiggestellt. Allerdings stand erst ein Turm, der heutige Nordturm, aber es gab bereits die Pläne für den Bau des Südturms, doch dieser musste aufgrund der schwierigen Finanzlage immer wieder verschoben werden. Als Leonhard Schmalzing die Stelle als „Stadtschreiber" von Bayreuth angeboten bekam, sagte er sofort zu und zog umgehend mit seiner kleinen Familie eine Tagesreise von Hersbruck Richtung Norden in die Stadt am Roten Main.

# Kapitel 1

## Die Familie Schmalzing in Bayreuth

## *Bayreuth, 24. Juni 1492*

Am Tag nach dem Einzug in die Wohnung am Kirchplatz findet sich Leonhard pünktlich im Rathaus ein. Melchior Hammer, der Stadtkämmerer, stellt ihn den Ratsherren vor: „Willkommen", sagt Bürgermeister Cornelius Matheus, „wir hoffen, Ihr seid mit der Euch zugewiesenen Wohnung zufrieden?" Leonhard ist noch etwas unsicher, er nickt: „Es ist wunderschön hier!" – „Gut", sagt der Bürgermeister, „heute werdet Ihr gleich beim Protokoll für unsere Sitzung benötigt. Danach wird Euch der Stadtkämmerer die Verwaltung zeigen und Euch die weiteren Aufgaben erklären." Dann weist er ihm einen Schreibtisch zu und sagt etwas lauter in die Runde: „Ich erkläre die heutige Stadtratssitzung für eröffnet."
Aus Leonhards Sicht waren es im Wesentlichen Belanglosigkeiten, um die es ging: Da sollte ein neuer Bürger das Bürgerrecht bekommen und vor zwei Tagen hatte es eine Prügelei in der Stadt gegeben und man spricht über das Strafmaß, das die Streithähne bekommen sollten. Schließlich einigen sich die Ratsherren darauf, dass alle Beteiligten für einen Nachmittag an den Pranger zu stellen wären. „So haben alle Bürger ihre Freude und das wird ihnen eine Lehre sein!" Damit fasst der Bürgermeister die Diskussion zusammen.
Am Nachmittag führt Melchior Hammer Leonhard durch die Verwaltungsgebäude und stellt den Mitarbeitern ihren neuen Chef vor. Danach wird über die Entlohnung gesprochen, und auch hier kommt man dem neuen Leiter der städtischen Verwaltung sehr entgegen. Leonhard atmet durch. Man ist hier so freundlich zu ihm. ‚Hier ist gut sein! Hier will ich bleiben!' denkt er sich und kommt abends beschwingt nach Hause.

## *Kulmbach, 1. März 1495*

„Der Markgraf ist tot!" Die Nachricht verbreitet sich in Windeseile im gesamten Fürstentum. Markgraf Siegmund von Brandenburg-Kulmbach ist mit 26 Jahren gestorben. Leonhard hatte ihn nur ein einziges Mal gesehen, als dieser Bayreuth, die größte Stadt des Landes, besucht und sich über die gerade fertiggestellte Stadtkirche informiert hatte. Im Großen und Ganzen hatte er Bayreuth sich selbst überlassen. Aber vielleicht hat das auch an seinem schlechten Gesundheitszustand gelegen. Nur vereinzelt hatte der Markgraf die Plassenburg verlassen. Seine seltenen Anordnungen wurden durch Boten überbracht. Bürgermeister Matheus verkündet im Stadtrat, dass der 8 Jahre ältere Bruder von Siegmund, Friedrich, der bereits über Brandenburg-Ansbach herrscht, auch die Markgrafschaft Brandenburg-Kulmbach übernehmen werde. Und sofort werden im Stadtrat die Fragen laut: „Was weiß man über den neuen Markgrafen? Wie wird er regieren? Wird er uns ähnlich wie Siegmund in Ruhe lassen?" Der Bürgermeister zuckt mit den Schultern: „Wir werden sehen! Ich habe durch einen Boten erfahren, dass der neue Markgraf nächste Woche die Plassenburg in Besitz zu nehmen gedenkt. In diesem Rahmen wird er sicher auch Bayreuth besuchen, und dann werde ich mit ihm sprechen können." Die Ratsherren müssen sich also gedulden und Leonhard mit ihnen.

## *Bayreuth, 10. März 1495*

Der Besuch des neuen Markgrafen in Bayreuth gestaltet sich aber völlig anders als der seines Vorgängers. Friedrich schickt zwei Boten voraus, die bestellen, dass er einen standesgemäßen Empfang mit dem Jubel der Bevölkerung wünsche. Der Bürgermeister legt die Stirn in Falten. Der neue Markgraf scheint auf seine eigene Ehre sehr viel Wert zu legen. Alles wird entsprechend seinen Wünschen vorbereitet. Einen halben Tag muss die bestellte Menschenmenge auf den neuen Landesherrn warten, ehe er eintrifft. Als der Markgraf durch das Untere Tor einreitet, beginnen die Menschen – wie auf ein Kommando hin – zu jubeln und ihre Fahnen zu schwenken. Markgraf Friedrich lächelt und winkt huldvoll. Vor dem Rathaus warten Bürgermeister und Ratsherren … und im Hintergrund auch Leonhard Schmalzing. Neben ihm steht seine Frau, an der Hand den kleinen Georg. Ein Diener fasst das Pferd des Markgrafen am Zaumzeug und dieser springt herab. Bürgermeister und Ratsherren verbeugen sich: „Willkommen, Durchlaucht!“ sagt der Bürgermeister, aber Friedrich würdigt ihn keines Blickes. Er sieht in die Runde und nickt zufrieden. Dann sagt er: „Bürgermeister, wir müssen reden!“ Matheus führt den Markgrafen unterwürfig in das Rathaus, die Ratsherren folgen. Im Ratssaal angekommen, holt der Bürgermeister tief Luft und will eine kurze Rede beginnen: „Durchlaucht, seid herzlich willkommen in der größten Stadt des Oberlandes. Wir wissen die Ehre zu schätzen …“ – „Ist schon recht!“ unterbricht ihn der Markgraf, „der Grund für mein Kommen ist ganz einfach: Ich habe die Plassenburg besucht und mir die Wirtschaft und die Finanzen der Markgrafschaft angesehen, und ich muss sagen: Mein Bruder – Gott habe ihn selig!“ dabei bekreuzigt er sich, „mein Bruder hat schlecht gewirtschaftet. Ich komme, um Euch mitzuteilen, dass die Abgaben, Zölle und Steuern angehoben werden müssen." Der Bürgermeister erschrickt: „Durchlaucht, bitte verzeiht, aber die Abgaben und Frondienste, die die Bauern zu leisten haben, sind bereits jetzt …" – „Ihr habt mir keine Belehrungen zu erteilen!" unterbricht ihn der neue Markgraf erneut, „Ihr habt das zu tun, was ich Euch sage, und dann ist es gut! Mein Schreiber hat die neue Abgabenverordnung bereits zu Papier gebracht. Ich erwarte, dass die Ratsherren dies entsprechend umsetzen." Und mit einer Handbewegung fordert er den Schreiber auf, dem Bürgermeister den entsprechen Bogen Papier auszuhändigen. Dann sagt er kurz angebunden: „Meine Herren, alle Vierteljahre, sind die neuen Abgaben auf der Plassenburg abzuliefern. Ich werde mich persönlich davon überzeugen, dass die Bayreuther Bevölkerung ihren Pflichten nachkommt." Ohne Gruß verlässt der Markgraf den Ratssaal, eilt nach unten und schwingt sich auf sein Pferd. Nur ganz kurz winkt er den Umherstehenden noch zu, die – als sie den Markgrafen aus dem Rathaus eilen sahen – sofort wieder in Hochrufe ausgebrochen waren. Dann reitet er mitsamt seinem Tross Richtung Kulmbach davon.

Der Bürgermeister und die Ratsherren sind wie vom Donner gerührt. Keiner sagt etwas. Sie hatten gehofft, der Markgraf würde die Abgabenlast eher senken, sie hatten gehofft, er würde sich die vor wenigen Wochen erst fertiggestellte Stadtkirche ansehen – der ganze Stolz der Bürgerschaft. Fast 60 Jahre lang hatte man an ihr gebaut … sie war jetzt wesentlich größer als ihr Vorgängerbau, den vor 65 Jahren die Hussiten zerstört hatten. „Ich bin nicht einmal dazu gekommen, seine Durchlaucht zu bitten, uns bei unserem Vorhaben, im Süden der Kirche einen zweiten Turm zu bauen, zu unterstützen", seufzt der Bürgermeister und die Ratsherren schütteln ihre

Köpfe. Einer fügt hinzu: „Auch für unsere anderen Sorgen hat er sich überhaupt nicht interessiert." Da holt der Bürgermeister tief Luft und meint nach einer Pause: „Meine Herren, da wird uns nichts anderes übrigbleiben. Wir müssen den Gürtel enger schnallen." – „Noch enger?" wirft einer der Ratsherren ein, „das geht doch gar nicht! Außerdem haben wir in diesem Jahr die ersten Todesfälle – es steht zu befürchten, dass in Bayreuth erneut die Pest ausbricht. Dann können wir bald gar nichts mehr zahlen." – „Dass es wirklich die Pest ist, ist noch nicht sicher", beschwichtigt der Bürgermeister, „sollte es tatsächlich wieder so schlimm kommen wie vor zwölf Jahren, dann werde ich persönlich auf die Plassenburg gehen und um Aufschub bitten. Erst einmal müssen wir aber sehen, was seine Durchlaucht von uns verlangt. Ich werde mir die neue Verordnung in Ruhe durchlesen und in einer Stunde treffen wir uns hier wieder zur Beratung. Meine Herren, ich danke Ihnen!" Mit diesen Worten entlässt er die Ratsherren.

Als der Markgraf am Abend auf den Plassenburg ankommt, lässt er sofort seinen Schatzmeister rufen: „Hört zu! Innerhalb der nächsten drei Monate werden die Abgaben der Bauern ansteigen. Ich werde bald darauf wieder auf die Burg kommen und mich persönlich davon überzeugen, dass jeder seinen ihm auferlegten Beitrag entrichtet hat. Ein Teil des Geldes wird hier auf der Plassenburg bleiben, ein Großteil werde ich aber nach Ansbach mitnehmen, denn ich beabsichtige, die Markgrafschaft durch Zukäufe zu vergrößern. Wenn Herzog Georg von Bayern das kann, kann ich das auch." – „Um Vergebung, Durchlaucht", beginnt der Schatzmeister, „aber Euer Bruder hat Euch wohlgeordnete Finanzen hinterlassen. Eine Erhöhung der Steuern brächte unnötige Unruhe ins Oberland, zumal ich nicht weiß, ob die Menschen hier überhaupt in der Lage sind, zusätzliche …" – „Haltet bloß den Mund! Das interessiert mich nicht. Die einfachen Leute haben zu zahlen, was ich ihnen auferlege. Das ist nun mal so. Und Ihr habt dafür zu sorgen, dass alles seine Ordnung hat, mehr nicht, verstanden?" Friedrich ist wütend, weil er Ähnliches bereits vom Bayreuther Bürgermeister gehört hat. Schon immer hat sich Friedrich darüber geärgert, dass sein älterer Halbbruder Johann Cicero, mit dem er in Ansbach aufgewachsen war, die Kurfürstenwürde und das Land Brandenburg als Erbe empfangen hat. Mit der Vereinigung von Ober- und Unterland in seiner eigenen Person hofft er, seine Macht im Reich zu vergrößern. Dann ist es nicht ausgeschlossen, dass er selbst vielleicht einmal die Kurfürstenwürde bekommt und endlich seinem Bruder bei den Reichstagen auf Augenhöhe begegnen kann.

## *Bayreuth, 13. Oktober 1495*

„Es ist furchtbar!" Leonhard Schmalzing betritt die Wohnstube in seinem Haus am Kirchplatz 15. Gerade kommt er von einer Stadtratssitzung, die bis tief in die Nacht gedauert hatte. Er schließt die Fensterläden und setzt sich zu seiner Frau Katharina an den Tisch. Das Feuer im Kachelofen verbreitet eine angenehme Wärme im Raum. Für Oktober ist es schon recht kalt draußen. Leonhard hält seine frierenden Hände an die warmen Kacheln. „Wieder etwas Schlimmes?" fragt seine Frau den Stadtschreiber?" – „Die Pest, die unsere Stadt so schrecklich plagt! Und dazu kommen noch die erhöhten Abgaben, die der Markgraf von uns fordert. Die Menschen sterben wie die Fliegen. Rund tausend Bürger sind in den letzten vier Wochen gestorben! Die Stadt kann die von seiner

Durchlaucht, Markgraf Friedrich, festgesetzten Steuern nicht mehr aufbringen. Und ich soll jetzt einen Schriftsatz aufsetzen, in dem der Markgraf um Steuernachlass gebeten wird." – „Und, meinst Du, er wird ihn gewähren?" fragt seine Frau. „Ich habe keine Ahnung, ob sich seine Durchlaucht darauf einlässt. Man sagt, er feiere sehr gerne. Und zum Feiern braucht man Geld. Aber vielleicht lässt er sich von den Ratsherren erweichen. Nächste Woche soll er auf die Plassenburg kommen, dann muss ich ihm den Bayreuther Antrag überreichen. Wir werden sehen, was dabei herauskommt!" Leonhard und Katharina schweigen eine Zeitlang, dann bricht es aus Leonhard heraus: „Außerdem wurde im Stadtrat die ganze Zeit darüber gesprochen, was man tun könnte, damit der Pest endlich Einhalt geboten wird." – „Und?", fragt seine Frau, „zu welchem Schluss sind sie gekommen?" – „Die Stadträte sind genauso ratlos wie wir. Es ist zum Verzweifeln", meint er „ich habe alles mitgeschrieben, aber herausgekommen ist eigentlich gar nichts." Nach einer kurzen Pause fragt er: „Wie geht es unserem Georg?" Er blickt jetzt seine Frau Katharina an, die gerade Socken stopft. Sie hat Tränen in den Augen: „Ich habe Angst", sagt sie, „die Pest ist so unberechenbar. Ich habe gehört, dass gestern die Johanna, die Tochter von Büttners aus der Kämmereigasse auch die Beulen bekommen hat und im Bett liegt. Es wird ihr nicht mehr zu helfen sein! Es ist so furchtbar!" Und sie schluchzt weiter. „Ich gehe mit dem Jungen schon gar nicht mehr vor die Tür aus Angst. Dabei weiß ich gar nicht, wie ich ihn schützen soll." Stumm nickt Leonhard Schmalzing vor sich hin und blickt in das Kinderbett: Georg ist erst vier Jahre alt, er schläft tief und fest. Und jetzt ist seine Frau Katharina auch noch mit einem zweiten Kind schwanger. Er fragt sich, welche Zukunft werden die Kinder einmal haben werden.

Dann schweigen beide, und Leonhard denkt über die Pest nach: ‚Die Menschen verstecken sich, jeder verschließt die Tür, meidet seine Nachbarn und betet zu Gott, er möge sein Haus verschonen. Man redet nicht mehr miteinander. Hastiges Flüstern hinter vorgehaltener Hand, eine verstohlene Geste im Schatten eines Torbogens muss genügen, um eine Kunde zu verbreiten. Ja, die Seuche zieht von Haus zu Haus. Manchmal überspringt sie eines, schlägt einen Haken, um einige Zeit später dort zuzuschlagen, wo man sich bereits gefreut hat, weil man verschont geblieben ist. Da sitzen am Morgen die Leute noch fröhlich beisammen, am Mittag befällt sie das Fieber und schon am Abend fehlt einer am Tisch, weil er bereits im Fegefeuer für seine Taten büßen muss. Ob jung oder alt, ob reich oder elend – die Seuche verschont niemanden. Man stirbt allein und einsam, niemand kümmert sich um die Kranken, denn die Angst ist stärker als die Barmherzigkeit. Manchmal merken die Nachbarn erst am Gestank, dass im Nebenhaus wieder eine Leiche liegt. Es ist grausam! Die Eltern verlassen sogar ihre kranken Kinder. Der Tod macht alle gleich. Er ist wie ein Gerippe, das mit der Sense durch die Straßen geht, und keiner weiß, wem er als Nächstem seine Knochenhand auf die Schulter legt. Junge, blühende Menschen sterben dahin, schneller noch als die alten.‘ Dann sagt er plötzlich: „Vor ein paar Tagen sind die Berta Codomann und ihre Tochter gestorben. Ihren Mann, den Lorenz, hat die Seuche aber verschont. Warum nur? Warum trifft es die einen und die anderen nicht. Hat der etwa zu wenig gebetet?“
Die Glocken des erst kürzlich fertiggestellten Nordturms der Stadtkirche schlagen zwölfmal, es ist höchste Zeit, schlafen zu gehen. Leise hören sie draußen den Nachtwächter rufen: „Hört, ihr Leut‘ und lasst euch sagen: Unsre Uhr hat zwölf geschlagen:“ Leonhard bekreuzigt sich und will einen Segen

zur Nacht sprechen, da bricht es plötzlich aus seiner Frau heraus: „Wir hätten nie nach Bayreuth kommen sollen. In Hersbruck war es doch so schön!" sagt sie tonlos. „Hier ist es schrecklich!" – „Du weißt genau, dass wir keine Wahl hatten", wendet Leonhard ein. „Hier habe ich eine gute Stelle als Stadtschreiber. Es war die beste Entscheidung, die wir treffen konnten: der Umzug von Hersbruck nach Bayreuth vor vier Jahren. Meine berufliche Aufgabe erfüllt mich voll und ganz. Es ist manchmal richtig spannend, das Protokoll der Stadtratssitzungen zu führen und die städtischen Anliegen niederzuschreiben und zu archivieren. Außerdem kann ich meine Familie ernähren. Das alles war in Hersbruck nicht möglich." – „Familie?!", Katharina verzieht das Gesicht, „Familie … wenn es in ein paar Tagen oder Wochen überhaupt noch eine Familie gibt." – „Ja, wenn wir hier in Bayreuth wenigstens ein Kloster hätten, dann könnten die Brüder dort für unsere Stadt Messen lesen und beten. Aber Himmelkron ist weit!" murmelt Leonhard vor sich hin. „Das haben sie heute im Stadtrat auch gesagt." – „Messen lesen", sagt Katharina, „meinst Du, dass das etwas hilft?" – „Ja natürlich würde das helfen. So eine Messe ist eine gute Tat, die dem zugute kommt, für den sie gelesen wird." Leonhard weiß Bescheid, und er fügt hinzu: „Wenn Mönche für eine ganze Stadt einen Tag lang Messen lesen würden, dann hätten wir vielleicht eine Chance. Aber so?" Nach einer kurzen Pause und dem Blick in das Kinderbett fügt Leonhard an: „Vielleicht wird Georg ja einmal Messpriester. Dann könnte er auch für uns beten und Messen lesen, damit es nicht so schlimm wird, wenn wir einst ins Fegefeuer müssen." – „Ja", meint Katharina, „die Pest ist wie ein Vorbote des Fegefeuers. Gott schickt uns die Pest an den Hals, weil wir Sünder sind, weil wir zu wenig gebetet und zu wenige Messen gelesen haben. Und der heilige Georg tut nichts dagegen. Es ist zum Heulen!“ Und wieder füllen sich ihre Augen mit Tränen. Leonhard legt seiner Frau liebevoll die Hand auf die Schulter. „Katharina“, sagt er, „noch ist nicht aller Tage Abend. Und vielleicht hilft uns der heilige Georg. Unser ältester Sohn heißt wie er. Ja, glaub es nur fest: Der heilige Georg wird uns und hoffentlich auch unsere ganze Stadt retten.“ – „Ich weiß nicht“, murmelt Katharina ängstlich. „Ich weiß nicht, ob man irgendwo überhaupt noch sicher ist.“ Leonhard versucht, ihr wieder Mut zu machen: „Sieh mal, bisher hat keiner aus unserer Familie Fieber oder Beulen bekommen, selbst unsere Kinder nicht. Der heilige Georg beschützt uns bestimmt.“ – „Meinst du wirklich?“ fragt Katharina. „Jeden Tag gehe ich in die Stadtkirche an den Nothelferaltar. Ich blicke dem heiligen Georg immer ganz fest ins Gesicht, während ich mir die Messe anhöre, obwohl ich kein Wort verstehe. Ich lasse mir dort die heilige Hostie geben, weil ich hoffe, dass mich das vor der Pest bewahrt. Aber die Berta Codomann hat genauso gebetet wie ich – und jetzt ist sie tot. Warum hat der heilige Georg ihr nicht geholfen?“ Leonhard blickt seine Frau lange an. Sie war früher eine so fröhliche Frau, aber jetzt sieht man deutlich die Sorgenfalten auf ihrer Stirn. Und dabei dachte er, dass mit dem Umzug nach Bayreuth alles gut werden würde. Endlich hat er ein festes Einkommen und kann seine Familie ernähren … und jetzt das! „Ich will gar nicht wissen“, meint er, „wer heute schon wieder gestorben ist. Es kann nur so sein, dass Gott uns für unsere Sünden straft.“ – „Aber, was haben wir denn falsch gemacht?“ fragt Katharina unter einem Tränenschleier, „wenn uns Gott das wenigstens zu verstehen geben würde. Jeden Tag lebe ich, als wäre es mein letzter. Jeden Tag habe ich Angst, eine von diesen furchtbaren Beulen an mir zu entdecken. Und dann frage ich mich: Was kommt danach? Dann sehe ich vor mir die Menschen im Fegefeuer. Die Qualen müssen unerträglich sein. Aber wir haben's wahrscheinlich verdient, wir haben's verdient. Und wird mich der allmächtige Richter einst in den Himmel aufnehmen? Mehr als zur Tagesmesse in die Stadtkirche zu gehen und zu beten ... mehr kann man doch nicht verlangen?!" Sie holt tief Luft und redet dann weiter: „Ich bin ja schon froh, dass der Nothelferaltar so weit hinten in der Kirche ist. Weiter nach vorne traue ich mich gar nicht. Da sind diese Bilder vom Jüngsten Gericht und vom Fegefeuer ... wenn ich mir das vorstelle, dann kann ich nur noch weinen vor Angst." Diese Sätze wiegen schwer, und Leonhard weiß nichts darauf zu antworten. Aber dann fällt ihm doch etwas ein: „Katharina, vergiss nicht: Wir könnten von einem Messpriester Messen für uns lesen zu lassen. Das alles wird uns nicht erst im Fegefeuer helfen, sondern bestimmt auch jetzt schon, in den Zeiten der Pest." – „Du weißt genau", wendet aber Katharina ein, „dass wir die zwei Dukaten, die für eine Messe für uns fällig wären, momentan nicht zahlen können. Ich bin schwanger und für unser zweites Kind werden wir noch einiges benötigen. Und so viel verdienst Du auch wieder nicht." – „Hm!" murmelt Leonhard, „alle müssen den Gürtel enger schnallen, auch die Stadt. Aber wir könnten wenigstens einmal nach Gesees pilgern und die heilige Jungfrau Maria um Gnade bitten?" – Katharina geht auf diesen Vorschlag nicht ein. Sie denkt über etwas anderes nach: „Wie wäre es? Sollte unser zweites Kind ein Junge werden, könnten wir ihn nach unserem neuen Markgrafen ‚Friedrich' nennen. Denn ‚Friedrich' ist unsere Hoffnung. Vielleicht hat seine Durchlaucht eine Idee, um der Pest Einhalt zu gebieten. Oder vielleicht erlässt er uns wenigstens die Steuern." Leonhard reicht ihr die Hand: „Abgemacht. Wenn Du einen Jungen zur Welt bringst, soll er Friedrich heißen. Friedrich ist unsere Hoffnung." Wenige Tage später bringt Katharina tatsächlich einen zweiten Jungen zur Welt. Er bekommt den Namen Friedrich.

## *Kulmbach (Plassenburg), 27. Oktober 1495*

Die markgräfliche Fahne weht von der höchsten Zinne der Plassenburg. Das bedeutet, dass der Markgraf wieder dort weilt. Die Bayreuther Ratsherren mit dem Bürgermeister an der Spitze, die den Weg nach Kulmbach gemacht haben, sehen die mächtige Burg schon von ferne. Ihr Stadtschreiber Leonhard Schmalzing hat einen sehr untertänigen Schriftsatz verfasst, in dem der Markgraf gebeten wird, auf Steuern zu verzichten, weil die Pest in Bayreuth furchtbar wütet. Als die Abordnung vor der Zugbrücke steht, fragt der Wächter nach ihrem Begehr. Der Bürgermeister holt tief Luft und tritt aus einer der beiden Kutschen. Er bittet um Einlass sowie um eine Audienz beim Markgrafen: „Wir haben wichtige Dinge zu besprechen, die Bayreuth betreffen." Der Wächter sagt nur kurz: „Habt Geduld!" und verschwindet. Nach einer halben Stunde wird die Zugbrücke heruntergelassen und die beiden Kutschen rollen in den Innenhof ein. Diener eilen herbei und halten die Pferde am Zügel fest, sodass die Ratsherren aussteigen können: „Folgt mir!" sagt einer und führt die zehn Männer in das Haupthaus. Sie gehen durch lange Gänge, bis sie schließlich im Audienzzimmer ankommen. „Wartet hier!" sagt der Diener und verschwindet durch eine kaum sichtbare Tür in der Vertäfelung. Die Ratsherren staunen über die prachtvolle Ausgestaltung des Saales. Aber keiner traut sich, etwas zu sagen. Insgeheim denken die meisten, dass sie froh sind, den Bürgermeister dabei zu haben. Denn es ist klar, dass dieser die Verhandlungen mit dem Markgrafen führen muss. Es ist ihnen noch gut in Erinnerung, mit welch ruppigem Ton der Markgraf vor einem halben Jahr ihnen in Bayreuth die Erhöhung der Steuern auferlegt hatte. Es hatte ihn überhaupt nicht interessiert, wie die Verhältnisse in Bayreuth waren, mit welchen Problemen die Stadt zu kämpfen hat und was die Menschen beschäftigt. Leise flüstert einer der Ratsherren: „Ich habe das Gefühl, unser Besuch hier wird ein Schuss in den Ofen!" – „Schweigt!" weist ihn der Bürgermeister zurecht, „wir müssen das tun, denn die Abgaben sind in Pestzeiten nicht zu leisten." Es dauert eine weitere halbe Stunde, bis die Flügeltür aufgerissen wird und der Markgraf hereinstürmt. Alle Anwesenden verbeugen sich tief, als er an ihnen vorbei auf seinen erhöhten Stuhl eilt. Mit den Sätzen „Meine Herren! Beeilen Sie sich, meine Zeit ist knapp bemessen!" fordert er sich auf zu reden. Da tritt der Bürgermeister hervor und schildert in knappen Worten die katastrophale Lage in Bayreuth. „Und?" fragt der Markgraf, „was hat das mit mir zu tun?" – „Die uns auferlegten Steuern und Abgaben …", der Bürgermeister holt tief Luft, „Durchlaucht, wir können sie nicht leisten. Es fehlen uns die Männer." – „Ah, Ihr wollt, dass ich die Steuern senke?" der Markgraf begreift, worauf das hinausläuft, und die Ratsherren nicken, während der Bürgermeister sagt: „Das würde uns in der Stadt erheblich helfen!" Aber der Markgraf schüttelt den Kopf: „Diesen Weg hättet Ihr Euch sparen können! Das kommt überhaupt nicht in Frage. Da könnte ja jeder kommen, mir etwas vorjammern, und schon sinken die Steuern. Ich betrachte die Unterredung als beendet." Da fällt der Bürgermeister auf die Knie: „Durchlaucht, die Bevölkerung Bayreuths weiß nicht aus noch ein. Ein Drittel der Menschen ist von der Pest schon dahingerafft. Die meisten haben nicht einmal mehr genug zum Leben. Bitte habt Erbarmen!" Der Markgraf hat sich inzwischen von seinem Stuhl erhoben und scheint sich nun doch erweichen zu lassen. Er blickt nicht mehr so finster. „Passt auf, ich mache Euch einen Vorschlag: Bis zum Dorotheentag (6. Februar) stunde ich Euch Eure Abgaben, aber dann müsst ihr zahlen! Dann rettet Euch nichts mehr! Und wenn es wirklich so schlimm ist mit der Pest, dann sollte man darüber nachdenken, ob man nicht ein Kloster in oder um Bayreuth mal ansiedelt. Das wäre der beste Schutz gegen die Pest. Ich werde es mir überlegen, ob man hier in Zukunft vorbeugend tätig sein könnte. Ihr kennt den Weg nach draußen! Gute Heimreise!“ Mit diesen Worten geht der Markgraf an den Ratsherren vorbei und verlässt den Raum. Der Bürgermeister erhebt sich. Innerlich applaudieren die mitgereisten Herren ihrem Bürgermeister. Das war zwar nicht das, was sie sich erhofft hatten, aber immerhin war ihnen ein Aufschub gewährt worden … dank des Kniefalls und der Worte des Bürgermeisters. Als sie in ihren Kutschen aus dem Innenhof der Plassenburg fahren, atmen alle noch einmal tief durch und sagen dem Bürgermeister ihren ehrlichen Dank. Ihnen ist klar: Mehr war nicht herauszuholen gewesen.

## *Bayreuth, 12. März 1498*

Am Gregoriustag des Jahres 1498 beginnt für Georg Schmalzing der „Ernst des Lebens“. Der Schulmeister Ambrosius Ottschneider an der Bayreuther Lateinschule ist ein strenger Lehrmeister: „Merke dir eins, Schmalzing!“ sagt er gleich am Anfang, „als erstes lernst du Lesen und Schreiben, und dann gleich Latein, und in einem halben Jahr wird nur noch lateinisch gesprochen. Und wehe, man hört dich hier in der Schule deutsch reden!“ Sehr schnell lernt Georg die wichtigsten Konjugationen und Deklinationen. Ambrosius Ottschneider verliert aber dann und wann den Überblick. Er weiß nicht immer, was welcher Schüler als Hausaufgabe hatte. So passiert es tatsächlich einmal, dass er von Georg die Konjugation des Präsens von „audire“ hören will, obwohl diese noch gar nicht durchgenommen war. „Aber Herr Schulmeister, die Konjugation von ‚audire‘ haben wir noch gar nicht durchgenommen“, versucht Georg dem Lehrer zu erläutern. Aber Ottschneider nickt nur: „Du hast nicht nur nicht gelernt, sondern gibst auch noch Widerworte. Na warte, Bürschchen! Beug dich sofort über den Tisch!“ Und dann verprügelt er den armen Jungen mit der Rute, sodass dessen Geschrei auf der Straße zu hören war. „So“, sagt Ottschneider dann, „ich hoffe, das war Dir eine Lehre!“ ‚Oh ja‘, denkt sich Georg, aber er hütet sich, etwas zu sagen, und er nimmt sich vor, nie wieder dem Schulmeister zu widersprechen und am besten möglichst über den Lernstoff hinaus zu lernen. So etwas will er nicht mehr erleben. Nach einem halben Jahr muss sich Georg daran gewöhnen, in der Schule nur lateinisch zu sprechen. Selbst unter Mitschülern sind alle unter Strafandrohung verpflichtet, ihre Gespräche auf lateinisch zu führen.

Je nach Lichtverhältnissen dauert der Unterricht bis zu 12 Stunden. Im Sommer beginnt er um 5 Uhr morgens und endet um 5 Uhr abends. Neben dem Lehrer gibt es eine unterschiedliche Anzahl von Helfern. Einer dieser älteren Schüler, der Wolf, führt im Auftrag des Lehrers den Wolfszettel, auf dem vermerkt wird, wer deutsch redet, sich schlecht benimmt oder flucht. Am Ende der Woche werden diese Vergehen dann bestraft. Dem Letzten in der Klasse wird der hölzerne Esel umgehängt. Georg hat seine Lektion gelernt, den hölzernen Esel muss er nur einmal tragen, als er vom Wolf im deutschen

Gespräch mit seinem besten Freund, dem Hans Löhner, erwischt wird.
Der Unterrichtsstoff enthält vielfach auch kirchliche und religiöse Elemente. Am Anfang lernt Georg das Glaubensbekenntnis und das Vaterunser sowie die Verteilung der wichtigen Heiligentage im Jahreslauf. Auch die Musik spielt eine wichtige Rolle, und zwar vor allem die kirchliche und liturgische. Der Unterricht wird mit einem lateinischen Lied eröffnet und geschlossen, meistens mit „Veni, creator Spiritus" (Komm, Schöpfer Geist). Lehrer und Schüler haben bei den ordentlichen und außerordentlichen Gottesdiensten wie etwa bei bestimmten Seelenmessen mitzuwirken. So lernt Schmalzing in der Schule die Responsorien für den gottesdienstlichen Wechselgesang. Damit erhält er auch eine Einführung in die kirchliche Liturgie. Den genauen Umgang mit der deutschen Sprache lernt er allerdings nicht an der Schule, sondern viel später durch das Studium der Schriften eines gewissen Professor Martin Luther.

## *Kulmbach (Plassenburg), 23. Januar 1506*

„Um Vergebung, Durchlaucht!" Die Ratsherren des Bayreuther Stadtrates verbeugen sich im Audienzsaal der Plassenburg tief vor ihrem Markgrafen. Der antwortet zackig: „Meine Herren, was gibt's?" Da tritt der Bayreuther Bürgermeister vor, holt tief Luft und sagt: „Durchlaucht, vor gut 10 Jahren hatten wir in Bayreuth den letzten Pestausbruch. Fast die Hälfte unserer Bevölkerung wurde von der Seuche dahingerafft. Wir sind damals zu Euch auf die Plassenburg gekommen und mussten Euch um Stundung der Steuern bitten, weil die Stadt nicht mehr in der Lage war, die Zahlungen zu leisten. Ihr erinnert Euch sicher." Der Markgraf nickt. „Und jetzt?" fragt er, „habt Ihr wohl wieder die Pest in Bayreuth und wollt Steuererleichterungen? Das könnt Ihr vergessen!" Der Bürgermeister schüttelt den Kopf: „Um Vergebung, nein! In Anbetracht der Tatsache, dass die Pest damals nur in Bayreuth und sonst in keiner weiteren Stadt des Oberlandes ausgebrochen ist, sind wir zu folgendem Schluss gekommen: Hätten wir in Bayreuth ein Kloster gehabt, hätte Gott, der Herr, uns verschont. Deshalb wollten wir untertänigst anfragen, ob es Eurer Durchlaucht möglich wäre, in Bayreuth ein Kloster zu gründen, damit wir in Zukunft von der Pest verschont würden …" Der Markgraf presst die Lippen aufeinander, dann sagt er: „Verstehe!" Und nach einer kurzen Pause fügt er hinzu: „Ich werde darüber nachdenken und seiner Exzellenz, dem Fürstbischof von Bamberg schreiben. Ich kann mir kaum vorstellen, dass er da etwas dagegen hat. War's das?" Die Ratsherren nicken, und der Bürgermeister verbeugt sich wieder: „Habt Dank für Eure Gnade, Durchlaucht!" Und unter Verbeugungen verabschieden sich die Ratsherren. Sie sind zufrieden. Der Markgraf scheint sie verstanden zu haben und sich um ihr Anliegen kümmern zu wollen.

Der Markgraf hält Wort und nimmt Kontakt mit dem Bamberger Bischof auf. Nach einem kurzen Briefwechsel sind sich beide einig, auf dem Oschenberg oberhalb von Bayreuth ein Franziskanerkloster zu gründen. Am 23. Mai des Jahres 1506 setzt Friedrich schwungvoll seine Unterschrift unter die Gründungsurkunde: „So, das wäre geschafft!" Dann klatscht er in die Hände und ruft: „Und jetzt an die Arbeit!" Es sind Bayreuther Handwerker, die am Oschenberg die ersten Gebäude und eine kleine Klosterkirche für die Mönche errichten. Zwei Monate später können bereits zehn Mönche –

aus Bamberg kommend – einziehen. „Meine Herren“, empfängt der Bürgermeister die Ratsherren zu einer Stadtratssitzung, „seine Durchlaucht hat Wort gehalten. Wir haben jetzt ein Kloster, das über unsere Stadt wacht. Auf dass wir in Zukunft vor der Pest verschont bleiben!“ Die Ratsherren applaudieren.

### *Bayreuth, 28. Februar 1509*

Ende Februar des Jahres 1509 beendet Georg erfolgreich die Lateinschule. Er erfüllt jetzt alle Voraussetzungen, um ein Studium an einer Universität zu beginnen. „Leipzig würde mich reizen!“ sagt Georg seinen Eltern, aber seine Mutter Katharina möchte ihren Ältesten auf keinen Fall verlieren. Sie sagt: „Bitte, Georg, bleibe in Bayreuth! Du hast doch hier alles, was Du brauchst!“ Sie blickt ihm tief in die Augen: „Du bist doch mein Erstgeborener, mein Stern!“ Georg zerreißt es fast das Herz. Er hat sich so sehr in der Schule angestrengt, hat endlich seinen Schulabschluss in der Tasche. Der Schulmeister Ottschneider hat ihm sogar das Prädikat „herausragend“ verliehen. Wie gerne würde er studieren! Und am liebsten an der berühmtesten deutschen Universität in Leipzig! Er würde zuerst das Grundstudium der sieben Künste an der artistischen Fakultät absolvieren, ehe er … vielleicht mit der Theologie, vielleicht auch mit einem Jura- oder Medizinstudium weitermacht. Das weiß er noch nicht, aber er ist sich sicher: Es wird sich weisen, was richtig ist. Jedoch seine Mutter lässt nicht locker: „Georg, mein Guter! Du kannst Dich doch auch in Bayreuth weiterbilden. Es gibt hier so viele Möglichkeiten!“ – „Aber Vater hat doch auch studiert!“ wagt Georg einzuwerfen. „Das ist doch etwas anderes!“ behauptet die Mutter, „der hat zu seinen Eltern nie so ein inniges Verhältnis gehabt wie wir zu Dir! Nein, bitte, jetzt wegzugehen, das kannst Du mir nicht antun.“ Georg ist verzweifelt. Was soll er tun? Ohne die Unterstützung seiner Eltern kann er Bayreuth nicht verlassen. Und wenn seine Mutter sich etwas in den Kopf gesetzt hat, dann wird der Vater nicht dagegen sein. Es ist bitter, aber so wie es aussieht, wird er in Bayreuth bleiben müssen. „Aber was kann ich denn hier in Bayreuth werden?“ fragt er verzweifelt, „ich möchte kein Handwerk erlernen. Ich möchte studieren.“ – „Georg“, Katharina Schmalzing sieht ihrem Sohn ernst in die Augen, „wer hat denn gesagt, dass Du ein Handwerk erlernen sollst? Du kannst hier in Bayreuth zum Beispiel Schulmeister werden, wenn der alte Ottschneider nicht mehr kann oder … also, da gibt es ganz viele Möglichkeiten!“ ‚Hm‘, denkt sich Georg, ‚Schulmeister Ottschneider hat mir tatsächlich vor wenigen Monaten einmal gesagt, dass er mich gerne als Nachfolger haben wolle. Vielleicht wäre das etwas … dann muss ich wenigstens kein Handwerk erlernen.‘ Aber einen letzten Versuch unternimmt er doch noch: „Aber was ist, wenn Schulmeister Ottschneider mich gar nicht haben will?“ Da lächelt Katharina: „Ich habe doch schon längst mit Ambrosius Ottschneider gesprochen. Er würde Dich mit Kusshand zur Ausbildung nehmen.“ Georg gibt sich immer noch nicht geschlagen: „Aber was ist, wenn ich nicht will …?“ – Katharinas Lächeln ist wie eingemeißelt: „Doch, mein Junge, ich kenne Dich. Du willst das im Grunde Deines Herzens. Ich weiß ganz genau, was Du eigentlich willst und was Dir gut tut. Höre auf Deine Eltern! Die sagen Dir, wie das Leben spielt!“ Georg gibt sich geschlagen. Vielleicht ist das wirklich sein Weg, den Weg den er gehen muss.

Noch am selben Tag gehen er und seine Mutter zum Schulmeister, der voller Freude zur Kenntnis nimmt, dass Georg an der Lateinschule bleiben und sich von ihm zum Schulmeister ausbilden lassen will: „Dass mein bester Schüler hier bleibt, hätte ich nicht zu träumen gewagt“, sagt er und Georg lächelt gequält. „Wisst Ihr“, fährt Ottschneider fort, „ich beabsichtige, möglichst bald Messpriester zu werden, und da ist es mir eine große Freude, wenn ich die Lateinschule in so gute Hände wie die Deinen, Georg, legen kann.“ – ‚Wie schön!‘ denkt Georg und macht dabei eine süßsaure Miene, ‚das sieht aus wie ein abgekartetes Spiel!‘

## *Bayreuth, 12. Januar 1511 (bis 1515)*

Die Ausbildung dauert knapp zwei Jahre. Als Gehilfe des Schulmeisters (Locat) lehrt Georg die Jungen nicht nur Schreiben und Rechnen, sondern auch Latein und Musik. Tatsächlich ist die Musik seine besondere Leidenschaft. Die Eltern hatten von Anfang an darauf gedrungen, dass ihre Kinder auch ein Musikinstrument erlernen, und Georg hatte die Laute gewählt. Mit ihr begleitet er gerne den Kindergesang. Die Arbeit mit den Jungen macht ihm viel Freude, auch wenn er immer wieder enttäuscht wird, wenn die Schüler augenscheinlich wieder einmal nichts gelernt haben. Ottschneider verwendet in solchen Fällen gerne den Rohrstock, um den Lernerfolg zu erzwingen, aber Georg geht normalerweise davon aus, dass auch die Schüler ja im Grunde etwas lernen wollen.
Nach zwei Jahren scheidet Ottschneider aus dem Schuldienst aus und wird Messpriester, eine Aufgabe, die er lange schon im Auge hatte. Georg ist damit offiziell Bayreuther Schulmeister und Kantor.

# Kapitel 2

## Kasimir wird Markgraf – Georg wird Messpriester

## *Ansbach 10. Oktober 1512*

„Ansbach in Sicht!" Als Markgraf Georg von Brandenburg-Ansbach, der zweitälteste Sohn von Markgraf Friedrich, am Spätnachmittag diesen Ruf seines Dieners hört, blickt er auf. Tatsächlich! Die Türme der beiden großen Kirchen St. Johannis und St. Gumprecht sind bereits zu erkennen. Gumprecht! Ja, so heißt auch sein jüngster Bruder. Inzwischen müsste er schon neun Jahre alt sein. Wie mag der kleine Bruder jetzt, sechs Jahre nach seinem Weggang aus Ansbach aussehen? Viele Gedanken gehen ihm durch den Kopf. Seit gut zwei Wochen ist er jetzt unterwegs von Budapest nach Ansbach, seinem Geburtsort. Der Grund für die lange Reise war die Nachricht, dass es seiner Mutter Sofia gesundheitlich sehr schlecht gehe. Und Georg weiß um die zerbrechliche Gesundheit der Mutter, die insgesamt 17 Kinder zur Welt gebracht hat.

Der 28 Jahre alte Georg betrachtet in der untergehenden Sonne die Stadtsilhouette seiner Heimatstadt Ansbach. Hier ist er aufgewachsen. Aber inzwischen ist die Stadt ihm fremd geworden. Die einzige Person, die ihn noch an dieses Gemäuer bindet, ist seine Mutter. Mit ihr hat er sich so gut verstanden. Hoffentlich ist sie noch am Leben! Als er vor gut zwei Wochen die Nachricht empfing, dass sie sehr krank sei, hat er sich sofort auf den Weg gemacht. Und er hat den Tross aus Soldaten und Dienern, die mit ihm reisten, auch immer wieder angetrieben. Aber die Reise von Budapest nach Ansbach ist weit. Normalerweise braucht man dazu knapp drei Wochen, aber Georg ist jetzt erst 15 Tage unterwegs. Er will die Mutter unbedingt noch lebend antreffen. Und wie mag es den Geschwistern gehen? Zwölf von ihnen haben das Kindbett überlebt. Und was mag mit dem Vater sein? Er war immer so herrschsüchtig und hat eigentlich nur sich selbst im Blick

gehabt. Sein älterer Bruder Kasimir soll einmal die ganze Markgrafschaft erben und als Nachfolger des Vaters Herrscher sowohl über das Unterland, Brandenburg-Ansbach, als auch über das Oberland, Brandenburg-Kulmbach, werden. ‚Soll er doch!' denkt sich Georg. ‚Ich sehe meine Zukunft in Ungarn.' Ursprünglich hatte sein Vater über ihn verfügt, er solle die kirchliche Laufbahn einschlagen ähnlich wie sein sechs Jahre jüngerer Cousin Albrecht, der sich inzwischen anschickt, Erzbischof von Magdeburg zu werden. Aber Georg hatte, nachdem er volljährig geworden war, sehr schnell auf die Domherrenpfründe in Würzburg verzichtet. Er wollte sein Glück außerhalb der Markgrafschaft suchen.
Es war seine Mutter gewesen, die angeregt hatte, ihn zu ihrem Bruder, dem König von Böhmen und Ungarn, Wladislaw II., nach Budapest zu schicken. Sie hatte schnell gemerkt, dass er nicht so ein Wildfang war wie sein Bruder Kasimir: „Georg", hatte sie gesagt, „es bricht mir das Herz, dich wegzuschicken, denn du bist mein Sonnenschein! Aber bei meinem Bruder wirst du es besser haben als hier. Du hast Dich immer so rührend um deine kleinen Brüder Friedrich Albert – Gott hab ihn selig – und Gumprecht gekümmert. Mein Bruder hat eine Tochter, Anna, sie ist genauso alt wie Gumprecht. Und seine Frau ist schwanger mit einem zweiten Kind. Ich weiß, dass sie bei schlechter Gesundheit ist. Vielleicht kannst Du ihr bei der Erziehung der Kinder helfen. Mein Bruder wird auf Dich aufpassen und Dir irgendwann eine Braut geben, die zu Dir passt. Dessen bin ich mir sicher." Ja, in Budapest bei Onkel Wladislaw hatte Georg es tatsächlich gut, viel besser als in Ansbach bei dem selbstherrlichen Vater und dem missgünstigen älteren Bruder. Wladislaw hatte ihn behandelt wie einen erwachsenen Sohn, er hatte ihm sogar sein Kostbarstes anvertraut, seine beiden Kinder. Kurz nach der Geburt Ludwigs vor sechs Jahren

war seine Frau, Prinzessin Anne, gestorben. Georg war zum Erzieher der beiden Kinder ernannt worden – eine höhere Auszeichnung konnte er sich nicht vorstellen. „Nein“, murmelt Georg – auf seinem Pferd sitzend – plötzlich vor sich hin: „Was auch passiert, ich werde nicht nach Ansbach zurückkehren!“ Die möglicherweise sterbende Mutter zu besuchen, das ist ihm ein inneres Anliegen. So viel verbindet ihn mit ihr. Ihr verdankt er viel und ihr will er auch noch erzählen, wie es ihm in Budapest ergangen ist. Ihr will er von seiner Hochzeit mit Beatrica Francopan erzählen. „Meine Beatrica!“ entfährt es ihm und er seufzt. König Wladislaw hatte die Hochzeit angeregt, und Georg hatte die schöne Beatrica wirklich geliebt … und nicht, weil sie ihm die Herrschaft über weite Teile Ungarns und Schlesiens einbrachte. Spätestens zu diesem Zeitpunkt war sich Georg sicher gewesen, dass seine Zukunft in Ungarn lag. Ihm war sein Lebensglück geschenkt worden. Und so hatte ihn der plötzliche Tod Beatricas ein Jahr nach der Hochzeit wie ein Blitz getroffen. Sie war doch erst dreißig Jahre alt gewesen! Wie schön hätte die Zukunft sein können! Kinder hatten sie haben wollen, aber auf einmal war alles vorbei. Georg weiß nicht, ob er jemals wieder heiraten wird. So eine wie Beatrica gibt es nicht noch einmal. Dass sein Vater bei der Hochzeit nicht anwesend war, hat ihn nicht gestört. Aber dass es der Mutter verboten wurde zu kommen und mitzufeiern, hat er dem Vater übel genommen. Darüber will er mit ihm in Ansbach sprechen.

Ja, er hatte sich geschworen, nie wieder nach Ansbach in dieses dunkle Wasserschloss zurückzukehren. Aber dann kam die Nachricht von der Krankheit der Mutter. Und Georg hat sich sofort für die lange Reise nach Ansbach gerüstet. Er wollte ihr unbedingt beistehen. Hoffentlich ist es noch nicht zu spät! Mit diesen Gedanken, die immer wieder um die Krankheit der schwachen Mutter kreisen, hebt Georg den Blick auf das vor ihm liegende Wasserschloss. Da stockt ihm der Atem. Er reibt sich die Augen! Bitte, Herr Gott, gib, dass das, was ich da sehe, nicht wahr ist! Aber doch! Es ist wahr: Die Fahne auf der höchsten Zinne der Burg weht auf Halbmast. Das kann nur heißen: Georg kommt zu spät. Die Mutter ist bereits verstorben. Unwillkürlich treten Tränen in Georgs Augen. Du bist zu spät, zu spät!

Am liebsten würde Georg sofort wieder umkehren. Was sucht er jetzt noch in dieser Burg? Auf eine Begegnung mit dem arroganten Vater oder dem überheblichen älteren Bruder legt er gewiss keinen Wert. Georg ist so froh, dass er weder auf seinen Vater noch auf Kasimir angewiesen ist. Aber da sind noch die anderen Geschwister, die im Schloss leben: Margarete, die einzige, die älter als er ist – ob sie schon verheiratet ist? –, dann Sophie, Anna, Albrecht, Johann, Elisabeth, Barbara, Friedrich, Wilhelm, Johann Albrecht und Gumprecht? Er gesteht sich selbst ein: die Geschwister sind vielleicht in der Tat ein Grund, um das Schloss zu besuchen und einige Tage zu bleiben. Aber im Innern schwört sich Georg: Ich bleibe dort nicht länger als irgend nötig.

Und als die Zugbrücke für ihn und seinen Tross herabgelassen wird, denkt er an die Zeit, als er noch ein kleiner Junge war. Jaja, das waren Zeiten, als er noch zusammen mit seinem größeren Bruder Kasimir durch die Burg tobte. Kasimir wollte immer der erste sein. Gut, er ist auch zweieinhalb Jahre älter. Dass er mit dem Steckenpferd stets schneller war als Georg, war klar. Aber beim Versteckspielen bekam er regelmäßig einen Tobsuchtsanfall, wenn er den kleineren Bruder einfach nicht fand, während dieser ihn oft schnell ausfindig machen konnte. Auch das Spielen mit den Tonkügelchen hatte Georg schnell besser beherrscht als Kasimir. Manchmal hatte ihn der große Bruder dafür auch geschlagen. Nun ja, vergeben und vergessen! Georg ist nicht nachtragend, und er ist geradezu froh darüber, dass er in Budapest eine Heimat gefunden hat und mit dieser finsteren Burg, die da vor ihm liegt und in der er aufgewachsen ist, nichts mehr zu tun hat. Immer wieder hat der Vater dem Bruder zu verstehen gegeben, dass es Kasimir sein wird, der einst die Herrschaft über die Markgrafschaft erben werde. Vielleicht ist der ältere Bruder deshalb immer so großspurig aufgetreten. Und vor den Bediensteten hat sich der große Bruder tatsächlich schon wie ein Herrscher aufgespielt! Er hat sie mitunter so herumkommandiert wie der Vater die Mutter. Im Grunde ist er froh, dass es so gekommen ist wie es gekommen ist. Die Mutter hatte schnell gemerkt, dass er, Georg, nicht so flegelhaft war wie Kasimir, sondern mehr ihr Naturell geerbt hatte.

Als Georg in den Burghof einreitet, springen die beiden jüngsten Brüder Johann Albrecht und Gumprecht auf ihn zu: „Georg, da bist du endlich!“ Sie lächeln, aber Georg erkennt in ihren Mienen zugleich eine große Traurigkeit. „Ach, meine Brüder!“ ruft Georg ihnen zu und springt vom Pferd. Er umarmt die beiden vielleicht etwas fester als sonst und sagt leise zu jedem von den beiden: „Es ist schön, dass es euch gibt!“ Und dann fragt er: „Wie geht es euch?“ Gumprecht fängt sofort an zu weinen: „Mutter ist gestorben!“ Georg nimmt seinen kleinen Bruder in den Arm und sagt gar nichts. Er kann auch gar nichts sagen, denn auch ihm kommen die Tränen. Mutter ist gestorben! Ein furchtbarer Satz! Johann Albrecht stößt hervor: „Und wir vermissen Dich!“ Georg nickt, er versteht seine kleinen Brüder. Und seinen Vater und den Bruder Kasimir kennt er nur zu gut! „Wann?“ fragt Georg mit erstickter Stimme, „wann ist Mutter gestorben?“ – „Vor fünf Tagen, es ging alles so schnell“, schluchzt Gumprecht. Er ist der jüngste und gerade mal 9 Jahre alt. Georg spürt, dass er seine kleinen Geschwister trösten muss. Er ist der drittälteste und hat jetzt stark zu sein, obwohl ihm auch zum Heulen zumute ist. „Jetzt bin ich erstmal da!“ sagt er und wischt Gumprecht die Tränen von den Wangen. „Wie groß seid Ihr geworden!“ Johann Albrecht drängt sich an seine Seite: „Du warst lange weg!“ – „Ja“, sagt Georg, „sechs Jahre sind eine lange Zeit. Es ist viel passiert seither, wahrscheinlich auch in Ansbach.“ Die beiden Brüder nicken. Erst jetzt blickt Georg auf und sieht in der Tür zum Haupthaus seine große Schwester Margarete stehen. „Margarete, wie schön, Dich zu sehen, sei gegrüßt!“ ruft er und kommt auf sie zu. Wortlos umarmt sie ihn. Ihre Augen sind rot vom Weinen. Georg kann gar nichts mehr sagen. Da ergreift Margarete das Wort: „Sei gegrüßt! Komm, ich zeige Dir Dein Zimmer. Dort kannst Du Dich nach der langen Reise kurz erholen wollen! Du wirst müde sein.“ Und dann fügt sie leise noch hinzu: „Es ist schön, dass Du da bist!“ Georg umarmt sie noch einmal ... es fällt ihm einfach nichts ein, was er ihr sagen könnte. Ein „Danke!“ wäre viel zu wenig. Ja, das ist Margarete, fürsorglich, vorausschauend, eben Margarete! Auf dem Weg durch die langen Gänge des Schlosses, die Georg nur zu gut kennt, kommen nach und nach alle anderen Geschwister auf ihn zu und begrüßen ihn herzlich. In ihren Gesichtern kann Georg die Trauer sehen, die durch den Tod der Mutter über sie gekommen ist. Mit ihr ist eine Stütze weggebrochen. Und Georg spürt, dass er vielleicht doch etwas länger hierzubleiben hat, als er eigentlich vorhat. Seine Geschwister, besonders die kleinen, brauchen ihn. Anders als seine Schwestern und Brüder ist er als Herr über die Burg Hunyadi und die Festung Lippa mit ihren umliegenden über 200 Dörfern bereits ein gestandener Mann. Selbst sein älterer Bruder Kasimir kann nichts Vergleichbares vorweisen.

Erst als Georg allein in dem Zimmer ist, das seine Schwester ihm zugewiesen hat, fällt ihm auf, dass ihm weder sein Vater noch Kasimir bisher begegnet sind. Auch Elisabeth, die zehn Jahre jünger ist als er, hat er noch nicht gesehen.
Da klopft es leise, und nach einem freundlichen „Ja bitte" von Georg, schleicht sich Gumprecht ins Zimmer. Georg spürt sofort, dass der jüngste Bruder eine besondere Zuwendung braucht: „Gumprecht, komm her!" lädt ihn Georg ein und nimmt ihn in den Arm. Dann setzen sie sich auf einen breiten Sessel, blicken einander in die Augen und halten sich an den Händen fest. Beide spüren eine besondere Nähe zueinander. Georg nickt ihm schmunzelnd zu: „Groß bist du geworden!" – „Du auch, Bruder!" gibt Gumprecht zur Antwort und lächelt ihm zu. „Erzähle! Wie war das mit Mutter? Was ist mit Vater und Kasimir? Und wo ist Elisabeth? Geht es ihr gut? Es wird doch nichts passiert sein!" – „Das sind viele Fragen!" stellt der kleine Bruder fest. Da kommt Margarete durch die geöffnete Tür ins Zimmer: „Georg, Du musst einen gewaltigen Hunger haben. Ich habe das Personal angewiesen, Dir ein Mahl im Speisesaal zuzurichten." – Da erst fällt Georg auf, wie hungrig er ist. „Margarete, Du bist ein Schatz. Danke! Ich habe tatsächlich Hunger", antwortet Georg und erhebt sich. „Und während Du isst, erzähle ich Dir, was Du wissen willst, ja?" wirft Gumprecht ein. „So machen wir's!" meint Georg und streichelt seinem kleinen Bruder über den Kopf.
Im Speisesaal staunt Georg nicht schlecht über die Tafel, die nur für ihn gedeckt ist. „Das ist ja ein Essen für eine ganze Armee!" – Margarete sagt leise: „Gestern war Vater wieder auf der Jagd, und danach hat er alle Jäger zu einem großen Jagdfest eingeladen. Das sind nur die Reste vom Fest." Georg greift sofort zu einem Fleischstück, steckt es sich in den Mund und fragt kauend: „Und wo ist Vater jetzt?" – „Wahrscheinlich

schläft er noch seinen Rausch aus. Jedenfalls darf ihn niemand in seinem Schlaf stören, sonst wird er wütend. Und Du weißt, wie es ist, wenn Vater wütend wird“, sagt Margarete ernst. „O ja! Das kenne ich!“ Georg nickt und erinnert sich an die eine oder andere Tracht Prügel, die ihm der Vater verabreicht hat, wenn ihm irgendetwas gegen den Strich ging. ‚Wie gut, dass ich nicht mehr von ihm abhängig bin!‘, denkt er sich dabei. „Und Elisabeth? Was ist mit ihr?“ fragt Georg zwischen zwei Schlucken Bier und er fügt hinzu: „Ah, tut das gut!“ – „Elisabeth ist verheiratet“, schaltet sich Gumprecht wieder ins Gespräch ein. „Wirklich? Mit wem denn?“ fragt Georg. „Vater hat verfügt, dass sie Markgraf Ernst von Baden-Durlach heiraten soll. Und so ist es vor zwei Jahren in Pforzheim auch geschehen“, erläutert Margarete. „Kinder?“ fragt Georg zwischen zwei Bissen; sein Appetit wird beim Essen eher größer als kleiner. „Ja, vor einem Jahr ist Albrecht geboren, und kürzlich kam die Nachricht, dass sie mit einem zweiten Kind schwanger ist.“ – „Dann hat Mutter noch erfahren, dass sie Großmutter geworden ist?“ fragt Georg und Margarete nickt: „Sie hätte ihr Enkelkind gerne einmal in den Arm genommen, aber ihr schlechte Gesundheit hat keine Reise erlaubt – und Vater hätte es auch nicht erlaubt.“ – „So schlimm?“ fragt Georg und Margarete nickt.

„Was ist mit Kasimir?“ Georg wundert sich, dass sein älterer Bruder noch immer nicht aufgetaucht ist. „Er ist schwierig“, sagt Margarete nur. „Will er immer noch ständig er Erste und Wichtigste sein?“ Margarete nickt erneut: „Er hält sich für den Größten. Er ist dem Vater ja so ähnlich und eigentlich müssten die beiden sich gut verstehen, aber sie streiten andauernd. Du müsstest so einen Streit mal erleben. Neulich ging dabei sogar ein Stuhl zu Bruch, den unser Bruder vor Wut durchs Fenster auf den Burghof geworfen hat. Mutter hat unter diesen Streitigkeiten immer besonders gelitten. Aber sie hatte weder auf Vater noch auf Kasimir irgendeinen Einfluss. Immer wenn sie zum Frieden reden wollte, haben sie plötzlich beide angeschrien." – „Das ist ja furchtbar!" meint Georg, „und worüber streitet sich unser Bruder denn mit Vater?" – „Nun ja", meint Margarete, „Kasimir soll ja das alles hier einmal übernehmen und er scheint Angst zu haben, dass Vater durch seine Jagden, seine Feste und die Turniere, die er jeden Monat veranstaltet, die Geldmittel der Markgrafschaft verprasst. Er hat Angst, ein bankrottes Land zu bekommen." – „Ja, aber gegen Vater kann er doch gar nichts machen", wirft Georg ein, „Vater gehört alles." „Eben", meint Margarete, „deshalb zieht sich unser Bruder nach so einem Streit immer in seine Gemächer zurück und grübelt, aber ich weiß nicht, was in seinem Inneren vor sich geht. Aber wenn er einmal die Markgrafschaft übernimmt, ich weiß nicht, ob das für die Menschen hier gut ist. Er ist eben genauso aufbrausend wie Vater." Und nach einer längeren Pause fügt sie hinzu: „Georg, könntest Du nicht länger hierbleiben? Ich bin mir sicher, dass Deine Anwesenheit allen guttun würde." – „Ja, vielleicht, aber ich weiß nicht, ob das mir guttun würde. Wir werden sehen", antwortet Georg mit vollem Mund.

Dann schaltet sich Gumprecht wieder ins Gespräch ein: „Erzähl doch mal, Bruder! Wie ist es Dir denn ergangen! Bist Du eigentlich verheiratet?" Diese Frage schmerzt Georg nach wie vor, aber dann erzählt er bereitwillig von seinem Dienst am Hof des Onkels König Wladislaw in Budapest, von seiner Heirat mit der schönen Beatrica und ihrem plötzlichen Tod. Er erzählt auch, dass er durch die Heirat Herr über bedeutende ungarische Ländereien geworden ist und dass er deshalb nicht in Ansbach bleiben wird.

Georg ist kaum mit seinem Bericht fertig, da öffnet sich die Tür und Kasimir tritt ein. Georg erhebt sich und kommt ihm entgegen. „Willkommen, Bruder!“ sagt Kasimir knapp. „Dank Dir, Bruder!“ antwortet Georg. „Hattest Du eine gute Reise?“ fragt Kasimir, und Georg nickt, „es ging alles gut. Wir sind rasch vorangekommen! Aber schlimm, dass ich Mutter nicht mehr lebend angetroffen habe. Wo habt ihr sie bestattet?“ – „In unserer Familiengruft hier in der Schlosskapelle. Du kannst nachher dorthin gehen.“ – „Das würde ich gerne!“ meint Georg. „Wir müssen reden, Bruder!“ sagt Kasimir, und Georg fällt auf, dass er ihn nicht beim Namen nennt. Ähnlich knapp antwortet er daher: „Wann?“ – „Am besten jetzt gleich!“ Georg merkt, dass Kasimir etwas auf dem Herzen hat. Er geht zurück zum Tisch, nimmt seinen Bierkrug in die Hand, wendet sich Kasimir zu und sagt: „Ich bin bereit, Kasimir!“ – „Komm!“ fordert dieser ihn auf und verlässt den Raum. Als Georg an der Tür steht, wendet er sich noch zu Margarete um: „Danke für die Begrüßung und Bewirtung!“ Margarete lächelt und wendet sich Gumprecht zu. Dann verlässt Georg den Raum und folgt Kasimir durch den langen Gang mit den Gemälden der Vorfahren.

In Kasimirs Gemach angekommen macht dieser eine einladende Handbewegung und fordert Georg auf: „Nimm Platz!“ – „Was ist passiert?“ fragt Georg und er fügt hinzu: „Hat es mit Mutters Tod zu tun?“ – „Ja und nein!“ antwortet Kasimir und schweigt. „Mit Vater?“ fragt Georg weiter und Kasimir nickt. „Ihr streitet viel?!“ meint Georg und Kasimir nickt, aber dann bricht es aus ihm heraus: „Vater ist unausstehlich, und seit Mutter tot ist – und das ist ja noch gar nicht lange her – ist es noch viel schlimmer geworden. Er hat mich enterbt.“ – „Bitte, was?“ Georg glaubt, nicht richtig gehört zu haben, „das ist nicht Dein Ernst!“ – „Je nun, zumindest teilweise! Er hat verfügt, dass nach seinem Tod Du das Unterland erben wirst und ich bloß das Oberland.“ – „Hat Mutter ihm das abgerungen?“

fragt Georg. „Nein, das hat er verfügt, weil er nie mit mir zufrieden ist und wir immer streiten. Er kennt nur sich selbst und seine eigenen Bedürfnisse und Wünsche. Er will reiten, jagen, Turniere abhalten und – ganz wichtig – Feste feiern. Und jedes Mal, wenn ich es wage ihn darauf anzusprechen, bekommt er einen Tobsuchtsanfall: Ich hätte mich da gar nicht einzumischen, ich solle das Maul halten und er wisse schon selbst, was für ihn und die Markgrafschaft gut sei. Dabei fährt er gerade die Markgrafschaft finanziell an die Wand. Die Bauern stöhnen und ächzen unter der Abgabenlast und der feine Herr Markgraf feiert Feste ohne Ende." – „Nun ja, und auf welche Art und Weise versuchst Du, ihm beizubringen, dass er so nicht weiterleben sollte?" fragt Georg seinen Bruder, und Kasimir muss zum ersten Mal grinsen: „Ich sage ihm einfach: Vater, hör auf zu saufen!" – „Und Du meinst, dass er das dann auch tut?" fragt Georg weiter. „Hör zu, Bruder!" fängt Kasimir wieder an. „Ich bin so erzogen, dass ich meine Meinung sage. Ich muss als Markgraf auch meine Meinung durchsetzen können, aber bei Vater komme ich einfach nicht durch." – „Ist auch klar!" meint Georg, „Vater ist selbst sehr machtbewusst und herrschsüchtig. Mutter hat er immer genauso herumkommandiert wie die Angestellten. Und wenn jemand Widerspruch gewagt hat, hat er sofort gebrüllt und getobt. Ich vermute, Du bist nicht viel anders." – „Jetzt mach mal halblang, Bruder! So lasse ich nicht mit mir reden!" Auf Kasimirs Stirn zeigen sich sofort kleine Zornesfalten, aber Georg versucht zu beschwichtigen: „Ich wollte nur sagen, dass ich mir gut vorstellen kann, dass Ihr beide aneinander geratet." Und nach einer kurzen Pause fügt er an: „Und im Rahmen eines solchen Streites hat er gesagt, den Ansbacher Teil der Markgrafschaft würdest Du nicht erben, sondern ich?" – Kasimir nickt: „Ja, genauso war es! Er hatte mich wieder beschimpft und ich hatte

vor Wut einen Stuhl durchs Fenster geworfen." – „Und Du meinst, das kann man nicht wieder rückgängig machen?" fragt Georg nach. Kasimir schüttelt den Kopf: „Du kennst doch Vater! Der macht so etwas nie und nimmer rückgängig!" Georg wird nachdenklich: „Dabei weiß er doch, dass ich Besitzungen in Ungarn und Schlesien habe und nicht nach Ansbach oder gar Kulmbach zurück will. Was gedenkst Du zu tun?"
„Georg, ich habe einen Plan, aber bevor ich ihn Dir eröffne, möchte ich, dass Du schwörst, dass dieser Plan unter uns bleibt." Es fällt Georg sofort auf, dass Kasimir ihn gerade zum ersten Mal mit Namen genannt hat, und er schließt daraus, dass es jetzt wirklich um etwas Ernstes geht. Deshalb hebt er seine rechte Hand: „Ich schwöre: Was immer Du mir jetzt sagst, ich werde es niemandem weiter erzählen!" Kasimir geht zur Tür, er öffnet sie, kontrolliert, dass niemand heimlich zuhört, schließt sie und sperrt sie ab. Dann sagt er leise: „Ich werde Vater absetzen!" – „Du bist verrückt!" Georg glaubt sich verhört zu haben. „Leise!" zischt Kasimir, und Georg flüstert: „Du willst was?" – „Ich werde ihn verhaften lassen, und dann werden wir beide die Markgrafschaft übernehmen", flüstert Kasimir. „Das ist nicht Dein Ernst! Du versündigst Dich", zischt ihm Georg zu. Aber Kasimir scheint fest entschlossen: „Bleib mir mit ‚Sünde' vom Leib! Vater hält sich schon lange nicht mehr an irgendwelche Gebote. Bis vor kurzem hat er noch seine eigene Schwester auf der Plassenburg weggesperrt, bloß weil diese den heiligen Vater in Rom gebeten hatte, ihre Ehe mit Wladislaw aufzulösen. Außerdem verprasst er unser Erbe mit ständigen Jagden, Festen und Turnieren. Hast Du eine Ahnung wie teuer das ist? Und denk mal daran, wie er mit Mutter umgegangen ist! Es ist wirklich an der Zeit, dass wir ihm das Handwerk legen. Wir sind jetzt alt genug, und wenn wir warten wollen bis Vater tot ist … ich sage Dir, das kann

dauern!" Georg erkennt, dass sich sein Bruder schon viele Gedanken gemacht hat. Kasimir leidet sichtlich unter dem unberechenbaren Vater. Deshalb fragt er nach: „Und wie könnte das zu bewerkstelligen sein, Kasimir, wie willst Du Vater aus dem Verkehr ziehen?" fragt Georg. „Ganz einfach! In den letzten Monaten bin ich Vater so gut es ging aus dem Weg gegangen. Ich bin immer wieder nach Kulmbach gereist und habe mich dort gezeigt. Auf der Plassenburg habe ich das Vertrauen des Burgvogtes Hans von Heydenab. Er ist mir treu ergeben. Er weiß, dass ich einst das Oberland regieren werde und richtet sich darauf ein, dass das bald der Fall sein wird." – „Ja, und weiter? Deshalb ist Vater noch lange nicht weg … Du willst ihn doch nicht etwa töten lassen?" Georg kommt ein schrecklicher Verdacht. „So ein Unsinn!" zischt Kasimir, „natürlich nicht! Aber jetzt, wo Tante Barbara so krank ist, dass sie nicht mehr eingesperrt werden muss, ist das Turmzimmer auf der Plassenburg frei. Ich plane, ihn genau dort festzusetzen. Dann erfährt er am eigenen Leib, was er mit Tante Barbara gemacht hat. Es wird ihm an nichts fehlen, außer vielleicht seine Jagden, seine Turniere und seine Festgelage. Aber gefressen und gesoffen hat er in der letzten Zeit wirklich genug. Das reicht für sein Leben." Georg fängt an nachzudenken! Den eigenen Vater abzusetzen und einzusperren, das wäre wirklich ein Skandal! Gut, der Vater hatte seine eigene Schwester auf der Plassenburg aus einem wesentlich geringeren Grund jahrelang eingesperrt. Sie hatte sich seinem Willen nicht gefügt und ihre Ehe mit Wladislaw auf dessen Wunsch hin vom Papst annullieren lassen. Wahrscheinlich war auch der Grund gewesen, weshalb der Vater Wladislaw, den Bruder seiner eigenen Frau, hasste. Den Vater auf der Plassenburg wegzusperren, wäre eine Art Rache für diese Ungerechtigkeit. Verdient hätte er es auf jeden Fall. Außerdem hat er Mutter immer wieder schikaniert und vor Gästen und Bediensteten so manches Mal gedemütigt. Plötzlich fallen Georg Szenen ein, in denen der Vater die Mutter vor den Bediensteten angeschrien hat, sie solle „das Maul halten". Und hat er sie nicht auch geschlagen? Ja, das hat er. „Und was sagt Margarete dazu?" fragt Georg, aber scheint die Frage gar nicht zu verstehen: „Margarete? Du willst die doch nicht wirklich einweihen?! Die sagt nichts dazu, weil sie nichts dazu zu sagen hat. Die soll weiter stricken, weben und häkeln und ansonsten sich ruhig verhalten." Georg nimmt das zur Kenntnis. „Und was, wenn's schiefgeht? Wie willst Du ihn überhaupt nach Kulmbach bekommen?" fragt Georg nach einer Pause. Kasimir grinst: „Also erstens kann es nur schiefgehen, wenn Du dagegen bist, sonst nicht! Und zweitens muss ich ihn gar nicht ins Oberland auf die Burg bringen, weil er freiwillig dorthin gehen wird. Es stimmt schon, dass er sich am liebsten hier in Ansbach aufhält, aber einmal im Jahr will er in der Regel auch auf der Plassenburg nach dem Rechten sehen. Dann werde ich vorreiten und alles vor-be-reiten." Kasimir lacht hämisch und fährt fort: „Wie gesagt: Der Burgvogt frisst mir aus der Hand. Die Absetzung wird ein Kinderspiel. Das Turmzimmer ist frei. Also, was sagst Du?" – „Mir ist noch nicht so recht klar, weshalb Du meine Zustimmung dazu brauchst", wirft Georg ein. „Na, ist doch klar!" Kasimir spürt, dass Georg seinem verwegenen Plan keinen nennenswerten Widerstand mehr entgegen setzen wird, „Ich bin ja nur Herr über das Oberland, Kulmbach und Bayreuth und was dazugehört. Wenn also Vater abgesetzt ist, musst Du nach Ansbach kommen und dort Deinen Teil der Markgrafschaft, das Unterland, übernehmen." – „Das kannst Du vergessen! Ich komme nicht nach Ansbach! Meine Zukunft liegt derzeit in Ungarn, vielleicht auch in Schlesien. Erstens habe ich dort meine Ländereien mit den

Burgen Hunyadi und Lippa. Und zweitens stehe ich bei Onkel Wladislaw im Wort. Ich habe versprochen, mit um die Erziehung seiner beiden Kinder, besonders seines Sohnes Ludwig zu kümmern – der ist übrigens auch Dein Vetter!“ Georg macht deutlich, dass er seine Verpflichtungen in Ungarn ernstnehmen will. „Wie das? Ich dachte, Du wärst in Budapest lediglich der Erzieher unserer Base und unseres Vetters. Woher hast Du denn solche Ländereien, etwa ein Geschenk von Onkel Wladislaw?“ will Kasimir wissen. Georg schüttelt den Kopf: „Von meiner Frau!“ – „Du hast eine Frau? Warum sagst Du das erst jetzt? Wo ist sie? Wie heißt sie? Warum hast Du sie nicht mitgebracht?“ Kasimir ist ganz neugierig, aber Georg schüttelt traurig den Kopf und sagt tonlos: „Tot!“ – „Tot?“ – „Ja, gestorben! Ein Jahr nach der Hochzeit! Plötzlich krank geworden und über Nacht gestorben. Es war furchtbar! Ich habe sie geliebt.“ Georg hat plötzlich – ohne dass er es wollte – Tränen in den Augen. Kasimir ist sprachlos, und dann tut er etwas, womit Georg nie im Leben gerechnet hätte: Er nimmt die Hand seines Bruders und hält sie fest. ‚Das ist seine Art, Mitgefühl auszudrücken‘, denkt sich Georg, und er weiß, dass es Kasimir ernst ist. Es ist das erste Mal, dass er Kasimir mitfühlend sieht, und er ist dankbar dafür. Irgendwann sagt Kasimir: „Es tut mir leid!“ – „Schon gut!“ stößt Georg hervor. „Aber jetzt weißt Du, dass ich nicht nach Ansbach kommen werde. Du kannst Deinen Plan vergessen.“ Die beiden Brüder schweigen und sehen einander in die Augen. Dann ergreift Kasimir das Wort. Er sagt leise: „Und wie wäre es, wenn Du in Ungarn bleibst und mir das Unterland als Verwalter überlässt? Ich verspreche, es in Deinem Sinn zu regieren. Das ginge doch?“ – „Hm ja, das wäre eine Möglichkeit!“ meint Georg, „lass mich darüber nachdenken. Außerdem möchte ich Vater unbedingt wiedersehen, bevor ich mich entscheide. Wo ist er eigentlich?" – „Gestern war wieder ein Burgfest, wahrscheinlich schläft er noch seinen Rausch von gestern aus. Wir reden morgen weiter, ja?" mit diesen Worten beendet Kasimir das Gespräch und sperrt die Tür wieder auf. Georg nickt: „So machen wir's! Ich gehe jetzt erst einmal zu Bett. Es ist schon spät und ich habe eine lange Reise hinter mir." – „Das wird das Beste sein", meint Kasimir, „aber ich rate Dir: Es wäre sinnvoll, noch wenigstens kurz vor dem Schlafengehen mit Vater zu sprechen ... wenn er wach ist. Er bekommt bestimmt sonst gleich wieder einen Tobsuchtsanfall." – „Danke, Bruder!" sagt Georg noch und reicht ihm die Hand. Dann geht er wieder durch lange Gänge und denkt über das nach, was ihm Kasimir da vorgeschlagen hat. In der Tat: Das wäre eine Möglichkeit! Verstohlen gähnt er, als ihm Margarete entgegenkommt. „Georg", sagt sie und umarmt ihn, „es ist so schön, dass Du da bist! Du kannst Dir gar nicht vorstellen, wie schlimm es mit Vater und Kasimir ist. Und seit Mutters Tod ist keiner mehr da, der wenigstens manchmal die beiden beruhigen kann." – „Danke, Margarete", sagt Georg, „aber wo sind denn die anderen Geschwister?" – „Hast Du nicht den Gong gehört? Es ist jetzt Abendessenszeit. Wir treffen uns im Speisesaal. Vater ist auch aufgestanden. Magst Du Dich nicht zu uns gesellen?" – „Vater ist wach?" fragt Georg, „das wusste ich nicht. Natürlich komme ich mit." Und so gehen die beiden Richtung Speisesaal. Georg ist gespannt auf seinen Vater. Wie mag er ihn wohl empfangen. Als Margarete die Tür öffnet, sieht Georg, die riesige Tafel. Alle sind schon da, außer Kasimir, der seinen Vater so weit wie möglich meidet, und Elisabeth, die ja schon eine verheiratete Frau ist und bei ihrem Mann in Pforzheim lebt. Aber alle restlichen Geschwister sind da: Sophie, Anna, Albrecht, Johann, Barbara, Friedrich, Wilhelm, Johann Albrecht, Gumprecht. An der Spitze der Tafel sitzt – wie immer –

der Vater. Er wirft gerade einen abgenagten Hühnerknochen hinter sich und blickt auf, als er die Tür hört: „Aha, der Herr Sohn gibt sich die Ehre!" – „Sei gegrüßt, mein Vater!" ruft Georg in dem freundlichsten Tonfall, der ihm möglich ist, und eilt auf den Vater zu. Die Begrüßung seines Sohnes nimmt der Vater huldvoll entgegen: „Hast Dich hier wohl schon ein bisschen umgesehen. Und? Wie geht es Dir, was macht Wladislaw, der Bandit?" – „Onkel Wladislaw ist kein Bandit. Er ist sehr gut zu mir", erwidert Georg. „Setz Dich, iss und halt den Mund!" befiehlt der Vater. Und Georg gehorcht. Er will keinen Streit. Die Geschwister sehen ihn mit großen Augen an. Es hat sich unter ihnen bereits herumgesprochen, dass er in Ungarn Herr über Burgen und ganze Ländereien geworden ist. Eine Zeit lang hört man nur das Schmatzen der Familienmitglieder. Keiner traut sich, etwas zu sagen. Auch Georg ist still. Jetzt fällt es ihm so richtig auf, wie sehr ihm Mutter fehlt, und Georg muss tief durchatmen.

Als der Vater genug gegessen und mehrere tiefe Schlucke aus seinem Bierkrug genommen hat, rülpst er quer über den Tisch, wischt sich mit dem Ärmel über den Mund und befiehlt: „Georg, zu mir! Jetzt! Auf mein Zimmer! Ich habe mit Dir zu reden!" Dann erhebt er sich und geht langsam in Richtung Tür. Als er diese erreicht, dreht er sich um und sagt in lautem Tonfall: „Bist Du taub? Du sollst jetzt mitkommen!" Georg lässt sein Essen stehen und folgt ihm wortlos. Während sie durch die Gänge gehen, sagt keiner etwas. Georg geht schräg hinter seinem Vater und betrachtet ihn. Er ist alt geworden, denkt er sich, alt und hart, härter als sonst. An der Tür seines Arbeitszimmers angekommen, holt der Markgraf umständlich einen Schlüssel aus seiner Rocktasche und versucht, die Tür aufzuschließen. „Kann ich helfen?" fragt Georg, aber der Vater schnauzt ihn an: „Bleib weg! Das kann ich schon alleine!" Es ist, als wäre er immer noch .... oder schon wieder ... etwas betrunken. Schließlich öffnet sich doch die Tür des Arbeitszimmers und der Vater wankt auf seinen Schreibtischstuhl. Mit der Hand weist er auf den gegenüber stehenden Hocker: „Setz Dich!" Georg nimmt Platz und der Markgraf beginnt das Gespräch, das eigentlich eher ein Verhör ist: „Warum bist Du gekommen?" – „Ich habe die Nachricht erhalten, dass es Mutter sehr schlecht geht. Man sagte mir, es könnte sein, dass sie stirbt. Da habe ich mich sofort auf den Weg gemacht, weil ich sie unbedingt noch sehen wollte", erklärt Georg. „Ja, das war dann ja wohl zu spät", meint der Vater trocken, „wie lange willst Du bleiben?" – „Nicht lange, ich werde in Ungarn gebraucht!" – „Wozu braucht man einen Waschlappen wie Dich in Ungarn?" der Vater kann es nicht lassen, seinen Sohn zu provozieren. Kein Wunder, denkt sich Georg, dass er mit Kasimir ständig Streit hat. „Vater, ich war verheiratet, meine Frau ist nach einem Jahr gestorben, aber sie hat mir einige Ländereien und Burgen in Ungarn vererbt. Außerdem stehe ich bei Onkel Wladislaw im Wort. Ich soll die Erziehung seines Sohnes Ludwig übernehmen." – „Oho", meint der Vater, „der Herr Sohn hat sein Glück gemacht. Der Herr Sohn denkt wohl jetzt, er wäre etwas Besseres ... Ich sage Dir eines: Mach Dich hier bloß nicht so wichtig! Hier in Ansbach habe immer noch ich das Sagen!" Das hat gesessen, und erst einmal sagt keiner von den beiden etwas. Dann aber siegt doch die Neugier im Vater: „Erzähl mir was von Wladi, dem alten habgierigen alten Geizhals!" – „Wieso habgierig?" fragt Georg zurück. „Tu nicht so, als ob Du es nicht wüsstest! Er war mit meiner Schwester verheiratet, und als er sich dachte: Die bringt mir zu wenig ein, hat er sie so unter Druck gesetzt, dass sie die Ehe vom Papst annullieren hat lassen. Aber das ist ihr schlecht bekommen!" Der Vater lacht genauso hämisch wie vorhin der Bruder, dann fährt er fort: „Am liebsten hätte ich den Wladislaw eingesperrt, aber das ging ja nicht. Nun ja, so muss wenigstens Barbara büßen." – „Wie geht's ihr?" fragt Georg und der Vater sagt finster: „Krank! Wird wahrscheinlich nicht mehr lang leben. Geschieht ihr recht! Das kannst Du dem Verbrecher in Ungarn ruhig sagen. Aber es wird ihn wahrscheinlich nicht interessieren." – „Onkel Wladislaw ist sehr gut zu mir", wirft Georg ein, und sein Vater nickt: „Kann ich mir denken – der weiß, dass er etwas gutzumachen hat. Aber ich sage Dir: Sei vorsichtig! Wladi ist gerissen. Er sucht immer seinen Vorteil!" – „Vater", sagt Georg und blickt seinem Vater ernst in die Augen, „wie ist Mutter gestorben?" – „Sie war müde, ihre Kraft war verbraucht. Ist am Morgen vor einer Woche einfach nicht mehr aufgewacht", antwortet der Vater ohne hörbare Regung in der Stimme. „Hat sie noch irgendetwas gesagt?" fragt Georg weiter. „Nein!" lautet die kurze, harte Antwort des Vaters, „aber falls es Dich beruhigt: Ich habe drei Messpriesterstellen in St. Gumprecht gestiftet. Die drei Pfaffen werden jetzt drei Jahre lang täglich eine Messe für Deine Mutter lesen, damit sie aus dem Fegefeuer kommt, in dem sie jetzt noch schmort. Aber jetzt Schluss damit! Vielmehr will ich von Dir wissen: Warum bist Du hier? Du willst mir doch nicht ernsthaft erzählen, Du hast diese Weltreise von Budapest bis Ansbach auf Dich genommen, bloß um Deine Mutter zu treffen?!" – „Doch! Das ist der Grund!" stellt Georg fest; zugleich denkt er sich: Da hat der Vater aber dann wohl doch ein gewaltiges schlechtes Gewissen gegenüber der Mutter, drei Priester drei Jahre lang – das ist mächtig teuer. „Du warst zwar schon immer ein Schwächling, aber ich glaube Dir nicht. Du hast doch etwas vor?!" – „Was sollte ich denn vorhaben?" – „Ich habe mitbekommen, dass Du vorhin mit Kasimir gesprochen hast, und Kasimir ist böse! Ich habe ihn schon zur Hälfte

enterbt. Ich spüre, dass er mich am liebsten weghaben möchte." Georg ist richtig erschrocken. Der Vater scheint die finsteren Pläne des Sohnes zu ahnen. „Ich sage Dir eines", fährt er fort, „wenn Du wirklich nur Deine Mutter sehen wolltest, dann bist Du zu spät gekommen, dann kannst Du morgen auch gleich wieder abreisen." – „Morgen schon?" fragt Georg, „aber meine Leute sind müde, und auch die Pferde brauchen Erholung." – „Papperlapapp!" der Vater macht eine wegwerfende Handbewegung, „Du hast mich nicht verstanden: Du sollst wieder verschwinden!" Georg merkt, dass der Vater ahnt, Kasimir und er sind im Begriff ein Komplott gegen ihn zu schmieden. „Vater", beginnt Georg, aber dieser lässt ihn gar nicht zu Wort kommen. „Halt den Mund und verschwinde einfach! Wir sind die letzten sechs Jahre ohne Dich bestens zurecht gekommen. Wir werden es auch in Zukunft tun", die Stimme des Vaters ist plötzlich richtig laut, und dann fügt er schreiend hinzu: „Wenn ich morgen aufstehe, will ich Dich hier nicht mehr sehen! Verstanden? Und jetzt raus!"
Georg erhebt sich und verlässt das Zimmer seines Vaters. Er hört, wie hinter ihm der Schlüssel umgedreht und der Raum verriegelt wird. Es bleibt ihm nichts anderes übrig, als die ersten Anweisungen für die morgige Abreise zu treffen. ‚Nun ja', denkt er sich. ‚Im Grunde hält mich hier sowieso nichts. Ich habe meine Zelte woanders aufgeschlagen. Und das ist gut so. Nur um meine Geschwister tut es mir leid.' Mit diesen Gedanken geht er müde in sein Zimmer. Es ist das Beste, jetzt schnell schlafen zu gehen. Morgen erwartet ihn wieder ein anstrengender Tag.
Gerade als Georg im Bett liegt, klopft es noch einmal vorsichtig an seiner Tür. „Ja?" sagt Georg verschlafen, und Kasimir schlüpft leise ins Zimmer. „Der Alte hat gemerkt, dass wir gesprochen haben?" fragt er, und Georg antwortet nickend „hm!" – „Und? Hast Du ihm was gesagt?" fragt der Bruder

erschrocken. „Bist Du verrückt?“ fragt Georg zurück. „Gut“, sagt Kasimir, „aber wenn Du jetzt morgen abreist, wie verbleiben wir?“ fragt er weiter, und Georg ist plötzlich wieder hellwach: „Moment, woher weißt Du, dass ich morgen schon wieder abreise?“ – „Na, das war ja nicht zu überhören, wie der Alte gebrüllt hat!“ erklärt grinsend der ältere Bruder. „Also, pass auf“, sagt Georg, „wenn ich Dir zu Deinen Plänen meine Zustimmung gebe, dann versprich Du mir, dass Du auf unsere kleinen Geschwister und auf Margarete aufpasst!“ – „Jaja, das mache ich schon!“ antwortet Kasimir fast etwas zu schnell, „Du hast also nichts dagegen, wenn ich den Alten auf die Plassenburg verräume? Und es bleibt auch dabei, dass ich danach sowohl im Oberland als auch im Unterland die Herrschaft übernehme?“ – „Ja, es scheint wirklich so, dass er Euch nur noch tyrannisiert. Mach, was Du für richtig hältst. Ich lege Dir keine Steine in den Weg! Allerdings: Es bleibt dabei! Für das Unterland bist Du nur in Vertretung meiner Person zuständig. Wenn ich in Ungarn kein Glück habe, will ich meinen Anteil bekommen. Sperr den Alten auf der Plassenburg ein und übernimm die Markgrafschaft. Ich werde Dich nicht bremsen. Aber bitte gib acht auf unsere Geschwister! Gerade den Kleinen, Johann Albrecht und Gumprecht, denen musst Du Vater und Mutter dann ersetzen.“ – „Jaja, kein Problem! Das mache ich schon! Keine Sorge!“ mit diesen Worten, fast flüsternd gesprochen schlüpft Kasimir aus dem Zimmer. Nachdem er die Türe leise geschlossen hat, reibt er sich die Hände und grinst. „Ich wünsche Dir auch eine gute Nacht!“ zischt ihm Georg noch hinterher, aber Kasimir ist schon fort.
In dieser Nacht schläft Georg schlecht. Immer wieder wacht er auf. Was hat er da gerade seinem Bruder zugesichert? Das war nichts anderes als ein Blankoscheck zum Putsch gegen den eigenen Vater. Aber der Vater muss abgesetzt werden! Es ist offenbar

wirklich nicht mehr tragbar hier in Ansbach. Unter seiner Selbstsucht leiden nicht nur die Geschwister, sondern die ganze Burg und Markgrafschaft. Und wenn es einer kann, dann sein Bruder Kasimir. Georg ist sich nicht sicher, ob es der Familie und der Markgrafschaft unter Kasimir wesentlich besser gehen wird als unter dem Vater. Kasimir hat auf die Bitte Georgs, dass er sich um die Geschwister kümmern solle, fast zu rasch geantwortet. Ob er sich an dieses Wort gebunden fühlt? Georg weiß es nicht, aber schlechter kann es wohl kaum noch werden. Es sei wie es sei! Ich kann und will meine Entscheidung nicht mehr ändern. Und morgen bin ich sowieso wieder weg. Mit diesen Gedanken fällt Georg in einen unruhigen Schlaf.
Als er anderntags am späten Vormittag aufbricht, stehen alle Geschwister – einschließlich Kasimir im Burghof. Der Vater scheint noch zu schlafen. Die Älteste, Margarete, und die beiden Jüngsten, Johann Albrecht und Gumprecht, haben Tränen in den Augen. Als er jedes seiner Geschwister noch einmal zum Abschied umarmt, flüstert er jedem ihnen ins Ohr: „Kasimir wird auf Dich aufpassen. Er hat es mir versprochen." Dann kommt die Reihe an Kasimir; dieser reicht ihm die Hand: „Gute Reise, Bruder!" Georg sagt nur kurz: „Halte mich auf dem Laufenden, Bruder!", und steigt auf sein Pferd und hebt die rechte Hand. Dann ruft er „Ab!" und deutet auf die heruntergelassene Zugbrücke. Der Tross setzt sich in Bewegung. Georg winkt noch kurz seinen Geschwistern zu, dann verlässt er das Wasserschloss. ‚Das war's dann wohl mit Ansbach!' denkt er sich, und im Stillen freut er sich dann auf seine neue Heimat, auf Ludwig und Anna, aber auch auf Onkel Wladislaw und seine eigenen Burgen in Ungarn.

## *Bayreuth, 28. Februar 1515*

„Mutter, wir müssen reden!“ mit diesem Satz auf den Lippen betritt Georg die Wohnstube der Wohnung seiner Eltern. „Du kommst spät!“ sagt seine Mutter, und blickt ihn ernst an. „Ja“, räumt Georg ein, „ich habe noch mit Pfarrer Ottschneider gesprochen.“ – „Das ist doch Dein Lehrmeister an der Schule gewesen, oder?“ fragt die Mutter zurück und Georg nickt. „Ja, und genau darum geht's!“ – „Ich verstehe gar nichts“, entgegnet die Mutter und Georg bittet sie: „Setz Dich doch, bitte!“ – „Viel Zeit habe ich aber nicht, Deine Geschwister brauchen mich“, sagt die Mutter, und Georg weiß, dass sie von den sieben Geschwistern sehr beansprucht wird. Gerade die zwei kleinen brauchen die Mutter nach wie vor sehr. „Es dauert nicht lang“, sagt Georg und blickt seiner Mutter ernst in die Augen. Dann holt er tief Luft und meint: „Mutter, ich werde Priester!“ Die Mutter ist wie vom Blitz getroffen: „Priester? Aber warum denn?“ fragt sie und Georg fängt an, langsam zu sprechen: „Das Gespräch mit Pfarrer Ottschneider hat es mir deutlich gemacht. Ich werde auch Priester! Die Schule füllt mich nicht aus. Es ist so eng dort, und es geht nicht wirklich für mich voran. Und eigentlich will ich immer noch studieren.“ – „Dafür bist Du jetzt zu alt!“ schaltet sich seine Mutter barsch ein. „Gut“, sagt Georg und fährt fort, „ich wollte immer etwas machen, womit ich den Menschen helfen kann. Pfarrer Ottschneider hat mir gezeigt, dass man das am besten als Messpriester kann. Unser Leben ist so kurz! Wie schnell kann alles vorbei sein. Vor 20 Jahren wütete in Bayreuth die Pest – so viele Menschen sind gestorben. Aber auch ohne Pest – die Ewigkeit ist so lang und wir können hier in diesem kurzen Leben etwas dafür tun. Denk mal nach: Wenn ich Priester werde, dann kann ich auch für Euch etwas tun. Jede Messe,

die ich für Euch lese, kommt Euch zugute. Ist das nicht etwas Großartiges?“ Katharina ist bei der Rede ihres längst erwachsenen Sohnes ganz still geworden. Sie hat Tränen in den Augen. „Mutter, das ist doch kein Grund zum Weinen!“ sagt Georg. Seine Mutter wischt sich mit dem Ärmel über die Augen, dann sagt sie: „Mein Junge, bleibe doch bei Deinen Leisten! Als Schulmeister hast Du es viel besser. Wenn Du Messpriester wirst, kannst Du nie heiraten, wirst keine Kinder haben. Hast Du das bedacht?“ Und leise fügt sie hinzu: „Keine Enkel!“ – „Also, Mutter, ich werde in diesem Jahr 24 Jahre alt. Ich glaube langsam zu wissen, was ich will! Und ich will nicht mehr länger Schulmeister sein! Jedenfalls jetzt nicht! Ihr habt mir schon einmal meinen Lebensweg vorgeschrieben. Doch jetzt werde ich selbst darüber bestimmen. Einen viel zu großen Teil meines Lebens habe ich an Orten verbracht, an denen ich kaum etwas bewirken konnte.“ Katharina schüttelt immer noch den Kopf. Sie blickt ihm ernst in die Augen: „Georg, Elternwort ist Gotteswort! Ich möchte nicht, dass Du Messpriester wirst.“ Dann wendet sie sich ab. „Aber Mutter“, versucht Georg zu beschwichtigen, „verstehst Du denn nicht: Ich glaube, dass das mein Weg ist.“ Katharina Schmalzing steht auf und verlässt das Zimmer. Georg atmet tief durch. Nein, er darf jetzt nicht schwach werden! Es ist sein Leben! Er muss tun, was er für richtig hält und darf sich seinen Weg nicht von seiner Mutter vorschreiben lassen. Insgeheim beschließt er, später noch einmal das Gespräch mit ihr zu suchen.
Am Abend kommt der Vater nach Hause und es ist, wie die Mutter gesagt hat: Auch er versucht, seinen Sohn von dessen Entschluss abzubringen. „Da verdienst Du doch fast nichts!“ wendet er ein, und Georg zuckt mit den Schultern: „Das ist mir gleichgültig!“ Da fragt der Vater: „Jetzt hör mal zu, mein Sohn: Ich bin Dein Vater und ich will nicht, dass Du Dein

Leben ruinierst. Ich weiß, was für Dich richtig ist. Und Du wirst schön Schulmeister bleiben! Hast Du verstanden?"
Georgs Entschluss steht jedoch fest und er ist nicht gewillt, sich von seinen Eltern noch etwas vorschreiben zu lassen: „Vater", sagt er und blickt ihm ernst in die Augen, „ich habe immer wieder auf Euch und Euren Rat gehört, aber jetzt werde ich meinen eigenen Weg gehen. Und ich spüre, es ist der richtige. Es ist mein Leben. Und wenn ich einmal sterbe, will ich zurückblicken auf mein eigenes Leben und nicht das Leben, das ich für meine Eltern geführt habe. Ich bin jetzt alt genug."
Der Vater legt die Stirn in Falten und wagt einen letzten Versuch: „Und was machst Du, wenn Du keinen Pfarrer findest, der bereit ist, Dich als Kaplan zu nehmen?" Erneut zuckt Georg mit den Schultern: „Ich weiß nicht, aber ich bin mir sicher, dass ich einen finden werde. Notfalls frage ich Pfarrer Ottschneider." Da verlässt auch der Vater den Raum und Georg bleibt zurück: ‚Warum lassen sie mich nicht mein eigenes Leben leben?' fragt er sich, ‚jetzt habe ich schon nicht studieren dürfen … warum versuchen sie immer wieder, mir die Flügel zu stutzen? Als mein Bruder Friedrich studieren wollte, haben die Eltern ihm keine Schwierigkeiten gemacht, aber ich soll brav das tun, was Mutter und Vater verlangen. Nein, es wird Zeit, dass ich meinen eigenen Weg gehe!'
Am folgenden Tag wendet sich Georg nach dem Schulunterricht tatsächlich an seinen alten Lehrmeister Ambrosius Ottschneider und fragt ihn, ob er ihn als Kaplan übernehmen würde. Als Ottschneider den Kopf schüttelt, wittert Georg zunächst ein Komplott seiner Eltern. Er hält es für möglich, dass seine Eltern Ottschneider gebeten haben, die Bitte Georgs abzulehnen, aber dann sagt Ottschneider: „Mein Junge, ich bin zu alt. Das ist nichts für mich. Ich werde noch in diesem Jahr in Rente gehen. Aber wende Dich an Pfarrer Jäger. Das ist

ein sehr gewissenhafter und freundlicher Mann. Ich weiß außerdem, dass er sich in zwei Jahren zur Ruhe setzt. Spätestens dann könntest Du bestimmt seine Stelle am Altar der 14 Nothelfer in der Stadtkirche haben." – „Danke!" sagt Georg nur, „danke für Euren Rat. Ich werde ihn befolgen."
Noch am selben Tag sucht Georg den Priester Jakob Jäger auf und bittet ihn, sein Kaplan sein zu dürfen. Der alte Priester ist hocherfreut, dass er einen „Lehrjungen" bekommen soll, der bereits Lateinisch kann. Deshalb sagt er: „Mein Sohn, ich sehe da überhaupt keine Schwierigkeiten für Euch! Ihr werdet das Nötige von mir im Handumdrehen lernen. Bruder Ottschneider hat Euch schon in den höchsten Tönen gelobt. Und Arbeit gibt's hier genug." Neben dem Hauptaltar hat die Bayreuther Stadtkirche zehn Nebenaltäre, an denen die insgesamt vierzehn Messpriester wirkten. Und Pfarrer Jäger nimmt Georg gleich mit zur ersten Besprechung. Dort verteilt der Stadtpfarrer Hieronymus Heller die bestellten Messen an die einzelnen Messpriester. „Warum habt Ihr keine Messe bekommen?" fragt Georg seinen künftigen Lehrmeister. Dieser lächelt und sagt: „Da hat einer der Ratsherren so viel Geld gezahlt, dass ich ein ganzes Jahr lang jeden Morgen für seinen verstorbenen Vater eine Messe lesen werde. Versteht Ihr: Ich bin ein ganzes Jahr lang dafür bestellt. Und mein Gehalt ist ein ganzes Jahr lang gesichert. Normalerweise bekommt man als Messpriester in der Regel nur Aufträge für eine Woche, ganz selten für einen Monat. Die Leute haben einfach nicht genug Geld. Dabei ist unser Auftrag so wichtig. Denn jede Messe, die für einen Menschen gelesen wird, ist ein gutes Werk." – „Ja, das weiß ich, aber könnt Ihr mir das noch etwas genauer erklären, warum das so ist?" will Georg wissen, und Jakob Jäger erläutert: „Das ist ganz einfach: Wenn wir das Brot in den Leib unseres hochheiligen Herrn Jesus Christus wandeln und den Wein in sein

Blut, dann wiederholen wir auf unblutige Weise das Opfer, das unser Herr und Meister Jesus Christus am Kreuz für uns vollbracht hat. Wir erinnern Gott gewissermaßen an diese Heilstat. Und diese gute Tat Christi kommt dann dem zugute, für den sie ausgeführt wird. Wenn ich also jetzt ein ganzes Jahr Messen für den verstorbenen Vater eines Bayreuther Ratsherren halte, dann könnt Ihr Gift darauf nehmen, dass der ganz schnell aus dem Fegefeuer erlöst wird und in den Himmel kommt. Und deshalb ist unsere Aufgabe hier so wichtig."
Georg ist beeindruckt: „Ihr meint, Gott ist immer wieder neu von dem Opfer beeindruckt, das Christus am Kreuz vollbracht hat?" – „Genau!" der Pfarrer nickt. „Und deshalb wäre es das einfachste, Ihr kommt morgen zu meiner Frühmesse und seht Euch das an. Ich bin am Altar der 14 Nothelfer ganz in der hintersten Ecke der Stadtkirche zu finden – aber das wisst Ihr ja schon. Bis dahin habe ich auch den ‚Messkanon' aufgetrieben. Das ist ein herausragendes Buch, das Ihr durcharbeiten müsst, wenn Ihr irgendwann die Prüfung zur Priesterweihe bestehen wollt. Abgemacht?" – „Abgemacht!" meint Georg und reicht seinem neuen Mentor die Hand. Nachdenklich geht er nach Hause. Jetzt will und kann er nicht mehr zurück. ‚Ja', denkt er, ‚manchmal muss man seinen Weg gegen Widerstände gehen.' Am Abend betet er zu seinem Namenspatron Georg und bittet um Beistand. Dann schläft er ruhig ein.
Am nächsten Morgen ist Georg pünktlich in der Stadtkirche und findet sich am Altar der 14 Nothelfer ein. Kein einziger Mensch ist zugegen. Als die Turmuhr achtmal schlägt, schwärmen die Messpriester aus der Sakristei aus. Auch Pfarrer Jäger kann Georg am anderen Ende der Kirche erkennen. Dieser geht in seinem Messgewand gemessenen Schrittes, Hostienschale und Kelch in beiden Händen, ans Ende der Kirche zu „seinem" Altar. Dort stellt er beides ab, wendet sich der

Gemeinde – sie besteht nur aus Georg – zu und sagt „In nomine patris et filii et spiritus sancti. Amen. Dominus vobiscum." Verwirrt murmelt Georg automatisch „et cum spiritu tuo". Er wundert sich, weshalb außer ihm niemand da ist und beschließt, seinen Mentor nachher zu fragen.
Nach einer Viertelstunde ist alles vorüber. Jäger nimmt die Hostienschale und den Kelch und geht, nachdem er den Segen gesprochen hat, wieder in die Sakristei, um sich umzuziehen. Als er später herauskommt, fragt ihn Georg: „Weshalb war denn außer mir niemand da?" – Jäger lächelt: „Ob ein Gläubiger da ist oder nicht, ist völlig gleichgültig. Ich habe Euch doch gesagt: Die Messe ist ein gutes Werk, das sich auf Gott richtet. Er muss dasein, und ich bin mir sicher, dass er auch da war und das gute Werk demjenigen zugerechnet hat, für den ich die Messe gelesen habe." – „Ach so", meint Georg nachdenklich, „ich verstehe." Und nach einer kurzen Pause erklärt er: „Und wie geht das mit der Bezahlung?" – „Gut, dass Ihr das fragt!" fängt sein Mentor an, „alle bestellten Messen werden beim Stadtpfarrer beantragt und bezahlt. Pro Messe werden zwei Golddukaten fällig. Einen behält der Stadtpfarrer und einen erhält der Messpriester. So einfach ist das. Reich werden kann man als Messpriester also nicht. Deshalb leben so gut wie alle Messpriester noch bei ihren Eltern oder werden von den Eltern unterstützt. Mit dem kümmerlichen Lohn kann man kaum überleben." Die letzten Erklärungen hat Georg gar nicht mehr richtig gehört. Er will nicht Messpriester werden, um Geld zu verdienen, sondern um Gutes zu tun – für sich und andere. Deshalb fragt er: „Ihr hattet gestern irgendwas von einem ‚Messkanon' erzählt …" – „Ach ja", antwortet Jäger, „das hätte ich jetzt vergessen. Der liegt in der Sakristei. Kommt doch gleich mit!" Auf diese Art und Weise kommt Georg zum ersten Mal in die Sakristei der Stadtkirche. Jakob Jäger erklärt

ihm, wo die Messgewänder hängen und wo Hostienschalen und Kelche aufbewahrt werden. Auf dem Tisch liegt ein dickes Buch. Jäger deutet darauf und meint: „Das ist der ganz neu erschienene ‚Messkanon' von Gabriel Biel, einem bedeutenden Theologen aus Köln. Seit einigen Jahren müssen diejenigen, die zum Priester geweiht werden wollen, ihn durcharbeiten und lernen. Das Lehrbuch ist unübertroffen. Vor der Priesterweihe – die wird, wenn Ihr brav lernt, in vielleicht schon einem halben Jahr im Bamberger Dom stattfinden – werdet Ihr vom Weihbischof oder vom Generalvikar darüber geprüft. Aber keine Sorge: Das schafft Ihr! Das Buch leihe ich Euch aus, so lange wie Ihr es benötigt. Am besten, Ihr fangt heute schon mit dem Lernen an! Die praktische Ausbildung erhaltet Ihr von mir. Am besten, Ihr kommt morgen wieder zur Frühmesse, ja?" Georg nickt und die beiden verabschieden sich voneinander. Georg geht mit dem dicken Buch nach Hause. Was da wohl auf ihn zukommt?
Zuhause angekommen legt Georg das mächtige Buch auf den Tisch, erst jetzt schaut er es genauer an: „Auslegung des Meßkanons – von Gabriel Biel" liest er. Dann setzt er sich und beginnt zu blättern. Das Buch ist in 89 Lektionen aufgeteilt. Aber dann entdeckt Schmalzing, dass es da nicht nur um die Messe geht, sondern auch um den Ablass, die Verehrung der Heiligen, die Gegenwart Christi im Sakrament und das Vaterunser. „Das ist ja ein Lebenswerk!" entfährt es ihm, und im Geiste fügt er hinzu: ‚Und das soll ich alles lernen …'. Aber das Lernen ist ihm noch nie schwer gefallen, und so fängt er bei Lektion 1 zu lesen an. Der Tag vergeht wie im Flug.
Am nächsten Morgen fragt Georg nach der Frühmesse seinen Mentor nach dem Stadtprediger. Ihn interessiert dessen Rolle in der Stadtkirche: „Was ist eigentlich mit Magister Schamel, dem Stadtprediger? Braucht es den dann überhaupt?" fragt

Georg seinen kirchlichen Lehrmeister. Jakob Jäger lächelt: „Mein Sohn, das steht auf einem ganz anderen Blatt! Wir Messpriester müssen nur die Messe auf lateinisch lesen, und da ist es gut, dass Ihr bereits Latein könnt. Sonst bräuchtet Ihr mindestens drei Jahre bis zur Priesterweihe. Auch der Stadtpfarrer liest nichts anderes als die lateinische Messe – aber eben am Hauptaltar. Magister Nikolaus Schamel ist Stadtprediger; seine Aufgabe ist es, einmal in der Woche zu predigen, dass das gemeine Volk es versteht. Der ist vom Bayreuther Stadtrat angestellt und verdient ein regelmäßiges Gehalt, mindestens doppelt so viel wie ein Messpriester. Er hat ja auch studiert und einen Abschluss als Magister." – „Ja darf ich, wenn ich Messpriester geworden bin, denn nicht predigen?" will Georg jetzt wissen. „Nein, das darfst du nicht", sagt Leopold Jäger, „da musst du vorher auf der Universität studiert haben." – „Besteht denn die Möglichkeit, dass ich nochmal auf die Universität gehe?" fragt Georg und Jäger lächelt: „Eigentlich seid Ihr dafür schon zu alt. Aber wenn Ihr es Euch leisten könnt oder wenn Eure Eltern es Euch zahlen, steht dem nichts mehr im Wege. Doch jetzt erstmal eines nach dem anderen! Habt Ihr denn schon angefangen, den Messkanon von Gabriel Biel zu studieren?" Georg nickt, und beginnt sofort, Fragen über das Gelesene zu stellen. Jakob Jäger ist ein geduldiger Lehrmeister. Er beantwortet alles nach bestem Wissen und Gewissen. Am Ende des Gesprächs gehen sie auseinander, und Jäger ist sehr zufrieden, denn sein Schützling macht einen hervorragenden Eindruck auf ihn: ‚So gelehrige und interessierte Schüler gibt es selten. Der wird es noch weit bringen!' denkt er sich – und zugleich freut er sich auf die Zeit, wenn Georg ihm die ersten Messen abnehmen wird. Dann kann er sich endlich zur Ruhe setzen.

## *Kulmbach (Plassenburg), 13. Juni 1515*

„Markgraf vor den Toren! Zugbrücke herunterlassen!“ Nach drei Jahren erschallt dieser Ruf – begleitet von einem Trompetensignal – endlich wieder auf der Plassenburg. Markgraf Friedrich V. war lange nicht mehr in Kulmbach gewesen. Kasimir, sein ältester Sohn, hatte sehr schnell zu spüren bekommen, dass der Vater ihm nicht traut. Aber jetzt war Barbara, die Schwester Friedrichs, die der Markgraf höchstselbst selbst auf der Plassenburg jahrelang hatte einsperren lassen, weil sie den Papst um Auflösung ihrer Ehe mit Wladislaw von Ungarn gebeten hatte, gestorben. Und Friedrich fühlt sich inzwischen wieder so fest im markgräflichen Sattel, dass er zur Beisetzung seiner Schwester nach Kulmbach kommt. Ein ganzer Tross aus Ansbach erreicht an diesem Tag die Plassenburg an: an der Spitze auf einem Schimmel der Markgraf, hinter ihm der Bannerträger, danach auf einem Rappen sein Sohn Kasimir, dann zwei Kutschen mit den weiteren Kindern, ein Trupp Soldaten und schließlich die Bediensteten zu Fuß. Die Zugbrücke wird herabgelassen und die Ansbacher reiten in den Innenhof ein. Kasimir blickt nach oben und sieht am Fenster seinen engen Vertrauten, den Schlossvogt Hans von Heydenab, stehen. Keiner sieht den Blick, den die beiden austauschen, und keiner sieht, dass Kasimir diesem kurz und kaum erkennbar zunickt. Die beiden wissen, was in diesen Tagen über die Bühne gehen soll. Kasimir war in den letzten Jahren immer wieder auf der Plassenburg gewesen, um die Steuern aus dem Oberland abzuholen. Bei diesen Besuchen hatte er alles vorbereiten lassen für den Fall, dass sein Vater einmal wieder ins Oberland käme. ‚Für Botengänge bin ich gerade noch gut genug!‘ hat sich Kasimir immer wieder gedacht. ‚Aber Verantwortung lässt er mich nicht übernehmen. Er kontrolliert von früh bis spät!

Doch jetzt wird bald Schluss sein! Ein letztes Mal darf er sich noch groß fühlen, wenn er jetzt in die Plassenburg kommt. Auf diese Gelegenheit habe ich drei Jahre gewartet. Jetzt bist Du fällig, Alter! Genieße deine letzten Stunden in Freiheit, denn so schnell kommst Du hier nicht mehr heraus!'
Der Markgraf springt vom Pferd und ruft: „Wo bleibt der Begrüßungstrunk?" Da steht auch schon der Burgvogt vor ihm und reicht ihm einen Becher Wein. „Willkommen, Durchlaucht!" sagt er und verbeugt sich. Wieder ein kaum sichtbarer Blick zu Kasimir. Friedrich leert den Becher und verlangt nach einem „anständigen" Essen: „Ich hab' Hunger! Tischt auf!" Tatsächlich hat der Burgvogt im Thronsaal eine festliche Tafel decken lassen. Er weiß, dass der Markgraf gern und gut isst, und dann auch dem Bier und dem Wein gerne und ausgiebig zuspricht. So ist alles vorbereitet. Und Kasimir denkt sich: ‚Nur fest zugegriffen, Alter! Das soll Deine Henkersmahlzeit sein!' Die Ansbacher setzen sich gutgelaunt an eine große Tafel und greifen wacker zu. Kasimir sorgt dafür, dass am Platz seines Vaters immer sowohl ein voller Bierkrug als auch ein großer und stets gefüllter Becher Wein steht. Immer wieder hebt Vater entweder den Weinbecher oder den Bierkrug in die Höhe und ruft „Der Mond ist voll und ich habe auch schon Durst! Prosit!" in die Runde – und wie auf Kommando heben alle an der Tafel ihre Becher und Krüge und prosten dem Markgrafen zu. Kasimir führt seinen Bierkrug jedoch nur bis an die Lippen. Er muss wach und nüchtern bleiben, wenn das, was er sich vorgenommen hat, gelingen soll. Eigentlich wollte er den Vater erst nach dem Leichenschmaus im Turmzimmer festsetzen, aber wenn die Gelegenheit sich jetzt schon ergibt, dann gilt es, nicht zu zögern! Je länger der Abend dauert, desto mutiger wird auch Kasimir: „Hoch die Krüge!" ruft er immer wieder, um den Vater zum

Trinken zu animieren. Und immer wieder geht sein Vater darauf ein, hebt entweder den Bierkrug oder den Weinbecher und lallt „Prosit, Gemeinde!". Kasimir kann sich darauf verlassen, dass sein Vater keine halben Sachen macht. Spätestens, wenn er angetrunken ist, hat er die Gewohnheit, das Trinkgefäß, das er an die Lippen hebt, immer auf einen Zug zu leeren und sich dann von seinen Saufbrüdern feiern zu lassen. Und der Vater ist inzwischen in genau dieser Stimmung. Die gesamte Tafel jubelt dem Markgrafen zu, wenn er wieder einen ganzen Krug Bier oder einen ganzen Becher Wein geleert und laut gerülpst hat. Und Kasimir reibt sich im Stillen die Hände. Das läuft besser als erwartet.

Es ist bereits früher Morgen – fast alle Plätze am Tisch sind leer, und auch die Dienerschaft ist längst auf ein Zeichen von Kasimir zu Bett gegangen –, als sich der Markgraf erheben und ebenfalls ins Bett wanken will: „Ist ja kaum noch einer da", lallt er vor sich hin. Blitzschnell erkennt Kasimir, was sein Vater vorhat. Er springt auf, und ehe der Vater wieder in seinen Stuhl sacken kann, hat er sich untergehakt und stützt ihn: „Komm, Vater, ich bringe dich jetzt in Dein Zimmer", bietet er „freundlich" an und der Vater murmelt arglos „ja, das ist gut!" Wie ein hilfloses Kind lässt er sich die Gänge entlangführen. Er ist so betrunken, dass er gar nicht merkt, wohin er geführt wird. Zielsicher geht Kasimir zur Wendeltreppe im Westturm. Glücklicherweise ist diese Treppe breit genug, dass sie nebeneinander nach oben gehen können. „So hoch droben?" murmelt Friedrich, und Kasimir spricht beruhigend: „Ja, Vater, komm nur mit, jetzt sind wir gleich da." Als sie das Turmzimmer mit den vergitterten Fenstern erreichen, angelt Kasimir aus seiner Rocktasche den Schlüssel und sperrt auf. Dann legt er den Riegel um und öffnet die Tür. „So, da wären wir!" sagt Kasimir, „schau, deine Sachen habe ich auch schon herbringen lassen! Und jetzt legen wir uns schön ins Bett und schlafen bis morgen zur Bestattung von Barbara, ja?“ Aber Friedrich sieht sich wankend im Zimmer um und holt tief Luft: „Aber des isss doch gar nich …“ – er rülpst laut – „mein Sssssimmer! Wo bin ich hier?“ fragt er lallend, und Kasimir weiß, dass er gewonnen hat. Sein Vater ist hilflos und ihn selbst bringt nichts aus der Ruhe. „Alles ist gut, Vater! Das ist das neue Markgrafenzimmer. Hier wirst Du Dich wohlfühlen. Du hast hier alles, was Du brauchst. Auch für Deine Notdurft ist gesorgt.“ Und Kasimir deutet mit der rechten Hand auf den Leibstuhl an der Wand. „Jetzt schlaf erst einmal– morgen sehen wir weiter.“ Mit diesen Worten führt er ihn zu dem Bett und schlägt mit einer Hand die Decke zurück. Friedrich setzt sich auf die Bettkante und sein Sohn zieht ihm die Schuhe aus. „So, das reicht für heute!“ sagt Kasimir freundlich und sein Vater lässt seinen Oberkörper ins Bett fallen. Kasimir hebt die Beine ins Bett und deckt ihn zu. „Schlaf gut, Vater! Gute Nacht!“ Aber das hört Friedrich schon gar nicht mehr. Er schnarcht bereits vor sich hin.

Kasimir verlässt das Turmzimmer, sperrt so leise wie möglich ab und legt den Riegel vor. Auch dieser ist abschließbar. Die Schlüssel für Tür und Riegel, es sind die einzigen für dieses Zimmer, steckt er in seine Rocktasche. Mag der Alte morgen noch so toben. Hier hört ihn keiner. Und rauslassen kann ihn auch keiner. Durch die kleine Luke in der Tür können sie ihn mit Essen und Trinken versorgen. Jetzt habe ich mir meinen Schlaf redlich verdient. Dies sind Kasimirs Gedanken, als er die Wendeltreppe hinunter geht. Unterwegs gähnt er mehrmals ausgiebig. Dann geht zurück zur Tafel. Drei Leute schnarchen laut auf den Bänken, sonst ist keiner mehr da. Kasimir geht zu seinem Platz und nimmt seinen immer noch vollen Bierhumpen in die Hand. Damit setzt er sich auf den Stuhl seines Vaters, sagt zu sich selbst „Prosit, Durchlaucht!“ und genehmigt sich mehrere tiefe Züge aus dem Humpen, ehe er den Raum verlässt und das Zimmer aufsucht, das bislang immer sein Vater bewohnt hatte, wenn er auf der Plassenburg weilte. ‚Geschafft! Jetzt bin ich der Markgraf!‘ Mit diesem Gedanken fällt Kasimir in einen kurzen, tiefen Schlaf.

Nach wenigen Stunden wacht Kasimir auf. ‚Jetzt gilt's!‘ sagt er zu sich selbst und kleidet sich an. Als er das Gemach – es ist ja eigentlich das seines Vaters, des Markgrafen – verlässt, ruft er den ersten Diener, der ihm über den Weg läuft zu sich: „Hör zu! Die gesamte Dienerschaft und alle anwesenden Soldaten haben sich in wenigen Minuten im Burghof einzufinden, egal, woran gerade gearbeitet wird. Alle müssen kommen! Gib das weiter! Verstanden?“ Der Junge nickt und flitzt los. Kasimir stellt sich auf einen Balkon im ersten Stock und blickt hinunter. Er sieht, wie sich der Innenhof langsam füllt. Die Dienerschaft scheint noch gar nicht gemerkt zu haben, dass das Turmzimmer im Westflügel wieder belegt ist. Sein Vater selbst schläft seinen Rausch aus. Auch seine Geschwister sind gekommen. Offenbar denken alle, der Markgraf wolle noch letzte Anweisungen vor der Beisetzung Barbaras geben. Etwas verwundert sind die ersten, als sie oben am Balkon nicht den Markgrafen sehen, sondern stattdessen seinen ältesten Sohn Kasimir. Als alle versammelt sind, gibt Kasimir dem Herold ein Zeichen. Dieser bläst die Fanfare, und wie auf Kommando ebben die Gespräche unten im Innenhof ab. „Volk vom Oberland!“ ruft Kasimir in die Menge, „heute Nacht hat sich eine entscheidende Wende vollzogen. Seine Durchlaucht, Markgraf Friedrich, mein Vater, ist krank. Er hat sich in ein Zimmer des Westturms zurückgezogen und wird dort bleiben. Ich selbst werde diejenigen unter euch bestimmen, die zu ihm dürfen. Wer von mir keine Erlaubnis erhält, hat im Westturm nichts verloren.

Sollte er trotzdem dort angetroffen werden, wird er bestraft. Mit dem heutigen Tag übernehme ich die Herrschaft über die Plassenburg und das gesamte Oberland … und das Unterland auch!“ Und – wie es abgesprochen war – ruft der ebenfalls im Pulk der Bediensteten stehende Schlossvogt Hans von Heydenab: „Unser neuer Markgraf, Kasimir I., er lebe …“ und die Menge fällt ein „hoch, hoch, hoch!“ – „Ich danke euch!“ ruft Kasimir den Dienern und Soldaten zu und hebt beschwichtigend die Hände, „ansonsten bleibt alles wie es ist, und wir werden nichts daran rütteln, Gleich, ob ich hier bin oder nicht! Und jetzt …“, er klatscht in die Hände, „…husch, husch, an die Arbeit! Und der Burgvogt zu mir in die Markgrafenstube!“
Schnell verläuft sich die Menge. Man murrt nicht, man spricht nur leise zu einander – in dem Wissen, dass sich nicht viel für die Dienerschaft ändern wird. Kasimir begibt sich zügig in die Markgrafenstube. Vor der Tür warten bereits seine Geschwister, die Erklärungen verlangen. Kasimir schiebt sie beiseite: „Später! Später! Ich habe jetzt zu tun. Wo ist Heydenab?“ – „Hier bin ich, Durchlaucht!“ ruft es von der anderen Seite des Ganges. „Kommt herein, ich habe mit Euch zu sprechen!“ befiehlt Kasimir und sperrt die Tür zu seinem Gemach auf. Die verdutzten Geschwister bleiben vor der Tür stehen. „So“, meint Kasimir grinsend und setzt sich an den Schreibtisch seines Vaters, „das ging leichter als gedacht, aber jetzt seid Ihr an der Reihe.“ Heydenab nickt: „Ich weiß!“ – „Ich kann mich doch auf Euch und Eure Soldaten verlassen?“ – „Selbstverständlich, Durchlaucht!“ Heydenab schlägt die Hacken zusammen, „Hundertprozentig!“ – „Gut, das ist gut!“ murmelt Kasimir, und dann fügt er hinzu: „Ich werde jetzt ein paar Wochen hierbleiben, bis sich alles beruhigt hat. Mein Vater hat strengstes Kontaktverbot. Ihr stellt ab sofort einen Soldaten

vor die Tür seines Zimmers. Der sorgt dafür, dass kein Mensch mit dem Alten in Kontakt tritt. Essen und Trinken wird ihm durch die Luke in der Tür gereicht. Alkohol bekommt er erstmal nicht. Brüllen und Schreien kann er da droben so viel er will … und er wird schreien, wenn er erst einmal aufgewacht ist, das weiß ich." Heydenab steht immer noch da, als habe er einen Stock verschluckt. „Es wird alles so geschehen, wie es Eure Durchlaucht wünschen." – „Gut", meint Kasimir, „den Schlüssel zur Tür behalte bis auf Weiteres ich, und jetzt seht zu, dass ihr eine Wache für die Tür im Westturm abstellt!" – „Sehr wohl, Durchlaucht!" Mit einem zackigen Gruß verabschiedet sich der Burgvogt und kaum, dass er die Tür geöffnet hat, laufen Margarete und die anderen Geschwister ins Zimmer: „Erkläre Dich!" ruft ihm Margarete zu, „was soll das mit Vater?" – Kasimir grinst verwegen: „Abgesetzt, seit heute Nacht! Jetzt bin ich der Markgraf. Du kannst jetzt ‚Durchlaucht' zu mir sagen." – „Aber das geht doch nicht!" ruft ihm seine jüngere Schwester Sophie zu, „Du kannst doch Vater nicht einfach absetzen! Hast Du den Verstand verloren?" – „Halt's Maul!" schnauzt Kasimir seine Schwester an, „Du hast hier gar nichts zu sagen! Vater kann ich sehr wohl absetzen! Er ist krank. Und es war auch höchste Zeit. Außerdem ist ja jetzt das Turmzimmer im Westturm wieder frei geworden. Ich habe es für ihn herrichten lassen. Vater wird es an nichts fehlen." Bei dem letzten Satz fängt Kasimir erneut das Grinsen an. „Aber", fängt Margarete an, doch Kasimir schneidet ihr das Wort ab: „Kein Aber! Es ist wie es ist! Der Alte hat auch Euch genug tyrannisiert. Er hat nichts anderes mehr im Kopf gehabt als Feste, Jagden und Turniere. Und wenn man ihn einmal zur Rede gestellt hat, dann hat er einen Tobsuchtsanfall gekriegt. Jetzt erlebt er am eigenen Leib, was er seiner Schwester jahrelang angetan hat. Außerdem hat er die Markgrafschaft finanziell an die Wand gefahren … ein Jahr, und wir wären gänzlich ruiniert. So, und jetzt will ich nichts mehr hören! Heute ist die Grablegung von Barbara, und dann bleiben wir alle noch ein paar Wochen hier auf der Plassenburg bis sich alles beruhigt hat. Aber Vater bleibt in Gewahrsam! Mehr gibt es nicht zu sagen! Und jetzt raus hier!" – „Sag' mal, bist Du von Sinnen?" Es ist Albrecht, der sich plötzlich vor seinem Bruder aufbaut. „Dass Vater seine Schwester jahrelang in der Burg eingesperrt hat, kannst Du nicht damit vergleichen, dass Du Deinen eigenen Vater in Haft nimmst. Das ist etwas ganz anderes!" – „Jetzt fängst Du auch noch an!" sagt Kasimir finster, „Aber weil Du mein Bruder bist, gebe ich noch einmal eine Antwort: Nein! Das ist gar nichts anderes! Das hat der Alte verdient und Du hast schließlich selbst unter ihm gelitten. Darf ich Dich daran erinnern, wie er Dich einmal verprügelt hat, bloß weil Du einen Teller hinuntergeschmissen hast?" – „Das ist jetzt nicht Dein Ernst!" Albrecht lässt sich nicht einschüchtern. „Vater bleibt immer Vater!" – „Halt's Maul, halt einfach mal das Maul! Du hast hier gar nichts zu sagen," schnauzt Kasimir seinen neun Jahre jüngeren Bruder an, „vielleicht benimmt sich der Herr Vater ja anständig und übergibt mir freiwillig die Markgrafschaft. Dann kann er sofort wieder raus. A propos raus! Raus mit Euch jetzt! Ich habe zu tun!" – „Albrecht hat recht!" jetzt mischt sich Johann ins Gespräch ein, „Vater bleibt immer Vater! Was er auch getan hat, Du darfst …." – „Halt's Maul! Das gilt auch für Dich!" schreit Kasimir seinen Bruder an, „Du hast hier genauso wenig was zu sagen. Verschwinde und bleib in der Deckung, sonst stecke ich Dich zu Vater ins Turmzimmer. Da ist auch Platz für zwei. Habt Ihr nicht gehört: Ihr sollt verschwinden!" Tatsächlich verlassen die Geschwister jetzt wortlos und langsam den Raum. Nur die Älteste, Margarete, bleibt zurück. Sie ist zwar jünger als Kasimir, aber älter als Georg. Ernsthaft blickt sie ihrem Bruder in die Augen. „Was ist mit Georg? Er sollte doch das Unterland bekommen.“ – Kasimir grinst: „Alles schon längst geklärt! Georg bekommt das Unterland, aber solange er in Ungarn ist, werde ich in seiner Vertretung auch dort regieren. Um Georg mach Dir mal keine Sorgen. Er ist in alles eingeweiht und hat den Plan für gut befunden. Auch Du kannst jetzt gehen!“ Das hat gesessen. So etwas hätte Margarete von Georg nicht gedacht. Sie überlegt: Und was ist, wenn Kasimir lügt? Vielleicht weiß Georg gar nichts von dem Staatsstreich? Und als sie das Zimmer verlässt, beschließt sie, Georg einen Brief zu schreiben und einen Boten nach Ungarn zu schicken Außerdem muss sie mit ihren Geschwistern reden. Das, was Albrecht und Johann gesagt haben, war richtig. ‚Wir müssen Vater befreien‘, denkt sie, ‚notfalls mit Gewalt‘. Aber sie hat keine Ahnung, wie sie das anstellen soll.

„Oh, habe ich Kopfweh!“ mit diesen Gedanken wacht Markgraf Friedrich in seinem Gefängnis im Westturm der Plassenburg auf. Sein Mund ist trocken. „Ich brauche dringend was zum Trinken!“ Langsam öffnet er die Augen. „Wo bin ich hier? Was war gestern eigentlich los?“ Friedrich kann sich an nichts mehr erinnern. Verwundert reibt er sich die Augen. Diese dröhnenden Kopfschmerzen! Früher, da hat ihm das Saufen nicht so viel ausgemacht, aber jetzt mit seinen immerhin 55 Jahren, da steckt er so ein Besäufnis nicht mehr so schnell weg. Schnell schließt er die Augen und bleibt ganz ruhig liegen bis sich der Kopf wieder etwas beruhigt hat. Die Zunge klebt am Gaumen. Erneut öffnet er langsam die Augen. Es bleibt dabei, dass er das Zimmer nicht wirklich kennt. Er blickt an sich herunter. Seine Kleider von gestern, die hat er noch an, aber seine Schuhe sind ausgezogen. Vorsichtig blickt er sich in der Stube um. Neben dem Bett steht seine Reisetruhe. ‚Aha, die hat man mir auch auf's Zimmer gebracht, aber das ist gar nicht mein Zimmer!' Friedrich ist gänzlich verwirrt. Die Sonne scheint so grell, dass er den Raum nicht erkennt. Langsam, ganz langsam richtet er sich auf. Dann blickt er vorsichtig zum Fenster, es ist vergittert. ‚Was ist hier los?' Vorsichtig lässt er die Füße aus dem Bett gleiten und ganz bedächtig richtet er sich auf. Der Kopf dröhnt, als hätte man mit einem Schmiedehammer darauf gehauen. Er versucht, die Schmerzen zu verdrängen, denn jetzt muss er herausfinden, was passiert ist. Vorsichtig geht er zur Tür und drückt die Klinke herunter … abgesperrt! Erst jetzt dämmert es Friedrich, dass er eingesperrt ist, und zwar in demselben Zimmer, in dem er 23 Jahre lang seine eigene Schwester festgesetzt hatte. Jetzt erkennt er auch die Einrichtung. ‚Kasimir, der Verbrecher!' schießt es ihm durch den Kopf, ‚mein eigener Sohn hat mich eingesperrt' und so langsam steigt eine unfassbare Wut in ihm hoch: „Aufmachen!" schreit er mit heiserer Stimme, „aufmachen, sofort aufmachen! Ich bin der Markgraf! Habt Ihr nicht gehört! Aufmachen!" Und mit aller Kraft tritt er gehen die Eichentür! Aber da fällt ihm ein: Er selbst war es, der vor vielen Jahren diese Tür verdoppelt und mit Eisen verstärkt hatte, damit Barbara nicht herauskommt. Die Tür ist so stark wie eine Kerkertür. Nur mit dem Schlüssel kommt man hier noch heraus. Aber wo ist der Schlüssel? „Ich schlage hier alles kurz und klein! Augenblicklich aufmachen! Habt ihr nicht gehört?!" Da hört er ein Geräusch hinter der Tür. Die in die Tür eingelassene Luke wird geöffnet. Friedrich erblickt das Gesicht eines Soldaten: „Ihr wünscht?" – „Du Hundsarsch, hast Du nicht gehört? Aufmachen sollst Du!" – „Bedaure", sagt der Soldat, „aber der Burgvogt hat ausdrücklich …" – „Der Heydenab soll machen, was ich ihm befehle, und ich befehle, diese Tür sofort zu öffnen!" schreit Friedrich außer sich vor Wut. Der Soldat salutiert: „Bedaure, aber ich empfange meine Befehle vom Burgvogt!“ – „Du Hundsfott! Ich lasse Dich auspeitschen, vierteilen, aufhängen, köpfen! Mach sofort die Tür auf!“ Friedrichs Stimme überschlägt sich. Dabei vergisst er fast seine rasenden Kopfschmerzen. Als Antwort beginnt der Soldat, die Klappe wieder zu verschließen, und Friedrich schreit ihm zu: „Dann bring mir wenigstens den Heydenab her! Aber sofort! Der kann was erleben!“ – „Durchlaucht, mit Verlaub, aber Ihr verkennt Eure Lage!“ – „Du blöder Hurenknecht, bring mir sofort den Heydenab, oder – noch besser den Tellerlecker Kasimir, hast Du verstanden? Sofort!“ Friedrich ist nicht mehr Herr seiner Sinne, und der Soldat kann sich eines Grinsens nicht mehr erwehren. „Durchlaucht, ich werde sehen, was ich machen kann.“ Mit diesen Worten schließt er die Luke endgültig und Friedrich hört, wie sich Schritte die Treppe hinunter entfernen. Er sieht sich im Zimmer um. Jetzt kommen seine Kopfschmerzen mit geballter Macht zurück. Er fasst sich an den Kopf, atmet tief durch und geht vorsichtig zum Tisch, auf dem ein Krug steht. Ohne zu überprüfen, was darin ist, setzt er ihn an die Lippen. ‚Ah, Wasser – das tut gut!‘ Dann setzt sich Friedrich auf's Bett und wartet. ‚Mal sehen, ob dieser Vollidiot da draußen wirklich Heydenab oder vielleicht sogar Kasimir herbringt. Wer auch immer kommt, der kann was erleben!‘ so denkt sich Friedrich in seinem Gefängnis. Seit zwanzig Jahren war er der Herr über Ansbach und Kulmbach, und jetzt das. Nein, so einfach will er sich die Herrschaft nicht aus der Hand nehmen lassen. Vorsichtig setzt der den Krug ein zweites Mal an und trinkt weiter mit gierigen Schlucken.

Nach ein paar Minuten hört er tatsächlich schwere Schritte die Treppe heraufkommen! ‚Nun ja, wenn er jetzt die Tür aufsperrt und mir einen guten Grund nennt, weshalb ich hier eingesperrt war, dann will ich vielleicht nochmal Gnade vor

Recht ergehen lassen', denkt er sich. Die Türluke wird geöffnet, und Friedrich erkennt seinen Sohn Kasimir: „Du Verbrecher, was soll das? Mach augenblicklich die Tür auf!" Aber Kasimir grinst: „Vater, wie ich höre, bist Du wach?" – „Ja, ich bin wach, und ich befehle Dir, die Tür sofort zu öffnen", schreit Friedrich wieder los. Dann fasst er sich an den Kopf. „Kopfweh?" fragt Kasimir scheinheilig und wartet eine Antwort seines Vaters nicht ab. „Dann lass Dir von mir den Tipp geben: Gegen Dein Kopfweh hilft eigentlich nur eines: Weitersaufen! Soll ich Dir eine Weinkaraffe bringen lassen?" „Du sollst die Tür augenblicklich öffnen, sonst lasse ich Dich öffentlich auspeitschen!" schreit Friedrich seinen Sohn an. Aber Kasimir bleibt ganz ruhig: „Vater, Du hast hier nichts mehr zu befehlen. Lange genug hast Du Deine Kinder, Deinen ganzen Hof und Dein ganzes Land tyrannisiert. Du hast das ganze Geld mit Jagden, Festen und Turnieren aus dem Fenster geschmissen. Jetzt reicht es! Du bist krank. Und Dein Bleiben hier in diesem Zimmer ist nur zu Deinem Schutz und zum Schutz des Landes. Und wenn Du ein bisschen darüber nachgedacht hast, hast Du dafür bestimmt Verständnis!" Schon wieder muss Kasimir fast grinsen, dann fährt er fort: „Du bist jetzt 55 und wirst Dich aufs Altenteil zurückziehen. Es wird Dir hier an nichts fehlen. Ab sofort übernehme ich im Oberland und im Unterland das Kommando. Und damit Du mir nicht mehr in die Quere kommst, wirst Du bis auf Weiteres schön hierbleiben!" Kasimir grinst und zieht den Schlüssel aus seiner Rocktasche. „Und den einzigen Schlüssel, den es zu dieser Tür gibt, den habe ich." – „Du bist nicht ganz bei Trost! Zum letzten Mal: Mach sofort die Tür auf!" brüllt Friedrich seinem Sohn entgegen. „Den Teufel werde ich tun", sagt der lachend zurück, und dieses Lachen bringt seinen Vater erst recht auf die Palme. Er holt aus und wirft den immer noch halbvollen Tonkrug in

Richtung Luke. Aber Kasimir hat das kommen sehen. Blitzschnell schließt er das Fenster, sodass der Krug gegen die Tür kracht und am Boden in tausend Scherben zerspringt. Das Wasser ergießt sich auf dem Boden. Kasimir hat die Luke wieder geöffnet und meint: „Wenn Du Dich beruhigt hast, bekommst Du einen neuen Krug. Jetzt mach Dich erstmal locker! Es wird Dir hier kein Leid geschehen. Du bekommst alles, was Du zum Leben brauchst. Ich rate Dir: Sei dankbar dafür! Aber jetzt entschuldige mich! Ich muss noch zur Bestattung von Tante Barbara. Die hat es übrigens 23 Jahre lang in diesem wunderschönen Raum ausgehalten, wollte, glaube ich, zum Schluss gar nicht mehr heraus. Wie lange Du hier drin bleibst, liegt an Dir. Jetzt ruh' Dich erstmal aus! Wenn ich nachher Zeit haben sollte, komme ich vielleicht noch einmal vorbei, bringe Dir die Reste vom Leichenschmaus herauf und erzähle Dir, wie's war. Aber wenn Du weiter so tobst, komme ich nicht vorbei, dann ist bei Dir erstmal Schmalhans Küchenmeister. Also, benimm Dich!" Und Kasimir schließt die Luke. Friedrich hört, dass sein Sohn der Wache vor der Tür leise Anweisungen gibt. Er ist fast ohnmächtig vor Wut und Kopfschmerz. Was nimmt sich Kasimir, sein eigenes Fleisch und Blut, da nur heraus? Er, Friedrich, ist und bleibt der Markgraf von Brandenburg-Ansbach-Kulmbach. Er setzt sich auf's Bett und überlegt: Tatsächlich kann er jetzt hier gar nichts machen. Wenn er schreit und tobt, hört ihn allenfalls die Wache vor der Tür. Und das Turmzimmer ist so hoch über der Burg, da kann er sich nicht bemerkbar machen. Und in den Innenhof hat das Zimmer kein Fenster, lediglich eines nach draußen. Und das ist so weit oberhalb der Häuser von Kulmbach, dass ein Schreien und Rufen auch nichts helfen würde. ‚Wenn mein Kopf nur nicht so schmerzen würde! Oh, das tut so weh!' Und dann denkt er an den Staatsstreich seines eigenen Sohnes! ‚Wenn ich hier herauskomme, lasse ich ihn hinrichten', schwört er sich, aber dann kommt ihm eine Idee: ‚Georg wird mich hier herausholen. Georg ist doch ein guter Junge. Ich habe ihm doch das Unterland überschrieben. Georg wird auf Kasimir einen guten Einfluss ausüben und mich befreien, bestimmt.' Aber dann fällt ihm ein, dass Georg nicht nur weit weg in Ungarn weilt, sondern dass er ihn auch vor drei Jahren aus dem Ansbacher Wasserschloss hinausgeworfen hat. Was wäre, wenn Georg in die Pläne Kasimirs eingeweiht war und sie für gut geheißen hat? Was wäre, wenn Georg jetzt einfach nach Ansbach kommt und das Unterland in Besitz nimmt, während er hier seinem ältesten Sohn Kasimir ausgeliefert bleibt? Oh, wäre er nur in Ansbach geblieben! Es war ein Fehler, zur Bestattung von Barbara hierher zu kommen. Kasimir hätte nie eine Möglichkeit gehabt, ihn abzusetzen, wenn nicht auf die Plassenburg gekommen wäre. Aber hier! Wie konnte er nur so unvorsichtig sein? Dieser Verräter Heydenab, der Burgvogt! Er müsste zusammen mit Kasimir sofort gehenkt werden! So langsam wird Friedrich klar, dass er hier nicht herauskommt. Kasimir ist gerissen, er wird sich nicht von der ‚Einsicht' seines Vaters täuschen lassen. Obwohl … es ist die einzige Möglichkeit, die er momentan sieht. Ja, er muss seinem Sohn vortäuschen, dass er die geänderten Machtverhältnisse akzeptiert; nur so kommt er hier aus diesem Zimmer. Und wenn er erst einmal hier heraus ist, dann wird er … nein, auch dann wird er zahm sein wie ein Lamm. Er wird so schnell wie möglich ins Unterland fliehen. Dort hat Kasimir keine Chance gegen ihn. Ja, nur so kann es gehen. Ein Versuch ist es wert. Mit diesen Gedanken im nach wie vor hämmernden Kopf wartet Friedrich auf den Besuch seines Sohnes, in der Hoffnung, dass er auch etwas zu essen mitbringt; denn inzwischen meldet sich der Hunger in ihm immer deutlicher.

Kasimir steigt die Treppe im Westturm herab und ist sehr zufrieden. Der „Alte“ sitzt in dem Gefängnis, das er auch noch selbst hatte einst bauen lassen. Es wird ihm an nichts fehlen, aber jetzt soll er erstmal „schmoren“. Den Wasserkrug hat er zerschlagen. Selbst schuld! Auf den nächsten Wasserkrug soll er ruhig er noch eine Weile warten. Das soll ihm eine Lehre sein. Er muss jetzt Geduld lernen, und er muss vor allem lernen, dass hier nichts mehr auf sein Kommando hört.
Die Bestattung von Tante Barbara verläuft ohne Zwischenfälle. Dass sie in der markgräflichen Grablege der Plassenburg beigesetzt wird, war nie eine Frage gewesen. Die Schwester des Markgrafen hatte hier auf der Burg 23 Jahre niemanden gestört, sie wird auch in der Gruft niemanden stören. Kasimir nutzt den Leichenschmaus, an dem nur die engste Familie, das heißt er selbst und seine zehn anwesenden Geschwister (Margarete, Sophie, Anna, Albrecht, Johann, Barbara, Friedrich, Wilhelm, Johann Albrecht und Gumprecht), teilnehmen, um diese genauer zu unterrichten: „So, meine lieben Brüder und Schwestern, dass Euch das jetzt klar ist: Der Markgraf, das bin jetzt ich! Vater hat sich lange genug aufgespielt. Das Ganze ist auch mit Georg ausgemacht gewesen. Er hat seine Pfründe in Ungarn, deshalb werde ich das Unterland in Vertretung von Georg ebenfalls regieren. Vater ist in dem Zimmer, das durch das tragische Ableben unserer lieben Tante Barbara frei geworden ist, untergebracht. Es wird ihm dort an nichts fehlen. Er darf es nur nicht verlassen. Deshalb behalte ich den Schlüssel für die Tür. Ich möchte auch nicht, dass einer von euch die Treppe hinaufgeht und sich dann durch die Luke mit ihm unterhält. Das wäre nicht gut für ihn. Er muss nun Geduld lernen. Die hat er noch nie in seinem Leben bewiesen. Und das wird ihm guttun. Wenn wir so wei-

tergemacht hätten wie bisher, wäre bald überhaupt kein Geld mehr übrig geblieben. Wir müssen auch in der Markgrafschaft jetzt lernen, mit dem Geld zu haushalten. Den Vater aus dem Verkehr zu ziehen, war höchste Zeit und die einzige Möglichkeit, Ordnung in den Haushalt zu bringen. Auch Ihr werdet es in Zukunft besser haben. Bestimmt! Ihr könnt Euch hier in Kulmbach weiter frei bewegen. Wir alle werden noch ein paar Wochen hierbleiben, bis sich alles beruhigt hat. Ich gebe dann rechtzeitig den Befehl zum Aufbruch nach Ansbach. Ach ja, und noch etwas: Ich bin jetzt derjenige, der entscheidet, mit wem die Töchter des Hauses verheiratet werden, also stellt Euch bloß gut mit mir, sonst stecke ich Euch in ein Kloster!" Kasimir lacht dreckig, dann hebt er seinen Weinbecher und ruft: „Auf den neuen Markgrafen Kasimir!" Doch die Geschwister blicken nur finster drein. Gewiss, der Vater hatte ein furchtbares Regiment geführt, er hatte immer wieder gebrüllt und geschlagen; auch Mutter hat er übel tyrannisiert, aber dass er jetzt von seinem eigenen Sohn weggesperrt wird, damit sind sie nicht einverstanden. Und ob durch die Herrschaft von Kasimir wirklich „alles besser" wird, muss sich erst zeigen. Sie wissen, dass das Naturell ihres ältesten Bruder dem des Vaters sehr ähnlich ist. „Ach, wäre nur Georg da!" murmelt Gumprecht leise vor sich hin, „dann wäre alles besser!" – „Was hast Du gesagt?" Kasimir hat gehört, dass der jüngste Bruder etwas geflüstert hat. „Nichts, nichts!" beeilt sich Gumprecht zu betonen. „Dann ist ja gut!" stellt Kasimir befriedigt fest und nimmt noch einen tiefen Schluck aus seinem Becher. Dann ruft er einem Diener zu: „Der Heydenab soll umgehend zu mir auf mein Zimmer kommen!", steht auf und geht. Zurück bleiben zehn Geschwister, die nicht wissen, was sie sagen sollen. Schließlich ergreift Margarete das Wort: „Was meint Ihr? Ob Georg wirklich in die Pläne eingeweiht

war?“ und es entsteht eine lebhafte Debatte über die Rolle, die Georg in diesem Aufstand spielt und gespielt hat. Die kleinen Brüder Johann Albrecht und Gumprecht sind davon überzeugt, dass Kasimir das nur behauptet hat, dass Georg aber niemals einer Inhaftierung des Vaters zugestimmt hätte. Die älteren Töchter Margarete, Sophie und Anna sind sich da nicht so sicher. Schließlich teilt Margarete ihre Absicht mit, einen Brief an Georg zu schreiben und ihn um seine Meinung zur Absetzung des Vaters bitten. Dies stößt auf große Zustimmung und die geschwisterliche Versammlung löst sich auf.
Im Markgrafenzimmer empfängt Kasimir seinen Burgvogt: „Ah, Heydenab, gut dass Ihr da seid!“ – „Durchlaucht haben mich rufen lassen …“ meint der Gerufene. „Also, wir haben ja schon einmal darüber gesprochen. Mein Vater darf erst einmal mit niemandem reden. Ich möchte, dass tagsüber immer ein Soldat vor seiner Tür Wache hält. Es darf ihm nur Essen und Wasser zu Trinken und zum Waschen gereicht werden. Kleidung hat er für's Erste genug da oben. Wenn etwas gewaschen werden muss … gut, daran soll es nicht scheitern. Er wird sich schon melden. Wir wollen ja nicht, dass es aus dem Turm bis zum Himmel stinkt!“ Kasimir grinst bei diesem Gedanken. „Wenn er was zum Lesen oder Schreiben haben will, kein Problem. Im Grund genau dasselbe Procedere wie bei Tante Barbara. Heute abend bekommt er ein einfaches Abendbrot und einen neuen Krug Wasser. Mehr nicht. Noch Fragen?“ Der Burgvogt schüttelt den Kopf und salutiert: „Nein, keine Fragen mehr, Durchlaucht!“ – „Das ist gut“, antwortet Kasimir, „Ihr könnt jetzt gehen.“ Zufrieden lehnt sich Kasimir zurück. Das ging leichter als gedacht. Jetzt muss sich das alles nur noch einspielen, dann kann ich auch wieder ins wesentlich bequemere und größere Wasserschloss nach Ansbach zurückreisen. Ach, wie schön

ist's, dass Georg mir auch seinen Teil der Markgrafschaft überlässt! Jetzt lasse ich es mir erstmal gutgehen. Ich habe lange genug unter dem Alten gelitten.

## *Bayreuth, 1. Juli 1515*

„Es gibt Neuigkeiten, meine Herren!" mit so einem Satz eröffnet Cornelius Matheus, der Bayreuther Bürgermeister nur selten die Stadtratssitzungen. „Neuigkeiten?" fragen die Ratsherren, aber der Bürgermeister scheint die Neugier zu genießen: „Bitte Platz zu nehmen!" Als alle um den Tisch sitzen und gespannt auf das warten, was jetzt kommt, blickt der Matheus ernst in die Runde. Dann sagt er: „Um es kurz zu machen: Wir haben einen neuen Markgrafen!" – „Wie das? Ist seine Durchlaucht Markgraf Friedrich verstorben?" fragt einer, und ein anderer wirft ein: „Ich wusste gar nicht, dass er krank war." Der Bürgermeister hebt die Hände und bittet um Ruhe: „So lasst mich doch erläutern: Seine Durchlaucht ist nicht wirklich krank. Vielmehr hat ihn sein eigener Sohn Kasimir abgesetzt und ins Gefängnis werfen lassen. Genaueres weiß ich auch nicht. Gerade ist ein glaubwürdiger Bote von der Plassenburg hier eingetroffen und hat mich darüber in Kenntnis gesetzt." – „Und jetzt?" fragt einer der Ratsherren. Cornelius Matheus antwortet: „Ganz einfach: Unser neuer Markgraf heißt Kasimir!" „Ist das eine gute Nachricht für uns?" will einer der der Ratsherren wissen, und der Bürgermeister zuckt mit den Schultern: „Ich weiß nicht, aber – seien wir mal ehrlich: Viel schlimmer kann es nicht mehr kommen. Erinnern wir uns nur daran, als seine Durchlaucht kurz nach dem Amtsantritt in Bayreuth war und gleich die Steuern erhöht hat! Oder wie er unsere Bitte um Ermäßigung der Abgaben, als die Pest Bayreuth fest im Griff hatte, rundweg abgelehnt hat, und nur, weil ich vor ihm auf die Knie gegangen bin, einer Stundung um drei Monate zugestimmt hat." – „Ja, aber was ist von einem Sohn zu halten, der seinen eigenen Vater ins Gefängnis werfen lässt?" fragt einer der Ratsherren, und der Bürgermeister meint dazu: „Das frage ich mich auch. Wir wissen es aber nicht, und wir werden die ersten Befehle aus Kulmbach abwarten müssen. Es könnte ja sein, dass er deshalb so ruppig mit seinem eigenen Vater umgeht, weil er der Meinung ist, wir hätten inzwischen genug unter ihm gelitten. Es könnte aber auch sein, dass er einfach – er ist ja auch schon 37 Jahre alt – Markgraf werden will. Die meiste Zeit wird er ähnlich wie sein Vater wohl in Ansbach sein. Aber es ist damit zu rechnen, dass er immer wieder auch sich im Oberland aufhält, zumal sein Vater auf der Plassenburg eingesperrt ist."

Leonhard Schmalzing, der auch diese Stadtratssitzung mit protokolliert hat, kommt abends nach Hause und eröffnet seiner Frau und seinem Sohn Georg die Nachricht: „Kasimir ist unser neuer Markgraf!" Nachdem er ihnen die Umstände dieses Wechsels erläutert hat, fragt Georg: „Wer tut denn so etwas, den eigenen Vater ins Gefängnis werfen?" – „Je nun, Markgraf Friedrich selbst hat seine eigene Schwester jahrelang auf der Plassenburg gefangen gehalten, weil sie nicht das gemacht hat, was die markgräfliche Familie wollte. Offenbar ist das bei denen so Brauch", vermutet er und schmunzelt. Aber Georg gibt sich damit nicht zufrieden: „Das kann nie und nimmer ein Brauch sein. Ich sage Dir eins: Von diesem Wechsel des Markgrafen verspreche ich mir keinerlei Erleichterung. Wer so etwas tut, dem geht nur darum geht, mehr Macht zu bekommen. Und ich sage Dir auch, von wem er das aus meiner Sicht gelernt hat: Von seinem eigenen Vater. Aus dieser Familie kommt nichts Gutes. Machen wir uns hier in Bayreuth bloß keine Hoffnungen!“ Katharina, die bei dieser Unterhaltung von Vater und Sohn zugegen war, nickt: „Ich fürchte, Georg hat Recht!“

## *Bayreuth, 12. Oktober 1515*

„So, mein Sohn!“ sagt an diesem Morgen Jakob Jäger zu seinem Kaplan Georg Schmalzing, „Ihr habt jetzt schon den ganzen ‚Messkanon‘ durchgearbeitet. Heute habe ich einen Boten nach Bamberg geschickt, der Euch für die Prüfung und die Priesterweihe anmeldet. Wenn Ihr erst das Sakrament der Priesterweihe empfangen habt, werdet Ihr hier in der Stadtkirche Euren ersten Gottesdienst, die Primiz, feiern.“ Georg erschrickt: „Ist es tatsächlich schon so weit?“ – „Ja, mein Sohn!“ antwortet der alte Priester, „aber bis wir einen Termin in Bamberg bekommen, wird es noch etwas dauern. Macht Euch keine Sorgen!“

Tatsächlich kommt aber bereits einen Tag später der Bote zurück mit einem Brief vom Bamberger Fürstbischof Georg Schenk von Limpurg: *„Lieber Bruder Jäger, wir haben Eure Bitte erhalten. Euer Schützling Georg Schmalzing soll sich am Lukastag in Bamberg einfinden, auf dass er sich einer Prüfung unterziehe und im Anschluss die Priesterweihe erfolgen könne. – Georg Schenk von Limpurg, Fürstbischof zu Bamberg“.* Das fürstbischöfliche Siegel flößt Georg höchsten Respekt ein. Worauf hat er sich da nur eingelassen? Jetzt soll er schon zum Priester geweiht werden. Vor lauter Schreck weiß er gar nicht mehr, wann der Lukastag überhaupt ist. „Das ist der 18. Oktober, mein Sohn!“ Jakob Jäger lächelt. Er spürt, dass Georg das Ganze sehr ernst nimmt, und er freut sich darüber. Jäger hat schon viele Kaplane ausgebildet, aber Georg ist in seinen Augen etwas Besonderes. Er ist so wissbegierig und will stets den Dingen auf den Grund gehen. Dabei hat er eine tiefe Frömmigkeit, die auch ihn selbst immer wieder anrührt. Jäger erinnert sich an viele Gespräche, die sie miteinander geführt haben und aus denen er selbst auch etwas für sich mitgenommen hat. ‚Ja‘, denkt er, ‚Zweifeln und Fragen, das ist wichtig in der Theologie. Das war mir bisher noch gar nicht so klar. Aber es ist auch wichtig, immer wieder neu Antworten zu suchen. Das ist es, was ich von meinem Kaplan gelernt habe.‘ Und Jäger freut sich, dass er – sobald Georg geweiht ist – ihm nach und nach übertragen kann, die Morgenmessen zu halten, und dann kann er sich langsam zur Ruhe setzen.

Georg geht es ganz anders als seinem Mentor. Der Brief vom Fürstbischof hat ihn sehr nervös gemacht. Priesterweihe – und davor noch eine Prüfung! ‚Da darf und will ich nicht scheitern! Auf keinen Fall will ich mich blamieren … und meinen guten Mentor auch nicht!‘ denkt er sich. Tatsächlich kann er den ‚Messkanon‘ inzwischen fast auswendig. Trotzdem stürzt er sich jetzt noch einmal auf das Werk und liest und wiederholt Tag und Nacht. Sein Mentor versucht immer wieder, ihn zu beruhigen: „Mein Junge, so genau wie Ihr das lernt, will der Generalvikar das doch gar nicht wissen. Ihr werdet sehen, es wird alles gut gehen.“

## Bayreuth, 16. Oktober 1515

Am Tag vor der Abreise nach Bamberg verzweifelt Georg fast. Es ist schon dunkel, als er sich mit dem Messkanon im Arm noch einmal zu Jakob Jäger aufmacht und an dessen Tür klopft. Jäger öffnet, sieht Georg und lässt ihn sofort eintreten: „Was ist denn los? Ihr seid ja ganz durcheinander!" – „Hochwürden, es tut mir leid, dass ich Euch so spät noch einmal aufsuche, aber ich wollte Euch bitten, mich bei unserem hochwürdigsten Herrn Bischof zu entschuldigen. Ich kann übermorgen unmöglich zum Priester geweiht werden", bricht es aus Georg heraus, „ich habe mir gerade den Messkanon noch einmal durchgeschaut und habe festgestellt: Ich kann gar nichts! Ich habe alles vergessen. Der Generalvikar wird mich fragen, und ich werde kein Wort hervorbringen. Und an die Priesterweihe darf ich gar nicht denken. Da wird mir himmelangst und bang." Jäger lächelt, deutet auf einen Stuhl und fordert Georg auf: „Setzt Euch erst einmal!" Georg nimmt Platz und legt den ‚Messkanon' auf den Tisch. Bevor er irgendetwas sagen kann, beginnt sein Mentor: „Ich will Euch einmal etwas sagen, aber ich weiß nicht, ob es Euch im Moment weiterhilft – auf jeden Fall sollt Ihr Euch später immer wieder an meine Sätze erinnern. Wenn ich Euch so höre, dann denke ich mir, dass das Sprichwort wahr ist: Die Dummen sind so sicher und die Gescheiten so voller Zweifel. Versteht Ihr? Ich kann es auch anders sagen: Ihr seid der ernsthafteste, wissbegierigste und gescheiteste Kaplan, den ich je hatte. Da nimmt es nicht wunder, dass Ihr zweifelt. Und Zweifel ist gut. Der wird uns weiterbringen. Wichtig ist nur, dass Ihr nicht beim Zweifel stehen bleibt, sondern immer wieder lernt, über ihn hinauszugehen. Und deshalb werden wir morgen nach Bamberg fahren, damit

Ihr übermorgen geweiht werdet." Die Worte des Mentors verfehlen ihre Wirkung auf Georg nicht. Er schweigt, und denkt darüber nach, dann sagt er: „Gut, nehmen wir an, ich bestehe die Prüfung. Der Gedanke an die anschließende Priesterweihe macht mir Angst. Ja, ich weiß, ich will Messpriester werden, Nun ja, ich wollte Messpriester werden, aber beim Lernen des Messkanons ist mir deutlich geworden, was das für eine Verantwortung bedeutet: Gabriel Biel schreibt: ‚Der Geweihte bekommt eine nicht mehr rückgängig zu machende Berufung und Würde. Die Weihe stiftet Identifikation mit Jesu Sendung und Schicksal. Sie stattet den Geweihten mit der Autorität aus, im Namen Jesu Christi zu handeln. Sie macht ihn zum Mitarbeiter des Bischofs. Sie trägt ihm in der Gemeinschaft der Kirche die Aufgaben auf, die heiligen Sakramente zu verwalten und den Gläubigen zu spenden.' Hochwürden, das schaffe ich nicht!" Wieder lächelt Jäger und meint: „Mein Sohn, Ihr habt jetzt ganze Sätze aus dem ‚Messkanon' zitiert und meint, Ihr würdet die Prüfung nicht schaffen?! Aber das nur am Rande! Ich kann mich nur wiederholen: Warum sind die Dummen immer so sicher und die Gescheiten so voller Zweifel? Ihr werdet übermorgen zum Priester geweiht, und ich kenne keinen Kaplan, der besser für dieses Amt geeignet ist als Ihr. Hört Ihr: keinen einzigen! Meint Ihr wohl, diejenigen, die schon Messpriester sind – mich eingeschlossen – sind würdiger als Ihr? Wohl kaum! Deshalb mein Rat: Lasst den Messkanon da, geht ruhig nach Hause, schlaft Euch aus, und morgen reisen wir gemeinsam nach Bamberg. Lernt heute Eure letzte Lektion vor der Priesterweihe: Lernt auf Gott zu vertrauen! Seid gewiss: Er führt Euch den Weg, den Ihr gehen sollt." Bei dem letzten Satz schlägt er das Kreuz, und tatsächlich wird Georg ruhig … nach einer kurzen Pause sagt er: „Wenn Ihr meint …" – „Ja, das meine ich – und jetzt geht getrost nach Hause. Wir sehen uns

morgen früh zur Frühmesse und brechen danach auf." Damit beendet Jakob Jäger die Unterhaltung, und Georg verabschiedet sich – nicht ohne sich noch einmal bei seinem Mentor ausdrücklich zu bedanken. Nachdenklich geht er nach Hause … Da fällt ihm ein, dass er den ‚Messkanon' bei Pfarrer Jäger vergessen hat. Er will umkehren, oder doch nicht? Schließlich lenkt er seine Schritte nach Hause, anfangs noch zögerlich, dann immer zielstrebiger. Georg ist dabei, eine „Lektion für's Leben" zu erlernen – wie es Jakob Jäger genannt hat.
Am folgenden Tag fahren die beiden auf einem Pferdefuhrwerk nach Bamberg. Unterwegs sagt kaum einer etwas. Georg hat seine besten Kleider im Kleidersack dabei. Er ist aufgeregt, und sein Mentor Jäger spürt, dass er jetzt Georg mit seinen Gedanken alleine lassen muss. In Bamberg finden die beiden freundliche Aufnahme im Karmelitenkloster. Sie nehmen noch an der Vesper und der Komplet der Mönche teil, dann legen sie sich schlafen.

## *Bamberg, 18. Oktober 1515*

Georg wacht noch vor dem Angelusläuten um sechs Uhr früh auf, er ist aufgeregt. Nach dem Ankleiden und einem Gebet an seinen persönlichen Schutzpatron Georg zieht er seine besten Sachen an und begibt sich in die Kirche zur Laudes, dem Morgengebet. Danach gibt es ein kurzes Frühstück und dann verabschieden sich Jakob Jäger und Georg Schmalzing von den gastfreundlichen Brüdern. Sie steigen den Domberg hinauf und treffen dort den Generalvikar Philipp von Henneberg, der die beiden freundlich in Empfang nimmt. Nach einem kurzen

Gespräch mit Jäger und Schmalzing, stellt der Generalvikar fest, einer Priesterweihe stünde nun nichts mehr im Wege. Georg ist völlig überrascht, weil er mit einer richtigen Prüfung gerechnet hatte, aber der Generalvikar hatte sich mit allgemeinen Erläuterungen zu seiner Person – dass er Schulmeister an der Bayreuther Lateinschule gewesen war, hat den Generalvikar sehr erfreut – und zu den Sakramenten sowie zum Ablauf der Messe zufrieden gegeben.
Über den Bamberger Dom staunt Schmalzing nicht schlecht. Es ist das erste Mal, dass er die Mutterkirche von Bayreuth sieht. Die Priesterweihe selbst geht dann schnell vor sich. Der Weihbischof Kaspar Preyel, dem er in der Sakristei kurz vorgestellt wird, drückt ihm erfreut die Hand, ehe sie gemeinsam mit Pfarrer Jäger die Kirche betreten. Im Grunde findet eine klassische Messe statt, in deren Rahmen Georg vom Weihbischof aufgerufen wird: „Georg Schmalzing aus Bayreuth", und mit den Worten „Ich bin bereit" tritt Georg vor. Neben ihm steht Pfarrer Jäger und spricht: „Hochwürdiger Vater, die heilige Kirche bittet dich, unseren Bruder zum Priester zu weihen", worauf der Weihbischof fragt: „Weißt Du, ob er würdig ist?" Jäger antwortet getreu dem vorgeschriebenen Brauch: „Das Volk und die Verantwortlichen in Bayreuth wurden befragt; ich bezeuge, dass er für würdig gehalten wird." Dann stellt der Weihbischof Fragen an Georg, ob er bereit sei, als Mitarbeiter des Bischofs die Sakramente Christi in gläubiger Ehrfurcht zu feiern und sich Tag für Tag enger an Christus zu binden. Georg hört sich selbst jedes Mal antworten: „Ich bin bereit". Schließlich werden ihm die priesterlichen Gewänder angelegt und der Weihbischof legt ihm die Hände auf und sagt: „Nimm hin den Heiligen Geist!" Ja, und dann ist die Weihe auch schon vorbei. Der Weihbischof reicht ihm in der Sakristei noch einmal die Hand und ist verschwunden. Dass es

eine der vorerst letzten Priesterweihen eines Bayreuther Pfarrers im Bamberger Dom sein würde, ahnt zu diesem Zeitpunkt keiner. Georg zieht die priesterlichen Gewänder wieder aus, nimmt sie unter den Arm und tritt aus der Kirche. Dort trifft er seinen Mentor Jakob Jäger, der ihn in die Arme nimmt, ihm Gottes Segen für sein Wirken wünscht und meint: „Lasst uns nach Hause fahren!"
Erst spät am Abend kommen die beiden zuhause an. Georg ist todmüde, aber seine Eltern wollen alles von ihm erfahren. Bevor sie ihn ins Bett entlassen, fragen sie noch nach der Primiz. „Bruder Jäger hat gemeint, dass sie am kommenden Sonntag in der Frühmesse stattfinden soll", sagt Georg und seine Eltern sind zufrieden. Da werden sie auf jeden Fall dabeisein.

# Kapitel 3

## Ablassprediger in Bayreuth

## *Ansbach, 20. Oktober 1515*

Fast zur gleichen Zeit kommen zwei Briefe im Ansbacher Wasserschloss an. Der eine ist an Margarete gerichtet. Er stammt von Georg aus Budapest. Margarete lässt alle Geschwister – außer Kasimir – zusammenrufen. Gespannt sitzen sie im Speisesaal. „Wie Ihr wisst“, beginnt Margarete, „habe ich einen Brief an unseren Bruder Georg geschrieben. Kasimir hatte behauptet, die Inhaftierung von Vater sei mit Georg abgestimmt gewesen, aber ich habe es ihm nicht geglaubt. Ich kann einfach nicht glauben, dass Georg so einen Verrat mitträgt.“ – „Keiner von uns hält so etwas für möglich!“ ruft Albrecht dazwischen. „Eben, aber bevor wir etwas gegen Kasimir unternehmen, ist es wichtig, Georgs Einschätzung zu wissen. Schließlich müsste er ja dann wirklich von Budapest nach Ansbach kommen und die Markgrafschaft übernehmen.“ – „Und? Was steht in dem Brief?“ Gumprecht ist besonders ungeduldig. Umständlich bricht Margarete das Siegel und öffnet den Brief; dann liest sie laut vor: *„Liebe Margarete, danke für Deinen Brief und die Beschreibung der Lage in Ansbach und Kulmbach! Es stimmt, dass Kasimir mit mir über seine Absichten gesprochen hat. Er hat mir geschildert, wie Vater Euch tyrannisiert und unterdrückt. Er hat mir deutlich gemacht, dass Vater seit dem Tod der Mutter Euch auf den Schlössern die Hölle bereitet und nur noch sein eigenes Vergnügen kennt und die finanziellen Reserven der Markgrafschaft aufbraucht. Die Steuern sind immer weiter erhöht worden, sodass die Bauern in unserem Land bald nichts mehr zu essen haben werden. Kasimir hat als einzigen Ausweg gesehen, Vater auf der Plassenburg festzusetzen. Nun ist es so, dass ich hier in Budapest meine Wurzeln geschlagen habe. Ich bin Erzieher des Königssohnes Ludwig, außerdem bin ich durch meine Hochzeit hier Herr über zwei*

*Burgen und über 200 Dörfer. Derzeit versuche ich, diese gegen ein Herzogtum in Schlesien einzutauschen, weil die Gefahr, dass die Türken hier einrücken, immer größer wird. Ich weiß nicht, ob wir genügend Soldaten aufstellen können, die Türken, wenn sie vorrücken, zurückzuschlagen. Auf jeden Fall habe ich hier eine neue Heimat gefunden und ich gedenke nicht, nach Ansbach zu kommen. Außerdem ist Onkel Wladislaw wie ein Vater zu mir und ich stehe zu meinem Wort, hier bei ihm zu bleiben. Was mir Kasimir gesagt hat, glaube ich ihm. Deshalb habe ich ihm in der Tat freie Hand gelassen. Aber er hat mir versprochen, für Euch zu sorgen, und ich hoffe, dass er sein Versprechen auch hält. Es sollte Euch unter seiner Führung besser gehen als vorher. Ich bin auch nicht glücklich mit der Inhaftierung von Vater. Aber manchmal muss man einfach schwere Wege gehen. Deshalb bitte ich Euch, Kasimir zu unterstützen und vielleicht auch auf Vater einzuwirken, dass er Einsicht zeigt und dadurch freigelassen werden kann. Lasst es mich wissen, wenn sich neue Entwicklungen ergeben. Kasimir ist im Unterland lediglich mein Vertreter, und ich habe nicht auf mein Ansbacher Erbe verzichtet. Seid alle von Herzen umarmt und gegrüßt von Eurem Bruder Georg.*"

Als Margarete geendet hat, herrscht zunächst Stille. Keiner sagt etwas. Damit haben sie nicht gerechnet. Und doch ist es so, dass die Argumentation des Georg sie alle in gewisser Weise beruhigt. Sie wissen jetzt, dass nicht alles falsch war, was Kasimir ihnen gesagt hatte. Aber zufrieden sind sie mit der Sachlage nach wie vor nicht. Doch wenn selbst Georg gegen Kasimir nicht aufbegehrt, können sie nichts machen.

Der zweite Brief, der wenige Tage danach im Ansbacher Wasserschloss ankommt, richtet sich an Kasimir. Er stammt von seinem Vetter, Albrecht Kardinal von Brandenburg: „*Lieber Bruder in Christo, lieber Vetter, wie Du vielleicht weißt bin ich seit zwei Jahren die erzbischöfliche Exzellenz von Magdeburg und zugleich apostolischer Administrator für das Bistum Halberstadt. Nun wurde mir vor einem knappen Jahr angetragen, die erzbischöfliche Würde auch über das Erzbistum Mainz zu übernehmen und damit Kurfürst zu werden. Nach Rücksprache mit seiner Heiligkeit und unter Zahlung von 10.000 Golddukaten erhielt ich die Dispens und bin seither auch noch kurfürstlicher Erzbischof zu Mainz. Die 10.000 Golddukaten wurden mir vom kaiserlichen Bankhaus Fugger in Augsburg vorgestreckt. Nun sind sie zurückzuzahlen, und hierfür hat seine Heiligkeit, Papst Julius, einen Ablass ausgeschrieben. Kurzum: Ich fordere Dich hiermit auf, meine Ablassprediger auch in der Markgrafschaft Brandenburg-Ansbach und Brandenburg-Kulmbach wirken zu lassen und den Menschen das Evangelium der Befreiung der Fegefeuer- und Höllenstrafe zukommen zu lassen. Mit kurfürstlichem und erzbischöflichem Gruße, – seine Exzellenz, der Erzbischof von Mainz und Magdeburg, Albrecht von Brandenburg.*"

„Nun ja, da wird mir nicht viel anderes übrigbleiben, als die Ablassprediger predigen zu lassen", murmelt Kasimir vor sich hin und läutet sofort nach einem Kammerdiener. Als dieser in der Tür erscheint, ruft er ihm zu: „Den Schatzmeister, sofort!" Der Diener verbeugt sich und verschwindet sofort wieder. Wenige Minuten später steht der Schatzmeister vor Kasimir: „Durchlaucht haben mich rufen lassen?" – „Lies er diesen Brief!" Kasimir weist auf das auf dem Tisch liegende Schreiben. Der Schatzmeister nimmt den Brief in die Hand und liest. Der Markgraf brütet vor sich hin, dann meint er: „Und? Wie beurteilt ihr das Schreiben?" – „Das ist ärgerlich, Durchlaucht!" meint der Schatzmeister. „Das sehe ich auch so", pflichtet ihm der Markgraf bei, „sehr ärgerlich! Dadurch wird Geld aus der Markgrafschaft abgezogen, Geld, das wir dringend hier brauchen. Wie sieht es mit meinen Finanzen derzeit aus?" „Der markgräfliche Hof ist fast bankrott. Wenn wir weiter so viel Geld ausgeben, müssten wir die Steuern und Abgaben weiter erhöhen“, eröffnet ihm der Schatzmeister, „der Unterhalt der Streitkräfte, aber vor allem der Unterhalt der Schlösser, Burgen und der Hofhaltung ist in letzter Zeit kräftig angestiegen. Unsere finanziellen Mittel sind erschöpft und die Rücklagen nahezu aufgebraucht.“ – „Gut, dann erhöhe er die Abgabenpflichten! Meine Ermächtigung hat er. Dann haben die Ablassprediger eben weniger abzuschöpfen, aber mir soll's Recht sein!“ Für Kasimir scheint der Fall damit erledigt zu sein und er vertieft sich wieder in den Brief seines Vetters. Aber der Schatzmeister bleibt einfach stehen. Kasimir hebt den Kopf: „Ist noch etwas?“ – „Mit Verlaub, Durchlaucht“, fängt der Schatzmeister an, „die Abgabenlast der Bauern ist bereits jetzt außerordentlich hoch. Der gemeine Bauer arbeitet Tag und Nacht und hat kaum etwas übrig. Teilweise muss er bis zu vier Tage in der Woche für seinen Lehnsherrn arbeiten, und von dem, was er selbst erwirtschaftet, hat er noch bis zu einem Drittel abzugeben. Da bleibt nicht mehr viel übrig. Gerade, dass er sich und seine Familie über Wasser hält. Die Erhöhung der Steuern hielte ich für ein falsches Signal. Es sorgt nur für Unruhe in der Bevölkerung.“ Kasimir ist aufgesprungen, seine Augen blitzen: „Ich habe ihn nicht um Rat gefragt! Er soll das ausführen, was ich ihm anschaffe! Verstanden? Und jetzt raus hier!“ – „Um Vergebung, Durchlaucht!“ murmelt der Schatzmeister und entfernt sich unter Verbeugungen. Als er im Begriff ist, durch die geöffnete Tür zu gehen, ruft ihm Kasimir nach: „Und vergesse er ja nicht, die Steuern zu erhöhen!“

## *Bayreuth, 21. Oktober 1515, Sonntag*

Pfarrer Jäger hat für die allererste Messe seines Schützlings kräftig Werbung gemacht. Jedem, der es wissen oder auch nicht wissen will, erzählt er von der Primiz des Stadtschreibersohnes: „Kommt am Sonntag in die Hauptmesse. Kaplan Schmalzing feiert Primiz und holt Euch seinen Primizsegen!" Tatsächlich ist das Hauptschiff der Kirche voll geworden. So viele Menschen, so viele Gläubige! Georg ist überwältigt, als er – angetan mit den Messgewändern – aus der Sakristei tritt. Neben ihm stehen der Stadtpfarrer Hieronymus Heller und der Stadtprediger Nikolaus Schamel und lächeln zu ihm hinüber. Heller beginnt den Gottesdienst mit einem „In nomine patris et filii spiritus sancti. Amen … Dominus vobiscum!" Bald darauf übernimmt Schmalzing, sicher und gekonnt führt er den Ablauf durch bis zur Predigt von Schamel. Dieser spricht davon, dass Gott seine Menschen als Werkzeuge in seinen Dienst nimmt: *„Und der höchste Dienst, den er für den Menschen vorgesehen hat, ist der des Priesters, der die heilige Messe als gutes Werk an die Gläubigen verteilt, auf dass diese Hoffnung haben, möglichst bald nach ihrem Tod aus dem Fegefeuer befreit zu werden. Die beste Versicherung gegen Fegefeuer und Hölle sind die Priester der heiligen Kirche. Und wenn Ihr dereinst vor Jesus steht, dann könnt Ihr auf die guten Werke verweisen, die Euch durch die Messe zugeeignet werden. Ja, und wenn Ihr dadurch vor dem Richter bestehen könnt, dann werden Euch die Engel in den Himmel geleiten, vorbei an den Pforten zur Hölle, die bereitet ist denen, die Tag für Tag sündigen und für die kein Priester eine Messe liest. Es ist der Dienst des Priesters, durch den ihr die Hoffnung haben könnt, die Zeit im Fegefeuer zu verkürzen und im Gericht zu bestehen. Er, der Priester steht fürbittend vor Gott für Euch ein. Und heute dan-*

*ken wir dem Herrn, dass er uns einen neuen Heilsvermittler geschenkt hat. Lieber Bruder Schmalzing, möge Dein Dienst gesegnet sein. Amen.“*

Dann übernimmt wieder Georg mit dem Vorbereitungsgebet: *„Suscipe, sancte Pater, omnipotens aeterne Deus, hanc immaculatam hostiam, quam ego indignus famulus tuus offero tibi, Deo meo vivo et vero, pro innumerabilibus peccatis, et offensionibus, et negligentiis meis, et pro omnibus circumstantibus, sed et pro omnibus fidelibus christianis vivis atque defunctis: ut mihi, et illis proficiat ad salutem in vitam aeternam. Amen.“*

*(Heiliger Vater, allmächtiger ewiger Gott, nimm diese makellose Opfergabe gnädig an. Dir, meinem lebendigen, wahren Gott bringe ich, dein unwürdiger Diener, sie dar für meine unzähligen Sünden, Fehler und Nachlässigkeiten. Ich opfere sie auf für alle Umstehenden und alle Christgläubigen, für die Lebenden und Verstorbenen. Gib, dass sie mir und ihnen zum Heile gereichen für das ewige Leben. Amen.)*

Dabei spürt er sein Herz bis zum Halse schlagen. Gottes Gegenwart in Christus ist für ihn förmlich zu spüren. ‚O Herr, gib, dass ich mich Deiner Gegenwart würdig erweise, dass ich jetzt keinen Fehler mache‘, denkt er insgeheim, und mit klopfendem Herzen und zitternden Händen hebt er die Hostienschale: *„Qui pridie quam pateretur, accepit panem in sanctas ac venerabiles manus suas, et elevatis oculis in coelum ad te Deum Patrem suum omnipotentem, tibi gratias agens, benedixit, fregit, deditque discipulis suis, dicens: Accipite, et manducate ex hoc omnes. Hoc est Corpus meum …“*

*(Er nahm am Abend vor seinem Leiden Brot in seine heiligen und ehrwürdigen Hände, erhob die Augen zum Himmel zu Dir, Gott, seinem allmächtigen Vater, sagte Dir Dank, segnete es, brach es und gab es seinen Jüngern mit den Worten: Nehmet hin und esset alle davon: Das ist mein Leib …)*

Fast hätte er vom Wein etwas verschüttet und die Ministranten haben durchaus gemerkt, wie seine Hände zittern. Aber dann geht doch alles ohne besondere Vorkommnisse über die Bühne. Seinen Eltern und seinem Mentor Jäger die Hostie zu überreichen, ist für Georg eine besondere Ehre. Seine Eltern blicken ernst. Sie scheinen sich immer noch nicht so recht damit abgefunden zu haben, dass ihr ältester Sohn Messpriester geworden ist. Aber seine sieben Geschwister lächeln ihm ebenso zu wie Pfarrer Jäger. Sie sind offenbar stolz auf ihren ältesten Bruder – und das erfüllt Georg mit tiefer Dankbarkeit. Am Schluss des Gottesdienstes breitet er zum Segnen die Hände aus und sagt: *„Per propaga-tionem manus meas ad utilitatem eorum qui Beatae Mariae Virginis, Sancti Georgii et omnium sanctorum benedicat tibi Dominus et custodiat omnipotentis, Patris et Filii et Spiritus Sancti. Amen." (Durch die Ausbreitung meiner Hände und durch die Anrufung der seligen Jungfrau Maria, des heiligen Georg und aller Heiligen segne und behüte dich der allmächtige Gott, der Vater und der Sohn und der Heilige Geist. Amen.)* Dann schlägt er das Kreuz … und auch die Gläubigen bekreuzigen sich.

Unzählige Hände schüttelt Georg am Ausgang der Kirche. Ja, jetzt ist er Kaplan! Nach und nach wird er die Aufgaben seines Mentors übernehmen bis dieser sich ganz zur Ruhe setzt. Georg hat sein Ziel erreicht; er will den Menschen in Bayreuth helfen und ihnen Hoffnung geben über den Tod hinaus. Schließlich sind alle Hände geschüttelt, und Georg begibt sich wieder in die Kirche, um in der Sakristei die Messgewänder abzulegen. Im Mittelgang stehen aber immer noch drei Gottesdienstbesucher, die miteinander diskutieren. Georg geht auf sie zu und Leopold Pinder blickt ihm sofort in die Augen: „Ah, Herr Kaplan, auch von mir alle guten Wünsche für Ihren Dienst!" Georg lächelt: „Vielen Dank!" Und Leopold redet sofort weiter: „Wir streiten gerade über eine Frage, die Sie uns sicher beantworten können." Georg lächelt und fragt: „Worum geht's denn?" – „Nun sind wir des Lateinischen ja nicht mächtig, und uns ist aufgefallen, dass Sie einen Satz ganz besonders langsam und laut gesagt haben. Nun fragen wir uns, was dieser Satz bedeutet." – „Ja, welchen Satz meint Ihr denn?", fragt Georg, obwohl er sich schon denken kann, um welchen Satz es geht. „Ihr sagt da irgendwas, das klingt so wie ‚hokus pokus'", meint Pinder und Georg lacht: „Vielleicht habe ich tatsächlich nicht deutlich genug gesprochen. Ich habe gesagt ‚Hoc est corpus meum'. Das ist ein Wort von Jesus und heißt auf deutsch ‚Dies ist mein Leib!' Deshalb segne ich die Hostie auch mit dem Zeichen des Kreuzes danach." – „Ach so!", meint Pinder, „und ich dachte, es heißt ‚hokus pokus'. Vielleicht sollte man das alles einmal ins Deutsche übersetzen, damit es auch wir verstehen." – „Ja", pflichtet ihm Georg bei, „vielleicht sollte man das tun." In diesem Augenblick schlägt die Turmuhr zwölfmal, und die drei verabschieden sich zügig. Sie wollen nach Hause. Auch Georg geht nachdenklich heim. Vielleicht wäre es tatsächlich gut, wenn die Gläubigen verstehen würden, was in den Messen so gesagt wird. Aber er hat keine Ahnung, wie er ein solches Unterfangen angehen könnte. Und vor allem ahnt er nicht, dass er selbst es sein wird, der in Bayreuth den Stein ins Rollen bringen wird.

Immer häufiger bittet ihn Pfarrer Jäger, ihm eine Messe abzunehmen. Trotzdem wird es für Georg nie zur Gewohnheit, die Einsetzungsworte zu sprechen. Jedesmal spürt er die Nähe Christi, und er ist dankbar dafür. Die Gewissheit, dass die 14 Notheiligen, und ganz besonders sein Namenspatron Georg, für ihn vor Gott eintreten, lässt ihn immer ruhig werden. Er ist froh und dankbar um seine Bildung aus der Lateinschule, denn – anders als manch ein anderer Messpriester – versteht er die lateinischen Worte, die er zu sprechen hat, genau.

## Bayreuth, 3. März 1517

Eineinhalb Jahre später wird Georg Schmalzing als Nachfolger seines Mentors, Pfarrer Jakob Jäger, der offizielle Messpriester am Altar der 14 Nothelfer in der Bayreuther Stadtkirche. Zu Wochenbeginn treffen sich alle Messpriester – es sind insgesamt vierzehn in der Stadtkirche – mit dem Hauptpfarrer. Dieser verteilt die von den Messpriestern zu lesenden Messen. Manchmal sagt er auch: „Bruder Schmalzing, hier hat jemand die Morgenmessen für eine ganze Woche bezahlt, damit sein Vater aus dem Fegefeuer kommt. Ihr übernehmt das!“ Mit diesen Worten händigt er ihm das ihm zustehende Geld für die sieben Morgenmessen aus, die Georg jetzt zu lesen hat. Es ist nicht viel, und Georg ist froh, dass er immer noch bei seinen Eltern wohnen kann. Eine eigene Wohnung könnte er sich nicht leisten. Aber darum geht es ihm auch gar nicht. Er will ein treuer Sohn der Kirche sein, er will der Kirche dienen und den Gläubigen helfen. Seine Eltern haben ihn in tiefer Ehrfurcht vor Gott und allen Heiligen erzogen. Und deshalb nimmt er es mit seinem Dienst nach wie vor sehr genau. „Sein“ Altar ist zwar der kleinste in der gesamten Stadtkirche, und es ist auch der hinterste, aber das stört ihn nicht. Tatsächlich finden sich immer wieder genügend Auftraggeber, die ihn bitten, für sie eine oder mehrere Messen zu lesen – einmal ist es sogar ein Auftrag für einen ganzen Monat. Seine Schulmeisterstelle hat er inzwischen aufgegeben. Ihm ist klar, dass er in der Stadtkirche wirken will.

## *Kulmbach (Plassenburg), 1. Mai 1517*

„Melde gehorsamst: Vor dem Burgtor steht Kurfürst Joachim von Brandenburg und begehrt Einlass!“ Diese Meldung schreckt den Schlossvogt Hans von Heydenab auf. ‚Der Kurfürst ist ein mächtiger Mann. Was kann er hier wollen?‘ denkt er sich und sagt kurz: „Ich komme!“ Dann begibt er sich unverzüglich auf den Turm neben der Zugbrücke und blickt hinunter. Tatsächlich! Dort steht ein ganzer Tross von etwa 20 Leuten, und auf der Kutsche das kurfürstlich-brandenburgische Wappen. „Was ist Euer Begehr?“ ruft der Schlossvogt hinunter. Der vorderste Soldat ruft hinauf: „Einlass! Wir begehren Einlass!“ und Heydenab fragt weiter: „Wer seid Ihr?“ Da öffnet sich die Tür der Kutsche und ein Edelmann tritt heraus. Das muss der Kurfürst sein. „Ich bin seine Durchlaucht Joachim, Kurfürst von Brandenburg, und ich verlange Einlass.“ Der Kurfürst höchstselbst – Heydenab muss tief Luft holen. Der Markgraf hatte ihm befohlen, keinen, aber auch wirklich keinen – und sei es der Kaiser selbst – in die Burg zu lassen. Um Zeit zu gewinnen, fragt der Schlossvogt weiter: „Kurfürstliche Gnaden, ich bedaure, wir haben hier nichts, um Euch verköstigen zu können, weshalb habt Ihr Euch nicht angemeldet?“ – „Jetzt hör mal zu, Du Grindskopf: Ich will hier rein und meinen Vetter herausholen. Er soll hier auf der Plassenburg von seinem eigenen Sohn gefangen gehalten werden. Jetzt mach das Tor auf oder ich lasse Dich einen Kopf kürzer machen!“ Heydenab wird wankend. Wenn er jetzt das Tor öffnen lässt, dann bekommt er ein Problem mit seinem Herrn, Markgraf Kasimir. Wenn er es geschlossen lässt, dann … ja … dann passiert ihm eigentlich nichts, denn Kurfürst Joachim mag zwar mächtig sein, aber mit seinem kleinen Haufen kommt er in die gut befestigte Plassenburg nicht hinein. Soll er sich doch mit dem Markgrafen anlegen! „Kurfürstliche Gnaden, ich bitte Euch um Euer Verständnis. Seine Durchlaucht, der Markgraf, hat es mir verboten, das Tor für Gäste zu öffnen. Ich muss Euch bitten, weiter zu ziehen." – „Du Galgenschwengel, mach sofort das Tor auf!" Joachim wird immer wütender, aber Heydenab versucht, so freundlich wie nur irgend möglich zu bleiben: „Kurfürstliche Gnaden, bitte zieht weiter! Ich bin nicht befugt, Euch Einlass zu gewähren. Und wenn es Euch beruhigt: Eurem Vetter geht es hier gut. Er hat alles, was er benötigt." – „Das wirst Du noch bereuen, Du Schwannendrücker!" mit diesen Worten besteigt der Kurfürst wieder seine Kutsche und winkt den Kommandanten seiner Eskorte zu sich: „Wir kommen hier nicht rein. Dann fahren wir weiter nach Augsburg zum Reichstag. Dort wird sich mein Neffe Kasimir auch finden. Der kann was erleben. Also, weiter!" Der Tross wendet umständlich und setzt seine Reise nach Augsburg fort. Heydenab ist zufrieden. Er kennt seinen Herrn nur zu gut und weiß, dass er in dessen Sinn gehandelt hat. Nicht auszudenken, was passiert wäre, wenn er den Kurfürsten in die Burg gelassen hätte!

## *Augsburg, 8. Mai 1517*

Kaum in Augsburg angekommen, schickt Kurfürst Joachim sofort einen Boten in die Herberge des Markgrafen Kasimir mit der Botschaft: „Seine kurfürstliche Gnaden, Joachim von Brandenburg, bittet Euch unverzüglich zu sich." Markgraf Kasimir, der – aus Ansbach kommend – bereits seit zwei Tagen in Augsburg weilt, fragt sich, was sein Onkel Joachim wohl von ihm will. Etwas ratlos macht er sich auf den Weg zu ihm und trifft ihn beim Abendessen. „Ah, Kasimir, wie gut, dass Ihr gleich kommen konntet", begrüßt ihn Joachim. „Was gibt's, Kurfürst?" fragt Kasimir neugierig. Da bricht es aus dem Kurfürsten heraus. Er schildert die Szene vor der Plassenburg und beschreibt ausführlich, wie frech der Schlossvogt ihn abgewiesen hat. Kasimir denkt sich: ‚Da wäre ich gerne dabei gewesen. Oh, ist das herrlich! Ich wusste, dass auf Heydenab Verlass ist. Sein Gehalt werde ich erhöhen, sobald ich wieder auf der Plassenburg bin!' „… und deshalb verlange ich zweierlei: Erstens, dass Du Deinen Vater unverzüglich wieder freilässt, und zweitens, dass Du diesen Schlossvogt hart bestrafst! So eine Anmaßung, Beleidigung und Impertinenz darf nicht geduldet werden." Kasimir holt tief Luft und spricht ernst und langsam: „Lieber Onkel, was die Impertinenz meines Schlossvogtes angeht, gebe ich Euch Recht. Ich werde, sobald ich wieder auf der Plassenburg bin, ihn entsprechend bestrafen. Eigentlich hatte ich ihm nur aufgetragen, dass er keine Diebe und Räuber in die Plassenburg lassen dürfe. Mit Eurer kurfürstlichen Gnaden konnten weder er noch ich rechnen. Keine Sorge! Er wird seine Bestrafung erhalten. Was Euer erstes Anliegen betrifft, so bitte ich Euch um Geduld. Euer Vetter, mein Vater, ist krank. Außerdem hat er durch seine vielen Feste, durch wöchentliche Turniere und Jagden die Markgrafschaft nahezu in den Ruin getrieben. Seine fast täglichen Tobsuchtsanfälle machten das Leben in seiner Gegenwart für alle zur Hölle. Durch seine Absetzung ist es mir gelungen, nicht nur die wirtschaftliche Lage wieder zu verbessern, sondern auch die Familie und die gesamte Markgrafschaft wieder zu befrieden. Wenn es sein geistiger Zustand erlaubt hätte, hätte ich ihn schon längst wieder freigelassen, aber da er nach wie vor grollt und droht, muss ich ihn weiter unter Verwahrung halten. So ist sein Aufenthalt auf der Plassenburg sowohl für ihn als auch für die gesamte Markgrafschaft das Beste – auch wenn er selbst das immer noch nicht einsieht. Aber, seid beruhigt, es fehlt ihm an nichts." – „Kasimir, ich widerspreche aufs Schärfste! So kannst du mit deinem Vater nicht umgehen. Und ich fordere dich auf: Lass ihn unverzüglich frei!" Der Kurfürst beharrt auf seinem Standpunkt, aber Kasimir antwortet: „Werter Onkel, was ich in meiner Markgrafschaft beschließe, geht Euch nichts an. Ich betrachte das Gespräch als beendet." Mit diesen Worten verlässt er den mächtigen, aber in diesem Fall dann doch machtlosen Kurfürsten zurück.

### *Ansbach, 30. Mai 1518*

Kasimir ist wieder zurück im Ansbacher Wasserschloss. Es ist groß und komfortabel. Mit der Inhaftierung seines Vaters vor einem knappen Jahr hat er die Herrschaft über die Markgrafschaft übernommen. Das ist alles erstaunlich reibungslos verlaufen. Es hat keinen Aufruhr gegeben. ‚Wie gut, dass ich mich auf den alten Heydenab auf der Plassenburg verlassen kann!' denkt sich Kasimir. Auf seinem Schreibtisch liegen zwei Briefe, einer ist von Herzog Friedrich von Liegnitz. Er bittet um die Hand von Kasimirs jüngerer Schwester Sophie, und fast zeitgleich kam ein Schreiben von Herzog Wenzel von Teschen, der seine Schwester Anna heiraten möchte. ‚Dass die alten Schreckschrauben jetzt doch noch unter die Haube kommen sollen', Kasimir schüttelt den Kopf. Er weiß, dass er keinen Grund hat, die Bitten der beiden Herzöge abzuschlagen. ‚Wenn die zwei verheiratet sind, dann sind es wieder zwei Esser weniger am Tisch. Außerdem werde ich mir die Hochzeiten vom jeweiligen Bräutigam bezahlen lassen', denkt er sich. Und trotzdem zögert er. Sollen ihn jetzt seine beiden deutlich jüngeren Schwestern überholen? Tatsächlich erinnern ihn die Briefe der beiden Herzöge daran, dass er selbst noch nicht verheiratet ist. Und so fasst er einen Entschluss: Er will den Bitten der beiden Herzöge erst entsprechen, wenn er selbst verheiratet ist. Er ist schließlich der Markgraf und er kann es nicht zulassen, dass alle seine jüngeren Geschwister vor ihm heiraten. Schlimm genug, dass Georg bereits vor neun, und Elisabeth vor acht Jahren geheiratet haben! „Ja", murmelt er vor sich hin, „es muss geheiratet werden!" Und er läutet nach seinem Kammerjunker. Augenblicklich öffnet sich die Tür und der junge Bursche tritt ein. „Durchlaucht haben geläutet?" – Kasimir geht nicht auf die Frage ein, sondern befiehlt kurz: „Hol er mir den Oberhofmarschall. Ich habe mit ihm zu reden." Und als der Kammerjunker gerade nach einer kurzen Verbeugung im Begriff ist, die Tür zu schließen, ruft er ihm noch nach: „Und bring mir Wein!"

Es dauert nicht lange, da steht der oberste Beamte seines Hofes vor dem Markgrafen und meldet sich zur Stelle. Hinter ihm scheint sich der Kammerjunker mit dem Weinkrug und einem Becher fast zu verstecken. „Nehme er Platz!" fordert Kasimir den Marschall auf und zum Kammerjunker gewandt sagt er: „Den Wein stelle er hier auf den Tisch und dann ..." Mit der Hand macht er eine Handbewegung, die verdeutlicht, dass der Kammerjunker sodann augenblicklich zu verschwinden hat. Dieser stellt den Wein und den Becher wie befohlen ab, verbeugt sich kurz und geht zügigen Schrittes aus dem Zimmer. Kasimir setzt sich zu seinem Marschall und schenkt sich Wein ein: „Strunk, es geht um eine Sache von großer Wichtigkeit; es ist eine private Angelegenheit." Der Marschall blickt verständnislos drein, ist aber aufs Äußerste gespannt: „Ich will nicht lange um den heißen Brei herumreden. Ich bin jetzt 35 Jahre alt, bin mächtiger Markgraf und Herr über große Ländereien, Burgen und Städte. Es ist höchste Zeit, dass ich mich mit einer Dame meines Standes vermähle, die mir einen Erben zur Welt bringt. Außerdem will ich verhindern, dass meine jüngeren Schwestern vor mir heiraten.“ Aha, jetzt weiß der Hofmarschall, worum es geht. Er denkt sich: ‚Aber Deine 13 Jahre jüngere Schwester Elisabeth ist seit sechs Jahren schon mit Herzog Ernst von Baden verheiratet, aber mich geht's ja nichts an.‘ Er setzt aber ein verständnisloses Gesicht auf und fragt bereitwillig: „Wie kann ich helfen?“ – „Ganz einfach“, meint Kasimir: „Er soll mir eine Liste der in Frage kommenden Damen erstellen, damit ich meine Auswahl treffen kann.“ Der Oberhofmarschall verbeugt sich tief: „Durchlaucht, es ist mir eine Ehre!“ – „So stelle ich mir das vor!“ sagt Kasimir und ist gleich recht ungeduldig: „Bekommt Ihr das bis heute abend hin?“ – „Bis heute abend, sehr wohl!“ Und erneut verbeugt er sich tief. „Gut, dann bis nach dem Abendessen hier in meinem Gemach! An die Arbeit!“ Kasimir klatscht bei dem letzten Satz in die Hände und der Marschall verabschiedet sich, nicht ohne sich ein drittes Mal tief zu verbeugen.

Das Abendessen nehmen die Geschwister wieder gemeinsam ein. Das geschieht meist gänzlich schweigend. Kasimir hasst das Reden bei Tisch, und seit der Vater auf der Plassenburg eingesperrt ist, hat eben Kasimir das Sagen. Keiner wagt es aufzubegehren, und so hatte sich für die Geschwister trotz der Absetzung des Vaters nicht viel geändert. Kasimir ist so gespannt auf die Ergebnisse der Nachforschungen seines Marschalls und schlingt das Essen schneller als sonst herunter. Als er satt ist, winkt er seinem Junker: „Bring mir Wein auf mein Zimmer … und diesmal zwei Becher.“ Margarete, die neben ihm sitzt, hört den Satz: „Erwartest Du heute noch einen

Gast?" – „Was geht's Dich an?" fragt Kasimir unwirsch zurück, und er fügt hinzu: „Halt einfach das Maul!" Das tut Margarete auch; sie ist es gewohnt, gemaßregelt zu werden, ob von dem Vater oder dem älteren Bruder. ‚Ach, wenn nur Georg hier wäre!' denkt sie sich. ‚Vielleicht steht er ja irgendwann hier vor der Burg und übernimmt das Unterland!' Das ist ihre Hoffnung.

Kasimir springt auf und verlässt schnellen Schrittes den Saal. Ungeduldig erwartet er, was sein Oberhofmarschall ihm zu sagen hat. Kaum in seinem Gemach angekommen, klopft es und der Junker tritt ein mit einem Krug Wein und zwei Bechern. „Da hinstellen!" sagt Kasimir barsch und weist auf den Tisch. Der Junker tut das und verlässt den Raum – nicht ohne sich noch mehrfach verbeugt zu haben. Nach schier unendlich langen Minuten – Kasimir ist schon im Begriff, ihn holen zu lassen – klopft es vorsichtig an die Tür und der Oberhofmarschall tritt ein. Er verbeugt sich tief und Kasimir sieht, dass er einen Zettel in der Hand hält. „Was ist? So komme er doch!" fordert Kasimir ihn auf. Erst nachdem er sich an den Tisch gesetzt hat, erlaubt er dem Marschall, Platz zu nehmen. Dieser entrollt umständlich ein mitgebrachtes Papier. „Und? So sprecht doch endlich!" Kasimir ist sehr gespannt. „Durchlaucht, viele edle Damen sind es nicht, die für eine Hochzeit mit Eurer markgräflichen Gnaden in Frage kommen. Da wäre zunächst einmal Elisabeth von Hessen, sie ist die jüngste der fünf Töchter des Landgrafen Wilhelm I. von Hessen und stammt aus dessen Ehe mit Anna, der Tochter des Herzogs Wilhelm von Braunschweig-Wolfenbüttel. Die junge Dame ist jetzt 15 Jahre alt und würde seiner Durchlaucht bestimmt einen Stammhalter schenken." – „Hm, Hessen? Ich weiß nicht, ob der Landgraf einer Verbindung zustimmen würde. Außerdem will ich mit den Hessen eigentlich nichts zu tun haben.

Rede er weiter! Gibt's nichts Besseres?" murmelt Kasimir und nimmt einen tiefen Schluck aus seinem Weinbecher. Der Marschall fährt fort: „Ja, doch, da wäre noch eine weitere hessische Prinzessin Elisabeth von Rochlitz. Sie ist heute 16 Jahre alt. Ihr Vater ist Wilhelm, der ‚Mittlere' …" – „Kein Interesse!" unterbricht ihn der Markgraf. „Man munkelt, sie sei mit Herzog Johann von Sachsen verlobt. Dem will ich nicht in die Quere kommen. Außerdem schon wieder Hessen! Gibt es nicht eine Prinzessin aus einem interessanteren Herrscherhaus?" – „Ja schon, wie wäre es mit Susanna von Bayern-München? Sie ist gerade ebenfalls 16 Jahre alt und die jüngste Tochter des Herzogs Albrecht von Bayern und seiner Frau Kunigunde von Österreich." Kasimir hebt die Hand und denkt laut: „Und Kunigunde ist Tochter Friedrichs, des Kaisers des Heiligen Römischen Reiches. … Das klingt vielversprechend. Durch sie bekäme ich vielleicht Zugriff auf das bayerische Herzogtum, zumal Herzog Albrecht vor Jahren ja schon gestorben ist … Sein Sohn Wilhelm hat das Herzogtum übernommen. Und der wird froh sein, wenn seine Schwester untergebracht ist." Nach einer kurzen Pause des Nachdenkens, fragt Kasimir unwirsch: „Was ist? Noch jemand auf der Liste?" – „Oh ja!" antwortet der Marschall, „da wäre noch Sophia, die Tochter des Herzogs Bogislaw von Pommern. Sie müsste gerade 20 Jahre alt sein und …" – „Zu alt!" unterbricht Kasimir, „noch jemand?" – „Bedaure, Durchlaucht!" meint achselzuckend der Marschall. „Nun ja, aber das mit Susanna, das klingt wirklich vielversprechend. Ihr dürft Euch zurückziehen!" und mit einer verscheuchenden Handbewegung macht Kasimir seinem Marschall unmissverständlich klar, dass seine Gegenwart jetzt unerwünscht ist. Dass der Marschall keinen einzigen Schluck Wein getrunken hat, ist Kasimir ganz recht. Er füllt seinen eigenen Becher erneut voll, nimmt einen tiefen Zug, und nachdem er ihn abgesetzt hat, murmelt er vor sich hin: „Herzog Wilhelm wird mir sein Schwesterlein schon überlassen … So möge meine Frau eine Bayerin sein!“ Und nachdem er sich selbst ein weiteres Mal nachgeschenkt hat, hebt er den Becher, grinst und sagt: „Auf Dich, Susanna von Bayern, künftige Markgräfin von Brandenburg-Kulmbach … und Brandenburg-Ansbach!“

Am folgenden Tag lässt Kasimir erneut seinen Hofmarschall rufen: „Strunk, ich habe einen Entschluss gefasst: Ihr werdet in meinem Namen zu Herzog Wilhelm nach München fahren und ihn für mich um die Hand seiner Schwester Susanna bitten.“ Der Hofmarschall zuckt zusammen. „Durchlaucht, so etwas habe ich noch nicht gemacht, ich weiß nicht …“ – „Keine Widerrede!“ Kasimir schneidet ihm das Wort ab, „Ihr macht das schon richtig. Ich werde Euch 600 Golddukaten mitgeben. Die werden den Herzog umstimmen. Also, packt Eure Sachen und dann ab vom Hof! Ich habe bereits Anweisung gegeben, Euch das Geld auszuhändigen, sobald Ihr diesen Raum verlasst. Außerdem könnt Ihr meine Kutsche haben. Wir wollen doch den Herzog beeindrucken! Zu Eurer und des Geldes Sicherheit bekommt Ihr 10 Soldaten als Eskorte mit. Aber Eile ist geboten! Gute Partien sind schneller vergeben als man denkt. Und vergesst eines nicht: Ich akzeptiere keine Ablehnung. In spätestens einer Woche erwarte ich Euch wieder hier in Ansbach. Sollte der Herzog der Verbindung nicht zustimmen, mache ich Euch dafür verantwortlich.“ Der Hofmarschall wagt keinen Widerspruch und verlässt eingeschüchtert und unter Verbeugungen den Raum. Draußen steht tatsächlich der Schatzmeister, der ihm 600 Golddukaten aushändigt. In aller Eile macht der Hofmarschall sich reisefertig und besteigt die markgräfliche Kutsche, die alsbald vom Hof über die bereits herunter gelassene Zugbrücke rollt. Kasimir sieht

ihm nachdenklich vom Fenster aus nach. Es muss einfach gutgehen!
Die anschließenden Tage ziehen sich für Kasimir endlos in die Länge. Wie mag sein Marschall in München empfangen worden sein? Die Guttenberger Fehde ist gerade mal rund 15 Jahre her. Aber das war ein Streit, den der Landshuter Bayernherzog Georg mit seinem Vater Friedrich ausgefochten hatte. Und Herzog Georg ist seit 13 Jahren tot, sein Herzogtum war an die Münchner gefallen. Und es kann gut sein, dass diese sich mit der möglichen Verbindung zwischen ihm und Susanna ebenso einen Zugriff auf die Markgrafschaft Brandenburg-Ansbach-Kulmbach erhoffen wie er sich einen Zugriff auf München. ‚Wir können eigentlich alle nur gewinnen', murmelt Kasimir vor sich hin, ‚wenn nur der Strunk endlich käme!' Kasimir lässt die oberste Zinne des Wasserschlosses jetzt dauerhaft besetzen: „Der Turmwächter muss, sobald er die markgräfliche Kutsche sieht, ins Horn stoßen, aber augenblicklich!" So hatte er es dem Burgvogt eingeschärft.
Alle Geschwister spüren, dass Kasimir angespannt ist. Bei einem Abendessen ist es Margarete, die sich traut, den ältesten Bruder zu fragen: „Was ist eigentlich mit Dir los?" – Kasimir reagiert unwirsch: „Nichts! Was soll denn sein?" Und Margarete bohrt weiter nach: „Du wirkst so unruhig und zurückgezogen. Du redest mit niemandem mehr. Der Oberhofmarschall ist mit der Kutsche unterwegs. Normalerweise legst Du großen Wert darauf, dass nur Du mit ihr fahren darfst. Nun sag schon! Was ist?" – „Weißt Du was?", Kasimir holt tief Luft, „Du regst mich auf mit Deiner Neugier! Wenn ich sage, es ist nichts, dann ist auch nichts. Und jetzt lass mich in Ruhe!" Und keiner der Geschwister traut sich mehr, den großen Bruder zu fragen, auch Margarete ist jetzt wieder ruhig. Aber sie hat eine Vermutung.

Am sechsten Tag nach der Abreise des Oberhofmarschalls ertönt am Spätnachmittag plötzlich das Trompetensignal von der Zinne: „Die markgräfliche Kutsche kehrt heim!" Kasimir springt auf: „Zugbrücke herablassen!" kommandiert er und rennt in den Burghof. Es dauert immer noch fast eine halbe Stunde, bis die Kutsche die Burg erreicht hat. Während dieser Zeit überlegt Kasimir, dass es vielleicht keine gute Idee ist, den Marschall im Burghof zu erwarten. ‚Da stehen dann alle um einen herum und glotzen blöd', denkt er sich, und zu dem hinter ihm stehenden Junker sagt er nur knapp: „Wenn der Marschall ausgestiegen ist, soll er sich augenblicklich bei mir melden! Hast Du verstanden: Augenblicklich! Ich warte nicht gerne!" – Der Junker verbeugt sich tief und antwortet: „Sehr wohl, Durchlaucht!"

Im markgräflichen Audienzzimmer scheint die Zeit für Kasimir kaum zu vergehen. ‚Warum trödelt der so?', fragt sich der Markgraf gerade, als es klopft. „Herein!" ruft er und ein Dienstbote öffnet die Tür für den Oberhofmarschall: „Ah, Strunk! Da seid Ihr ja! Es wurde auch Zeit! Welche Nachrichten bringt ihr?" – Der Oberhofmarschall lächelt und Kasimir hofft, dass das ein gutes Zeichen sein möge. Dann sagt er: „Gute Nachrichten, Durchlaucht! Herzog Wilhelm war sehr angetan von Eurer reichen Gabe. Er hat sie angenommen und mich beauftragt, Euch einen Hochzeitstermin vorzuschlagen." – ‚Der alte Hund', denkt sich Kasimir, ‚der hofft darauf, seinen Einfluss bis nach Brandenburg-Ansbach-Kulmbach auszudehnen, aber wenn ich mit Susanna einen Sohn habe, dann werden wir unsere Fühler nach Bayern ausstrecken. Wir werden ja sehen, wer sich am Ende durchsetzt.' Und innerlich jubelt er vor Freude. „So sei es!" ruft er aus, „wann?" – „Ende August wird der Reichstag in Augsburg stattfinden, an dem ja alle Reichsfürsten teilnehmen. Herzog Wilhelm schlägt vor,

dass er seine Schwester Susanna dorthin mitbringt; dann könnte die Eheschließung daselbst erfolgen.“ Kasimir jubelt innerlich, sagt aber nach außen hin fast unterkühlt: „Ich werde darüber nachdenken. Ihr könnt Euch zurückziehen!“ Unter Verbeugungen verlässt der Marschall das Zimmer. Er atmet tief durch. Glücklicherweise ist alles gut gegangen – nicht auszudenken, was mit ihm geschehen wäre, wenn seine Brautwerbung für Kasimir vergeblich gewesen wäre.
Noch in derselben Stunde verfasst Kasimir einen Brief und beauftragt einen Boten, diesen unverzüglich am Hof Herzog Wilhelm in München abzugeben. Er ist in Hochstimmung. Der Fortbestand seiner Herrschaft scheint gesichert.

## *Bayreuth, 29. Mai 1518*

Wahrscheinlich hätte sich in Georg Schmalzings Leben nie etwas geändert, wenn der Ablass in Bayreuth nicht gepredigt worden wäre. Aber die Ablassprediger kommen auch vor und sogar in die Stadtkirche. Auch der Dominikaner-Mönch Hieronymus Kastner ruft den Gläubigen den berühmten Satz zu: *„Sobald das Geld im Kasten klingt, die Seele aus dem Fegefeuer in den Himmel springt.“ Georg hört dessen Predigten mit großem Unbehagen: „Im Himmel steht eine Truhe, angefüllt mit guten Taten Christi und aller Heiligen. Lasst euch so viele gute Taten zusprechen, wie ihr für euer Seelenheil benötigt. Denn ‚Gott hat nicht Lust am Tode des Sünders, sondern dass er lebe.‘ Deshalb: Greif zu! Was überlegst du noch? Was säumst du, dich zu bekehren und Ablass zu erwerben? Warum vergießest du jetzt in dieser Zeit Tränen um deine Sünden? ... Bedenke, dass du auf dem tobenden Meer dieser Welt in so viel*

*Sturm und Gefahr bist und nicht weißt, ob du zum Hafen des Heils kommen kannst ... Du sollst wissen: wer gebeichtet hat und zerknirscht ist und Almosen in den Kasten legt, wie ihm der Beichtvater rät, der wird vollkommene Vergebung aller seiner Sünden haben. Was steht ihr also müßig? Laufet alle um das Heil eurer Seele. Seid rasch und besorgt um euer Seelenheil und das Seelenheil eurer Eltern. ‚Suchet den Herrn, solange er nahe ist, und man ihn finden kann'; wirkt, wie Johannes sagt, solange es Tag ist, denn ‚es kommt die Nacht, da niemand wirken kann'. – Hört ihr nicht die Stimme eurer toten Eltern und anderer Leute, die da schreien und sagen: ‚Erbarmt, erbarmt euch doch meiner, weil die Hand Gottes mich berührt hat'. Wir sind in schweren Strafen und Pein, wovon ihr uns mit wenig Almosen erretten könntet, und doch nicht wollt.' Tut die Ohren auf, weil der Vater zu dem Sohn, die Mutter zu der Tochter schreit: ‚Wir haben euch gezeugt, ernährt, erzogen und euch unser zeitliches Gut überlassen; und ihr seid so grausam und hart, dass ihr, wo ihr uns doch jetzt mit leichter Mühe erretten könntet, es nicht wollt und uns in Flammen wälzen lasst, dass wir so langsam zur verheißenen Herrlichkeit kommen.' – Ihr könnt jetzt die Briefe haben, durch deren Kraft ihr im Leben und in der Todesstunde und … sooft wie nötig den vollkommenen Nachlass der für die Sünden schuldigen Strafen haben könnt. Keine Messen, keine Predigten, keine Gebete, keine Sakramente, keine Fürbitten helfen euch. Nur dieser Ablassbrief kann euch und eure Lieben aus der Pein des unauslöschlichen Feuers erretten. Deshalb: Kommt her und greift zu!"*

Rasch wird Georg klar, dass der Ablass seine Existenz bedroht: Wenn die Leute Ablass kaufen, werden sie keine Messen für sich mehr lesen lassen. Außerdem hat er von Anfang an das Gefühl, dass Sünden nicht durch Zahlung eines Geldbetrages vergeben werden können. Eines Abends fragt er seinen Vater, der nach wie vor als Bayreuther Stadtschreiber die Stadtratssitzungen niederzuschreiben hat, nach dem Ablass und weshalb die Stadt es zulässt, dass so viel Geld aus der Stadt abgezogen wird. Der Vater erklärt ihm: „Also, der Stadtrat findet das nicht gut, aber seine Durchlaucht, Markgraf Kasimir aus Kulmbach hat verfügt: Auch in Bayreuth darf der Ablass gepredigt werden." – „Aber es kann doch nicht im Sinne des Markgrafen sein, dass so viel Geld die Stadt verlässt und die Bürger immer ärmer werden. Und außerdem: Was machen sie denn mit dem ganzen Geld?" fragt Georg seinen Vater weiter. „Ja, das Ganze ist viel komplizierter als Du denkst. Die Ratsherren haben im Stadtrat darüber auch schon gesprochen, aber keine Lösung gefunden. Es ist nämlich so: Der Vetter seiner Durchlaucht, des Markgrafen Kasimir, ist der Bischof von Magdeburg, Albrecht. Damit er zusätzlich noch Kurfürst und Erzbischof von Mainz werden kann, hat er vom Papst eine Sondererlaubnis bekommen. Und die kostet ihn viel Geld. Man munkelt von 10.000 Golddukaten." – „Und was macht der Papst mit dem Geld?" fragt Georg weiter. „Der Neubau der Basilika vom heiligen Petrus in Rom ist unermesslich teuer. Der heilige Vater kann die Dukaten von unseren Bürgern gut gebrauchen", antwortet Leonhard. „Das ist doch gemein, wenn die Armen für die Pracht der Reichen zahlen müssen", ereifert sich Georg. „Nicht so vorschnell", ermahnt ihn sein Vater, „das ist doch schließlich zur Ehre Gottes, der Bau des Doms in Rom!" – „Ich bin trotzdem nicht zufrieden", merkt Georg an. Und sein Vater fügt hinzu: „Du machst es als Messpriester doch auch nicht viel anders: Die Leute zahlen Dir Geld und du liest für sie eine Messe. Was machst du denn mit dem Geld?" – „Ja, die Hälfte ist mein Gehalt – ich muss ja auch von etwas leben ..." – „... und die andere Hälfte?" fragt Leonhard. „Das weiß ich nicht", meint Georg, „die nimmt der Stadtpfarrer immer an sich. Ich habe gedacht, das ist für unsere schöne neue Kirche. Wir wollten doch irgendwann einen zweiten Turm haben." – „Tja, das denkst du", murmelt der Vater, „aber das Geld ist für den Petersdom in Rom." – „Komm einmal mit und sieh Dir das an, Vater!" fordert Georg den Stadtschreiber auf. „Wenn Du meinst …", sagt der Vater, und gemeinsam begeben sie sich vor die Kirche. Sie kommen gerade rechtzeitig, als die letzten Gläubigen mit ihren Ablasszetteln gegangen sind und die Ablasskiste geöffnet wird. „Was machen die denn da?" raunt Georg seinem Vater zu und deutet mit einer Kopfbewegung auf zwei Fremde, die keine Mönchskutten tragen. Sie waren es, die den Schlüssel ins Schloss der Kiste gesteckt hatten. Sein Vater flüstert zurück: „Die kenne ich, die sind vom Bankhaus Fugger in Augsburg. Jetzt holen sie sich einen Teil ihres Kredits gleich direkt. Es ist nicht zu fassen." Georg erhascht einen kurzen Blick auf die vielen Münzen, die sich in der Kiste befinden, dann wird er von den Dominikanermönchen weggedrängt: „Weg da! Ihr habt hier nichts verloren!" – „Ich bin hier Priester und ich habe sehr wohl etwas hier verloren", entgegnet selbstbewusst Georg, „Ihr seid es, die hier nicht her gehören." – „Ist schon recht", sagt ein anderer, „wir wollen keinen Streit, Bruder. Wir gehen." Und Georg und sein Vater sehen, wie die Kiste auf eine Kutsche geladen wird, und den Kirchplatz verlässt. „Das schöne Geld!" jammert Leonhard, „wir könnten es in der Stadt so gut gebrauchen."

„Ich rede mit Magister Schamel, unserem Stadtprediger. Der muss etwas dagegen unternehmen. Der hat doch schließlich studiert", beschließt Georg und verliert keine Zeit. Umgehend sucht er den Stadtprediger in dessen Wohnung auf. „Seid gegrüßt, Magister Schamel", beginnt Georg Schmalzing das Gespräch. „Sei gegrüßt, Schmalzing, was treibt dich zu mir?" fragt der Stadtprediger den Messpriester. „Seit Tagen", beginnt

Georg Schmalzing vorsichtig, „treiben reisende Ablassprediger, meist sind es Dominikanermönche, in unserer Stadtkirche ihr Unwesen." Sofort legt Nikolaus Schamel seine Stirn in Falten. „Ich weiß", sagt er nur kurz. „Diese Halsabschneider", ereifert sich Georg weiter, „sie ziehen sie nicht nur viel Geld aus der Stadt ab, sondern sorgen auch dafür, dass uns Messpriestern die Arbeit ausgeht. Sie sagen: Die Messen nutzen nichts! Einzig der Ablass hilft dazu, dass Menschen aus dem Fegefeuer befreit werden. Ich kann das nicht glauben. Könnt Ihr als Stadtprediger nicht den Ablasspredigern entgegentreten?" Nikolaus Schamel schüttelt den Kopf. „Ich kann da gar nichts machen. In der Bulle ‚Unigenitus' von Papst Clemens VI. aus dem Jahr 1343 wird ausdrücklich gesagt, dass die Verdienste Christi und der Heiligen der Schatz für die Ablässe sind. Aus diesem Schatz kann die Kirche – gegen Geldzahlung – gute Taten an die Gläubigen verteilen. Da ist nichts dran zu rütteln." – „Aber das stinkt doch zum Himmel!" wirft Schmalzing ein. „Nun ja", räumt Magister Schamel vorsichtig ein, „ich finde das auch nicht schön, aber ich kann nichts dagegen machen. Die Ablassprediger wissen genau, was die Lehre der Kirche ist. Und du darfst nicht vergessen, dass der Erwerb eines Ablassbriefes viele Menschen tröstet und ihnen Hoffnung gibt, dass die Fegefeuerstrafe nicht zu lange dauert, ja, dass sie gar nicht ins Fegefeuer müssen." – „Trost! Blödsinn! Das gilt doch nur für diejenigen, die sich so etwas leisten können! Alle anderen haben ein schlechtes Gewissen, weil sie es sich nicht leisten können. Ich weiß auch von vielen Menschen, dass sie das Gefühl haben, die Ablassprediger wollten sie für dumm verkaufen", Georg redet sich richtig in Rage, „Was ist außerdem mit den Messen, die wir hier lesen? Werden die Menschen durch die jetzt plötzlich nicht mehr getröstet?" –

„Nun ja, schon auch“, meint der Stadtprediger, „aber mit einem Ablassbrief geht es halt schneller und teilweise auch billiger.“ – „Gut!“ meint Georg, „dann können wir die Stadtkirche schließen! Sollen die auf dem Kirchplatz ihren Ablass verkaufen und fertig. Wozu brauchen wir dann noch Kirchen?“ Georg Schmalzing ist richtig in Fahrt. „Mein lieber Schmalzing“, der Stadtprediger legt dem jungen Messpriester die Hand beschwichtigend auf die Schulter, „jetzt beruhigt Euch erst einmal. Wenn man dagegen predigen müsste, dann wäre das außerdem meine Aufgabe.“ Georg ist jetzt richtig in Fahrt: „Ja, dann macht etwas dagegen! Sagt den Leuten, dass sie von den Ablasspredigern für dumm verkauft werden!“ Der Stadtprediger nickt: „Ihr meint, es ist schade, um das viele gute Geld. Ich verstehe!“ – „Ja, das auch, aber es geht darum dass einem nicht die Sünden von Gott vergeben werden können, wenn man Geld zahlt“, fährt Georg fort. „Ich verstehe!“ meint Schamel und nickt weiter. „Ja, und da wollte ich Euch bitten, dass Ihr in Euren Predigten dagegen Stellung bezieht!“ – „Ich verstehe!“ sagt der Stadtprediger erneut, und Georg wundert sich etwas: „Kann ich mich also auf Euch verlassen?“ fragt er ein bisschen ungläubig, worauf der Stadtprediger seinen ganzen Arm um Schmalzings Schultern legt und ihm tief in die Augen blickt: „Bruder Schmalzing, Ihr könnt Euch immer auf mich verlassen. Lasst alles nur meine Sorge sein!“ – „Nun gut!“ sagt Georg und verabschiedet sich mit dem Satz: „Und vielen Dank für Euer Verständnis!“

## *Bayreuth, 30. Mai 1518*

Dass der folgende Tag ein Sonntag ist, empfindet Georg als Geschenk. Mit Spannung erwartet er die Predigt des Stadtpredigers im Hauptgottesdienst. Er ist sich sicher: Den Ablasspredigern wird jetzt das Handwerk gelegt. Endlich ist es soweit und Nikolaus Schamel schreitet die Stufen zur Kanzel hinauf. Dann beginnt er: „*Liebe Christen von Bayreuth, habt Ihr Euch schon einmal die Hand am Feuer verbrannt? Diesen Schmerz vergisst man nicht so schnell. Um wie viel schlimmer wird es sein, wenn man erst in der Hölle schmort! Die Augen des Teufels, der Euch dort empfängt, sind eiskalt wie ein Bajonett, seine Peitsche brennt wie Feuer und wird Euch das Fleisch in Stücken aus dem Körper reißen. Hütet Euch vor der Sünde! Die Ränke des Teufels sind unerschöpflich. Einmal verkleidet er sich als Frau in zerlumpten Kleidern und klopft an Deine Tür, ein anderes Mal als reicher Mann, einmal lockt er dich mit Fleischeslust, ein anderes Mal mit Geld und Macht. Deshalb haltet Euch nicht am Geld fest, es ist ein vergängliches Gut. Seid auf der Hut wie ein Soldat auf Wachtposten, denn der Feind ist listig, er studiert Eure Schwachstellen und wittert Eure Ermattung. Er weiß, wie er Euch packen kann, wenn Eure Wachsamkeit nachlässt. Ja, er versteht sich aufs Abwarten und er weiß, wann er zuschlagen kann. Deshalb seit jeden Tag von neuem auf der Hut, damit Ihr nicht verloren geht! Amen.*“

Georg ist wie vom Donner gerührt. Kein Wort über den Ablass! Die Worte des Stadtpredigers huschen zusammenhanglos durch seinen Kopf wie Seifenblasen. Am Ende des Gottesdienstes stürzt er in die Sakristei: „Magister Schamel, was ist in Euch gefahren?“ ruft er dem Stadtprediger entgegen. Dieser blickt ihn verständnislos an: „Was ist mit Euch, Bruder Schmalzing?“ – „Ihr hattet mir doch versprochen, dass Ihr in

Euerer Predigt etwas gegen den Ablasshandel sagen werdet! Warum habt Ihr das nicht getan?" fragt Georg ärgerlich, aber Schamel lächelt und meint sanft: „Ihr habt mir nicht richtig zugehört. Ihr hattet Euch über den Ablasshandel bei mir beklagt und ich habe gesagt: ‚Ich verstehe.' Mehr war es nicht." – „Ja, und?" fragt Georg weiter, „wenn Ihr mich versteht, warum tut Ihr dann nichts dagegen?" Da atmet der Stadtprediger tief durch und meint dann beschwichtigend: „Bruder Schmalzing, über eine Sache solltet Ihr Euch im Klaren sein. Wenn ich sage ‚ich verstehe', dann heißt das nicht, dass ich einverstanden bin, dann heißt das nicht einmal, dass ich verstanden habe, nicht einmal dass ich zuhöre." – „Warum sagt Ihr es dann?" fragt Georg verständnislos und Schamel antwortet sanft: „Immer wenn ich es sage, sind die Leute zufrieden … und mehr will ich gar nicht." Georg ist wie vor den Kopf gestoßen und zu seinem eigenen großen Leidwesen gehört er zu den Menschen, denen die besten Antworten auf solche verblüffenden Äußerungen stets zu spät einfallen. Deshalb räuspert er sich und meint nach einer kurzen Pause in vorwurfsvollem Ton: „Dann muss ich wenigstens sagen, dass ich Eure Predigten sehr, sehr eigenartig finde." „Die findet Ihr eigenartig?" fragt Schamel zurück und legt die Stirn in Falten. Dann murmelt er vor sich hin: „Das finde ich aber eigenartig!" Georg nickt noch einmal bekräftigend und fragt bohrend nach: „Jetzt noch einmal ernsthaft: Warum sagt Ihr denn in Euren Predigten nichts gegen diese Quacksalber?" „Also gut, dann ernsthaft", der Stadtprediger holt tief Luft, „erstens kommen die Ablassprediger ja nicht ständig nach Bayreuth, und zweitens, gehe ich davon aus, dass sie, wenn sie den Jubiläumsablass verkauft haben, abziehen, und die Sache ist erledigt." – „Magister, das ist doch keine Lösung!" Georg ist unzufrieden. „Wer nur zusieht und nichts tut, gibt den Lügnern und Aus-

beutern die Erlaubnis, weiter zu machen." – „Das ist doch dummes Gerede!" beharrt der Stadtprediger, „wir sind der Meinung, dass unsere Lösung die einzig durchführbare ist. Die Ablassprediger werden die Stadt wieder verlassen und wir haben unsere Ruhe. Machen wir es so: Wir halten noch einmal still, und wenn seine Exzellenz hier ein zweites Mal den Ablass predigen lässt, dann überlegen wir neu, ja?" – „Hm!" Georg ist nicht zufrieden, aber ohne den Stadtprediger kann er nichts machen. „Ihr meint, wir sollten jetzt noch einmal ein Auge zudrücken?" fragt er zur Sicherheit noch einmal nach. Der Stadtprediger nickt: „Genau das sollten wir! Weder mir noch Euch ist an einer Beunruhigung der Glaubenden gelegen. Übrigens will das auch der Stadtrat nicht. Deshalb: Lasst es für diesmal gut sein, ja? Außerdem würde ich ohne den Stadtpfarrer überhaupt nichts machen." – „Aber das dauert doch mindestens noch ein halbes Jahr bis die Stelle neu besetzt wird …" wirft Georg ein, und der Stadtprediger nickt: „Eben, und dann werden wir weitersehen!" – „Wenn Ihr meint …" Georg ist nicht zufrieden, aber was will er denn machen als kleiner Messpriester? Er verabschiedet sich von dem Stadtprediger und geht nachdenklich nach Hause. ‚Hauptsache, der Ablass wird nicht ein zweites Mal in Bayreuth verkündigt!', denkt er sich, ‚wenn die Leute Ablass kaufen, kaufen sie sich keine Messen mehr – dann kann ich schauen, dass ich wieder in der Lateinschule als Lehrer unterkomme …'
Und so versieht Georg – nachdem die Ablassprediger abgezogen sind – seinen Dienst weiter. ‚Hauptsache, diese Dominikanermönche kommen nicht noch einmal!' denkt er sich.

## *Augsburg, 24. August 1518*

„Kaiserliche Hoheit, Euer Neffe, Herzog Wilhelm von Bayern, bittet um eine Audienz“, der Diener spricht diese Worte in gedämpften Tonfall, und Kaiser Maximilian blickt gelangweilt drein. „Hat man denn in Augsburg nie seine Ruhe!“ schimpft er leise vor sich hin, ehe er mit fester Stimme sagt: „Soll reinkommen!“ Der Diener öffnet die Tür, und Herzog Wilhelm tritt ein, er senkt den Kopf und sagt: „Mein Kaiser!“ Maximilian erhebt sich von seinem Thron und geht auf den Gast zu, dabei sagt er in freundlichem Tonfall: „Wilhelm, mein Neffe, was gibt es Neues?“ – „Kaiserliche Hoheit, ich danke Euch, dass Ihr mich empfangt.“ – „Genug der Freundlichkeiten! Was hast Du auf dem Herzen?“ fragt der Kaiser nach, und Wilhelm stottert fast etwas: „Ja, hm, ich weiß gar nicht so recht, wie ich anfangen soll. Vor etwa drei Monaten kam ein Bote von Markgraf Kasimir von Brandenburg-Ansbach nach München und bat im Namen des Markgrafen um die Hand meiner kleinen Schwester Susanna.“ – „Ja, das ist doch erfreulich! Du hast doch hoffentlich eingewilligt,“ wirft der Kaiser ein und Wilhelm nickt. „Selbstverständlich! Bedeutet doch die Verbindung unserer beider Herrscherhäuser, dass wir auch in Zukunft hoffentlich mit einer Stimme reden, zumal die derzeitigen kirchlichen Probleme die deutschen Länder durchaus erschüttern könnten.“ – „Mein Lieber“, meint der Kaiser gütlich, „zu dieser Verbindung benötigst Du aber meine Zustimmung nicht, wenngleich ich sie sofort geben würde.“ – „Kaiserliche Hoheit, ich danke Euch für diese Zusage, denn im Hinblick auf die bevorstehende Hochzeit habe ich tatsächlich ein Anliegen. Dieses zu äußern, fällt mir angesichts Eurer Worte leicht.“ – „Nur heraus damit!“ Der Kaiser ist richtig gespannt, und Herzog Wilhelm fährt fort: „Nach Rücksprache mit dem Hof in Ansbach wurde die Hochzeit auf morgen Vormittag, elf Uhr, festgesetzt. Seine Exzellenz, der hochwürdigste Herr Bischof Christoph von Stadion wird die Trauung im Dom vornehmen. Nun ist es so, dass mein Vater Herzog Albrecht schon lange verstorben ist. Deshalb bittet Ihre kaiserliche Schwester, meine Mutter Kunigunde von Bayern, Ihre kaiserliche Hoheit, den Brautführer für meine Schwester zu machen – natürlich nur, wenn Eure kaiserliche Hoheit Zeit dafür finden. Darüber hinaus würde ich mich sehr freuen, wenn Eure kaiserliche Hoheit beim anschließenden Fest uns Gesellschaft leisten könnten." Der Kaiser strahlt: „Lieber Neffe, ich bin zwar schon alt und nicht mehr so gut zu Fuß, aber den Brautführer mache ich sehr gerne." Und augenzwinkernd fügt er hinzu: „Dann binden wir die fränkischen Hohenzollern auch etwas enger ans Kaiserhaus. Ich werde bestimmt deren Unterstützung noch benötigen. Vielleicht kann ich in dem Zusammenhang mit Markgraf Kasimir auch gleich ein paar Worte sprechen. Die Türken machen mir immer größere Sorgen." Und nach einer kurzen Pause fügt er noch hinzu: „Also, abgemacht! Morgen Vormittag im Dom! Ich werde meine Nichte zum Altar führen ... sonst noch etwas?" – „Ich danke Eurer kaiserlichen Hoheit, auch im Namen meiner Schwester und meiner Mutter. Es ist uns eine große Ehre, dass Ihr uns unterstützt und unser kleines Fest beehrt." Und nach einem devoten Handkuss und mehreren Verbeugungen entfernt sich Herzog Wilhelm. Kaum schließen sich die Türen hinter ihm, reibt er sich zufrieden die Hände. Das ging ja leichter als gedacht.

## *Augsburg, 25. August 1518*

Tatsächlich wird am folgenden Tag die Hochzeit mit großem Aufwand gefeiert. Beim anschließenden Bankett findet sich auch eine Gelegenheit für Kasimir, mit dem Kaiser ein paar Worte zu wechseln. „Kaiserliche Hoheit, von Herzen Dank dafür, dass Sie meine Braut zum Altar geleitet haben", beginnt Kasimir das Gespräch, und Maximilian lächelt ihm kurz zu: „Das bin ich der ehrwürdigen Brautmutter, meiner lieben Schwester, doch schuldig, aber auf ein Wort, Markgraf!" Und der Kaiser bittet mit einer Handbewegung den Bräutigam, zu ihm zu treten. „Es ist gut, dass unsere Herrscherhäuser jetzt ehelich verbunden sind", stellt der Kaiser fest und Kasimir denkt sich: ‚Genau das war auch meine Absicht!' Der Kaiser fährt fort: „Die Türken im Osten machen mir große Sorgen. Es ist wichtig, dass ich mich auf Euch verlassen kann. Außerdem munkelt man, dass es in der Kirche möglicherweise gewisse Umwälzungen gibt. Ich hoffe sehr, dass Ihr auch hierbei an der Seite Eures Kaisers steht. Wir können es uns einfach nicht leisten, auseinander gebracht zu werden. Deshalb baue ich auch auf Eure Unterstützung … und es soll Euer Schaden nicht sein, Markgraf, wenn Ihr zu Eurem Kaiser steht." Kasimir ist hellhörig geworden. Der Kaiser hofft auf seine Unterstützung und stellt ihm eine Entlohnung – wahrscheinlich in Form von Ländereien oder vielleicht sogar irgendwann der Kurwürde in Aussicht. Deshalb beeilt er sich zu sagen: „Kaiserliche Hoheit werden sich immer auf mich verlassen können." – „Das ist gut! Das ist sehr gut!" meint Maximilian, und fügt dann noch hinzu: „Alle guten Wünsche zu Eurer heutigen Vermählung!" Danach wendet er sich wieder dem festlichen Treiben zu. Kasimir ist zufrieden. Es scheint alles wie am Schnürchen zu klappen. Die Verbindung mit Susanna wird seine

Machtstellung im Reich stärken. ‚Alles, was ich anfasse, gelingt', denkt er sich, ‚das kann doch kein Zufall sein.'
Der Weg des Brautpaars von Augsburg nach Ansbach ist wie ein Triumphzug. Jeder Ort der Markgrafschaft, durch den die markgräfliche Kutsche fährt, ist geschmückt. Kasimir hat Boten vorausgeschickt, die die Ankunft des markgräflichen Paares ankündigen, sodass die Menschen jubelnd Spalier stehen. Voll Stolz zeigt Kasimir seiner jungen Braut sein Land. Auch die Wasserburg in Ansbach selbst hat sich herausgeputzt. Überall wehen Fahnen, und die Dienerschaft jubelt der neuen Herrin zu. Susanna ist überwältigt.
Erst jetzt ist Kasimir bereit, der Heirat seiner beider jüngeren Schwestern Sophie mit Friedrich II. von Liegnitz und Anna mit Wenzel II. von Teschen zuzustimmen. Beide Hochzeiten werden noch im selben Jahr auf den Schlössern der beiden Herzöge gefeiert, und jedesmal denkt sich Kasimir im Stillen: ‚Meine Hochzeit war viel größer und schöner!'

# Kapitel 4

## Die Reformation beginnt

## *Bayreuth, 10. Februar 1519*

Es ist ein feierlicher Gottesdienst am 10. Februar des Jahres 1519, in dem Hans Prückner in sein neues Amt als Stadtpfarrer und damit als Oberhaupt der Messpriesterschaft eingeführt wird. Alle vierzehn Messpriester ziehen mit ihm ein, ebenso wie der Stadtprediger Nikolaus Schamel. Auch die Gemeinde nimmt daran Anteil, selbst von den Ratsherren ist ein Großteil anwesend.
Leider war Georg ein Gespräch vor der Messe mit Hans Prückner nicht mehr möglich gewesen. Aber er hat auch verstanden, dass der neue Stadtpfarrer jetzt erst einmal andere Sorgen und Gedanken hat. So bleibt es dabei: Georg nimmt sich vor, so bald wie möglich mit ihm über sein Unbehagen zu sprechen. Aber auch nach der Messe ergibt sich keine Möglichkeit. Georg ist klar, dass er noch warten muss. ‚Außerdem', so denkt er sich, ‚wäre es gut, wenn Bruder Prückner etwas Zeit hat. Vielleicht ist es das Beste, wenn ich ihn erst in ein paar Tagen darauf anspreche …'

## *Bayreuth, 11. Februar 1519*

Am Sonntag will Georg den neuen Stadtpfarrer nicht stören, aber am Montag nach der Frühmesse traut er sich dann doch: „Bruder Prückner, auf ein Wort!" sagt er in der Sakristei und Prückner wendet sich ihm zu: „Ihr seid …?" – „Mein Name ist Schmalzing", sagt Georg und er fügt ernst hinzu, „Georg Schmalzing." – „Bruder Schmalzing, natürlich! Bitte verzeiht, die vielen Namen kann ich mir noch nicht alle merken“, sagt Prückner und reicht ihm die Hand, „was gibt’s?“ Georg druckst etwas herum, dann meint er: „Vielleicht können wir irgendwo ungestört miteinander reden …“ Prückner merkt, dass Georg etwas auf dem Herzen hat: „Ja, natürlich!“ sagt er, „gehen wir doch in meine Stube!“ Und so machen sich die beiden Priester auf den kurzen Weg in die Wohnung des neuen Stadtpfarrers in der Kirchgasse. Dort angekommen bietet Prückner seinem Kollegen sofort einen Platz an: „Worum geht’s? Sprecht frei heraus!“ – „Ja, hm“, sagt Georg etwas zögerlich, „es geht um den Ablass. Bis vor kurzem waren hier Ablassprediger. Die haben den Gläubigen mächtig viel Geld aus der Tasche gezogen mit ihren Ablassbriefen. Ich war sogar Zeuge, wie die Ablasskiste geöffnet wurde. Es war sehr viel Geld darin. Und dieses Geld verschwindet irgendwo in Rom. Ich habe schon mit dem Stadtprediger Schamel gesprochen, aber der hat gesagt, ich solle warten, bis Ihr hier in Bayreuth angekommen seid. Ja, und jetzt ist es soweit ….“ Hans Prückner ist bei diesen Worten nachdenklich geworden. Ernst blickt er sein Gegenüber an. Dann sagt er: „Bruder Schmalzing, ganz ehrlich: Ich teile Eure Sorgen! Dass die Menschen hier arm und ärmer werden, kann uns nicht kalt lassen! Aber wir können hier gar nichts machen. Denn erstens spendet der Ablass tatsächlich vielen Leuten Trost …“ – „Aber nur denjenigen, die es sich leisten können – was ist mit den Armen?“ wirft Georg ein, aber Prückner lässt sich nicht aus dem Konzept bringen und wiederholt seine letzten Worte: „… vielen Leuten Trost, zweitens ist er vom Papst ausgerufen worden und drittens unterstützt auch der Markgraf den Ablasshandel. Also gebt Euch zufrieden und haltet still!“ Jetzt ist Georg tatsächlich still. Was soll er noch sagen. Prückner fährt in seinen Ausführungen fort: „Bruder Schmalzing, ich sehe, dass Euch die Kirche am

Herzen liegt. Wie wäre es, wenn Ihr mich bei meinen Anstrengungen unterstützt. Ich möchte nämlich, dass unsere wunderschöne Kirche zur Heiligen Dreifaltigkeit einen zweiten Turm bekommt. Hierfür sammle ich Geld und Unterstützer. Ich habe mir bereits einen Termin bei den Ratsherren der Stadt geben lassen, bei dem ich ihnen mein Projekt vorstellen möchte. Bitte unterstützt mich – dadurch könnt Ihr doch auch der Kirche helfen." – „Wenn Ihr meint ..." Georg ist nicht überzeugt, und Prückner legt noch einmal nach: „Ich mache Euch einen Vorschlag: Haltet jetzt stille und bitte legt Euer Interesse auf den Neubau des zweiten Turmes. Sobald erneut Ablassprediger in die Stadt kommen, bin ich sehr gerne bereit, erneut mit Euch über das Problem zu sprechen. Aber für's Erste hat sich die Sache momentan doch erledigt. Die Ablasshändler sind abgezogen und gut!?" – „Vielleicht habt Ihr Recht", kommt ihm Georg jetzt etwas entgegen, zumal ihm die Idee des neuen Stadtpfarrers, einen zweiten Turm für die Stadtkirche zu bauen, sehr gut gefällt; deshalb fügt er noch hinzu: „ich fände es in der Tat sehr gut und schön, wenn unsere Stadtkirche einen zweiten Turm bekäme. Meine Unterstützung habt Ihr." – „Das ist doch schön, Bruder Schmalzing! Ich danke Euch! Und jetzt möchte ich Euch auf einen Schluck Wein einladen." Gemeinsam trinken die beiden ein Gläschen Wein und es ist, als hätten sich zwei Freunde gefunden.

## *Ansbach, 12. Oktober 1519*

Markgraf Kasimir hat sich in den Speisesaal zurückgezogen: „Wein her!“ hat er seinen Diener angeschnauzt, der sofort losgerannt ist, um eine volle Karaffe und einen Becher zu holen. „Wurde aber auch Zeit!“ mault er, als beides vor ihm steht. Die Hebamme hat ihn aus dem Schlafzimmer geworfen. Heute wird seine Frau ein Kind zur Welt bringen. Kasimir ist aufgeregt: ‚Hoffentlich einen Stammhalter! Dann wäre meine Linie erst einmal gesichert.‘ Kasimir stellt sich vor, wie er seinen Sohn erziehen wird: ‚Ich werde ihm erst einmal die ganze Markgrafschaft zeigen und ihm sagen: Das gehört später alles Dir! Ich werde ihm zeigen, wie man mit der Dienerschaft umgeht, dass die einem nicht auf der Nase herumtanzen und ich werde ihm auch den Umgang mit Waffen beibringen.‘ Dabei fällt ihm ein, dass er noch gar keinen Namen für seinen Sohn hat, und er denkt nach: ‚Albrecht wäre denkbar. So hieß der Begründer der Brandenburger Linie, man nannte ihn auch Albrecht, den Bären. Ja, Albrecht wäre gut! Aber dann bräuchte er noch einen richtig aussagekräftigen antiken Namen, damit jeder weiß, dass er sich nichts gefallen lassen wird. Und Kasimir grübelt: Agrippa? Alcibiades? Augustus? Konstantin? … Irgend so etwas, Albrecht Alcibiades, das klingt gut …‘ Mitten in diesen Gedanken stürzt ein Diener in den Speisesaal: „Das Kind ist da, das Kind ist da!“ Kasimir springt auf und setzt sich sofort wieder hin. Er hat zu viel Wein getrunken. Der Raum dreht sich. Langsam erhebt er sich wieder und geht schwankend zur Tür. Dort hält er kurz inne, dann geht er vorsichtig weiter. Im Schlafzimmer angekommen liegt Susanna im Bett, im Arm ein klitzekleines Kind. „Was isses denn?“ fragt Kasimir und lächelt. Susanna lächelt zurück: „Ein gesundes Mädchen!“ Schlagartig verfinstert sich Kasimirs Miene und er dreht sich um. Langsam und wortlos geht er zurück in den Speisesaal und gießt sich Wein in seinen Becher, der immer noch dort steht. „Na dann!" prostet er sich selbst zu und denkt: „Wenigstens einen anständigen Rausch habe ich mir jetzt verdient!"

### *Bayreuth, 30. Dezember 1519*

Im Dezember 1519 tauchen erneut Dominikanermönche in Bayreuth auf, die Ablass verkaufen. Als wäre nichts geschehen, wird wieder eine Ablasskiste in der Bayreuther Stadtkirche aufgestellt. Und die Gläubigen geben ihre letzten Ersparnisse, um sich selbst und ihre verstorbenen Vorfahren aus dem Fegefeuer zu befreien und vielleicht sogar von der Hölle zu bewahren. Georg zittert vor Wut. Was soll er tun? Das Unrecht schreit für ihn zum Himmel. Es kann doch nicht sein, dass derjenige, der sich den Ablass nicht leisten kann, länger im Fegefeuer leiden muss als ein Reicher!

Da geschieht für Georg etwas, das sein Leben von Grund auf ändert. Als er sich nach seiner Frühmesse umgezogen hat und gerade die Stadtkirche verlassen will, stehen vier Männer, die gerade noch in seiner Messe gewesen waren, am Portal und diskutieren ernsthaft miteinander. Es sind Tobias Hörlesberger, Hans Scheichl, Hans Neuhödl und Adam Lachperger. Lachperger hat einen großen, eng bedruckten Zettel in der Hand. „Da seid ihr ja, Hochwürden! Seht euch das einmal an!" – „Was ist denn das?" will Georg erst einmal wissen, und Adam Lachperger erklärt ihm: „Der Wisch ist mir gestern abend auf dem Marktplatz von einem fahrenden Händler in die Hand gedrückt worden. Ich habe ihn mir mal kurz angesehen, aber so richtig verstanden habe ich nicht, worum es da geht. Irgendwas mit Buße tun und Ablass!" – „Zeigt mal her!" Georg ist interessiert. Er liest laut vor: „1. Als unser Herr und Meister Jesus Christus sagte: Tut Buße (Mk 1,15), wollte er, dass das ganze Leben der Gläubigen eine stete und unaufhörliche Buße sei." Dann blickt er auf. „Was soll das?" fragt Hans Neuhödl, „was soll damit gesagt werden?" – Georg denkt kurz nach: „Der Schreiber meint, dass wir bei allem, was wir tun, uns fragen sollen, ob es das Richtige ist. Und wenn wir zu dem Schluss kommen, dass es ein Fehler war, dann sollen wir Gott um Vergebung bitten und es in Zukunft besser machen." – „Das ist aber ganz schön anstrengend!" meint Hans Scheichl, und fügt hinzu: „Da lasse ich doch lieber eine Messe für mich lesen oder kaufe gleich einen Ablass. Dann ist alles wieder in Ordnung." Georg wird nachdenklich. Sollte sich das Papier tatsächlich gegen den Ablass richten? „Darf ich mir das mal mit nach Hause nehmen, Meister Lachperger?" – „Nehmt es mit, Hochwürden! Ich habe dafür keine Verwendung; und wenn Ihr verstanden habt, worum es geht, könntet Ihr uns vielleicht die anderen Sätze erklären – wenn Ihr sie für wichtig haltet." – „Danke! Das mache ich gerne!" Georg Schmalzing nimmt das Blatt und wendet sich zum Gehen; doch plötzlich hält er inne: „Fast hätte ich's vergessen: Wisst Ihr, wer diese Sätze geschrieben hat?" – „Ja", jetzt meldet sich Tobias Hörlesberger zu Wort, „der Verfasser soll ein Wittenberger Theologieprofessor sein, Doktor Martin Luther." – „Danke", meint Georg und fügt noch ein „Gehabt euch wohl!" an. Dann wendet sich endgültig um und geht zügigen Schrittes nach Hause. Er ist gespannt, was da noch auf dem Zettel zu finden ist.

Zuhause setzt er sich an den Esstisch und beginnt noch einmal von vorne zu lesen: „1. Als unser Herr und Meister Jesus Christus sagte: Tut Buße (Mk 1,15), wollte er, dass das ganze Leben der Gläubigen eine stete und unaufhörliche Buße sei." – „Das klingt interessant!" entfährt es ihm. Dann schlägt er sich an die Stirn: „Dass ich noch nicht auf die Idee gekommen bin, die Behauptungen der Ablassprediger mit Hilfe der Bibel zu überprüfen … bin ich dumm!" Und dann ruft er laut durch's Haus: „Mutter, Vater, haben wir eine Bibel im Haus?" – „Sowas müsst Ihr doch in der Kirche haben", ruft die Mutter ihm zu: „Schau mal da nach! Ich habe mich immer darauf verlassen, was der Stadtprediger sagt. Damit bin ich bisher stets gut gefahren." – „In der Kirche wird viel gesagt, wenn der Tag lang ist", Georg weiß, wovon er spricht. „Bisher habe ich auch immer gedacht: Was da in der Kirche gemacht und gesagt wird, das hat bestimmt alles seine Richtigkeit. Aber seit die Ablassprediger aufgetaucht sind, habe ich da meine Zweifel. Jetzt ist mir klar: Das muss man doch alles überprüfen. Und zwar mit Hilfe der Heiligen Schrift! Also: Ich brauche eine Bibel!" – „Geh in die Stadtkirche, da wird's schon eine geben!" meint der Vater, aber Georg schüttelt den Kopf. „Nein, da gibt's keine, das weiß ich. Aber Schamel, der Stadtprediger, der hat doch studiert, der müsste eine haben." Und im Hinterkopf denkt er sich: Ich muss überprüfen, ob Jesus den Ablass geboten hat. Da stößt er auf die These 27: *„Menschenlehre, nicht Gottes Gebot, predigen diejenigen, die da sagen, dass, sobald das Geld im Kasten klingt, die Seele vom Fegefeuer zum Himmel fahre."*

„Da haben wir's: Doktor Luther sagt es klipp und klar: Das, was die Ablassprediger behaupten, steht gar nicht in der Bibel. Das haben die sich ausgedacht, bloß um den Leuten das Geld aus der Tasche zu ziehen." – „Was liest du denn da?" Jetzt ist die Mutter neugierig geworden und an den Esstisch herangetreten. Aber Georg lässt sich nicht ablenken, sondern liest laut die 32. These vor: *„Diejenigen werden samt ihren Meistern in die ewige Verdammnis fahren, die vermeinen, durch Ablassbriefe* *ihrer ewigen Seligkeit gewiss zu sein.*" – „Offenbar steht der Ablass tatsächlich nicht in der Bibel. Und diesem Doktor Luther bringt auf den Punkt, was ich mir schon längst gedacht habe: Wer Ablass erworben hat, meint, er brauche sein Leben nicht mehr zu ändern. Er denkt, er habe sich aus seinen Sünden vor Gott herausgekauft: Kein Fegefeuer, nur der Himmel wartet! Das kann es doch nicht sein! Dann liest Georg die These 36 *(Ein jeder Christ, der wahre Reue und Leid hat über seine Sünde, hat völligen Erlass von Strafe und Schuld, der ihm auch ohne Ablassbrief zuteil wird.)* und murmelt: „Ich habe es immer geahnt: Beichte, Buße … das hat alles mit Geldzahlung nichts zu tun." Als er auf die These 43 stößt *(Man soll die Christen lehren, dass, wer dem Armen gibt oder dem Dürftigen leiht, besser tut, als wenn er Ablass löst.)*, ruft er laut aus: „Ja, Doktor Luther hat Recht: Nächstenliebe ist besser als Ablassbriefe zu kaufen. Das würde unserer Gesellschaft – was sage ich? – unserer Kirche viel besser tun." Auch die These 62 *(Der wahre Schatz der Kirche ist das allerheiligste Evangelium von der Herrlichkeit und Gnade Gottes.)* fordert ihn zu einem Kommentar heraus: „Die Ablassprediger sagen etwas ganz anderes: Die behaupten, der Schatz der Kirche seien die Verdienste Christi und der Heiligen, aus denen die Kirche gegen Geldzahlung den Gläubigen Anteile verkaufen könnten. Aber das ist doch absurd!" Ebenso spricht ihm die These 86 aus dem Herzen: *Warum baut der Papst, dessen Vermögen heute größer ist als das des allreichsten Crassus, wenigstens eine Peterskirche nicht lieber von seinem eigenen Geld statt von dem der armen Gläubigen?*

Als Georg mit dem Lesen fertig ist, ist es später Nachmittag und draußen bereits dunkel. Jetzt springt er auf, ruft zum wiederholten Male aus „Bei Gott, der Mann hat Recht!", und rennt aus dem Haus. Außer Atem kommt er fünf Minuten später bei Adam Lachperger, dem Hufschmied, in dessen Wohnstube an. Vor lauter Aufregung vergisst er zu grüßen: „Woher habt Ihr das, Lachperger?" fragt er ganz außer Atem und deutet auf den Zettel mit den 95 Thesen in seiner Hand. Der Hufschmied blickt verwundert auf und sagt langsam: „Seid gegrüßt, Herr Pfarrer." „Jaja, Gott zum Gruße", stößt jetzt auch Georg Schmalzing hervor, „bitte sagt mir: Wer hat Euch diesen Zettel gegeben?" – „Hab ich doch schon gesagt, es war ein fahrender Kaufmann aus Wittenberg", sagt bedächtig Adam Lachperger. „Und der Name?" fragt Georg kurz zurück. Der Hufschmied zuckt mit den Schultern: „Weiß nicht so recht, irgendwie so ‚Leiser' oder ‚Leiner' oder so." – „Bitte versucht, euch daran zu erinnern! Wie hieß der und ist er noch in der Stadt?" – „Was ist denn vorgefallen?" fragt jetzt Lachperger zurück. „Ich muss einfach wissen, was der noch von diesem Doktor Luther weiß, denn das, was hier auf diesem Zettel steht, das kann die Kirche – was sage ich? – die Welt verändern", Georg ist richtig in Fahrt. „Also", sagt Lachperger, „die Welt verändern? Nun ja, wenn Ihr Euch da mal nicht täuscht. Aber gut, zufällig weiß ich, wo dieser ‚Leiner' oder ‚Linner' abgestiegen ist, … ja, jetzt fällt's mir wieder ein ‚Linner' hat er geheißen, ‚Sebastian Linner'!" „Und wo? Wo ist er abgestiegen?" Georg ist kaum noch zu bremsten. „Im ‚Goldenen Löwen' – da müsstet ihr ihn finden." – „Danke, ihr habt mir sehr geholfen! Gehabt euch wohl!" Gerade dass Georg diese Worte noch herausbringt, ehe er sich sofort wieder auf den Weg macht.

Tatsächlich findet er den Händler im ‚Goldenen Löwen'. Linner sitzt in der Gaststube und isst zu Abend. „Gott zum Gruße", versucht Georg Schmalzing das Gespräch in Gang zu bringen, „seid Ihr Sebastian Linner aus Wittenberg?" – Linner schiebt sich ein großes Stück Wurst in den Mund und nickt:

„Der bin ich!" sagt er und fügt hinzu: „Wer will das wissen?" – „Georg Schmalzing, Messpriester am Altar der vierzehn Nothelfer in der hiesigen Stadtkirche." – „Was gibt's, was soll ich für euch besorgen? Vielleicht ein neues Messgewand oder einen neuen Kelch? Es gibt nichts, was ich nicht besorgen könnte", bietet Linner zwischen zwei Happen an und grinst dabei. „Nein, nein, ich bin aus einem ganz anderen Grund zu euch gekommen. Ihr habt heute in der Stadt ein Blatt unter die Leute gebracht mit 95 Thesen eines gewissen Doktor Luther. Ich habe das Blatt durchgelesen und: Der Mann spricht mir aus dem Herzen. Könnt ihr mir mehr über ihn erzählen und vor allem weitere Schriften von ihm herbeischaffen?" – „Ach ja, Professor Luther!" meint Linner und hebt den Bierkrug an die Lippen. Nach mehreren tiefen Schlucken senkt er den Krug und grinst sein Gegenüber an. Er scheint dessen Anspannung richtig zu genießen, doch dann redet er weiter: „Luther ist Professor an der Wittenberger Universität. Die 95 Thesen, die ich heute nach Bayreuth gebracht habe, sind schon über zwei Jahre alt und überall wohin ich sie auch mitbringe, werden sie mir aus den Händen gerissen. Der Mann ist hochberühmt." – „Was gibt's sonst von ihm zu berichten? Ich will alles wissen." Georg Schmalzings Anspannung ist nicht kleiner geworden. „Ja, so viel weiß ich auch nicht. Er ist – wie gesagt – Theologieprofessor in Wittenberg. Woher er kommt und wie sich seine Überzeugungen gebildet haben, kann ich dir auch nicht sagen. Aber die Kirche hat sehr schnell gemerkt, dass seine Thesen gefährlich sind. Letztes Jahr hat er zuerst eine wissenschaftliche Diskussion – ich glaube, die Theologen nennen sowas ‚Disputation'– in Heidelberg geführt. Darüber hat er eine kurze Abhandlung geschrieben, und später hat ihn ein Kardinal im Auftrag des Papstes in Augsburg verhört. Auch darüber gibt es einen Bericht, den Doktor Luther verfasst und veröffentlicht hat." – „Könnt Ihr mir beides so schnell wie möglich besorgen?" Georg Schmalzing ist Feuer und Flamme. „Schon", meint der Händler und steckt sich wieder ein dickes Stück Wurst in den Mund. Dann meint er mit vollen Backen: „Kostet aber was!" – „Das lasst nur meine Sorge sein!" sagt Schmalzing und schiebt sofort die Frage nach: „Wie schnell geht das!" Linner legt wieder die Stirn in Falten: „Lasst mich nachdenken! In einer Woche bin ich in Nürnberg, dann geht's nach Ansbach und dann wieder zurück ... sagen wir: In einem Monat könnte ich wieder in Bayreuth sein und, wenn alles gut geht, habe ich die beiden Schriften dann auch dabei." Darauf genehmigt sich der Händler noch mehrere tiefe Schlucke und fügt dann noch einmal an: „Wird aber nicht billig!" – „Egal", sagt Georg Schmalzing, „Hauptsache, es geht möglichst schnell. Wann werdet Ihr aufbrechen?" – „Eile mit Weile!" sagt Linner, „morgen oder übermorgen, ich weiß noch nicht – je nachdem wie meine Geschäfte hier in Bayreuth laufen." – „Bitte meldet Euch bei mir, sobald ihr die Schriften habt und wieder in der Stadt seid. Ich wohne am Kirchplatz 15." – „Geht klar!" meint Linnner, und Schmalzing fügt ungläubig an: „Ich kann mich auf euch verlassen?" – „Aber sicher!" jetzt ist Linner an seiner Ehre gepackt: „Wenn ich als Händler ein Geschäft machen kann, dann tue ich das auf jeden Fall!" – „Vielen Dank, und gehabt euch wohl!" Mit diesen Worten verlässt Schmalzing den Händler und rennt los.

Er muss weiter zu Magister Schamel! „Schamel muss das sehen! Jetzt muss etwas passieren!" Als er vor dessen Tür in der Kämmereigasse steht, pocht er wie wild an die Tür. „Jajaja, ich komme schon!" hört er von drinnen rufen. Der Stadtprediger öffnet die Tür und blickt den Messpriester verwundert an. „Man könnte meinen, die Welt geht unter. Was wollt Ihr denn, Schmalzing?" – Georg ist ganz außer Atem: „Magister

Schamel, wir müssen reden. Es ist ein Blatt in der Stadt aufgetaucht mit 95 Sätzen, die tatsächlich zum Untergang der Welt, Nun ja, der Kirche beitragen können." – „So, jetzt kommt erst einmal herein und nehmt euch ein Bier! Das löst die Zunge und entspannt den ganzen Mann!" Georg will ablehnen, aber der Magister duldet keinen Widerspruch. Als beide am Tisch sitzen und einander zugeprostet haben, bricht es aus Georg heraus: „Magister Schamel, ich habe hier ein Blatt von Professor Luther aus Wittenberg, in dem er über den Ablass schreibt – und, bei Gott, der Mann hat in allen Punkten Recht. Lest selbst!" Der Stadtprediger nimmt das ihm gereichte Blatt und beginnt ruhig zu lesen. Ab und zu genehmigt er sich einen Schluck aus seinem Bierhumpen. Als er fertig ist, grinst er Schmalzing an: „Ja, Ihr habt Recht, Schmalzing, der Mann sieht das völlig richtig. Auch was er über das schreibt, was Jesus gesagt hat, stimmt." Es entsteht eine kurze Pause, dann fügt Schamel hinzu: „Und, was machen wir jetzt?" Schmalzing antwortet ratlos: „Hm, ja, das wollte eigentlich ich fragen", aber dann verbessert er sich gleich, „oder, nein, ich wollte den Vorschlag machen, dass der Herr Magister vielleicht in seiner nächsten Predigt die Menschen vom Ablasskaufen abhält." – So, jetzt ist es heraus, denkt sich Georg und der Stadtprediger legt die Stirn in Falten. Er denkt nach. „Nun ja", sagt er nach einer Weile, „das ist so eine Sache. Ich mache Dir einen Vorschlag: Lasst uns erst einmal mit dem Stadtpfarrer Prückner reden. Mich würde interessieren, was er dazu meint. Ich denke, keiner hat Interesse daran, dass es hier einen Aufruhr gibt und dass die Gläubigen unnötig verunsichert werden." – „Aber, das Predigen ist doch eure Aufgabe!" Georg gibt sich noch nicht geschlagen, und Schamel räumt ein: „Schon, schon! Aber mir liegt daran, dass zwischen uns Einheit herrscht, und wo noch keine da ist, sollte sie hergestellt werden. Wenn wir alle an einem Strang ziehen, wird es auch keinen Aufruhr unter den Gläubigen geben." – ‚Da hat er Recht', denkt sich Georg und sagt: „Wenn Ihr meint ..." und fügt noch hinzu: „Dann rede ich also als erstes mit dem Stadtpfarrer. Danke für Euren Rat! Gehabt euch wohl!"

### *Bayreuth, 06. Januar 1520*

Am Fest der Heiligen drei Könige ergibt sich die Gelegenheit: Georg Schmalzing trifft den neuen Stadtpfarrer in der Sakristei: „Auf ein Wort, Bruder Prückner!" – „Was gibt's, Bruder Schmalzing?" fragt dieser freundlich zurück. „Ich habe vor einer Woche schon mit dem Magister Schamel gesprochen, und der hat mir gesagt, ich solle unbedingt zuerst mit Euch reden." – Prückner spürt, dass Georg ein Problem hat; er geht zur Sakristeitür und schließt diese ab, dann meint er freundlich: „Ihr scheint etwas auf dem Herzen zu haben. Sprecht frei heraus!" – „Der Ablass", sagt Georg und denkt sich: So, jetzt ist es heraus! „Ihr seht da ein Problem?" fragt Prückner freundlich zurück. „Ja – das habe ich doch schon einmal gesagt", meint Georg, und dann bricht es aus ihm heraus, „und zwar ein sehr großes Problem! Die Ablassprediger wollen den Menschen letztlich nur das Geld aus der Tasche ziehen. Ich habe hier ein Papier aus Wittenberg, in dem ein Professor von dort unmissverständlich deutlich macht: Wer Ablass verkauft oder Ablass erwirbt, wird auf keinen Fall dem Fegefeuer entkommen, sondern – viel schlimmer – beide werden sofort in die Hölle fahren. Denn Christus spricht: Tut Buße und glaubt an das Evangelium (Mk 1,15)! Von Ablass steht gar nichts in der

Bibel. Und wer seine Sünden bekennt und bereut, dem vergibt Gott gewiss, denn …" – „Langsam, langsam, Bruder! Das geht mir etwas zu hurtig – was sagt denn Magister Schamel dazu. Es ist doch dessen Aufgabe, den Gläubigen zu predigen." – „Der sagt, ich solle erst mit Euch sprechen … deshalb bin ich hier." – „Aha", meint Prückner und kratzt sich am Kinn, „und wie denkt Magister Schamel über den Ablass." – „Er hat mir gesagt", Georg ist nun kaum mehr zu bremsen, „dass er genauso denkt wie ich, aber er will nichts über den Kopf des neuen Stadtpfarrers machen. Ich finde, man muss da doch was tun. Die Gläubigen werden für dumm verkauft. Hier, auf diesem Zettel steht alles. Da steht zum Beispiel, dass der wahre Schatz …" – „Aber der Ablass spendet vielen Leuten Trost", unterbricht Prückner, „ich habe auch schon von diesen Gedanken gehört, aber ich weiß nicht so recht, was ich davon halten soll." – „Nichts! Ablass ist Menschen- und nicht Gotteswerk!" So langsam wird Georg wütend, „der wahre Schatz der Kirche ist das hochheilige Evangelium von Jesus Christus!" Georg hat die 95 Thesen inzwischen so häufig gelesen, dass er einige davon auswendig kann. „Und diesen Schatz haben wir an die Gläubigen auszuteilen." – „Hm", murmelt Prückner, „Bruder Schmalzing, ich bin jetzt ganz neu in der Stadt und ich will auf keinen Fall die Gläubigen verunsichern. Außerdem habe ich gerade sehr viel um die Ohren mit dem Bau des zweiten Kirchturms. Muss man das mit dem Ablass denn so aufblasen? Mir scheint, Ihr macht aus einer Mücke einen Elefanten. Die Ablassprediger bleiben doch nicht ewig hier. Kein Problem ist so groß, dass man es nicht übersehen könnte, wenn man sich ein bisschen Mühe gibt." Aber kaum, dass er diesen Satz ausgesprochen hat, fällt ihm auf, was für einen Unsinn er gerade gesagt hat. Deshalb fügt er in versöhnlichem Ton an: „Machen wir es so, lieber Bruder. Ihr lasst mir das Papier aus Wittenberg von diesem … von wem stammt das eigentlich?" – „Professor Luther" – „… von diesem Professor Luther da und ich lese es mir in Ruhe durch. Dann spreche ich mit Magister Schamel, was zu tun ist. Wir wollen nicht überstürzt handeln. Ja, und dann können wir Euch ja Bescheid geben, zu welchem Entschluss wir gekommen sind. Es eilt doch nicht?" – „Oh doch!" gibt Schmalzing zu bedenken, „es eilt sehr, die Gläubigen dürfen nicht weiter betrogen werden. Jeden Tag streichen die Ablasshändler weiter das sauer verdiente Geld der kleinen Leute ein. Man muss den Menschen die Wahrheit über das sagen, was wirklich in der Heiligen Schrift steht." – „Wahrheit ist etwas für Idioten", murmelt der Stadtpfarrer, und Georg fragt: „Wie bitte?" Da räuspert sich Prückner und sagt laut: „In Ordnung, ich werde noch in dieser Woche in der Sache mit Magister Schamel reden, „war es das?" Dem Stadtpfarrer ist das Gespräch jetzt sichtlich unangenehm und er meint: „Bruder Schmalzing, Ihr habt so ein Funkeln in den Augen. Und ich will Euch eines sagen: Es gefällt mir nicht." Da muss Georg lächeln: „Ein Funkeln in den Augen ist viel besser als ein erloschenes Feuer!" – „Da habt Ihr Recht", pflichtet ihm der Stadtpfarrer bei und beginnt, seinen Talar für die bevorstehende Messe anzuziehen. Georg spürt, dass das Gespräch jetzt beendet ist, deshalb sagt er: „Bruder Prückner, ich danke Euch!" und verabschiedet sich. „Schön, dass wir darüber geredet haben", sagt Prückner noch, und Georg weiß nicht recht, wie er diesen Satz deuten soll. Zufrieden ist er nicht. Wer sagt ihm denn, dass der Stadtpfarrer Wort hält und sich wirklich darum kümmert? Aber jetzt bleibt ihm zunächst nichts anderes übrig als abzuwarten.

### *Bayreuth, 8. Januar 1520*

Ist es Zufall oder abgesprochen? Georg ist sich nicht sicher, aber zwei Tage später treffen alle drei, der Magister Schamel, der neue Stadtpfarrer Prückner und der Messpriester Georg Schmalzing, in der Sakristei der Stadtkirche aufeinander. Georg zieht sich gerade die Messgewänder an, als Prückner und Schamel hereinkommen: „Auf ein Wort, Bruder“, spricht ihn der Stadtpfarrer an. Georg blickt auf: „Ja?“ erst dann erkennt er die beiden, „ah, Magister Schamel, Bruder Prückner, gibt es eine Entscheidung in Sachen Ablass?“ – „Ja“, meint der Stadtprediger Schamel, „wir haben über diese Thesen aus Wittenberg gesprochen.“ – „Ja?“ Georg ist bemüht, sich seine innere Anspannung nicht anmerken zu lassen. „Nun denn, Bruder Schmalzing“, Prückner druckst herum, und Georg befürchtet schon das Schlimmste, „wir sind etwas im Zwiespalt. Wir sind beide der Meinung, dass dieser Doktor Luther Recht hat. Theologisch gibt es da nichts zu bemängeln. Der Mann kennt die Bibel und weiß mehr über Jesus und Paulus als jeder einzelne von uns.“ – „Wunderbar!“ ruft Georg aus, „dann klärt doch die Gläubigen darüber auf!“ – „Das ist es ja gerade“, meint jetzt der Stadtprediger, „wir denken, dass wir nicht die geeigneten Leute sind, um die Gläubigen hier zu beunruhigen. Der Ablass hat ja nun wirklich auch sein Gutes. Erstens hat der heilige Vater in Rom ihn befohlen und zweitens spendet er vielen Menschen Trost.“ – Georg wird bei diesen Worten wütend: „Wenn Ihr wüsstet, wie oft ich diesen Satz schon gehört habe. Aber er wird nicht wahrer dadurch, dass man ihn immer wieder nachbetet. Ich will Euch etwas sagen: Erstens steckt sich der Papst das Geld selbst in die Taschen, um seinen Petersdom zu finanzieren, obwohl er reich ist wie Crassus – lest doch einmal die These 86 – und zweitens spendet der Ablass überhaupt keinen Trost, sondern er macht die Leute arm. Ja, der Ablass schafft Ängste, weil die Gläubigen nicht wissen, ob ihr Geld ausreicht, sie aus dem Fegefeuer zu holen. Außerdem: Wer Ablass erwirbt, bereut seine Sünden nicht mehr, sondern macht so weiter wie bisher. Das kann nicht Euer Ernst sein." – „Ja und nein", jetzt übernimmt wieder der Stadtpfarrer das Wort, „wir wollten damit ausdrücken: Wenn Ihr, Bruder Schmalzing, der Meinung seid, dass der Ablass schlecht ist, dann sagt Ihr das doch selbst in Euren Messen. Wir werden dann schon sehen, was passiert. Ich habe außerdem mit dem Bau des Turmes genug um die Ohren." – Georg holt tief Luft: „Seid Ihr noch bei Trost?! Ihr meint: Ihr seid zwar der gleichen Meinung wie ich, aber Ihr traut euch nicht, dazu öffentlich zu stehen? Das ist Wahnsinn! Ich meine, wie ich es sage: Es ist ein Wahnsinn, alles beim Alten zu belassen und gleichzeitig irgendwie zu hoffen, dass sich etwas ändert. Vor wem habt Ihr Angst? Vor seiner Exzellenz, dem Bischof in Bamberg? Vor seiner Durchlaucht, dem Markgrafen? Ja, das wird es sein. Ihr habt vor dem Markgrafen Angst." – „Bruder Schmalzing, Ihr müsst das verstehen", der Stadtpfarrer legt dem Messpriester beschwichtigend die Hand auf die Schulter, „wir wollen die Glaubenden einfach nicht verunsichern. Deshalb unsere Frage: Könnte man das, was Ihr meint, den Gläubigen nicht etwas vorsichtiger beibringen?" „Und wie – bitteschön – stellt Ihr Euch das vor?" ruft Georg wütend, „eine Schlucht überwindet man nicht mit zwei Sprüngen!" „Ihr habt ja Recht!" versucht der Stadtprediger den erbosten Schmalzing zu beschwichtigen, „wir legen Euch ja auch keine Steine in den Weg. Tut, was Ihr für richtig erachtet." – „Keine Steine in den Weg legen!" wiederholt Georg immer noch wütend, „aber warum wollt Ihr selbst nichts gegen diesen Missbrauch tun? Wovor habt Ihr denn Angst?

Seid Ihr so feige?" „Vielleicht", jetzt greift wieder der Stadtpfarrer ins Gespräch ein, „ja, vielleicht sind wir feige, vielleicht aber auch nur vorsichtig. Ich sage Euch etwas: Wir werden nicht gegen Euch Position beziehen, wir werden Euch gewähren lassen und unterstützen, und wenn Ihr die Glaubenden erreicht, dann sind wir die Letzten, die Euch Einhalt gebieten. Wir wollen es halten mit Rabbi Gamaliel, der gesagt hat: Ist dies Vorhaben oder dies Werk von Menschen, so wird's untergehen; ist es aber von Gott, so können und wollen wir es nicht vernichten. So steht's ja auch in der Apostelgeschichte (Apg 5,38f.)." – „Ich weiß nicht so recht, ob ich über diese Entscheidung glücklich bin." Georg macht ein eher unglückliches Gesicht. – „Bruder Schmalzing", der Stadtpfarrer macht eine kurze Pause, dann redet er begütigend weiter, „wir glauben einfach, Ihr seid der rechte Mann am rechten Ort. Ihr habt das Herz auf dem rechten Fleck. Ihr könntet es doch versuchen mit dem Predigen, wenn es Euch so wichtig ist." Georgs Gesicht wird weiß: „Bitte was? Ich soll predigen? Aber ich kann das gar nicht. Ich tauge nicht zum Predigen!" – „Das hat der Prophet Jeremia auch gesagt", ruft der Stadtprediger aus, „und wisst Ihr, was Gott darauf geantwortet hat?" Sowohl Georg als auch der Stadtpfarrer schütteln den Kopf. „Er hat gesagt: Siehe, ich lege meine Worte in deinen Mund (Jer 1,9)! Und so könnt auch Ihr darauf vertrauen, dass Gott es bei euch tun wird. Wir werden ja sehen, ob die Menschen das hören wollen." – „Ich weiß nicht recht", grübelt Georg, „ich werde darüber nachdenken." – „Erlaubt mir, dass ich Euch noch einen Rat gebe!" meint der Stadtprediger und legt Georg die Hand auf die Schulter, „wenn Ihr nicht sicher seid, wie Ihr Euch entscheiden sollt, ob Ihr Euch Predigten zutraut oder nicht, dann werft eine Münze! Und wenn es Euch nicht gefällt, wie sie gefallen ist, dann wisst Ihr, was ihr wirklich wollt." – „Nun ja, vielen

Dank", murmelt Georg mit Falten auf der Stirn, „auf jeden Fall danke ich Euch, dass Ihr meine Überzeugung teilt und mir wenigstens freie Hand lasst." – „Und, was werdet Ihr jetzt als nächstes tun? Wie ist denn Euer Plan?" fragt der Stadtpfarrer noch einmal nach. „Sehe ich aus wie jemand, der einen Plan hat?" fragt Georg ironisch zurück und fügt hinzu: „So einfach eine Predigt zu halten, ohne dafür ausgebildet zu sein … da gehört schon etwas dazu. Wenn ich das wirklich machen sollte, will ich gut vorbereitet sein. Doch jetzt muss ich zur Messe. Dank euch noch einmal!" Mit diesen Worten reicht Georg den beiden die Hand und bekreuzigt sich mit den Worten „In nomine patris et filii et spiritus sancti. Amen." Dann nimmt Kelch und Hostienteller und begibt sich zum Ausgang der Sakristei, um am Altar der vierzehn Nothelfer seine Messe zu lesen.

Auf dem langen Weg dorthin quer durch die große Basilika klopft Georgs Herz bis zum Halse. Was soll er jetzt tun? Bisher hat er seinen Dienst in der Stadtkirche immer gewissenhaft erledigt und seine Messen sorgfältig gelesen. Jedes lateinische Wort hat er verstanden. Die Schule bei Ambrosius Ottschneider hat ihm viel gebracht. Soll er denn jetzt schon in dieser Messe eine kurze Predigt halten? Auf so etwas ist er überhaupt nicht vorbereitet. Jakob Jäger hatte ihn die heiligen Handlungen gelehrt; inzwischen hat Georg keine Angst mehr davor, die Einsetzungsworte zu sprechen, aber Respekt empfindet er nach wie vor, wenn er die Hostie in Leib Christi und den Wein in Blut Christi wandelt. Aber eine Predigt … das ist zu viel! Georgs innerer Kampf tobt hin und her, während er dem ihm zugewiesenen Altar der 14 Nothelfer immer näher kommt. Außerdem fragt er sich: Wie werden die Gläubigen reagieren, wenn er vor der Wandlung plötzlich eine Ansprache hält? Wird er die richtigen Worte finden? Und in die ganze Unsicherheit mischt sich das Gefühl, dass jetzt etwas Neues beginnt, beginnen muss. Eine Predigt zu halten, vor Menschen frei und ohne Vorlage zu sprechen, das scheint für ihn zu schwer. Aber da fällt ihm ein Wort des römischen Philosophen Seneca ein: Nicht weil es schwer ist, wagen wir es nicht, sondern weil wir es nicht wagen, ist es schwer. Und plötzlich spürt er den Geist der neuen Zeit. Bisher hatte er einfach immer alles geglaubt, was ihm ein Pfarrer oder Prediger gesagt hatte, jetzt beginnt er zu hinterfragen. Die Kritik am Ablasswesen ist vielleicht nur der Anfang von etwas ganz Großem. Jedenfalls werden – dies ist Georg klarer als je zuvor – die Menschen mit dem Ablass zum Narren gehalten. So kann es nicht weitergehen! Immer wieder räuspert er sich auf dem Weg zum Altar. Seine Hände sind schweißnass. „Hoffentlich lasse ich den Kelch und die Patene mit den Hostien nicht fallen!" denkt er noch und betet im Stillen: *„Heiliger Georg, Du hast gegen den Drachen gekämpft und gewonnen – bitte gib mir die Kraft, die ich brauche, um in meinem eigenen Kampf hier und heute bestehen zu können. Amen.*" So viele Gedanken gehen ihm durch den Kopf und im Stillen hofft er, dass gerade heute vielleicht gar kein einziger Messebesucher da ist. Als er vier Menschen vor dem Altar knien sieht, muss er schlucken. Immerhin vier! Vielleicht ist es gut, dass es nicht mehr sind. Wenn die Predigt nicht ankommt, dann ist das kein Beinbruch. Er kennt sie alle sehr gut: Wolf Fürst, Melchior Ölbauer, Hans Schwekh und Leopold Pinder! Oder soll er sein Vorhaben abbrechen? Es ist noch nicht zu spät. ‚Nein!' denkt er sich dann, ‚jetzt ist es soweit! Es ist besser, zu versuchen, ein kleines Licht anzuzünden, als die Dunkelheit zu verfluchen! Jetzt gibt es kein Zurück mehr!' So geht er zum Altar, stellt Kelch und Hostienschale darauf und beginnt die Messe mit den traditionellen lateinischen Worten „In nomine patris et filii et spiritus sancti.

Amen. Dominus vobiscum." Die Messe nimmt den gewohnten zügigen Verlauf. Die Evangeliumslesung ist diesmal ein Abschnitt aus dem Markusevangelium (Mk 1,14-18) und Georg denkt sich: „Wenn die verstehen würden, was ich hier vorlese!" Und Georg liest: *„postquam autem traditus est Iohannes venit Iesus in Galilaeam praedicans evangelium regni Dei et dicens quoniam impletum est tempus et adpropinquavit regnum Dei paenitemini et credite evangelio et praeteriens secus mare Galilaeae vidit Simonem et Andream fratrem eius mittentes retia in mare erant enim piscatores. et dixit eis Iesus venite post me et faciam vos fieri piscatores hominum et protinus relictis retibus secuti sunt eum." (Nachdem aber Johannes überantwortet wurde, kam Jesus nach Galiläa und predigte das Evangelium Gottes und sprach: Die Zeit ist erfüllt, und das Reich Gottes ist nahe herbeigekommen. Tut Buße und glaubt an das Evangelium! Als er aber am Galiläischen Meer entlangging, sah er Simon und Andreas, Simons Bruder, wie sie ihre Netze ins Meer warfen; denn sie waren Fischer. Und Jesus sprach zu ihnen: Kommt, folgt mir nach; ich will euch zu Menschenfischern machen! Und sogleich verließen sie ihre Netze und folgten ihm nach.)* Jetzt müsste das Gabengebet kommen … doch Georg stockt und blickt seine vier Messebesucher an. Dann atmet er tief durch und beginnt zum größten Erstaunen der vier plötzlich auf deutsch zu reden: *„Liebe Brüder in Christus, es ist an der Zeit, Euch reinen Wein einzuschenken. Die Ablassprediger verkaufen euch für dumm. Von Ablass steht nichts in der Bibel. Das haben sich diejenigen ausgedacht, die euch das Geld aus der Tasche ziehen wollen."* Erst jetzt fällt ihm auf, dass er den Zettel mit den 95 Thesen in der Sakristei vergessen hat, aber die erste These bringt er noch aus dem Gedächtnis zusammen: *„Es ist wahr, dass Jesus geboten hat, dass wir Buße tun sollen. Übrigens habe ich das auch gerade im Evangelium vorgelesen. Aber wenn er* *gesagt hat ‚Tut Buße!', so hat er damit sagen wollen, dass das ganze Leben der Christen eine stete und unaufhörliche Buße sei. Wir sollen uns immer wieder fragen, ob wir auf dem richtigen Weg sind, und – so es nötig ist – diesen korrigieren und umkehren. Das hat Jesus gemeint. Und jedem Menschen, der an Christus glaubt, tun seine bösen Taten wirklich und ehrlich leid. Ihm vergibt Gott von Herzen gern, weil Gott weiß, dass wir es fortan besser machen werden. Der wahre Schatz, den die Kirche verwaltet, das sind nicht die guten Taten Christi und aller Heiligen, aus denen sie den Menschen Anteile verkaufen könnte, nein, der wahre Schatz der Kirche ist das allerheiligste Evangelium von Jesus Christus, der für uns und unsere Sünden gestorben ist. Deshalb …*" Georg muss wieder Luft holen, er ist jetzt richtig in Fahrt; dabei merkt er gar nicht, dass sich noch weitere Gläubige von anderen Messen aus der Kirche dazugesellt haben. Ihnen war aufgefallen, dass in der Kirche plötzlich laut und auf deutsch gesprochen wird. „*… deshalb lasst euch sagen, dass die Ablassprediger lügen. Jeder, der seinem Nächsten etwas Gutes tut und einem Bettler Almosen gibt, jeder, der so etwas tut, handelt im Sinne Jesu Christi. Das ist tausendmal besser als Ablass zu kaufen, der euch bei Gott nichts hilft – im Gegenteil: Nicht nur wer Ablass predigt, sondern auch wer Ablass kauft, wird von Gott in die tiefste Hölle geworfen werden. Das ist gewisslich wahr. Amen.*" Georg ist richtig außer Atem. ‚So, und wie soll ich jetzt mit der Messe weitermachen?' denkt sich noch, aber dann hört er sich schon das Gabengebet sprechen … es geht wie von selbst – die unzähligen Messen, die er bisher gehalten hat, setzen einen Automatismus in Bewegung: „*Benedictus es, Domine, Deus universi, quia de tua largitate accepimus panem, quem tibi offerimus, fructum terrae et operis manuum hominum, ex quo nobis fiet panis vitae. Benedictus es, Domine, Deus universi, quia de tua largitate accepimus vinum, quod tibi offeri-*

*mus, fructum vitis et operis manuum hominum, ex quo nobis fiet potus spiritalis." (Gepriesen seist Du, o Herr, Schöpfer der Welt, denn durch Deine Güte empfangen wir dieses Brot, die Frucht der Erde und der Arbeit menschlicher Hände, wodurch es für uns zum Brot des Lebens wird. Gepriesen seist du, o Herr, Schöpfer der Welt, denn durch Deine Güte empfangen wir den Wein, die Frucht der Rebe und der Arbeit menschlicher Hände, wodurch es für uns zum geistlichen Trank wird.)*

Am Ende der Messe sind die Gläubigen sprachlos – und Georg möchte nur noch weg. ‚Ich habe ihnen zu viel zugemutet', denkt er sich, ‚ich hätte vorsichtiger reden sollen. Ich habe alles kaputt gemacht. Ich glaube nicht, dass sie verstanden haben, worauf es mir ankommt. Bloß schnell weg hier!' Er spricht hastig den Segen, bekreuzigt sich, packt zügig Kelch und Hostien zusammen und geht – etwas schneller als vorhin – das Langhaus der Stadtkirche entlang in die Sakristei. Sein Herz pocht – und er weiß nicht, ob es wegen seiner eigenen Predigt ist oder weil er schneller als sonst durch die große Kirche geeilt ist. ‚Was hast du getan?' fragt er sich, und erst jetzt fällt ihm auf, dass die Zuhörer im Verlauf seiner Predigt eher mehr als weniger geworden sind. ‚Ist das ein gutes oder ein schlechtes Zeichen?' fragt er sich und atmet noch einmal tief durch. Inzwischen hat er die Messgewänder abgelegt und aufgehängt. ‚Heim! Ich will jetzt nur noch heim!' denkt er sich und drückt sich durch die Außentür der Sakristei am Kirchplatz. „Herr Pfarrer, auf ein Wort!" Georg dreht sich um. Da steht Leopold Pinder so, als habe er auf ihn gewartet. „Ja, was gibt's, Meister Pinder?" Georg wendet sich dem Wagnermeister zu; dieser druckst verlegen herum: „Herr Pfarrer, also, was Ihr da in der Kirche gesagt habt … habt Ihr das auch so gemeint?" – „Ja, natürlich habe ich das so gemeint. Habt Ihr es denn auch verstanden?" fragt Georg zurück. „Also ich habe verstanden, dass wir keinen Ablass zu kaufen brauchen, weil Jesus nie den Ablass befohlen hat." – „Genau!" bekräftigt Georg, „wer Ablass kauft, wendet sich sogar von Gott ab, weil er meint, durch den Kauf eines Briefes, ist mit Gott alles wieder in Ordnung. Aber Gott will Eure Herzen, nicht euer Geld!" – „Danke!" sagt Leopold Pinder plötzlich, „danke für Ihre Worte, Herr Pfarrer! Sie haben mir gut getan. Und den anderen, die da waren, auch. Das weiß ich! Ich komme wieder in Ihre Messe. Ihnen einen guten Tag! Auf Wiedersehen!" – „Ja, Wiedersehen!" murmelt Georg und weiß gar nicht, ob Leopold ihn gehört hat. ‚Was habe ich getan?' fragt er sich, als zuhause ankommt. Und die Fragen treiben ihn weiter um: War es richtig? Haben die Leute verstanden, was ich gemeint habe? Was soll ich tun, wenn die Ablassprediger mich zur Rede stellen? Ich bin doch nur ein kleiner Messpriester und denen nicht wirklich gewachsen. Was passiert, wenn die mich bei seiner Exzellenz, Bischof Georg Schenk von Limpurg, anzeigen ... oder gar seiner Durchlaucht, Markgraf Kasimir? Werde ich verteidigen können, wovon ich überzeugt bin? Und was werden Stadtpfarrer Prückner und Magister Schamel sagen?' Georg schlüpft in seinen Wintermantel und verlässt das Haus. Es ist wieder kalt und er friert, aber er braucht jetzt einfach frische Luft und muss allein sein. Mit all seinen Fragen im Kopf macht er einen langen Spaziergang außerhalb der Stadtmauern. Erst abends kehrt er heim.

Dort wird er von seinen Eltern an der Türe ganz aufgeregt empfangen: „Wo warst Du denn die ganze Zeit. Hier war die Hölle los." – „Was ist denn passiert?" fragt Georg zurück. „Die Leute sagen, Du hättest in Deiner Messe zu predigen begonnen – so etwas hat es noch nie gegeben! Bist Du von Sinnen? Du kannst doch gar nicht predigen! Was hast Du denn gesagt?" fragt der Vater. Georg blickt seinem Vater ernst in die

Augen: „Was wahr ist, muss wahr bleiben! Ich habe nur gesagt, dass die Ablassprediger lügen und dass Gott will, dass die Menschen ihre Sünden bereuen und es in Zukunft besser machen. Ich habe gesagt, dass der Papst genug Geld hat und es den Leuten nicht aus der Tasche ziehen soll. Sie sollen stattdessen lieber den Armen helfen." – „Georg, Du bist wirklich von Sinnen! Wie kannst Du es wagen, Dich gegen den Ablass zu stellen!" schaltet sich seine Mutter in das Gespräch ein. Georg wird jetzt richtig wütend: „Es reicht jetzt! Versucht nicht, mich zu bevormunden! Meint Ihr, ich hätte mir die Entscheidung leicht gemacht? Dann kennt Ihr Euren eigenen Sohn schlecht. Und eines merkt Euch jetzt ein für allemal: Ich lasse mir von Euch nichts mehr vorschreiben! Viel zu lange habe ich den Mund gehalten." Das hat gesessen. Die Eltern werden ganz ruhig, dann meint der Vater leise: „Magister Schamel, der Stadtprediger, war hier und wollte mit Dir reden. Bei ihm seien Gläubige gewesen, die ihn gefragt haben, ob das, was Du gesagt hast, wahr ist. Er wollte unbedingt mit Dir darüber sprechen", antwortet der Vater, und Georg dreht auf dem Absatz wieder um: „Das ist eine gute Idee. Ich werde gleich zu ihm gehen. Der nimmt mich wenigstens ernst." Grußlos zieht er ab – innerlich wütend, aber doch zugleich befreit. Es ist, als habe ein neues Leben begonnen, sein eigenes Leben: ‚Ja, eigentlich habe ich zwei Leben', denkt er sich, ‚aber mein zweites beginnt jetzt, wo ich erkannt habe, dass ich nur ein Leben habe.' Und dann denkt er wieder an den Stadtprediger und er fragt sich: ‚Ist das jetzt ein gutes oder ein schlechtes Zeichen, wenn er mich sprechen will?'. Aber gleich darauf fällt ihm ein: ‚Eigentlich haben sie mir doch freie Hand gelassen, der Bruder Prückner und der Magister Stadtprediger. Da kann er doch nichts dagegen haben … außerdem weiß er doch in Grundzügen, was ich gepredigt habe. Es waren die Sätze Professor Luthers.'

Mit diesen Gedanken pocht er an die Haustür des Stadtpredigers. Dieser öffnet sofort. „Willkommen, Bruder Schmalzing!" ruft er und zieht ihn nach innen. „Kommt, legt ab und setzt euch an den Ofen. Da ist es schön warm." Georg weiß nicht so recht, was er von der übertriebenen Freundlichkeit zu halten hat. ‚Bruder' hat er mich noch nie genannt, wundert er sich; aber er tut, wie ihm geheißen. „Ich war den Tag über am Culmberg spazieren, deshalb hat mich niemand erreicht. Ich musste mich ablenken. Erfahrungsgemäß kommen mir die besten Gedanken, wenn ich in der Einsamkeit wandere. Doch abgesehen von meinen Selbstzweifeln ist mir diesmal so gut wie nichts eingefallen." Er räuspert sich, dann fügt er noch hinzu: „Meine Eltern haben mir gesagt, dass Ihr mit mir sprechen wollt", beginnt Georg, und Schamel nickt: „Nun denn, lieber Bruder, Ihr habt den Nachmittag über nachgedacht … wie beurteilt Ihr selbst denn Eure Predigt?" – „Ich weiß gar nicht, wo ich anfangen soll", stottert Georg und fährt fort: „Ich weiß nicht, ob es richtig war. Ich glaube, ich habe die Menschen verunsichert und bin mir selber darüber nicht im Klaren, ob ich es nicht ein Fehler war. Und wenn es kein Fehler gewesen sein sollte, dann frage ich mich, ob ich die richtigen Worte gefunden habe. Ich bin mir so unsicher." Bei seinen Worten starrt Georg nur auf den Boden. Er sieht nicht das Lächeln auf dem Gesicht des Stadtpredigers. Dieser meint nach einer kurzen Pause: „Bruder Schmalzing, ich will Euch meine Meinung dazu frank und frei heraus sagen: Ihr seid ein gutes Beispiel dafür, dass immer die falschen Leute von Selbstzweifeln geplagt werden. Diejenigen, die der Welt wirklich Leid zufügen, die Ablasspriester und die dafür Verantwortlichen, kümmert das alles nicht. Ich frage mich: Warum plagt Euch, die Ihr für das Gute und Richtige einsteht, das Gewissen? Bruder Schmalzing, Ihr habt keinen Grund, Euch schlecht zu fühlen. Lasst Euch sagen: Ihr habt mit Eurer Predigt genau den richtigen Ton getroffen. Es scheint derzeit kein anderes Thema in der Stadt zu geben. Wie ein Lauffeuer ist das in der Stadt herumgegangen." – „Tatsächlich?" Georg weiß noch nicht, ob er darüber froh oder ängstlich sein soll. Der Stadtprediger nickt: „Jawohl! Und morgen wollen noch viel mehr Gläubige Euch predigen hören." Über Georgs Gesicht huscht ein Lächeln, doch dann fügt der Stadtprediger hinzu: „Euch ist aber schon klar, dass Ihr dem widersprochen habt, was die Kirche lehrt." – Georg ist auf einmal wieder etwas verwirrt: „Wie meint Ihr das?" – „Also, die Kirche lehrt, dass der Ablass gut und hilfreich ist, um die Zeit im Fegefeuer möglichst kurz zu halten und ins Paradies zu gelangen." – „Ja, tatsächlich, genau das habe ich bezweifelt und das bezweifle ich noch immer." Georgs Stimme wird nun entschlossener und fester: „Ich bezweifle, ob ich durch Geldzahlung Gottes Strafe für meine Sünden abwenden kann. Über so etwas müssten wir in der Kirche einmal eine richtige und ehrliche Disputation führen … nicht mit mir, ich habe ja nicht einmal Theologie studiert … nein, sondern mit so einem wie dem Professor Luther. Das möchte ich mal sehen, ob es einer schafft, ihn mit Argumenten in die Knie zu zwingen. Denn eigentlich ich bin mir völlig sicher, dass er Recht hat. Die Kirche muss sich fragen, ob sie wirklich das reine Evangelium verkündigt oder ob dieses Evangelium von Jesus Christus nicht verdeckt worden ist durch päpstliche Erlasse und Behauptungen, die gar nichts mit Jesus und dem Evangelium zu tun haben." – „Das sind schwere Anschuldigungen! Prinzipiell teile ich sie ja, aber ich frage mich, ob man die Gläubigen so verunsichern darf, wie Ihr es tut." – „Ich verunsichere die Gläubigen? Ihr habt doch selbst gesagt, ich hätte vielleicht doch den richtigen Ton getroffen. Wie habt Ihr das denn gemeint?" Der Stadtprediger lächelt Georg an: „Bald nach Eurer Predigt sind die vier Zuhörer Wolf Fürst, Melchior Ölbauer, Hans Schwekh und Leopold Pinder zu mir gekommen und baten mich um meine Meinung. Sie wollten wissen, ob das wirklich in der Bibel steht, was Ihr behauptet hattet." – „Und? Was habt Ihr gesagt?" – „Ich habe denen nichts davon gesagt, dass Eure Predigt der kirchlichen Lehre widerspricht. Vielmehr habe ich gesagt: Ihr hättet nur das ausgesprochen, was auch ich fühle und denke, und vor allem: Ihr hättet nur gesagt, was wirklich in der Heiligen Schrift steht." – „Und damit haben sie sich zufrieden gegeben?" Georgs Herz schlägt bis zum Hals, auch wenn er erst einmal beruhigt ist, dass Schamel zu seinem Wort steht. „Ja und nein", meint der Stadtprediger, „sie wollen mehr davon hören und meinten, sie würden dafür sorgen, dass morgen zu Eurer Messe mehr Leute kommen, weil das, was Ihr sagen würdet mehr Leute hören müssten." – „Das haben sie wirklich gesagt?" Georg ist ungläubig, „dabei habe ich das Predigen doch gar nicht gelernt. Ich rede, wie mir der Schnabel gewachsen ist." – „Vielleicht ist es genau das, was die Leute anspricht. Ihr sprecht die Sprache des Volkes", vermutet Schamel und er fügt hinzu: „Ich wollte Euch nur noch einmal sagen, dass ich Eure Meinung teile und dass ich Euch unterstütze – kirchliche Lehre hin oder her. Ich glaube, der Stadtpfarrer wird das auch tun, wenn er erst sieht, dass Ihr den Gläubigen aus dem Herzen sprecht. Außerdem wollte ich Euch wissen lassen, dass Ihr morgen wohl mit einer größeren Schar Messebesucher zu rechnen habt." Bei den letzten zwei Sätzen zwinkert er Georg aufmunternd zu und klopft ihm auf die Schulter. „Macht das Beste daraus!" – „Ja, dann werde ich mich mal nach Hause aufmachen und mir überlegen, was ich morgen sagen werde", meint gedankenversunken Georg, und der Stadtprediger lächelt aufmunternd: „Tut das, tut das! Gehabt Euch wohl und bis morgen!" – „Ja, bis morgen … und danke!" sagt Georg und wendet sich zur Tür. „Nicht der Rede wert!" sagt der Prediger noch gönnerhaft, ehe er anfügt: „Für meinen Bruder tue ich das gerne! Gehabt Euch wohl!" Georg hört den letzten Gruß gar nicht mehr; langsam macht er sich auf den Heimweg. ‚Was habe ich getan? Was soll daraus werden? Was soll ich morgen sagen? Ich habe das Predigen doch gar nicht gelernt.' Die Gedanken in Georgs Kopf drehen sich im Kreis. Er hat das Gefühl, am Anfang einer neuen Zeit zu stehen. Und da wird ihm schlagartig klar: ‚Ich muss mich, wenn ich denn weiter predigen soll, weiter bilden. Und am besten wäre das, wenn ich weitere Schriften von diesem Professor Luther bekäme. Wenn Linner wieder in Bayreuth ist, werde ich ihm alles abkaufen, was ich bekommen kann.'

In dieser Nacht schläft Georg schlecht. Der Gedanke an die Frühmesse lässt ihn keine Ruhe finden. Was wollen die Leute von ihm hören, was soll er sagen? Sein Nachtgebet ist diesmal besonders ausführlich. Jeden einzelnen Nothelfer ruft er an und bittet ihn, ihm die richtigen Worte und Sätze einzugeben. Gegen drei Uhr nachts fällt er in einen unruhigen Schlaf.

Zur Frühmesse kommt er diesmal fast zu spät. Hastig wirft er sich die Messgewänder um, füllt die Hostienschale und den Kelch, bekreuzigt sich „In nomine patris et filii et spiritus sancti. Amen." und macht sich auf den langen Weg durch die Stadtkirche. Bereits auf halbem Weg erkennt er: Da stehen bestimmt dreißig, vierzig Leute vor dem Altar. Nur mit Mühe bahnt er sich den Weg durch die Menschentraube. Erst jetzt erkennt er, dass auch die Kniebänke direkt vor dem Altar besetzt sind. Die Menschen sind geradezu begierig zu hören, was er zu sagen hat. Er bekommt einen gewaltigen Schrecken, als er erkennt, dass auch Schamel und Prückner gekommen sind, und da hinten … ist das nicht sein eigener Vater? Georgs

Puls schnellt noch weiter nach oben. ‚Heiliger Georg', ruft er im Stillen seinen Namenspatron an, ‚sei bei mir, gib mir Kraft und die richtigen Worte!' ... Und dann sagt er mit lauter Stimme: „In nomine patris et filii et spiritus sancti. Amen. Dominus vobiscum." ... Die Messe, die er liest, ist genau dieselbe wie die gestern. Auch seine Predigt ist nicht wesentlich anders – ganz im Sinne dieses Doktor Luther. ‚Mich würde ja interessieren, was er sagen würde, wenn er mich jetzt hören könnte', denkt sich Georg und redet weiter von den 95 Thesen des Wittenberger Theologieprofessors. Aber Georg fühlt sich bei seiner Predigt sicherer als gestern. Er hat das Gefühl, dass das, was er sagt, richtig ist und dass die Menschen es hören müssen. Möglicherweise hat Gott einen größeren Plan für ihn als er ihn selbst für sich hatte. Am Ende der Messe ist er richtig befreit. ‚Ja, das war gut so! Das musste einfach gesagt werden!' dieses Gefühl der eigenen Zufriedenheit mit dem Gesagten kannte Georg bisher gar nicht. Als er den Altar am Ende der Messe verlässt, hört er, wie die Gläubigen bereits das Diskutieren anfangen. Er ist froh, dass Schamel und Prückner mit ihm einer Meinung sind. Sie werden die Fragen schon beantworten können! Als er durch die Kirche zur Sakristei geht, tritt ein Dominikaner-Mönch aus dem Schatten einer Säule auf ihn zu. Georg hatte ihn gar nicht bemerkt, erkennt sofort aber in ihm einen Ablassprediger. „Pfarrer Schmalzing?" sagt der Fremde, und Georg bleibt stehen: „Ja?" Der Fremde fährt fort: „Ich beobachte Euch schon die ganze Messe über von da drüben." Georg ahnt, was der Mönch von ihm will, deshalb wendet er sich zum Gehen und sagt trocken: „Dann geht zurück und beobachtet weiter!" Aber der Dominikaner hält ihn fest: „Auf ein Wort noch!" Da bleibt Georg erneut stehen, blickt ihm in die Augen und fragt: „Wer seid Ihr eigentlich?" Der Dominikaner blickt jetzt finster drein: „Das tut nichts zur

Sache. Ich bin beauftragt von seiner kurfürstlich Gnaden Erzbischof Albrecht von Mainz, unter dem Schutz seiner Durchlaucht Markgraf Kasimir von Brandenburg hier in Bayreuth den Ablass zu verkaufen, und Ihr verderbt mir das Geschäft, indem Ihr den Menschen sagt, dass wir lügen würden. Dabei seid Ihr der Lügner!" Die ersten Kirchenbesucher sind bereits stehen geblieben, denn der Mönch wird immer lauter. Das hohe Gewölbe der Kirche lässt die Worte des Dominikaners fast bedrohlich nachhallen. ‚Es soll mir nur Recht sein, wenn die Leute das hören', denkt sich Georg und antwortet freundlich: „Bruder Namenlos, ich nenne Euch einfach so, weil Ihr offenbar namenlos seid, also Bruder Namenlos, ein Lügner bin ich ganz bestimmt nicht! Der Ablass ist Menschenwerk, er steht nicht in der Heiligen Schrift. Gott will, dass der Sünder sich bekehre und lebe und nicht, dass er Ablass erwerbe! Außerdem sorgt Ihr dafür, dass die Menschen noch ärmer werden und dass sie ihre Sünden gar nicht mehr bereuen, sondern mit ihren letzten Dukaten noch Ablass kaufen. Dabei wird die Kirche immer reicher und Bayreuth immer ärmer. Ihr haltet die Menschen nicht nur dumm, sondern auch arm! Und Ihr wollt ein christlicher Mönch sein?" – „Das meint Ihr nicht im Ernst!" donnert der Ablassprediger los, aber Georg lässt sich nicht beirren: „Doch, natürlich meine ich das! Und bitte nennt mich nicht ‚Ernst'!" – „Halt! Stopp! Jetzt reicht es!" schreit der Ablassprediger – inzwischen rot vor Wut. Immer mehr Menschen eilen angelockt von dem Geschrei neugierig herbei. Aber als der Dominikaner Luft holt, meint Georg wieder ganz ruhig: „Ihr verkauft die Leute für …" – „Nein, nein, jetzt rede ich!" unterbricht ihn der Ablassprediger und er fährt brüllend fort: „Vielen Menschen gibt der Ablass Trost und Hoffnung, und Ihr nehmt ihnen die letzte Stütze, die sie von der Kirche noch bekommen können. Wenn sie keinen Ablass erwerben können, verzweifeln sie. Und schuld daran seid allein ihr." Das letzte Wort brüllt der Fremde geradezu heraus. Georg wundert sich selbst über seine Ruhe, als er sagt: „Meister Namenlos, das Gegenteil ist der Fall. Und Ihr wisst, dass ich Recht habe: Nach meinen Predigten gehen die Menschen zuversichtlich und getröstet wieder an ihr Tagwerk. Sie wissen, dass ich ihnen ihre wenigen Dukaten nicht aus der Tasche ziehen will. Ich verkündige einen Gott, der gnädig und barmherzig ..." – „Halt's Maul!" brüllt der Dominikanermönch ihn an: „Der Heilige Vater in Rom hat ausdrücklich festgestellt, dass die Kirche aus dem Schatz der guten Werke Christi und aller Heiligen dem gemeinen Mann Anteil geben kann ... gegen Geldzahlung! Und wenn Rom gesprochen hat, ist der Fall erledigt. Denn der Heilige Vater in Rom verkündigt die unbedingte Wahrheit." – Noch bevor Georg bewusst ist, was er da eigentlich sagt, rutscht ihm immer noch mit einem Lächeln im Gesicht der Satz heraus: „Prediger absoluter Wahrheiten sind immer absolute Lügner." Und er fügt hinzu: „Merkt Euch eines: Auch der Papst steht nicht über der Heiligen Schrift!" Der Dominikanermönch ist sprachlos. Dann erhebt er drohend die Faust: „Was fällt Euch ein? Welche Frechheiten nehmt Ihr Euch heraus? Damit entfernt Ihr Euch vom Boden der heiligen Kirche. Ich werde dafür sorgen, dass nicht nur seine Exzellenz in Bamberg, sondern auch seine Durchlaucht, der Markgraf, davon erfahren ... und dann Gnade euch Gott!" – „Ihr wollt mir drohen?" fragt Georg zurück, „dann lasst euch eines sagen: Auch wenn es Euer Selbstbild erschüttert, aber das ist nicht das erste Mal, dass mir einer versucht Angst zu machen. Ich sage Euch: Gottes Wort bleibt in Ewigkeit, das des Papstes nicht." Der Dominikanermönch dreht sich weg und sagt dabei halblaut: „Der Teufel soll Dich holen!" Dann verlässt er auf dem kürzesten Weg die Kir-

che, während der Sattlermeister Tobias Hörlesberger, der das Gespräch mitverfolgt hatte Georg aufmunternd zuruft: „Herr Pfarrer, Ihr habt Recht! Lasst Euch von so einem nichts gefallen!" – „So ist es!" ruft der Wagner Hans Neuhödl, und der Schneidermeister Hans Schrambl kommt auf Georg Schmalzing zu, reicht ihm die Hand und sagt: „Herr Pfarrer, wir sind so froh, dass Ihr hier seid. Wir wissen nicht, was wir ohne Euch tun würden. Habt Dank für Eure Worte!" Georg lächelt dankbar und denkt sich: ‚Die schönste Zeit im Leben sind die kleinen Momente, in denen man das Gefühl hat, zur richtigen Zeit am richtigen Ort zu sein.' Dann sagt er lächelnd zu den umherstehenden Gemeindegliedern: „Es wird höchste Zeit, dass uns die Kirche neue Leute schickt!"
Immer mehr Menschen strömen zu den Messen Georg Schmalzings. Sie sind begierig das zu hören, was er ihnen sagt. Aber der Dominikanermönch macht seine Drohung wahr. Der massive Einbruch bei den Ablassgeldern wird nicht nur an Kurfürst Albrecht von Mainz gemeldet, sondern auch an seine Exzellenz Georg Schenk von Limpurg, den zuständigen Bischof von Bamberg.

## *Kulmbach (Plassenburg), 12. Februar 1520*

„Lasst die Zugbrücke herunter!" ruft der Mann auf dem Pferd vor der Plassenburg, und der Torwächter ruft zurück: „Wer begehrt Einlass!" – Die Antwort lautet: „Ein Bote vom Bischof aus Bamberg!" Der Torwächter nickt den Dienern zu, die langsam mit Hilfe von Flaschenzügen die Zugbrücke herunter lassen, sodass der Bote in die Plassenburg reiten kann. Im

Innenhof angekommen springt er vom Pferd und sagt: „Ich muss sofort zum Markgrafen, wichtige Nachrichten!“ Ein Diener nimmt das Pferd am Zügel und ein anderer fordert ihn auf: „Folgt mir!“ Durch lange Gänge führt er den Boten ins Audienzzimmer: „Wartet hier!“ Erst jetzt spürt der Bote, dass er schon lange nichts mehr gegessen und getrunken hat. Die Zunge klebt am Gaumen. Aber jetzt bleibt ihm nichts anderes übrig, als zu warten.
Markgraf Kasimir weiß, dass er niemals einen Boten sofort empfangen darf. ‚Der denkt sonst, ich hätte nichts zu tun.‘ Deshalb lässt er jeden sehr gerne und durchaus auch etwas länger warten. Nach etwa einer halben Stunde betritt er langsam das Audienzzimmer und schreitet gemessenen Schrittes zu seinem Stuhl. Der Bote hat augenblicklich den Kopf gesenkt und gewartet. Als Kasimir Platz genommen hat, fragt er den Boten: „Aus Bamberg kommt Ihr? Da müsst Ihr aber wichtige Nachrichten haben.“ – „Durchlaucht, die habe ich!“ sagt der Bote und kramt einen Brief hervor, der das bischöfliche Siegel trägt. Diesen reicht er dem Markgrafen mit den Worten: „Seine Exzellenz, Bischof Georg Schenk von Limpurg, entbietet Euch seine herzlichsten Grüße und bittet Euch um Unterstützung.“ – Kasimir setzt ein fragendes Gesicht auf: „Unterstützung wofür?“ – „Lest selbst!“ fordert ihn der Bote auf und Kasimir nimmt den Brief, bricht das Siegel, faltet das Schreiben auseinander und beginnt zu lesen:
*„Hochgeschätzter durchlauchtigster Markgraf Kasimir, da ich nicht weiß, ob Ihr über die Zustände in Eurer Markgrafschaft im Bilde seid, erlaube ich mir, auf folgenden Missstand hinzuweisen: Ihr habt aufgrund der Tatsache, dass Ihr der Vetter unseres Bruders, des Kurfürsten Albrecht von Mainz seid, die ausdrückliche Erlaubnis erteilt, dass in Eurem Markgraftum den Gläubigen der göttliche Trost des Ablasses angeboten werden darf.*

*Auch ich unterstütze es, dass den Gläubigen durch den Ablass Anteil an den himmlischen Heilsgaben ermöglicht wird. Nun ist aber Grund zur Klage, denn das Ablassgeschäft in Bayreuth stockt, ja, es ist im Grunde zum Erliegen gekommen. Wie uns zu Ohren gekommen ist, hat ein kleiner Messpriester namens Georg Schmalzing die Ketzereien des Doktor Martin Luther in Bayreuth verbreitet. Dadurch hat er die Gläubigen so verunsichert, dass sie den Trost des Ablasses ablehnen.*
*Da unsere Autorität in der Markgrafschaft Brandenburg-Kulmbach begrenzt ist, bitten wir Euch, lieber Bruder in Christo, dem Treiben des Georg Schmalzing möglichst umgehend ein Ende zu setzen, sodass die frommen Mönche, die den Trost des Ablasses an die Gläubigen verteilen, nicht weiter an ihrem göttlichen Werk gehindert werden.*
*Was die Ketzereien des Doktor Luther aus Wittenberg betrifft, so sollt Ihr wissen, dass bei seiner Heiligkeit Papst Leo X. bereits ein Verfahren wegen Ketzerei anhängig ist. In Erwartung, dass Ihr unser Ansinnen unterstützt, seid in Christo gegrüßt, – Georg Schenk von Limpurg, Bischof zu Bamberg*“
„Ja gut“, sagt Kasimir, „und jetzt?“ – „Um Vergebung, Durchlaucht“, antwortet der Bote, „die Sache ist sehr dringend und seine Exzellenz bittet um eine möglichst schnelle Antwort.“ Kasimir lächelt undurchdringlich: „Nun lasst Euch von der Küche erst einmal verköstigen, ehe Ihr wieder abreist. Dann entbietet dem Bischof meinen herzlichen Gruß sowie die Zusage, dass ich mich persönlich um die Angelegenheit sowie um diesen Messpfaffen in Bayreuth kümmern werde. Reicht Euch das?“ Der Bote nickt: „Habt herzlichen Dank für Eure Mühe! Ich werde es dem Bischof bestellen und mich noch heute auf den Weg machen.“ Nach mehreren Verbeugungen verlässt der Bote das Zimmer und Kasimir betätigt eine Glocke. Sofort erscheint ein Diener: „Susanna soll kommen,

aber sofort!“ befiehlt Kasimir und lächelt immer noch undurchdringlich. Wenige Minuten erscheint seine Frau mit Marie auf dem Arm vor dem Markgrafen. Dieser hält ihr den Brief des Bischofs hin und fordert sie auf: „Lest das!“ Schweigend liest Susanna, dann blickt sie ihren Mann an: „Und? Was gedenkt Ihr zu antworten?“ fragt er. Kasimir grinst breit: „Zu antworten? Ich habe bereits geantwortet. Ich habe gesagt, dass ich mich darum kümmern werde.“ – „Soll dieser Messpriester Schmalzing verhaftet werden?“ fragt Susanna, aber Kasimir schüttelt den Kopf: „Genau das soll auf keinen Fall passieren!“ – „Aber …“ beginnt Susanna, doch Kasimir schneidet ihr das Wort ab: „Ich habe dem Bischof ausrichten lassen, dass ich mich darum kümmern werde, aber ich habe nicht gesagt, was ich tun werde, und ich werde gar nichts tun. Denk doch mal nach: Das ist mir sehr recht, dass die Ablassprediger in Bayreuth kein Geschäft mehr machen. Dann kann ich die Steuern erhöhen, wenn ich mehr Geld brauche. Dieser Messpfaffe, der redet ganz in meinem Sinn. Der soll ruhig weiter die Leute vom Ablasskauf abhalten. Allerdings muss ich in Zukunft besser unterrichtet sein über das, was in meinem Land geschieht. Es kann doch nicht sein, dass der Bischof von Bamberg mich darauf hinweist, was in meiner Markgrafschaft abgeht, mich, der ich der Markgraf bin! Und genau darum muss ich mich kümmern.“ Susanna nickt, dann meint sie aber: „Aber pass auf, dass Dir das Geschehen nicht irgendwann über den Kopf wächst. Bayreuth ist die größte Stadt in Deinem Land.“ – „Du hast mir keine Belehrungen zu erteilen!“ faucht Kasimir seine Frau an. „Das läuft doch besser als gedacht! Weißt Du noch: Als vor zwei Jahren der Brief von Vetter Albrecht von Mainz mit der kurfürstlichen Anweisung kam, den Ablasshandel zu erlauben, hatte ich noch mit den Zähnen geknirscht. Jetzt scheint es, als würde sich das Problem von allein lösen ... durch einen kleinen Messpriester, der anfängt zu predigen. Das ist großartig!“ Und Susanna nickt: „Wenn Du meinst ...“

# Kapitel 5

## Georg Schmalzing wird berühmt

## *Bayreuth, 1. Mai 1520*

„Bruder Schmalzing, auf ein Wort!“ Der Stadtpfarrer Prückner kommt gerade in die Sakristei, als sich Georg nach seiner Frühmesse das Messgewand auszieht. „Was gibt’s, Bruder Prückner?“ fragt Georg freundlich zurück, und Prückner lächelt ihn an: „Lieber Bruder Schmalzing, Ihr seid etwas Besonderes. Das Predigen habt Ihr nie gelernt, aber die Leute laufen Euch in Scharen zu. Sie sind begierig, Eure Predigten zu hören. Magister Schamel und ich zollen Euch unseren Respekt.“ – „Danke“, meint Georg nur und wird verlegen. Was mag der Stadtpfarrer nur von ihm wollen? „Bruder Grebner ist schwerkrank. Er kann seinen Dienst als Messpriester nicht mehr ausüben. Da habe ich beschlossen, dass Ihr von nun an nicht mehr hinten am Altar der 14 Nothelfer tätig sein sollt, sondern ganz vorne im linken Seitenschiff am Altar der heiligen Jungfrau Maria … und das gilt bereits ab morgen. Außerdem sind Eure nächsten sieben Messen bereits von Leonhard Moder gebucht. Seine Mutter ist verstorben und soll möglichst schnell aus dem Fegefeuer befreit werden. Für sie werdet Ihr ab jetzt das Messopfer feiern. Bitte erwähnt das entsprechend! Also, mehr wollte ich Euch gar nicht sagen. Einen schönen Tag noch!“ Mit diesen Worten geht der Stadtpfarrer die Sakristeitür und hinterlässt einen zufriedenen Georg. Ja, Georg ist zufrieden, nicht wegen seiner Versetzung an einen wichtigeren, größeren und schöneren Altar, sondern wegen des Lobes, das ihm der Stadtpfarrer gezollt hat. Ja, es ist schön, dass sie sich einig sind. Nicht auszudenken, was wäre, wenn ihm der Stadtpfarrer oder der Stadtprediger das Predigen verbieten würden! Georg wüsste nicht, ob er – sollten sie es verbieten – mit dem Predigen aufhören könnte.

Am selben Tag taucht plötzlich Sebastian Linner wieder bei Schmalzings auf. „Heda, Pfarrer Schmalzing!" ruft er an der Wohnungstür. Georg kennt diese Stimme; er hastet zur Tür und öffnet: „Linner, endlich, ich habe euch schon erwartet! Seid gegrüßt und kommt herein!" – „Ich habe etwas für Euch", eröffnet ihm Linner und feixt, „… wird aber nicht billig. Ich habe mich dafür richtig anstrengen müssen. Außerdem gab es ganz wenig Exemplare, und eigentlich waren auch die …" – „Jaja, ist schon recht!" unterbricht ihn Georg Schmalzing, „was ist es denn?" „Hier!" Linner hält ein kleines Geheft in die Höhe, das sind die Aufzeichnungen von Doktor Luther nach der Disputation von Heidelberg im April. „Was ist denn das?" fragt Schmalzing, und Linner rollt die Augen: „Nanu? Schon vergessen? Doktor Luther ist doch ein Augustiner-Eremiten-Mönch. Der Orden hat ihn nach Heidelberg gerufen, damit er dort einmal seinen theologischen Standpunkt erklärt und verteidigt." – „Den Grund seiner Theologie? Gebt her!" Georg ist jetzt richtig nervös „das muss ich haben!" Linner grinst immer noch: „Sachte, sachte, ich habe noch etwas!" Und er zeigt ein zweites Heftchen. „Im Herbst des letzten Jahres ist Doktor Luther dann im Auftrag des Papstes von Kardinal Cajetan in Augsburg verhört worden. Luther hatte offenbar Angst, dass über diese Unterredung falsche Dinge veröffentlicht werden. Deshalb hat er sich hingesetzt und eine eigene Darstellung dieses Gespräches geschrieben und veröffentlicht … und ich habe auch von der ein Exemplar organisieren können. Aber auch das zu bekommen, war sehr, sehr schwierig. Ich musste …" – „Jajaja, ist schon recht! Wie viel Geld wollt ihr?" Georg will jetzt endlich die Texte lesen. „Für jedes Werk zwei Dukaten!" sagt Linner. Georg muss schlucken: „Das ist aber eine ganze Menge Geld!" – „Ich hab's doch gesagt. Wollt Ihr's jetzt oder soll ich's wieder mitnehmen?" Linner wendet sich schon zum Gehen. „Nein, wartet, Ihr sollt euer Geld bekommen. In der Wohnung habe ich vielleicht noch irgendwo zwei Dukaten, aber bis morgen bekommt ihr noch die anderen zwei." – „Eure Glaubwürdigkeit will ich nicht in Zweifel ziehen", gibt Linner zu bedenken, aber wenn Ihr heute nur zwei Dukaten zahlen könnt, dann lasse ich Euch auch nur ein Heft da. Ich muss heute noch weiter nach Nürnberg, aber übermorgen – wenn meine Geschäfte in Nürnberg gut sind – bin ich wieder in der Stadt, weil ich dann wieder nach Erfurt und Wittenberg zurück muss, dann könnt ihr das zweite auch noch haben – sofern ihr bezahlt. Ich heb's bis dahin auf und verspreche, es nicht anderweitig zu verkaufen." – „Nun gut", Georg ist etwas enttäuscht und holt das Geld. „Welches soll ich Euch da lassen?" fragt Linner und Georg antwortet: „Das von diesem theologischen Gespräch". „Das ist eine Disputation!" verbessert Linner, „also das hier". Er hält Luthers Aufzeichnungen über die Heidelberger Disputation in die Höhe. „Ja, gebt schon her!" meint Georg, und er fügt hinzu: „Danke!" – „Also, abgemacht: Wenn ich wieder in Bayreuth bin, sollt ihr gegen Bezahlung das andere Heft bekommen," antwortet Linner und steckt zufrieden das Geld und das zweite Heftchen ein. „Gehabt euch wohl!" Mit diesen Worten verlässt er die Wohnung Schmalzings. Der hat den Abschiedsgruß gar nicht mehr gehört, sondern macht sich sofort ans Lesen: *„Nicht der ist gerecht, der viel Werke tut, sondern wer ohne Werke viel an Christus glaubt. Denn die Gerechtigkeit Gottes wird nicht aufgrund aneinandergereihter Handlungen erworben, wie Aristoteles lehrt, sondern durch den Glauben geschenkt. ‚Der Gerechte lebt aus seinem Glauben', Röm 1,17 und Röm 10,10: ‚Wenn man von Herzen glaubt, so wird man gerecht.' Daher will ich das ‚ohne Werke' so verstanden wissen: Nicht dass der Gerechte nichts wirke, sondern dass seine Werke ihm keine Gerechtigkeit* *verschaffen. Vielmehr schafft seine Gerechtigkeit Werke. Ohne unser Zutun nämlich werden Gnade und Glaube eingegossen, und alsbald folgen dann die Werke. So heißt es Röm 3,20: ‚Kein Fleisch vermag durch des Gesetzes Werke vor Gott gerecht zu sein', und Röm 3,28: ‚So halten wir nun dafür, dass der Mensch gerecht werde ohne des Gesetzes Werke, allein durch den Glauben', d.h. zur Gerechtigkeit machen die Werke nichts. Von jetzt an weiß, wer aus solchem Glauben handelt, dass solche Werke nicht ihm, sondern Gott gehören. Deswegen sucht er durch sie nicht gerechtfertigt oder verherrlicht zu werden, vielmehr sucht er Gott selbst. Seine Gerechtigkeit im Glauben an Christus genügt ihm, d.h. Christus ist seine Weisheit, Gerechtigkeit usw., wie es in 1. Kor 1,30 heißt. Er selbst aber ist Christi Wirken oder Werkzeug. Das Gesetz sagt: ‚Tue das!', und es geschieht niemals. Die Gnade spricht: ‚An den sollst du glauben!', und alles ist schon getan. Christus ist der, der gerecht ist und alle Gebote Gottes erfüllt. Darum erfüllen auch wir durch ihn alles, wenn er durch den Glauben unser geworden ist.*"

Georg ist richtig erschüttert über das, was er da liest. Da wird ja alles in Frage gestellt, was er bisher als sicher und tröstend empfunden hat: Der Ablass, ja, dass der nicht auf Gott und Jesus zurückgeht, das war ihm schon lange klar, aber der Rest? Man muss keine guten Werke mehr tun, um in den Himmel zu kommen … und Georg dämmert es so langsam, was das für seine eigene Arbeit als Messpriester bedeutet: Er wird nicht mehr gebraucht. Die Messe ist kein gutes Werk. Seine gesamte berufliche Laufbahn ist ein Fehler, eine Sackgasse. Alle Messen, die er gelesen hat … nichts wert, sowohl für diejenigen, für die er sie gelesen hat als auch für ihn selbst. So im Stillen hatte er gehofft, dass Gott ihm seine Messen auch einst anrechnen würde. Und was war eigentlich der Grund gewesen, dass er seine Schulmeisterstelle aufgegeben hatte und Messpriester geworden war? Die Angst vor dem Fegefeuer … und das soll alles falsch gewesen sein? Georg liest noch einmal genauer. Was schreibt Doktor Luther: *„Daher will ich das ‚ohne Werke' so verstanden wissen: Nicht dass der Gerechte nichts wirke, sondern dass seine Werke ihm keine Gerechtigkeit verschaffen. Vielmehr schafft seine Gerechtigkeit Werke. Ohne unser Zutun nämlich werden Gnade und Glaube eingegossen, und alsbald folgen dann die Werke.*" Georg murmelt laut vor sich hin: Der Gerechte ist also gar nicht gerecht, weil er gute und gerechte Werke tut, sondern weil ihm Gott Glauben und Gnade schenkt. Erst dann tut er gute Werke … „Ja, das ist genial", entfährt es ihm, „das ist absolut genial! O Gott, ich hatte bisher ja überhaupt keine Ahnung! Jetzt wird mir alles klar."

Jetzt kann es Georg gar nicht erwarten, dass der nächste Tag beginnt und er die Frühmesse lesen kann – und dies jetzt auch noch weiter vorne in der Stadtkirche, am Altar der heiligen Jungfrau Maria. Wieder und wieder liest er in der Nacht die Ausführungen Luthers durch. Es ist fast wie bei den 95 Thesen: Am Morgen kann er die gesamte Argumentation Luthers nahezu auswendig. Er ist zwar todmüde, weil er kaum geschlafen hat, aber das merkt er kaum vor Aufregung. Er muss das einfach seinen Zuhörerinnen und Zuhörern weitersagen. Inzwischen drängen sich vor seinem Altar immer mehr Menschen. Hastig wirft er das Messgewand über, bekreuzigt sich, nimmt Kelch und die Hostienschale in die Hände und tritt aus der Sakristei. Bereits von hier aus kann er die Menschenmenge – es mögen bald zweihundert Gläubige sein – sehen, die sich um seinen Altar drängt. Sie alle wollen das reine Wort des Evangeliums hören. Welch ein Geschenk ist das! Georg freut sich auf das, was jetzt kommt; er holt tief Luft und geht gemessenen Schrittes auf sie zu. „In nomine patris et filii et spiritus sancti. Amen. Dominus vobiscum." Mit den altbekannten

Worten beginnt Georg die Messe. Er freut sich richtig darüber, dass er diesmal einen neuen Gesichtspunkt benennen kann, und so beginnt er seine auf deutsch gehaltene Predigt: „*Liebe Schwestern und Brüder, jeden Tag müht ihr euch in eurem Beruf, ihr arbeitet hart, damit ihr Geld verdient und so euch und eure Familie ernähren könnt. Manchmal ist das kaum zu schaffen. Ihr müsst Leistung bringen und darauf hoffen, dass sie euch mit Geld entsprechend gelohnt wird. So geht es zu in unserer Gesellschaft, und das ist im Grunde auch gut so, denn sonst würde keiner mehr etwas tun, wenn sich gute Arbeit nicht lohnen würde. Ja, so sieht es aus in unserer Gesellschaft. Aber – und das ist jetzt das Schwierige und Großartige zugleich – bei Gott gelten andere Maßstäbe. Bei ihm müsst ihr euch nicht abmühen, bei ihm müsst ihr nicht gute Werke tun, damit ihr vielleicht nicht so lange ins Fegefeuer und danach in den Himmel kommt. Nein, Gott entlastet euch selbst davon, denn ihr seid in Eurem Tagwerk schon genug belastet. Gott schenkt euch alles in Jesus Christus. Ja, ihr habt richtig gehört: Wenn ihr an ihn glaubt, dann braucht ihr euch um euer Seelenheil keine Sorgen mehr zu machen! Gott schenkt euch die Gerechtigkeit Christi. Wer an ihn glaubt, den lässt Gott vor sich als ‚gerecht' gelten. Deshalb mein Rat: Lasst euch von Gott beschenken! Und dann werdet ihr sehen: Die guten Werke kommen von alleine – und zwar aus Dankbarkeit für diese Tat Gottes in Jesus Christus. Wenn ich so reich beschenkt werde, wie kann ich denn mein Herz vor dem Nächsten verschließen? Christus hat alle unsere Sünden bis ans Kreuz getragen. Er hat auch an Dich und an Dich und an jeden gedacht, als er am Kreuz gesagt hat: ‚Es ist vollbracht!' Gott ist gnädig und barmherzig, das können wir an Jesus Christus sehen. Er ist unser einziger wirklicher Nothelfer. Im Glauben an Jesus schenkt euch Gott alles! Darum noch einmal: Lasst euch einfach beschenken! Ich kann Euch nur die Tür dieses Glaubens zeigen – hindurchge-*

*hen müsst Ihr selbst. Deshalb: Glaubt an Jesus Christus und alles andere kommt von selbst aus diesem rechten Glauben. Amen.*" Die Gemeinde ist wie vom Donner gerührt. So etwas haben die Bayreuther noch nicht gehört. Als Georg den Altar verlässt, machen sie ihm Platz so wie damals das Wasser vor Mose und den Israeliten zurückwich. Georg ist erfüllt. Die Worte sind geradezu aus ihm herausgeflossen ... es war, als hätte der Heilige Geist durch ihn gepredigt. Langsam geht er zurück in die Sakristei und zieht sich um. Als er diese aber durch den Hinterausgang am Kirchplatz verlassen will, wird er von vielen, die seine Predigt gehört hatten, bereits erwartet: „Herr Pfarrer, Herr Pfarrer, danke für Eure Worte! Danke!" Die meisten sind noch ganz erfüllt von dem Gedanken und der Vorstellung, dass sie Gott im Glauben gerecht spricht. „Herr Pfarrer, auf ein Wort!" Wolf Hoß, der Wagnermeister, hat noch ein Anliegen. „Ja?" Georg wendet sich ihm zu, „was gibt's?" – „Das mit den guten Taten habe ich noch nicht so recht verstanden. Wenn man keine guten Werke mehr tun muss, um von Gott gerecht gesprochen zu werden, dann tut sie doch niemand mehr. Sie glauben doch nicht im Ernst, dass man freiwillig den Armen Geld gibt." – „Doch, das glaube ich", meint Georg nachdenklich, und dann sagt er: „Seht mal, es ist doch so: Wenn du wirklich gute Werke tun musst, damit Gott dich einst in den Himmel lässt, dann meinst du mit deinen guten Taten immer nur dich selbst, dann stehst du, immer wenn du einem Armen Geld gegeben hast, damit dieser sich etwas zu essen kaufen kann, im Geiste immer vor deinem Richter und flüsterst ihm ins Ohr: ‚Siehst du, Herr, was für ein guter Mensch ich bin? Bitte schreibe Dir diese gute Tat in Dein ‚Goldenes Buch', damit Du sie nie vergisst, wenn ich einst vor Dir stehe!' Ja, so ist das: Du meinst immer nur dich selbst mit jeder guten Tat, und du meinst gar nicht deinen Nächsten. Das ist etwas

anderes, wenn dir klar ist: ‚Du Meister Hoß, Du brauchst Dich um Dein eigenes Seelenheil nicht zu kümmern. Das hat alles Jesus längst bezahlt! Kümmere Dich lieber um Deinen Nächsten, deine Frau, deine Kinder, die Armen in unserer Stadt. Diese Leute brauchen Deine Zuwendung!" Georg ist jetzt richtig in Fahrt gekommen, und fast tut es ihm leid, dass ihm dieser Gedanke erst jetzt eingefallen ist, aber es sind ja noch immer genug Menschen, die seine Worte gehört haben. „Ja, so habe ich das noch nie gesehen!" meint Wolf Hoß nachdenklich und fügt hinzu: „Danke, Herr Pfarrer, für ihre Worte! Bis morgen!" Von den Umstehenden drücken viele wortlos Georg die Hand ehe sie ihrer Wege gehen. Schließlich steht Georg Schmalzing alleine auf dem Kirchplatz, ehe er sich langsam zum Gehen wendet. ‚Ich bin zur rechten Zeit am rechten Ort', denkt er sich, und als er seine Schritte zum Haus seiner Eltern lenkt, bekreuzigt er sich und spricht leise noch ein kleines Dankgebet – und erstmalig spricht er es nicht zu seinem Namenspatron Georg, sondern er spricht direkt Jesus an: „Herr Jesus Christus, für mich und meine Sünden bist du am Kreuz gestorben. Ich danke dir für alles, was du für mich vollbracht hast. Dir sei Ehre in Ewigkeit. Amen."
In den Predigten der folgenden Messen erläutert Georg wieder und wieder die von Martin Luther entdeckte Rechtfertigungslehre: „Im Glauben an Jesus Christus werdet ihr gerechtfertigt … und zwar allein aus Gottes Gnade und Barmherzigkeit." Fast „gebetsmühlenartig" wiederholt Schmalzing diesen Satz. Und auf Nachfrage, woher er das weiß, sagt er immer wieder: „Professor Luther aus Wittenberg hat diese Erkenntnis in der Heiligen Schrift gefunden. Das, was der Heilige Vater in Rom sagt, ist häufig nicht durch das Zeugnis der Heiligen Schrift gedeckt. Alles, auch das, was die Kirche euch bisher gesagt hat, ist an der Bibel zu überprüfen." Dass in Bayreuth kein Geld

mehr mit dem Ablasshandel verdient wird, bleibt weder dem Stadtrat noch dem Markgrafen verborgen. Die in der Stadtkirche aufgestellten Ablasskisten bleiben leer, die Ablassprediger haben keinen Erfolg mehr: „Verschwindet!“ rufen ihnen viele Bayreuther zu, „ihr seid Lügner und wollt nur an unser Erspartes! Vor der Hölle und dem Fegefeuer könnt ihr uns keine Angst mehr machen.“

Nach wie vor wohnt Georg immer noch im Haus der Eltern, denn als Messpriester ist der Verdienst zu gering, dass er sich eine eigene Wohnung leisten könnte. Eines Abends kommt Leonhard Schmalzing aufgeregt nach Hause: „Heute haben die Ratsherren darüber gesprochen, dass die Ablasskisten in Bayreuth leer bleiben. Der Ratsherr Christian von Landsdorf hat neulich auf der Plassenburg mit seiner Durchlaucht, Markgraf Kasimir, über das Problem gesprochen und berichtet, was dieser über die Reform der Kirche denkt.“ – „Und, was sagt der Markgraf?“, Georg ist gespannt. Er weiß, dass von der Einstellung des Markgrafen sein eigenes Schicksal abhängt. „Von Landsdorf meinte, seine Durchlaucht sei geradezu erfreut darüber, dass die Bayreuther nichts mehr für den Ablass zahlen und das Geld in der Stadt bleibt.“ – „Aber“, meint Georg, „der Ablasshandel kommt doch seinem Vetter, dem Erzbischof und Kurfürsten Albrecht von Mainz zugute. Will er ihn nicht unterstützt haben?“ – „Familienstreitigkeiten“, meint Leonhard kurz, „wer weiß schon, wie die beiden Vettern zueinander stehen. Seine Durchlaucht scheint es jedenfalls gut zu heißen, dass der Ablasshandel in Bayreuth zum Erliegen gekommen ist, sodass die Menschen nicht noch ärmer werden.“ – „Und haben die auch über den Grund gesprochen? Die reine und lautere Verkündigung des Evangeliums?“ fragt Georg weiter. „Ganz ehrlich“, meint Leonhard, „ich glaube, das interessiert seine Durchlaucht überhaupt nicht. Eine Reform der Kirche – das ist ihm gleichgültig. Er ist daran interessiert, den Anspruch seines Vetters und vor allem den Einfluss des Bischofs von Bamberg hier im Oberland möglichst gering zu halten. Und deshalb findet er offenbar das, was hier in Bayreuth vor sich geht, gut.“ – „Nun ja, wenigstens scheine ich von seiner Durchlaucht nichts zu befürchten zu haben, oder?“ fragt Georg noch einmal nach. „So sieht es aus, aber ich glaube, Du hättest Dir von einem Markgrafen auch keine Vorschriften machen lassen“, antwortet Leonhard und Georg nickt lächelnd: „Man muss Gott mehr gehorchen als den Menschen!“ – „So ist es“, sagt Leonhard und klopft seinem Sohn anerkennend auf die Schulter: „Junge, Du machst es richtig! Ich bin stolz auf Dich!“ Und Georg weiß gar nicht, was er sagen soll. Er beißt sich auf die Lippen und widersteht der Versuchung, seinem Vater ins Gesicht zu sagen, dass dieser ihm verbieten wollte, Messpriester zu werden.

Die Messen des Georg Schmalzing gleichen immer mehr einer Gemeindeversammlung. Die Menschen strömen ihm zu. Und es kommt Georg zu Gute, dass er so gut Latein gelernt hat. Täglich liest er in der lateinischen Bibel und vergleicht das Gelesene mit den Schriften Martin Luthers. „Tatsächlich!“ ruft er dabei immer wieder aus, „so habe ich es noch nie gesehen! Der Mann hat Recht!“ – Geradezu sehnsüchtig erwartet er die Rückkehr von Sebastian Linner, der wirklich zwei Wochen später wieder vor seiner Tür steht: „Gott zum Gruße, Herr Pfarrer!“ – „Linner, endlich!“ begrüßt ihn Georg, „seid gegrüßt! Habt Ihr das andere Heftchen dabei?“ Sebastian nickt lachend: „Herr Pfarrer, ich habe eine Nase für gute Geschäfte. Natürlich habe ich es dabei – habt Ihr das Geld?“ – „Jaja, hier ist es!“ Georg hatte seinen Vater um Unterstützung bitten müssen, aber der hatte ihm bereitwillig ausgeholfen. Die Entlohnung, die ihm als niederem Messpriester zusteht, reicht gerade mal für sein eigenes Essen. Blitzschnell geht der Handel über die Bühne, und Georg will eigentlich sofort zu lesen beginnen, da fällt ihm noch etwas ein: „Ach, Linner, ein Wort noch!" – „Ja?" Linner, der sich bereits zum Gehen gewandt hatte, dreht sich noch einmal um, „was gibt's?" – „Ich kaufe auch weiterhin alles, was Ihr mir an Veröffentlichungen von Professor Luther herbeischaffen könnt … und bitte bringt mir alles, was Ihr kriegen könnt!" – Sebastian Linner grinst wie ein Angler, der einen dicken Fisch an der Angel hat: „Herr Pfarrer, Ihr könnt Euch auf mich verlassen. Sobald ich etwas in die Finger bekommen kann, wird mich mein nächster Weg wieder nach Bayreuth führen." – „Großartig! Ich danke Euch! Auf bald, Sebastian!" Linner ist überrascht: So freundschaftlich hatte ihn der hochwürdige Herr Pfarrer noch nie angesprochen. ‚Nun ja, mir soll's Recht sein!' denkt er sich, ‚ich werde ihm so viele Schriften wie nur irgend möglich verkaufen. Luther wird schon noch einiges schreiben … da lässt sich viel daran verdienen.'

Georg zieht sich sofort zurück in seine Kammer und vertieft sich in die Lektüre von Luthers Aufzeichnungen über das Gespräch mit Kardinal Cajetan, die unter dem Titel „Acta Augustana" veröffentlicht wurden. Anscheinend war man jetzt in Rom auf den schwierigen Professor aus Wittenberg aufmerksam geworden. Georg erkennt sehr schnell, dass sowohl der Kardinal als auch Luther selbst sich gewissenhaft auf das Zusammentreffen vorbereitet hatten. Er liest: „*Der Kardinal legte mir drei Fragen vor, die, wie er sagte, im Auftrag des Herrn Papstes erledigt werden müssten: 1. Dass ich mich eines Besseren besinnen und meine Irrtümer widerrufen sollte, 2. Dass ich verspräche, von diesen Dingen in Zukunft abzustehen und auch 3. Von allen Dingen, durch die die Kirche verwirrt werden könnte.*"

Georg blickt auf und denkt nach. Er fragt sich, von welchen Irrtümern der Kardinal hier sprechen könnte. Luthers Theologie steht auf dem Boden der Heiligen Schrift. Kaum einer kann das so gut überprüfen wie er, Georg, selbst, denn er kann die lateinische Bibel gut lesen und verstehen. Die Sätze des Kardinals machen ihm aber zugleich etwas Angst, denn sie zeigen ganz deutlich: Der Heilige Vater in Rom ist nicht gewillt, sich auf die Argumentation Luthers einzulassen. Wohin soll das führen? Bisher hat er gedacht: Mit der Abschaffung der Geldzahlungen, um Ablass zu erwerben, sei es vielleicht getan, aber jetzt wird ihm klar: Es geht um mehr, es geht um die Existenz und die Einheit der Kirche. Mit Sorgenfalten auf der Stirn liest Georg weiter:

*„Ich sah, dass ich solches auch in Wittenberg ohne Gefahren und ohne so große Mühe hätte tun können, ohne dass man mich in Augsburg danach hätte fragen müssen; so bat ich alsbald, mich zu belehren, worin ich geirrt hätte, zumal da ich mir keines Irrtums bewusst sei."*

„Gute Rückfrage Luthers!" entfährt es Georg, und gespannt auf die Antwort liest er:

*„Da zog er die Extravagante Clemens VI. an, welche beginnt ‚Der eingeborene etc.' (‚Unigenitus'); ich hätte gegen sie in der 62. These behauptet die Verdienste Christi seien nicht der Schatz der Ablässe. Er drang daher darauf, dass ich widerriefe, bestand zuversichtlich darauf, seines Sieges völlig gewiss."*

Georg atmet durch: „Wie gerne wäre ich da als Zeuge dabei gewesen! Wie gerne hätte ich das gehört! Denn jetzt wird es ernst, Luther! Das ist kein Spaß mehr. Es gehört schon etwas dazu, sich gegen den Heiligen Vater zu stellen, und wenn Professor Luther auf seinem Standpunkt bleibt, dann muss er gegen ihn Position beziehen." Und Georg liest weiter:

*„Aber die Veröffentlichungen der Konzilien und Päpste haben bei mir keine besonders große Autorität, vor allem, weil sie so vollgestopft sind von Ungereimtheiten. In ihnen wird die Heilige Schrift missbraucht und die Worte gar zu kühn in einen anderen Sinn, ja geradezu ins Gegenteil verdreht, als es der ist, den sie an der betreffenden Stelle haben. Daher sind die Schriftstellen, die ich angeführt habe, den päpstlichen Verlautbarungen allenthalben vorzuziehen."*

‚Was hat dieser Mann für einen Mut! Niemals hätte ich so reden können', denkt sich Georg, ‚niemals hätte ich so geschickt argumentieren können und nie hätte ich so einen Schneid gehabt. Dieser Martin Luther ist unbeschreiblich!'

Und Georg liest:

*„Dagegen hielt der Kardinal, ich hätte die Pflicht, das zu glauben, was der Heilige Vater in Rom zu glauben vorlege."*

„So ein Unsinn!" entfährt es Georg, „Der Heilige Vater kann uns doch nicht vorschreiben, was wir zu glauben hätten. Glaube ist doch etwas ganz anderes! Jetzt wird ihm Luther aber die Meinung sagen." Aber Luther – so heißt es im Text – bittet um Bedenkzeit. Georg blickt auf und denkt nach: ‚Hat Luther vielleicht doch es jetzt mit der Angst bekommen? Warum braucht er Bedenkzeit? Vielleicht auch deshalb, weil er sich nicht genügend den Kopf darüber zerbrochen hat, was für ihn Glaube bedeutet?' Georg merkt, dass diese Frage auch für ihn nicht wirklich beantwortet ist. „Was ist Glaube?" fragt er sich, „ist Glauben wirklich nur das Für-Wahr-Halten von Sätzen, die mir andere – und sei es der Heilige Vater in Rom – vorlegen? Weiß der besser über den Glauben Bescheid als zum Beispiel der Sebastian Linner oder ich? Heißt Glauben nicht viel mehr als „Nicht-Wissen"? Fragen über Fragen! Georg hätte nie gedacht, dass die Theologie so kompliziert und zugleich so aufregend sein kann. Kaum hat man ein Problem für sich gelöst, taucht schon das nächste auf. Dann senkt er wieder den Kopf und vertieft sich in das vor ihm liegende Heft:

*„Und am folgenden Tage wollte ich Rechenschaft darüber ablegen, was ich unter ‚glauben' verstünde.*

*1. Es ist unbestreitbar wahr, dass kein Mensch gerecht ist, der nicht auf Gott vertraut – wie Römer 1,17 lautet: „Der Gerechte lebt aus Glauben". … Also besteht die Gerechtigkeit des Gerechtfertigten und sein Leben in seinem Glauben. Daher sind auch alle Werke des Glaubens lebendig, aber alle Werke des Nicht-Glaubenden tot, schlecht und verwerflich. …*

*2. „Glaube" aber ist nichts anderes, als dem, was Gott verheißt, zu vertrauen – wie geschrieben steht Röm 4,3: „Abraham glaubte Gott, und das ist ihm zur Gerechtigkeit anerkannt worden". Daher sind Verheißungswort und Glaube notwendigerweise zugleich – oder ohne Gottes Verheißungswort kann es keinen Glauben geben.*

*3. Als Jesus zu jenen Blinden (Matth. 9,28f.) gesagt hat: „Glaubt ihr, dass ich euch solches tun kann?" – und jene antworteten „Herr, ja!" spricht er zu ihnen, „Wie ihr geglaubt habt, geschehe euch!" Siehe, sie waren gewiss, dass geschehe, was sie baten. So ist es auch geschehen ohne irgendeine andere Vorbereitung. …"*

„Bei Gott, dem Kardinal hat der Professor aber das Maul gestopft! Dagegen kann der doch gar nichts mehr sagen! Da ist es wieder, das reine Evangelium, die gute Nachricht, die befreiende und nicht unterdrückende Nachricht! ‚Zu glauben' heißt eben nicht, dass ich das für wahr halten muss, was ein anderer behauptet!" Und Georg freut sich schon wieder auf seine nächste Predigt. „Das müssen die Gläubigen hören, das müssen sie wissen, das ist hervorragend! Besser kann man es nicht ausdrücken!" Und Georg liest wieder und wieder die

Worte des Wittenberger Professors, damit er Luthers Gedanken morgen bei der Frühmesse mit eigenen Worten gut wiedergeben kann.
Am Abend macht sich Georg noch einmal auf. Er sucht erneut das theologische Gespräch mit dem Stadtprediger. Als er an dessen Tür klopft, hört er innen Stimmen. ‚Schamel hat Besuch, da will ich nicht stören', denkt sich Georg noch, aber nach wenigen Augenblicken öffnet Nikolaus Schamel. Als er den Messpriester sieht, beginnt er zu lächeln: „Bruder Schmalzing, seid willkommen! Wir haben gerade von Euch gesprochen." Bereitwillig tritt er auf die Seite und Georg sieht hinter ihm den Stadtpfarrer Hans Prückner, „tretet doch ein!" Mit einer derartigen Begrüßung hatte er nicht gerechnet, aber er ist froh darüber, dass Schamel ihn so freundlich empfängt. „Danke, gerne!" sagt Georg lächelnd und tritt durch die offene Haustür in den Flur. „Ja, eigentlich waren wir uns bereits einig, aber vielleicht ist es gut, wenn wir zu dritt noch einmal über alles sprechen", mit diesen Worten öffnet Schamel die Tür zur Wohnstube und bittet die beiden Gäste mit einer Handbewegung herein: „Nehmt Platz!" Die halbe Nacht diskutieren der Stadtpfarrer, der Stadtprediger und der Messpriester über Luthers theologische Erkenntnisse. „Plappert nicht das nach, was Papst und Erzbischof uns vorschreiben! Leisten wir uns doch den Luxus, eine eigene Meinung zu haben!" wirbt Georg für seine Überzeugungen. Und im Grunde sind sie sich alle einig. Luthers Beobachtungen entsprechen dem biblischen Zeugnis und dem Willen Gottes. „Warum unterstützt Ihr meine Predigten denn nicht?" fragt Georg schließlich den Stadtprediger, und dieser antwortet: „Aber ich unterstütze Euch doch! Bloß weil ich nicht so reden kann wie Ihr, dürft Ihr daraus nicht schließen, ich würde Euch nicht unterstützen. Im Gegenteil: Immer wieder weise ich meine Zuhörer auch auf

das, was Bruder Schmalzing predigt. Und nicht zuletzt durch mich habt Ihr so viele Menschen, die Euch zuhören." Georg muss lächeln. Irgendwie erinnert ihn das an einen Angsthasen, der zwar seine Meinung hat, sich aber nicht traut, diese öffentlich auszusprechen und stattdessen lieber jemand anderen vorschickt, nach dem Motto: Mal sehen, was passiert! Dann sagt Georg: „Magister Schamel, dann müsstet Ihr Euch fragen, ob Euer Glaube stark genug ist, auch menschlichen Widerständen entgegen zu treten." Schamel nickt fast schuldbewusst: „Bruder Schmalzing, Ihr trefft da einen ganz wunden Punkt. Diese Frage habe ich mir in der Tat schon gestellt. Und ich bitte Euch: Zwingt mich nicht zu einem offenen Bekenntnis! Das traue ich mir nicht zu, jedenfalls noch nicht. Ich kann nicht einmal sagen, weshalb es so ist. Wahrscheinlich ist mein Glaube nicht stark genug. Aber ich ringe darum. Bitte lasst es damit sein Bewenden haben, dass ich Euch so gut ich kann unterstütze." – „Mir geht es ähnlich", schaltet sich der Stadtpfarrer Prückner ins Gespräch ein, „ich bewundere Euch. Meine höchste Anerkennung für Eure Predigten! Und daraus mache ich auch vor den Gläubigen keinen Hehl. Deshalb habe ich es befürwortet, dass Ihr Eure Messen jetzt an einem vorderen Altar lesen könnt, an dem Ihr mehr Aufmerksamkeit bekommt. Aber bitte, verlangt nicht mehr von mir." Georg ist mit dem offenen Wort der zwei gestandenen Männer zufrieden. Er reicht ihnen die Hand und sagt, während er ihnen in die Augen blickt: „Ich danke Euch!" Dann verabschiedet er sich von den beiden und geht schweigsam nach Hause.

Die Frühmesse am folgenden Tag wird auch dieses Mal wieder von mehr als zweihundert Gläubigen besucht. Während an den anderen Altären meist nur ein Messpriester mit Kelch und Hostienschale steht und kein einziger Gottesdienstbesucher vor ihm kniet, drängen sich vor dem Altar der Jungfrau Maria vorne im nördlichen Seitenschiff neben der Tür zur Sakristei in der Bayreuther Stadtkirche die Gläubigen. Georg wäre nicht Georg, wenn er sich über den Zuspruch nicht freuen würde. Er ist inzwischen in Bayreuth bekannt, ja fast berühmt geworden. Das Murmeln verstummt sofort, als Georg an den Altar tritt und – sich bekreuzigend – anfängt, die lateinische Messe zu lesen.

„*Liebe Schwestern und Brüder!*" beginnt er diesmal seine Predigt, „*ich erinnere mich noch gut an meinen Lehrmeister in der Lateinschule Ambrosius Ottschneider – Gott habe ihn selig. Er sagte immer den Satz ‚Credere est nescire' – auf deutsch: ‚Glauben heißt nicht wissen'. Aber ist es das wirklich? Ist es wirklich so, dass wir von Gott nichts wissen und deshalb glauben müssen? Oder ist es so, dass wir – weil wir eben über Gott nichts wissen – das glauben müssen, was der Heilige Vater in Rom uns zu glauben vorlegt? Ist Glauben ein ‚Für-wahr-Halten' von Dingen, die ein anderer – und sei es der Heilige Vater in Rom – behauptet?*

*Ich denke, nein! So viel habe ich bisher in der Bibel gelesen, und mir ist deutlich geworden: Vieles von dem, was der Heilige Vater in Rom behauptet, kann man nicht für wahr halten, weil es der Heiligen Schrift widerspricht. Nehmen wir nur den Ablass! Davon lese ich nichts in der Bibel. Aber das wisst Ihr ja schon.*

*Was jedoch ist der Glaube? Ich will euch eine Geschichte erzählen, die deutlich macht, was ich unter ‚Glauben' verstehe: ‚Denke dir, du befändest dich oben in einem brennenden Haus. Nirgends siehst du eine Rettung mehr. Wolltest du die Treppe hinunter, so würdest du verbrennen; stürzest du dich auf die Straße hinab, so würdest du zerschmettert werden. Da erscheint unten vor dem Haus ein kräftiger Mann, er breitet die Arme nach dir aus und ruft dir zu: Spring mir in die Arme! Ich fange dich auf! Du wagst es, und bist gerettet.' Dieser Mann, der nach dir die Arme ausstreckt, ist Jesus am Kreuz.*

*Und der heilige Apostel Paulus sagt: Quia sie confitearis in ore tuo Dominum Iesum et in corde tuo credideris quod Deus illum excitavit ex mortuis salvus eris. Corde enim creditur ad iustitiam ore autem confessio fit in salute. dicit enim scriptura omnis quie credit in illum non confundetur.*
*Denn so du mit deinem Munde bekennst Jesum, dass er der Herr sei und glaubst in deinem Herzen, dass ihn Gott von den Toten auferweckt hat, so wirst du selig. Denn so man von Herzen glaubt, so wird man gerecht; und so man mit dem Munde bekennt, so wird man selig. Denn die Schrift spricht: Wer an ihn glaubt, wird nicht zu Schanden werden. (Röm 10,9-11)*
*Wir sehen also: Glaubt nicht alles, was euch andere sagen – selbst wenn es der Papst in Rom ist! Glaubt viel lieber dem Gott, der durch Jesus Christus den Sünder rechtfertigt. Ich bin mir gewiss: Nur im Glauben an Jesus gibt es Heil. Gott ist nicht kleinlich und auf Gottes Wort ist Verlass. Er fängt dich auf. Glauben ist nichts anderes als ‚Gott beim Wort nehmen'. Glaube ist eine feste Gewissheit, dass Gott seine Verheißungen einhält, eine lebendige, verwegene Zuversicht auf Gottes Gnade. Gott selbst nimmt dafür sogar den Tod in Kauf. Und solche Zuversicht und Erkenntnis göttlicher Gnade macht fröhlich, trotzig und lustig gegenüber Gott und allen Kreaturen. Ja, auf diesen Gott, der mir in Christus alles schenkt, will ich mein Leben aufbauen, dem will ich mich in die Hände werfen – im Leben und genauso, wenn ich einst sterbe. Amen.*"
Fast hätten die Hostien nicht gereicht, so viele Menschen waren diesmal gekommen, um Georgs Predigt zu hören. Auch nach der Messe wird noch ausgiebig darüber diskutiert, was er gesagt hat. Als er sich in der Sakristei umzieht, hört er die Stimmen der Gläubigen draußen. Die anderen Messpriester sind längst schon fertig mit ihren Messen und entweder nach Hause gegangen, oder sie haben sich auch die Predigt ange-

hört. ‚Eigentlich seltsam', denkt sich Georg, ‚keiner von den Priestern hier in der Stadtkirche hat mir jemals theologisch ein Widerwort gegeben, keiner hat je widersprochen, aber zu predigen traut sich keiner, nicht einmal der Stadtprediger Magister Schamel.' Es ist so, als würde Georg mit den theologischen Gedanken, die er ausschließlich aus Luthers Veröffentlichungen schöpft, in Bayreuth offene Türen einrennen. Tatsächlich strömen die Bayreuther scharenweise, um Georg Schmalzing zu hören.

### *Bayreuth, 17. November 1520*

Sebastian Linner wäre ein schlechter Händler, wenn ihm nicht der durchschlagende Erfolg der Predigten von Georg Schmalzing in Bayreuth aufgefallen wäre. ‚Da winkt ein gutes Geschäft!' sagt er sich. Und als er das nächste Mal nach Bayreuth kommt, hat er nicht nur ein Exemplar, sondern gleich einen ganzen Stoß Exemplare einer weiteren Veröffentlichung von diesem Martin Luther dabei. Doch zuerst meldet er sich bei Georg, weil er weiß, dass dieser mit seinen Predigten der beste Marktschreier für ihn ist. „Gott zum Gruße, Herr Pfarrer!" ruft Linner ihm entgegen, und Georg springt vom Tisch auf. Er hat gerade noch einmal in der Bibel gelesen: „Linner, willkommen! Habt Ihr etwas für mich?" Linner nickt lächelnd und hält ihm ein kleines Heftchen entgegen: „Die neueste Veröffentlichung von Doktor Luther!" Georg liest: „ ‚An den christlichen Adel deutscher Nation. Von des christlichen Standes Besserung' – hm, das klingt, als würde ich Doktor Luther jetzt an die Fürsten wenden." – „Wollt Ihr es kaufen oder nicht?" Linner wirkt etwas ungeduldig. „Jaja, immer her damit!" sagt Georg und bezahlt den geforderten Preis. Linner bleibt in der Tür stehen, und Georg sieht von der Schrift auf: „Noch etwas?" – „Ja schon", druckst Linner herum, „da ich noch ein paar weitere Lutherschriften zum Verkauf dabei habe, wollte ich fragen, ob es möglich ist, dass ich diese im Anschluss an Eure nächste Frühmesse auf dem Kirchplatz verkaufe." – „Tut, was Ihr nicht lassen könnt, ich habe nichts dagegen", meint Georg und Linner wendet sich zufrieden ab. Das lief ja wie am Schnürchen.

Georg vertieft sich sofort in diese neue Schrift und staunt nicht schlecht, als er liest: *„Alle Christen sind wahrhaftig geistlichen Standes; es ist unter ihnen kein Unterschied als allein hinsichtlich des Amtes … Die Taufe, das Evangelium und der Glaube, die machen allein ein geistliches und ein Christenvolk … Wir werden allesamt durch die Taufe zu Priestern geweiht, wie St. Peter sagt: ‚Ihr seid ein königlich Priestertum und ein priesterlich Königreich' (1Petr 2,9).' Die Stelle kennt Georg gar nicht. Er holt seine lateinische Bibel und beginnt im ersten Petrusbrief zu lesen. ‚Tatsächlich! Luther hat auch hier Recht', denkt er sich, ‚gewiss, ich bin wohl zum Priester geweiht, aber trotzdem noch ein ganz normaler Mann mit den gleichen Fehlern wie bisher.' Dann liest er weiter: „Denn was aus der Taufe gekrochen ist, das mag sich rühmen, dass es schon zum Priester, Bischof und Papst geweiht sei, obwohl es nicht einem jeden ziemt, solches Amt auch auszuüben. Denn weil wir alle gleichermaßen Priester sind, muss sich niemand selber hervortun …"* Georg liest diesen Satz mehrmals; dann denkt er sich: ‚Die Taufe macht's also, durch die Taufe sind alle zur allgemeinen Kirche gehörig und auch für sie verantwortlich … alle, nicht nur die Priester – ein verwegener Gedanke! Aber dann könnte doch jeder die Messe lesen, oder?' So fragt sich Georg, und er liest weiter: *„Ein Schuster, ein Schmied, ein Bauer – ein jeder hat seines Handwerks Amt* *und Werk, und doch sind alle gleichermaßen geweihte Priester und Bischöfe. Ein jeder soll mit seinem Amt oder Werk den anderen nützen und dienstlich sein, dass so die vielerlei Werke alle auf eine Gemeinschaft gerichtet sind, um Leib und Seele zu fördern, gleich wie die Gliedmaßen des Körpers alle einander dienen.*" Jetzt wird es Georg klar: ‚Der Priester hat eine besondere Aufgabe für die Gemeinschaft, genauso wie der Schmied eine besondere Aufgabe hat; der Priester steht nicht über dem Schmied oder dem Bauern oder dem Schuster. Interessant!' Dann liest Georg noch die Ratschläge, die Luther den Landesherren gibt, damit das Gemeinwesen in ihrem Land wächst und gedeiht. ‚Im Wesentlichen betrifft mich das weniger, denn meine Predigthörer sind keine Fürsten', denkt er sich, aber an einer Stelle bleibt Georg aber dann doch länger hängen: „*Es kann jedenfalls nicht jeder Priester eine Frau entbehren, nicht nur wegen der Schwachheit, sondern vielmehr des Haushaltens halber. Soll er denn eine Frau halten, und der Papst erlaubt ihm das, doch nicht zur Ehe haben – was ist das anderes als einen Mann und eine Frau miteinander allein lassen und doch verbieten, dass sie fallen, ebenso wie Stroh und Feuer zusammenlegen und verbieten, dass es raucht oder brennt? … Weil der Papst keine Macht hat, das zu gebieten, sowenig er Macht hat, Essen und Trinken zu verbieten, darum ist niemand verpflichtet, es zu halten, und der Papst ist schuld an allen Sünden, die dagegen geschehen, an allen Seelen die dadurch verloren sind, an allen Gewissen, die dadurch verwirrt und gemartert sind … Christus hat uns von diesen Menschengesetzen frei gemacht, vor allem, wenn sie gegen Gott und der Seelen Seligkeit sind, wie St. Paulus in Gal 5,1 und 1. Kor 10,23 lehrt.*" ‚Das stimmt!' entfährt es Georg, ‚wo in der Bibel steht eigentlich geschrieben, dass ich als Priester nicht heiraten darf? Im Gegenteil! Paulus schreibt in 1. Tim 3,2 sogar, dass ein Bischof der Mann einer einzigen

Frau sein solle.‘ Und im selben Atemzug kommt ihm eine junge Frau in den Sinn, die seit etwa einem Jahr alle seine Frühmessen besucht und seine Predigten hört. Und Georg fragt sich, warum ihm diese junge Frau erst jetzt einfällt. ‚Ich werde sie bei Gelegenheit einmal ansprechen … wenn ich mich traue‘, nimmt er sich vor und liest weiter in Luthers Abhandlung.
Durch Georgs Predigten werden Luthers Gedanken in Bayreuth immer bekannter, und bereitwillig nimmt die Bevölkerung die Botschaft des reinen Evangeliums an. Sebastian Linner tut das Seinige dazu: Er versorgt die Bayreuther mit Lutherschriften, und diese werden eifrig in den Häusern gelesen.

## *Worms, 16. April 1521*

Kasimir trifft rechtzeitig auf dem Reichstag ein. Er ist zwar ein wichtiger Reichsfürst, aber eben leider kein Kurfürst wie etwa sein Vetter Albrecht. Kaum hat er seine Herberge bezogen, steht ein Bote vor seiner Tür, der ihn bittet, sofort zu seinem Vetter Albrecht von Mainz zu kommen. Kasimir zieht die Mundwinkel nach unten und nickt: „Geht schon voraus, ich komme gleich nach!“ fordert er den Boten auf. Nach einer halben Stunde – Kasimir steht ja auf dem Standpunkt, es täte jedem gut, ein bisschen auf seine Durchlaucht, den Markgrafen, zu warten – macht er sich auf den Weg. Nach wenigen Minuten erreicht er die Kurfürstliche Herberge. Sein Vetter erwartet ihn in schlechter Stimmung: „Warum lasst Ihr mich warten, Vetter?“ – „Exzellenz, verzeiht, aber es war mir nicht möglich, schneller zu kommen. Ich hatte mich in meiner Herberge noch gar nicht zurecht gefunden. Doch jetzt bin ich da." – „Wie schön!" sagt Albrecht und blickt finster drein, „vor über einem Jahr hat Euch seine Exzellenz, der Bamberger Bischof Georg von Limpurg, einen Brief geschrieben, in dem er sich darüber beklagt, dass in der Markgrafschaft Brandenburg-Kulmbach kaum noch Ablass verkauft wird und Euch in meinem Namen angewiesen, die Ablasshändler nicht weiter zu stören. Ihr habt zugesichert, Euch darum zu kümmern, aber nichts ist passiert. Im Gegenteil, die Verkaufszahlen sind weiter gesunken und inzwischen so gut wie auf Null. Wie soll ich meinen Kredit bei den Fuggers abzahlen, wenn kein Geld kommt? Ich habe den Verdacht, dass Ihr überhaupt nichts unternommen habt, verehrter Vetter." – „Da irrt Ihr Euch!" beteuert Kasimir, „ich habe mich genau informiert über die Sachlage, vor allem in meiner größten Stadt Bayreuth. Das Problem ist nur: Der dort tätige Priester Schmalzing ist bei der Bevölkerung nicht nur sehr beliebt, sondern offenbar auch ein Anhänger dieses Doktor Luther." – „Dann verhaftet ihn doch einfach!" fordert Albrecht ihn auf, und Kasimir räumt ein: „Das habe ich auch schon überlegt, aber ich hielt es bisher nicht für ratsam, eben wegen seiner Beliebtheit bei der Bevölkerung. Ich mache Euch einen Vorschlag: Morgen wird Luther höchstselbst hier ja auftauchen. Wenn wir Glück haben, widerruft er, und das Ganze hat sich von selbst erledigt. Warten wir doch ab, was morgen geschieht!" – „Gut, dann bis morgen!" entgegnet finster der Kurfürst. „Exzellenz, ich empfehle mich!" sagt Kasimir, verbeugt sich kurz und verlässt den Raum. Dabei denkt er sich: ‚Der soll sich mal nicht so aufblasen! Was ich in meinem Land tue, geht den gar nichts an!'

## Worms, 17. April 1521

‚Diese Besprechungen sind aber auch ermüdend', denkt sich Kasimir, und nebenbei ärgert er sich wieder über seinen Vetter Albrecht von Mainz, der sich besonders unter den Kurfürsten aufspielt. Das Einzige, was für Kasimir interessant zu werden verspricht, ist das Verhör dieses Martin Luther, dieses Professors aus Wittenberg. Kurfürst Friedrich der Weise hält seine schützende Hand über ihn, und Kasimir ist gespannt, ob dieser Mann das verdient hat. Und dann ist es so weit: Der schmale, blasse Mönch betritt den Versammlungsraum, und alles ist sofort still. Man würde eine Stecknadel fallen hören. Kasimir hört den Kaiser murmeln: „Der soll mich nicht zum Ketzer machen!" ‚Na, das kann ja was werden!' denkt sich Kasimir und blickt auf den Offizial des Kaisers Johann von der Eck, den Erzbischof von Trier. Dieser sagt: „Professor Luther, unser allergnädigster Kaiser Karl hat Euch aus zwei Gründen vorgeladen, vor dem Reichstag Rede und Antwort zu stehen. Einmal, um zu erfahren, ob Ihr die unter Eurem Namen veröffentlichten Bücher als die Euren anerkennt und zum zweiten, ob Ihr Euch zu Euren Büchern bekennt oder ob Ihr etwas daraus widerrufen möchtet." Kasimir beobachtet, wie einer, der neben Luther steht, in einem Schweizer Dialekt verlangt, dass die Titel der Schriften vorgelesen werden. „Seit wann haben hier Schweizer etwas zu sagen?" fragt Kasimir leise den neben ihm sitzenden Philipp von Hessen. Dieser flüstert zurück: „Das ist Hieronymus Schurff, Professor der Jurisprudenz in Wittenberg, ein Freund von Luther." Tatsächlich werden jetzt die Titel der auf dem Tisch liegenden Schriften vorgelesen. Luthers Antwort ist sehr leise, und Kasimir kann ihn kaum verstehen. ‚Was ist das denn für ein Hasenfuß!' denkt er sich. Schließlich wird doch deutlich: Luther erkennt die Bücher als die seinen an. Und dann sagt er noch kaum vernehmbar: „Zu ihrem Inhalt oder des Widerrufs wegen kann ich nur sagen: Die Sache betrifft den Glauben, das Seelenheil und das göttliche Wort, welches das Größte auf Erden ist und das wir zu verehren haben. Deshalb wäre es vermessen und gefährlich, etwas unbedacht vorzutragen. Um ohne Verletzung des göttlichen Worts und ohne Gefahr für meine Seele der Frage gerecht zu werden, bitte ich Eure kaiserliche Hoheit und die durchlauchten Fürstlichkeiten demütig um Bedenkzeit."

‚Der ist wirklich ein Angsthase!' denkt sich Kasimir. Der Kaiser bedeutet seinen Ratgebern, zu ihm zu kommen, sie wispern untereinander und Kasimir blickt zu Luther. Neben ihm stehen ein paar Leute – wahrscheinlich Wittenberger –, die auf ihn einreden, aber Luther blickt angestrengt auf den Kaiser. Schließlich bittet der Offizial um Ruhe und erhebt die Stimme: „Martin Luther, im Namen seiner Majestät Kaiser Karl und im Namen der hier versammelten durchlauchten Fürstlichkeiten warne ich euch: Versucht nicht, die christliche Religion gestützt auf Eure eigene Meinung und verdrehte Schriftstellen umzustürzen! Versucht nicht, den Erdkreis aufzustacheln wider seine Heiligkeit, den Papst, und dadurch fromme Seelen zu verführen. Wir fordern Euch auf, Buße zu tun und Eure Irrtümer zu widerrufen. Sofern Ihr das tut, wird sich seine kaiserliche Hoheit beim Heiligen Vater dafür einsetzen, dass Euch verziehen wird. Falls Ihr aber auf Euren Irrtümern hartnäckig beharrt, ist seine kaiserliche Hoheit entschlossen, die Kirche und den apostolischen Stuhl zu beschützen. Macht Euch klar, welche Strafen und Übel und welches Ende sich daraus für Euch ergeben würden. Denkt darüber nach! Wir gewähren Euch einen Tag Bedenkzeit! Morgen werdet Ihr zu antworten haben."

Kasimir beobachtet Luther ganz genau und er sieht, wie dieser Mönch beim Verlassen der Versammlung nicht mehr so keck zu sein scheint wie zuvor. Ja, er hat an Ansehen eingebüßt – auch bei Kasimir selbst, der fast enttäuscht ist, in Luther einen ängstlichen Menschen vor sich zu haben.

Am folgenden Tag wiederholt der Offizial die Fragen. Darüber hinaus maßregelt er den Wittenberger: „Auf eine Bedenkzeit hättet Ihr eigentlich keinen Anspruch gehabt. Ihr wisst doch, wozu Ihr berufen seid und als Theologe müsstet ihr ohnehin stets eine feste Meinung in Glaubensdingen haben. Nehmt es als Zeichen des guten Willens, dass Euch trotzdem Bedenkzeit gewährt worden ist. Aber jetzt äußert Euch, ob Ihr Eure Bücher verteidigen oder etwas davon zurücknehmen wollt!"

Luther zeigt sich gut vorbereitet. Zunächst bittet er um Verzeihung für seine Unerfahrenheit mit den gehörigen Titeln und Gesten bei Hofe. Er habe sich immer nur im Winkel der Mönche aufgehalten. Und dann sagt Luther mit fester und lauter Stimme: „Auf die Frage, ob ich etwas von meinen Büchern zurücknehmen möchte, kann ich nicht allgemein antworten, weil sich die Bücher alle unterscheiden. Ich habe Bücher geschrieben über Glaube und christliche Sitte. Diese sind so einfach gehalten, dass selbst meine Gegner sie gerne lesen. Dann habe ich Bücher geschrieben gegen den Papst und dessen Lehren, durch die die Gläubigen bis heute aufs Übelste geplagt und gedemütigt werden. Schließlich richten sich manche Bücher auch gegen Privatpersonen. Hierbei gestehe ich ein, dass ich manchmal im Ton etwas zu scharf gewesen bin, aber den Inhalt kann ich auch hier nicht widerrufen."

Kasimir sieht, wie sich das Gesicht des Kaisers vor unterdrückter Wut rot färbt. Nach einer kurzen Beratung mit seinem Offizial wird Luther aufgefordert, eine eindeutige Erklärung abzugeben. Kasimir ist – wahrscheinlich ähnlich wie der

Kaiser – überrascht von der Festigkeit und dem Mut dieses kleinen Mönches. Und Luther holt tief Luft; dann sagt er: „Weil denn Eure kaiserliche Majestät und Eure Fürstlichkeiten eine einfache Antwort fordern, so will ich eine geben, die weder Hörner noch Zähne hat, nämlich: Wenn ich nicht überwunden werde durch die Zeugnisse der Schrift oder mit klaren Vernunftgründen, so bleibe ich von den Schriftstellen besiegt, die ich angeführt habe, und mein Gewissen ist im Wort Gottes gefangen. Denn ich glaube weder dem Papst noch den Konzilien allein, weil feststeht, dass sie oft geirrt und sich selbst widersprochen haben. Widerrufen kann und will ich nichts, weil es weder gefahrlos noch heilsam ist, gegen das Gewissen zu handeln. Gott helfe mir. Amen."
Kurz bevor ein Tumult losbricht, ruft einer der Kurfürsten Luther zu: „Lasst Euer Gewissen fahren!" Und Kasimir sieht, wie sich Luther energisch seinen Weg durch die Menge zum Ausgang hin bahnt. An der Tür angelangt streckt er einen Arm hoch und spreizt die Finger, wie es die Landsknechte tun, wenn ihnen im Lanzenkampf ein guter Hieb gelungen ist. Es ist das erste und einzige Mal, dass sich die Wege des Markgrafen Kasimir und des Theologieprofessors Martin Luther kreuzen. Immer wieder denkt Kasimir an diese Begegnung. ‚Er hat schon etwas Besonderes an sich', denkt er, ‚auch wenn ich die Theologie nicht verstehe, aber der Mann bringt mir Nutzen – schon allein dadurch, dass durch seine Veröffentlichungen der Ablass im Oberland und besonders in Bayreuth zum Erliegen gekommen ist. Das war durchaus in meinem Sinne. Ansonsten wird man sehen, ob ich mir den Einfluss dieses Mannes weiter zunutze machen kann.'
Der Kaiser bebt vor Wut, fühlt sich aber an sein Wort gebunden: Er hatte Luther freies Geleit zugesichert. Dieser reist noch am selben Tag aus Worms Richtung Wittenberg wieder ab.

Auch die ersten Reichsfürsten verlassen bald darauf den Reichstag. Kasimir ist auf die Reaktion des Kaisers gespannt, und tatsächlich wird von diesem und den verbliebenen Fürsten ein Edikt verabschiedet. In diesem befiehlt der Kaiser „ernstlich, dass Ihr nach Ablauf von 20 Tagen den Martin Luther nicht beherbergt, nährt, tränkt noch schützt, ... sondern wo Ihr seiner habhaft werdet, ihn gefangen nehmt und uns wohlbewahrt zusendet ... Desgleichen gebieten wir allen Richtern, dass sie die Schriften, Bücher, Zettel Luthers ... im ganzen Reich einsammeln, zerreißen und mit öffentlichem Feuer verbrennen ...“ Kasimir erinnert sich dunkel an den Brief des Fürstbischofs von Bamberg vor einem Jahr. Darin wurde der Name eines kleinen Messpriesters genannt, der die lutherischen Ketzereien verbreiten würde. Er beschließt, dem auf den Grund zu gehen. Bisher hat er Bayreuth sich selbst überlassen und seinen eigenen Vorteil im erlahmenden Ablasshandel gesehen. Wenn jetzt aber der Kaiser so radikale Maßnahmen beschließt, dann muss Kasimir möglicherweise tätig werden.

Auf der Rückreise nach Ansbach spricht er mit seinem Hauptmann aus dem Oberland Christoph von Beulwitz, der die Leibwache des Markgrafen befehligt: „Hauptmann, was haltet Ihr von Luther?“ Der zuckt auf dem Pferd sitzend mit den Schultern: „Von Theologie verstehe ich nichts!“ – „Aber Ihr habt doch mitbekommen, dass man über ihn Gericht gehalten hat? Und weil er nicht widerrufen hat, ist er nicht nur gebannt, sondern jetzt auch geächtet.“ – „Ja, schon!“ meint von Beulwitz, „aber damit haben wir im Oberland ebenso wenig etwas zu tun wie Ihr im Unterland.“ – „Meint Ihr?“ fragt Kasimir, „ich habe Grund zu der Annahme, dass die Gedanken dieses Luther inzwischen auch in mein Land, im Besonderen in Bayreuth eingedrungen sind. Deshalb beauftrage ich Euch, sobald wir zurückgekommen sind, dies für Bayreuth und das gesamte Oberland einmal auszuloten und mir umfassend Bericht zu geben. Achtet mir besonders auf Bayreuth! Vor einem Jahr hat mir seine Exzellenz der Fürstbischof von Bamberg einen Brief geschrieben, in dem er sich über einen Messpriester – der Name ist mir ärgerlicherweise entfallen – beschwert." „Soll ich diesen Messpriester herausfinden und verhaften, die Lutherschriften in Bayreuth einsammeln und verbrennen lassen, wie es seine kaiserliche Hoheit befehlen?" Kasimir grinst: „Nein, nein, das werdet Ihr schön sein lassen! Das kann man immer noch machen, wenn es an der Zeit ist. Der Kaiser hat genug zu tun. Der wird sich nicht um so eine kleine Markgrafschaft kümmern. Momentan stört mich das, was die in Bayreuth da veranstalten, herzlich wenig. Im Gegenteil! Wenn ich den Bayreuthern freie Hand lasse, dann hat seine Exzellenz der Fürstbischof weniger Einfluss, und das ist mir sehr Recht!" Er lacht höhnisch und nach einer kurzen Pause formuliert er noch einmal den Auftrag an den Hauptmann: „Findet also heraus, was in Bayreuth vorgeht und wer dieser Priester ist. Ich werde jetzt erst einmal nach Ansbach zurückkehren, aber in spätestens zwei Monaten erwarte ich Euch in Ansbach. Dann werdet Ihr mir einen genauen Bericht über das liefern, was im Oberland vor sich geht." Der Hauptmann salutiert: „Zu Befehl! Durchlaucht können sich voll und ganz auf mich verlassen!"

### *Bayreuth, 18. Mai 1521*

„Hochwürden!" Es ist Sebastian Linner aus Wittenberg, der wieder vor Georg Schmalzings Wohnungstür steht. Inzwischen sind die beiden ja fast befreundet. Georg kennt die

Stimme des Händlers und ist schnell an der Tür: „Linner, willkommen! Habt Ihr wieder etwas für mich?" Sebastian nickt: „Ja, aber diesmal keine Schriften, sondern Neuigkeiten!" – „Kommt herein und erzählt!" fordert ihn Schmalzing auf. Linner tritt ein, setzt sich und fällt gleich mit der Tür ins Haus: „Luther ist verschwunden!" – „Bitte, was?" fragt Georg und Linner nickt noch einmal: „Es ist, wie ich sage: Professor Luther ist verschwunden!" Und dann erzählt Linner vom Reichstag zu Worms, von Luthers Ablehnung des Widerrufs und von der Wut des Kaisers. Er erzählt, dass Luther zwar aus Worms abgereist, aber nie in Wittenberg angekommen sei und dass keiner wisse, wo er sich jetzt aufhalte oder ob er überhaupt noch lebe.

Georg ist wie vom Donner gerührt: „Was heißt das jetzt?" fragt er Linner, und dieser zuckt mit den Schultern: „Ich wollte es Euch einfach nur erzählen, damit Ihr Bescheid wisst. Mit der Theologie habe ich sowieso nichts am Hut. Aber sollte es weitere Neuigkeiten geben, werde ich Euch auf dem Laufenden halten. Tut mir leid, dass ich nicht mehr für Euch habe." Und mit diesen Worten verabschiedet er sich von Georg. Dieser sitzt immer noch teilnahmslos auf seinem Stuhl und starrt vor sich hin: Luther ist verschwunden, wahrscheinlich in irgendeinem Gefängnis des Kaisers oder vielleicht sogar tot … was heißt das für Georg, was heißt das für all das, was er jetzt hier in Bayreuth angestoßen hat? War jetzt alles umsonst? ‚Ich muss mit Schamel und Prückner reden!' beschließt Georg und macht sich sofort auf den Weg in die Stadtkirche. Tatsächlich trifft er beide in der Sakristei. Er erzählt ihnen die Neuigkeiten über das Verschwinden Martin Luthers und fragt: „Wie geht es jetzt weiter?" Der Stadtpfarrer ist ein praktischer Mensch, er meint: „Na, so wie bisher! Weshalb sollte jetzt auf einmal alles, was Ihr gepredigt habt, falsch sein? Am besten, wir erzählen

keinem in Bayreuth, dass Luther verschwunden ist, sondern macht einfach so weiter wie bisher. Wo ist das Problem?" Und der Stadtprediger pflichtet ihm bei: „Ich sehe das genauso. Und vielleicht taucht Luther irgendwann irgendwo plötzlich wieder auf und liefert uns neue Veröffentlichungen. Wir werden sehen! Habt Ihr nicht selbst so gepredigt, dass man immer auf Gott und seine Führung vertrauen kann. ‚Glauben heißt Vertrauen', ja, das habt Ihr gepredigt, oder?" – Georg ist schweigsam geworden, dann sagt er: „Ich glaube, Ihr habt Recht. So machen wir's! Jetzt ist unser Glaube gefragt, unser Glaube, dass Gott es schon recht machen wird. Danke für Eure Einschätzung!" Und sie reichen einander die Hand. Georg spürt jetzt: Auch wenn Doktor Luther verschwunden ist, lässt sich die Wahrheit doch nicht mehr aufhalten.
Wenige Tage später taucht Christoph von Beulwitz, der Hauptmann des Oberlandes, in Bayreuth auf und meldet sich beim Bürgermeister an: „Willkommen, Hauptmann!" Der Bürgermeister, weiß nicht so recht, was er vom Besuch des Mannes, der für gewöhnlich auf der Plassenburg seine Soldaten kommandiert, halten soll: „Gott zum Gruße, Bürgermeister!" „Was verschafft mir die Ehre?" fragt Cornelius Matheus interessiert, und Christoph von Beulwitz holt tief Luft: „Vielleicht wisst Ihr ja, dass seine Durchlaucht, unser gnädiger Markgraf Kasimir vor einem Monat auf dem Reichstag zu Worms war …" Der Bürgermeister nickt, und Beulwitz fährt fort: „Auf diesem Reichstag wurde beschlossen, dass die Bücher des Martin Luther einzusammeln und zu verbrennen seien. Ich stehe hier im Auftrag seiner Durchlaucht, des Markgrafen. Seine Durchlaucht weiß, dass Lutherschriften auch in Bayreuth im Umlauf sind. Er möchte diese aber noch nicht einsammeln und verbrennen lassen, sondern nur genau wissen, wer hier für die Verbreitung des ketzerischen Gedankengutes sorgt." Der Bürger-

meister zögert, und wenn Christoph von Beulwitz ihn genau angesehen hätte, hätte er dieses Zögern bemerkt. Er selbst, der Bürgermeister der größten Stadt im Oberland, war oft genug Hörer der Predigten von Georg Schmalzing gewesen, und diese Predigten hatten ihn jedesmal tief berührt. Der Tonfall und die Rede von „Ketzereien" machen deutlich, dass der Markgraf möglicherweise gewillt ist, das Wormser Edikt vielleicht nicht sofort, aber doch irgendwann umzusetzen. Er fragt sich, ob er Georg Schmalzings Namen nennen soll. Nach kurzem inneren Kampf entschließt sich der Bürgermeister, seine Stadt vor der Durchsetzung des Wormser Edikts, und vor allem den kleinen Messpriester Schmalzing zu schützen. Deshalb sagt er zu Beulwitz: „Hauptmann, Ihr habt natürlich Recht, wir wissen von den Gedanken, die Doktor Luther veröffentlicht hat. Mehr aber auch nicht. In der Stadt Bayreuth haben wir ganz andere Sorgen als die, dass wir uns um die Theologie kümmern könnten. Unsere Messpriester versehen ebenso ihren Dienst wie der Stadtpfarrer und der Stadtprediger. Gemeinsam bauen alle an der Kirche – gut zu erkennen an der Tatsache, dass der zweite Turm unserer Stadtkirche gerade entsteht. Dies alles geschieht zum Lobe Gottes. Ja, es stimmt, dass wir hier in Bayreuth dem Bischof von Bamberg vielleicht etwas kritischer gegenüberstehen, aber wir sind alle gläubige Christen und treue Untertanen seiner Durchlaucht, unseres gnädigen Markgrafen. Das könnt Ihr ihm gerne bestellen. Er kann sich immer auf uns verlassen." Beulwitz, der für die Politik ebenso wenig Verständnis hat wie für die Theologie, scheint durch den Wortschwall des Bürgermeisters wie benebelt. Er salutiert und ist im Begriff, abzutreten, als ihm noch etwas einfällt. Er zögert. Der Bürgermeister fragt: „Noch etwas?" – „Mit Verlaub", fängt der Haupmann noch einmal an: „Seine Durchlaucht lässt nach dem Messpriester fragen, der in der Kirche angeblich freche Reden schwingt.

Er will dessen Namen wissen.“ Der Bürgermeister blickt von seinem Schreibtisch auf, holt tief Luft und meint dann: „Hauptmann von Beulwitz, wir haben in unserer Kirche zur Heiligen Dreifaltigkeit insgesamt vierzehn Messpriester und einen Stadtpfarrer. Woher soll ich denn wissen, von wem Ihr redet? Ja, es kann sein, dass der eine oder andere ab und zu etwas auf deutsch sagt. Aber darüber braucht sich seine Durchlaucht keine Sorgen zu machen. Das könnt Ihr ihm gerne bestellen.“ Erneut salutiert der Hauptmann und tritt jetzt endgültig mit den Worten ab: „Vielen Dank, Bürgermeister! Ich werde seiner Durchlaucht umgehend Bericht erstatten. Gehabt Euch wohl!“ – „Ihr Euch auch!“ murmelt der Matheus leise, atmet tief aus und er denkt sich: ‚Das war knapp! Wie gut, dass der Markgraf so selten im Oberland ist! Aber in Zukunft müssen wir hier aufpassen! Der Hinweis auf das kaiserliche Edikt vom Wormser Reichstag und die Nachfrage nach Georg Schmalzing haben mir gar nicht gefallen.‘

### *Ansbach, 22. Mai 1521*

Als Ende Mai von Beulwitz dem Markgrafen im Ansbacher Wasserschloss die Ergebnisse seines Gespräches mit dem Bayreuther Bürgermeister mitteilt, ist Kasimir erst einmal zufrieden. Die Bayreuther scheinen sich nicht sehr um das zu scheren, was vom Bischof aus Bamberg kommt. Aber allzu viel Ahnung von dem, was Martin Luther veröffentlicht hat, scheinen sie auch nicht zu haben. ‚Hauptsache, sie hören weiter auf mich und zahlen Ihre Steuern! Der Rest ist mir egal‘, denkt er sich. Als er beiläufig in einem Gespräch seiner Frau Susanna sowohl von dem kaiserlichen Wormser Edikt als auch von dem, was er aus Bayreuth erfahren hat, erzählt, gibt diese zu bedenken: „Also, wenn Du meine Meinung hören willst, dann sage ich Dir klipp und klar: Ich würde das Wormser Edikt sofort umsetzen, würde forschen, was von diesen Ketzereien bei meinen Untertanen bereits bekannt ist, würde die Schriften konfiszieren und öffentlich verbrennen. Und wer sich dem widersetzt, kommt in Haft. Alles weitere wird sich weisen." – „Da sieht man wieder, Susanna, dass Du von Politik keine Ahnung hast!" meint großspurig Kasimir, „da muss man abwägen und das Günstigste für sich selbst herauszuholen versuchen. Es ist vielleicht gar nicht so schlecht, dass es Lutheranhänger im Ober- und im Unterland gibt. Die sorgen dafür, dass die Leute weniger auf die Geistlichkeit, sondern mehr auf mich hören." – „Da wäre ich mir nicht so sicher. Irgendwann wächst Dir das vielleicht über den Kopf. Aber wenn es Dich beruhigt, werde ich einmal meinen Bruder Wilhelm fragen, wie der das in seinem Herzogtum handhabt und wie der die Ketzerei einschätzt", sagt Susanna und Kasimir meint dazu nur trocken: „Tu, was Du nicht lassen kannst!" Für ihn ist das Gespräch damit beendet.

## *Ansbach 12. Juni 1521*

„Ein Brief aus München für Ihre Durchlaucht, Markgräfin Susanna!" Der Bote, der vor dem Ansbacher Wasserschloss steht und das Wappen des Herzogtums Bayern trägt, wird sofort eingelassen. Susanna ist augenblicklich bereit, ihn zu empfangen: „Ein Brief aus München? Von meinem Bruder?" Der Bote nickt und überreicht ihr diesen. „Danke!" sagt Susanna, und fügt noch hinzu: „Ihr könnt abtreten! Lasst Euch etwas zur Stärkung reichen!" Als sie allein ist, bricht sie das Siegel auf und liest: *„Verehrte Schwester! Habt Dank für Euer Schreiben! Ich antworte sofort, weil aus meiner Sicht Eile gebo-*

*ten ist. Ihr habt nach unserem Vorgehen gegen die lutherische Ketzerei gefragt. Wir nehmen den Auftrag der kaiserlichen Majestät sehr ernst. Unsere Soldaten finden immer wieder in Privathäusern Schriftstücke, die von diesem Wittenberger verfasst sind. Wir sammeln sie ein und wenn es genug sind, lasse ich sie öffentlich verbrennen. Etliche Lutheraner sind bereits in Haft. Allerdings weiß ich noch nicht so recht, wie ich mit ihnen umgehen soll. Momentan schicke ich immer wieder papsttreue Priester in die Zellen, die auf sie Einfluss zu nehmen suchen. Ein probates Mittel ist, sie glauben zu machen, dass es keine Lutheraner mehr gibt, sodass sie über kurz oder lang in der Regel Widerruf leisten. Dann lasse ich sie noch unterschreiben, dass sie auf Vergeltung für die erlittene Haft verzichten und erst dann erhalten sie die Freiheit. Nur gänzlich renitente Ketzer lasse ich dem Volk zur Abschreckung ab und an auch einmal in der Isar ertränken. Auf diese Art und Weise halte ich nicht nur treu zu meinem Kaiser, sondern auch zum heiligen Vater in Rom, der übrigens diesen Ketzer aus der Kirche ausgeschlossen hat. Nur wenn alle Landesfürsten an einem Strang ziehen, können wir diese Pest ausrotten, und ich bitte Dich inständiglich, dass Du auf Deinen Ehemann dahingehend einwirkst, dass auch er in seinem Land für Ordnung sorgt. Führe ihm deutlich vor Augen, wie gefährlich die Gedanken dieses Luther sind! Wir müssen jetzt alle fest zusammenhalten. Sei ganz herzlich gegrüßt von Deinem Bruder, Herzog Wilhelm von Bayern.“*

‚Ich habe es mir doch gleich gedacht!‘ durchfährt es Susanna, und augenblicklich macht sie sich entschlossen auf den Weg zum Audienzzimmer ihres Mannes. „Susanna?“ sagt dieser, als sie zur Tür hereinkommt, doch gleich sieht er ihre finstere Miene. Susanna sagt kurz: „Ein Brief von meinem Bruder Wilhelm!“ – „Und?“ fragt Kasimir, „gibt es Neuigkeiten aus München? Wirst Du Tante?" – „Lass das!" faucht Susanna, „Wilhelm macht hier deutlich, dass es Deine Pflicht ist, gegen diese lutherische Ketzerei vorzugehen! Die ist gefährlich! Nicht nur, dass der Heilige Vater in Rom Luther aus der Kirche ausgeschlossen hat, sondern auch der Kaiser hat Luther geächtet. Mehr noch: Er hat Dir vorgeschrieben, dass Du die Lutherschriften in Deinem Land einsammeln und verbrennen sollst. Wilhelm lässt außerdem die Leute, bei denen er Lutherschriften findet, ver…"- „Jetzt reicht's!" schnauzt Kasimir seine Frau an, „was bildest Du Dir eigentlich ein? Kommst hier herein und versuchst, mir Vorschriften zu machen! Bin ich der Markgraf oder bist Du es?" Susanna erschrickt und entgegnet kleinlaut: „Kasimir, ich meine es doch nur gut! Schau mal, ich will doch nur nicht, dass Du Dir den Kaiser zum Feind machst!" Kasimirs Stimme senkt sich auch etwas: „Ich mache mir den Kaiser nicht zum Feind, wenn ich jetzt erst einmal nichts gegen diese Strömung unternehme. Ich lasse die Leute mit diesen neuen Gedanken gewähren, weil sie mir nützen, aber das verstehst Du nicht!" – „Wie können diese Lutheraner Dir nützen?" fragt Susanna zurück, und Kasimir antwortet: „Je weniger meine Untertanen auf den Papst und den Bamberger Bischof hören, desto mehr hören die auf mich. Ich habe das alles wohl überlegt und gedenke, da erst einmal nichts zu überstürzen. Ich kann, wenn ich will, immer noch gegen die Lutheraner vorgehen. Aber ich mache das erst, wenn ich den Nutzen darin sehe. Und den sehe ich momentan noch nicht. Sollen die doch glauben, was sie wollen – letzten Endes entscheide immer noch ich." – „Und Du meinst, dass Dir das nicht über den Kopf wächst?" fragt Susanna noch einmal nach. „Wie – bitteschön – soll mir das über den Kopf wachsen? Wer hat denn die Macht im Land? Ich habe die Macht! Also, keine Sorge! Und jetzt lass mich weiterarbeiten!" Susanna wendet sich zur Tür und dreht sich kurz davor aber noch einmal um: „Kann ich Dir wenigstens kurz noch sagen, wie Wilhelm mit den Lutheranern umgeht?" Kasimir seufzt tief, dann meint er: „Bitte! Wenn's Dich glücklich macht!" Und Susanna erzählt von den Inhaftierungen und den meist auf die Inhaftierung erfolgten Widerrufen, aber auch von den Hinrichtungen durch Ertränken in der Isar. „Schön! Jetzt weiß ich's," meint Kasimir, dies zur Kenntnis nehmend, „kann ich jetzt weiterarbeiten?" Susanna nickt und verlässt den Raum. Aber sie ist entschlossen, Kasimir immer wieder auf die Notwendigkeit hinzuweisen, den Lutheranern Einhalt zu gebieten – vielleicht in Zukunft nicht mehr so forsch wie gerade eben.

## *Ansbach, 28. März 1522*

Endlich ein Stammhalter! Markgraf Kasimir ist schier aus dem Häuschen. Seine Frau Susanna hat ihm einen Sohn geschenkt. „Albrecht" soll er heißen, ruft Kasimir überglücklich, als ihm die frohe Kunde überbracht wird. Gerade hatte er den zweiten Wein in sich hineingeschüttet und vor sich hin sinniert: Nach der Geburt zweier Töchter, Marie und Katharina, hatte Kasimir mit einer dritten Tochter gerechnet. Marie ist jetzt zweieinhalb Jahre alt, und Katharina ist ein Jahr nach der Geburt im Jahr 1520 bereits wieder verstorben. Nun ja, Kasimir hatte nicht besonders tief getrauert. Es war halt schon das zweite ein Mädchen; dabei hatte er sich so sehr einen Stammhalter gewünscht. Und jetzt ist es soweit! „Albrecht" ist der Name seines verstorbenen Großvaters; dieser hieß Albrecht Achilles und war Markgraf von Ansbach und Kulmbach gewesen, hat es aber dann bis zum Kurfürsten von Brandenburg gebracht. So weit soll es Kasimirs Sohn auch schaffen: Die kurfürstliche Würde, die wäre etwas! Aber „Albrecht Achilles" hält Kasimir als Name dann doch nicht für so passend. Er versucht, sich an die Namen zu erinnern, die ihm bei der Geburt von Marie eingefallen waren. Und plötzlich ist es ihm wieder ganz deutlich: „Albrecht Alcibiades soll er heißen; ‚Albrecht' nach meinem Großvater und ‚Alcibiades' nach dem bedeutenden athenischen Feldherrn!" ruft er seiner Frau entgegen, als er in das Geburtszimmer stürmt.

# Kapitel 6

## Die Reformation nimmt Fahrt auf

## *Bayreuth 4. Juli 1522*

„Bruder Schmalzing, auf ein Wort!“ Der Stadtpfarrer winkt vor der Stadtkirche stehend dem Messpriester zu, der sofort auf ihn zueilt. „Bruder Prückner, was gibt's?“ – „Ich wollte Euch nur sagen, dass alle Messen, die Ihr von morgen an lest, für ein Jahr von dem Bayreuther Ratsherrn Christian von Landsdorf bezahlt worden sind. Sein Vater Martin von Landsdorf ist vor kurzem gestorben, und er möchte, dass der Verstorbene möglichst schnell und sicher aus dem Fegefeuer befreit wird. Also bitte, erwähnt den ehrwürdigen Martin von Landsdorf bei Euren Messen im Fürbittgebet. Das war's eigentlich schon. Das Finanzielle regeln wir später!“ Georg bedankt sich artig und dann fällt dem Stadtpfarrer doch noch etwas ein: „Ach ja, bevor ich's vergesse. Ich habe eine Botschaft aus Bamberg erhalten: Seine Exzellenz der Bischof von Bamberg Georg Schenk von Limpurg ist kürzlich verstorben – Gott habe ihn selig! Auch wir in Bayreuth sind gehalten, für unseren verstorbenen Bischof, ein Jahr lang täglich eine Seelenmesse zu halten. Das geht dann reihum. Bei der nächsten Priesterversammlung morgen werde ich die Aufgaben verteilen. Der neue Bischof heißt übrigens Weigand von Redwitz.“ Georg bedankt sich für die Informationen und verabschiedet sich von seinem Vorgesetzten. Die Information vom Ableben des Bischofs nimmt er völlig teilnahmslos hin, aber die Nachricht von der Beauftragung, Seelenmessen für ein ganzes Jahr gegen Bezahlung zu lesen, freut ihn sehr: ‚Großartig!‘ denkt er sich, ‚dann ist mein Auskommen erst einmal gesichert.‘
Auf dem Weg nach Hause, steht sie auf einmal vor ihm, die junge Frau, die ihm bereits als eine treue Predigthörerin aufgefallen war. Sie trägt die Tracht eines Bauernmädchens. Georg

lächelt ihr zu: „Kann ich etwas für Euch tun?" spricht er sie an und ihm fällt auf, dass sie dabei rot wird. Sie blickt nach unten und sagt verlegen: „Ich bin Anna Hellbauer aus der Altenstadt, und ich wollte Euch fragen, ob Ihr nicht auch eine Messe für meinen verstorbenen Großvater lesen könnt? Er ist vor ein paar Tagen gestorben und er fehlt mir so. Jetzt hoffe ich, dass er bald aus dem Fegefeuer kommt und Jesus ihm gnädig ist." Bei den Worten beginnen die Augen der jungen Frau tränenfeucht zu glänzen. Georg ist gerührt. „Anna – ich darf doch Anna zu Euch sagen?" Anna nickt, „Anna, Ihr seid doch eine treue Zuhörerin meiner Predigten, ja?" Auch jetzt nickt Anna, und Georg fährt fort: „Euer Großvater ist im Glauben an unseren Erlöser und Heiland Jesus Christus gestorben. Vertraut auf Gottes Liebe und Barmherzigkeit! Er hat Euren Großvater längst zu sich genommen und in seine Arme geschlossen. Dessen dürft Ihr gewiss sein!" Anna schaut den Messpriester mit großen Augen an: „Ihr meint, dann braucht es gar keine Messen mehr?" Georg lächelt. Er ist sich nach wie vor nicht im Klaren darüber, welche Folgen das Gesagte für seinen eigenen messpriesterlichen Berufsstand hat. Deshalb meint er: „Doch, doch, die braucht es schon noch! Aber unsere Lieben, die im Glauben an Jesus Christus verstorben sind, die holt Jesus zu sich … dessen bin ich ganz gewiss. Und das steht so auch in der Heiligen Schrift." – „Meint Ihr wirklich?" fragt Anna und wischt sich mit dem Ärmel ein paar Tränen aus den Augen. Georg nickt: „Ganz bestimmt!" Dann streicht er ihr – er weiß nicht recht, warum – kurz über die Wange. In diesem Augenblick sieht sie auf, und es ist, als wäre in diesem Moment etwas zwischen den beiden geschehen, eine unsichtbare Verbindung. Anna lächelt ihn an, und Georg sieht in diesem Lächeln etwas, das schöner ist als die Sterne am Himmel. Plötzlich hat er einen Kloß im Hals – so etwas kennt er gar nicht. Mit erstickter Stimme sagt er: „Kommt doch in den nächsten Tagen noch einmal in meine Messe, dann werde ich erneut darüber predigen!“ Anna lächelt immer noch: „Ja, das mache ich ganz bestimmt! Bis dann!“ Georg sieht ihr noch so lange nach bis sie in der Kämmereigasse verschwunden ist. ‚Ein liebes Mädchen!‘ denkt er sich. Und irgendwie ist ihm noch gar nicht bewusst, dass sein Messauftrag durch die Rechtfertigungsbotschaft eigentlich erloschen ist. Um ihn zu dieser Erkenntnis zu führen, bedarf es einer weiteren Schrift von Martin Luther.

## *Bayreuth, 31. Oktober 1522*

Sebastian Linner ist wieder in Bayreuth und klopft an Schmalzings Haustür: „Pfarrer Schmalzing!“ Georg kennt die Stimme nur zu gut. Linner! Ob es Neuigkeiten gibt? Er hastet zur Tür und reißt sie auf: „Linner, was gibt's?“ „Neuigkeiten!“ antwortet der lachend: „Darf ich reinkommen!“ – „Natürlich, natürlich!“ sagt Georg und lässt ihn eintreten, „nehmt Platz und erzählt!“ Umständlich kramt Linner in seinem Beutel und Georg hält es kaum noch vor Spannung aus, schließlich fragt er weiter: „Was ist mit Doktor Luther!“ – Linner hat das gesuchte Buch endlich gefunden, nimmt es in die Hand und sieht Georg an. Dann sagt er kurz und trocken: „Er lebt! Aber schaut Euch das einmal an!“ und reicht Georg das Buch. Georg blättert es auf: „Das Neue Testament Deutsch … übersetzt von Doktor Martin Luther! Donnerwetter! Woher habt Ihr das? Was ist passiert?“ Linner genießt es geradezu, ihn auf die Folter zu spannen: „Immer der Reihe nach!“ sagt er langsam, dann holt er tief Luft und beginnt zu erzählen. Luther sei die ganze Zeit auf der Wartburg versteckt gewesen; dort habe er das Neue Testament ins Deutsche übersetzt, damit alle nachlesen und überprüfen könnten, ob er mit seiner Bibelauslegung Recht habe. Im März sei er wieder nach Wittenberg zurückgekommen, habe die Verhältnisse dort geordnet und den Druck seiner Übersetzung in die Wege geleitet. Anfang September sei es erschienen: „Das ist druckfrisch!" – „Und was soll mich das kosten?" will Georg gleich wissen. „Eigentlich 1 ½ Dukaten, aber weil Ihr es seid: ein Dukat!" meint Linner. „Wartet, ich besorge das Geld!" ruft ihm Georg zu und ist schon aus der Wohnung. Er läuft zu seiner Mutter, die ein Stockwerk tiefer wohnt und bittet sie um das von Linner geforderte Geld. Mit Mühe und Not bekommen sie tatsächlich einen Dukaten zusammen und Georg hastet wieder in seine Wohnung. Dann legt er den Dukaten in kleinen Geldstücken auf den Tisch: „Hier, bitte schön!" – Linner sammelt mit einem „Vielen Dank!" auf den Lippen die Münzen ein und wendet sich zum Gehen. „Auf ein Wort noch!" hält ihn Georg zurück und Linner bleibt stehen: „Ja, was?" – „Habt Ihr noch mehr solche Bibeln?" fragt Georg und Linner schüttelt den Kopf: „Bedaure, aber ich kann noch mehr besorgen, wenn Ihr welche braucht!" – „Ja, das wäre gut. Bis wann könnt Ihr das schaffen?" – „Na, wenn ich wiederkomme, so in ein bis zwei Monaten!" meint Linner, und Georg reicht ihm die Hand: „Gut, gut, aber bitte, so schnell wie möglich! Ach, und vielen Dank für die guten Nachrichten von Doktor Luther!" – „Gern geschehen", Linner lächelt und verlässt Schmalzing, der sofort anfängt, in seinem Neuen Testament zu lesen. Ganz besonders interessiert ist er daran, wie Luther den Römerbrief übersetzt hat. Und so liest er ganz ergriffen von der Wortgewalt Luthers: *„Denn ich schäme mich des Evangeliums nicht; denn es ist eine Kraft Gottes, die selig macht alle, die daran glauben, die*

*Juden zuerst und ebenso die Griechen. Denn darin wird offenbart die Gerechtigkeit, die vor Gott gilt, welche kommt aus Glauben in Glauben; wie geschrieben steht: ‚Der Gerechte wird aus Glauben leben' (Röm 1,16f.).*" – ‚Die Gerechtigkeit, die vor Gott gilt', sinniert Georg, ‚ja, vor Gott gilt eine andere Gerechtigkeit als die menschliche, vor Gott gilt etwas anderes, da geht es um den Glauben, um das Vertrauen auf Gottes Heilswillen, und erst dann um die Taten, die daraus folgen!' Und Georg liest weiter: „*Nun ist aber ohne Zutun des Gesetzes die Gerechtigkeit, die vor Gott gilt, offenbart, bezeugt durch das Gesetz und die Propheten. Ich rede aber von der Gerechtigkeit vor Gott, die da kommt durch den Glauben an Jesus Christus zu allen, die glauben. … Wo bleibt nun das Rühmen? Es ist ausgeschlossen. Durch welches Gesetz? Durch das Gesetz der Werke? Nein, sondern durch das Gesetz des Glaubens. So halten wir nun dafür, dass der Mensch gerecht wird ohne des Gesetzes Werke, allein durch den Glauben*" (Röm 3,21-28). „Da steht es doch!" entfährt es Georg, und dann murmelt er noch vor sich hin: „Darüber werde ich morgen predigen. Besser kann man es eigentlich nicht formulieren … und Linner soll ruhig sein Geschäft machen und Bibeln verkaufen. Es geht um das Heilswerk Christi und um das Seelenheil der Gläubigen." Am Abend macht sich Georg noch ein paar Notizen zu seiner Predigt. In der Hand will er Luthers Übersetzung des Neuen Testaments halten. Und dann will er die Leute ermuntern, sich diese Buch auch anzuschaffen und darin zu lesen, damit sie sich mit den eigenen Augen davon überzeugen könnten, was wirklich in der Bibel steht, und dass all das, was er bisher gepredigt habe, mit dem biblischen Zeugnis übereinstimmt.

Am folgenden Tag hält Georg die Predigt: „*Wer den Brunnen hat, der braucht keine Bächlein!*" ruft er seiner Zuhörerschaft zu, *„hier ist die Heilige Schrift, Gottes Wort für unser Leben. Lest und überzeugt von Gottes Liebe, die alle Tage über Euch neu ist! Hier stehen Sätze wie: ‚Denn ich bin gewiss, dass weder Tod noch Leben, weder Engel noch Mächte noch Gewalten, weder Gegenwärtiges noch Zukünftiges, weder Hohes noch Tiefes noch eine andere Kreatur uns scheiden kann von der Liebe Gottes, die in Christus Jesus ist, unserem Herrn.*‘“ Dass er dabei die ganze Zeit Anna Hellbauer anblickt, fällt nur ihr selbst auf. Es ist, als halte sie ein unsichtbares Band zusammen. Und im Stillen denkt Georg: ‚Bei ihrem Anblick geht in meinem Herzen die Sonne auf.‘ Und plötzlich verwünscht Georg seinen Entschluss, Messpriester geworden zu sein. Darf er denn so etwas wie Liebe zu einer Frau empfinden? An diesem Abend kann er nicht einschlafen. Wenn er bisher nicht gewusst hat, was Liebe ist, jetzt glaubt er es zu wissen. Aber er hat keine Vorstellung davon, wie das weitergehen soll. Wem soll er sich offenbaren? Dann faltet er die Hände und spricht ein stilles Gebet: ‚Herr Jesus Christus, in Deine Hände lege ich mich und mein Schicksal. Ich vertraue darauf, dass Du es wohl machen wirst. Zeige mir, wo Du mich haben willst! Amen.‘ Bald darauf fällt er in einen unruhigen Schlaf.

## *Budapest, 5. Januar 1523*

„Ludwig, kennst Du eigentlich Professor Luther?“ Die Frage Georgs von Brandenburg an seinen inzwischen sechzehnjährigen Zögling, den Sohn von König Wladislaw, hat einen ernsten Hintergrund. Der ungarische Kronprinz zuckt mit den Schultern, und Georg sieht sich genötigt, seine Frage zu erläutern: „Ich habe einige Schriften von diesem Theologieprofessor aus Wittenberg schon gelesen und bin zu dem Schluss gekommen: Der Mann hat Recht! Deshalb habe ich fest vor, in meinen Ländereien in Schlesien und Ungarn das Evangelium rein und lauter predigen zu lassen – ohne die Regeln, die der Papst aufstellt." – „Fragt mich nicht!" sagt Ludwig, „ich habe davon noch nie etwas gehört." – „Dann würde ich Dir raten, einmal das hier zu lesen", sagt Georg und zeigt ihm ein Exemplar von Luthers Schrift „An den christlichen Adel deutscher Nation. Von des christlichen Standes Besserung". „Was ist das?" fragt Ludwig, und Georg erläutert: „Professor Luther macht hier Vorschläge, wie die Kirche in den einzelnen Ländern verändert werden sollte." – „Soso!" Ludwig wirkt nicht sehr interessiert. „Mein Junge", sagt Georg zu ihm, „dann würde ich vorschlagen, dass Du diese Abhandlung einmal durchliest. Vielleicht findest Du darin ja auch Anregungen für Dich, wenn Du selbst ungarischer König geworden bist." – „Ja, das sollte ich wohl …" meint Ludwig lustlos und nimmt das Büchlein an sich. Nachdem er das Zimmer verlassen hat, fängt Georg das Grübeln an. Ihm sind die Reformvorschläge nicht genau genug. Außerdem wüsste er gerne, wie es im Einzelnen durchzuführen wäre, wenn man als Landesherr die Kirche in seinem Land verändern möchte. Da hat er einen großartigen Einfall: „Ich werde einen Brief schreiben, einen Brief direkt an Professor Luther!" Er klatscht in die Hände und gibt dem augenblicklich eingetretenen Diener den Auftrag, Papier, Feder und Tinte herbeizubringen. Als dann das Papier vor ihm liegt, taucht Georg die Feder in die Tinte und beginnt zu schreiben:

*„Hochgelehrter Professor Luther, mit großem Interesse habe ich Eure Abhandlung ‚An den christlichen Adel' gelesen. Auch andere Schriften von Euch sind mir bekannt. Ich teile Eure Meinung. Zugleich wollte ich fragen, ob Ihr mich noch einmal*

*kurz unterrichten könntet, dass wir wissen mögen, was wir glauben und verkündigen lassen sollen, denn wir sind schier verwirrt und wissen nicht, wohin das führen möge. Außerdem wollte ich Euch bitten, mir Nachricht zu geben, wie es anzustellen wäre, wenn ich in meinen Ländern das Evangelium rein und lauter predigen lassen wolle, dass den Glaubenden keine Angst mehr gemacht wird, sondern dass sie hoffnungsfroh und zufrieden werden. Für Eure Mühe sei herzlich gedankt, seine fürstliche Gnaden, Georg, Markgraf zu Brandenburg-Ansbach.*"

Sorgfältig versiegelt Georg den Brief, ruft einen Boten und beauftragt ihn, den Brief so schnell wie möglich nach Wittenberg zu bringen.

Ein halbes Jahr später erhält Georg die Antwort Luthers aus Wittenberg: „*Dem Durchlauchtigen, hochgebornen Fürsten und Herrn, Herrn Georgen, Markgrafen zu Brandenburg, meinem gnädigen Herrn.*

*Gnade und Friede in Christo. Durchlauchtiger, Hochgeborner Fürst, gnädiger Herr! Ich habe Euer fürstlich Gnaden lange verzogen mit der Antwort, wiewohl ungerne; dann zuerst war ich doch ja nicht müßig, da der Bote anreget, darnach hab ich nicht gewisse Botschaft gehabt; Euer fürstlich Gnaden wollen mirs gnädiglich zu gut halten. Aber nun will ich hiermit Euer fürstlich Gnaden mitteilen, was ich samt dem Rath und Bedenken M. Philipps Melanchthon für das Beste ansehe in dieser Sachen.*

*Erstlich sollte Ihr Euch Genüge lassen an Gottes Wort und Christum als Trost. Zum andern werden unrechte Zeremonien von selbst in den Kirchen fallen. Eure fürstlich Gnaden mögen bedächtige und sichere Schritte tun und sich sorgen um das eigene ewige Wohl und das seines Volkes. Zum dritten, wählet einen geeigneten Pfarrer, von dem Ihr wisset, dass er das Evan-*

*gelium rein und lauter predigt. Der möge alle Pfarreien in Euren Ländern visitieren und prüfen, ob dort wirklich das reine Evangelium den Gläubigen gepprediget wird. Wer sodann nicht das Evangelium predigt, soll seine Stelle verlieren. Solch hab ich Euer fürstlich Gnaden nach meinem geringen Verstand wollen anzeigen. Gott gebe Euer fürstlich Gnaden seinen Heiligen Geist, das alles zu bessern, und in allen Dingen sein Wohlgefallen vollbringen, Amen. 18. Juli 1523.*
*Euer fürstlich Gnaden williger Martinus Luther.*

## Bayreuth, 23. Januar 1523

„Pfarrer Schmalzing, seid Ihr zuhause?" Sebastian Linner klopft ungeduldig an die Haustür der Schmalzings, „Hochwürden?" Da öffnet Georg die Tür: „Ah, Sebastian Linner! Schön, dass Ihr hier seid! Habt Ihr Lutherbibeln für mich?" Sebastian Linner lächelt vielsagend: „Ja, und außerdem noch viel mehr! Schaut her!" Aus seiner Tasche packt Sebastian Linner zehn Neue Testamente deutsch – übersetzt von Martin Luther. „Das ist schon der zweite Druck!" erklärt er, „der erste war im Nu verkauft, und deshalb ist dieser ein wenig teurer. Pro Stück 1 ½ Dukaten jetzt." Georg staunt über die Bücher: „Das ist hervorragend! Sonst noch etwas?" Linner reibt sich die Hände und sagt: „Ach ja, hier ist noch etwas für Euch!" und reicht Georg ein kleines Heftchen. Auf dem Titelblatt steht: „ ‚De captivitate babylonica ecclesiae. Von der babylonischen Gefangenschaft der Kirche' – das ist ja auf lateinisch!" murmelt Georg und Linner antwortet: „Ja und? Könnt Ihr vielleicht nicht latein?" – „Doch, doch!" beschwichtigt Schmalzing, „allerdings werden lediglich wissenschaftliche Aufsätze auf

lateinisch veröffentlich, für's Volk ist das wohl nichts!" – „Also, wollt Ihr's nicht haben?" fragt Linner enttäuscht. „Ich sehe es mir gerne an! Lasst es bitte da! So ein bisschen Hintergrundbildung hat noch niemandem geschadet", sagt Georg, und als Linner ihn unverwandt anblickt, fragt er: „Noch etwas?" – „Um Vergebung!" meint Linner, „aber umsonst ist das Heftchen nicht. „Ach ja, natürlich!" Georg war schon fast ins Lesen vertieft. Nachdem der Handel abgeschlossen ist, hat Linner noch etwas auf dem Herzen: „Hochwürden, wäre es wieder möglich, dass ich am Ende Eurer Frühmesse, wenn die Menschen aus der Kirche strömen – und ich weiß, dass sie wirklich strömen – dass ich da neben der Kirche einen kleinen Stand mit Lutherschriften aufbaue. Ich habe diesmal nämlich gleich mehr Exemplare in der Druckerei bestellt. Die haben mich eine Stange Geld gekostet, und deshalb würde ich sie gerne an den Mann bringen." – „Welche Lutherschriften habt Ihr denn noch dabei?" fragt Georg sofort interessiert, aber Linner beschwichtigt: „Es sind nur Schriften, die Ihr schon kennt. Also? Darf ich?" – „Jaja, da habe ich nichts dagegen … das habe ich ja schon mal gesagt", sagt Schmalzing schnell, „es ist doch gut, wenn die Leute das selbst nachlesen, sofern sie lesen können und wollen. Macht nur!" Und so verabschieden sich die beiden voneinander. Als Linner Schmalzing verlässt, reibt er sich die Hände und denkt: ‚Damit gewinnen wir beide!'
Georg zieht sich sofort zurück und beginnt zu lesen: „*Nur dasjenige kann ein Sakrament und Heilsmittel sein, was durch Christus eingesetzt ist und ein sichtbares Zeichen hat. Dies betrifft die Taufe, das Abendmahl und – auch ohne sichtbares Zeichen – die Beichte.*" ‚Ach so', denkt er sich, ‚dann wäre die Priesterweihe gar kein Sakrament …' und erstmalig fällt ihm auf, dass die Priesterweihe, die Firmung, die Hochzeit und die

letzte Ölung tatsächlich nicht von Christus selbst eingesetzt sind. Darüber hatte er bisher noch nie nachgedacht. Er atmet tief durch und denkt sich: ‚Nun ja, aber die Messe, die ich täglich halte, die ist ja sicherlich von Christus eingesetzt. Damit hat meine Aufgabe weiter ihre Bedeutung und ihren Sinn.' Dann liest er weiter: „*Wie die ganze Taufe und die ganze Freisprechung von den Sünden, so ist auch das ganze Sakrament des Brotes und des Weines allen Gläubigen zu reichen, wenn sie es begehren. Das Sakrament gehört nicht den Priestern, sondern allen, und die Priester sind nicht Herren, sondern Diener, welche den Bittenden beiderlei Gestalt (Brot und Wein) reichen sollen, sooft sie darum bitten.*" Georg erschrickt: Tatsächlich! Bei jeder Wandlung hatte er den Satz gesagt: „Accipite, et bibite ex eo omnes – Nehmt und trinkt alle daraus". Ja, das muss man ernstnehmen! Alle sollen daraus trinken! Da werden die morgen ganz schön staunen, wenn ich ihnen auch noch den Wein anbiete. Bleibt zu fragen, was mit dem übriggebliebenen Wein zu machen sei. Und Georg liest weiter: „*Brot und Wein bleiben beim Abendmahl wahres Brot und wahrer Wein. Die Behauptung des Aristoteles, es gäbe eine unsichtbare Substanz in Brot und eine in Wein, die dann vom Priester durch die Einsetzungsworte gewandelt werden könne, ist aus der Bibel nicht begründbar. Auch wenn ich mit meinem Verstand nicht begreifen kann, auf welche Weise das Brot Christi Leib ist und der Wein Christi Blut, so will ich doch meinen Verstand gefangengeben in das biblische Wort und in den Gehorsam Christi.*" ‚Ich verstehe', denkt Georg, ‚es macht also gar nichts, wenn etwas übrig bleibt. Nur während der Abendmahlsfeier soll gelten: Der Wein ist Christi Blut und das Brot ist Christi Leib! Wie man sich das auch immer vorstellen mag. In Ordnung, da kann ich mich darauf einlassen.' So die Gedanken des Georg Schmalzing. Aber dann stockt ihm der Atem, denn die „dritte Gefangenschaft", von der Martin Luther spricht, betrifft seine berufliche Existenz direkt. Luther schreibt: „*Die dritte Gefangenschaft dieses Sakraments ist dessen über alle Maßen gottloser Missbrauch, infolgedessen heute in der Kirche fast nichts so allgemein und so fest geglaubt wird, wie dass die Feier der heiligen Messe die unblutige Wiederholung des Opfertodes Christi am Kreuz und damit ein gutes Werk sei. Ich gehe gegen eine schwierige Sache an, und vielleicht ist's unmöglich, damit fertig zu werden. Denn sie ist durch jahrhundertelange Übung bestärkt und hat sich so festgesetzt, dass man den größten Teil der heute herrschenden Bücher und fast die gesamte Gestalt der Kirche aufheben und ändern und eine ganz andere Gottesdienstordnung einführen oder vielmehr wiederherstellen muss. … Aber das heilige Abendmahl ist kein gutes Menschenwerk, das einem zugeeignet werden könnte, sondern eine Gabe Gottes an die Seinen. Ja, Christus schenkt sich und seine Heilstaten in, mit und unter Brot und Wein den Gläubigen. … Was schert mich die Menge und große Bedeutung Irrender? Stärker als sie alle ist die Wahrheit.*" Georg wird es abwechselnd heiß und kalt. Jetzt erst werden ihm die Folgen der Rechtfertigungslehre bewusst: Die gesamte Messpriesterschaft ist im Grunde überflüssig. ‚Warum ist mir das bisher nicht aufgefallen?' fragt er sich, und die Gedanken in seinem Kopf scheinen sich fast verselbstständigt zu haben: ‚Natürlich! Wenn der Christ im Glauben an Jesus Christus aus Gottes Gnade und Barmherzigkeit gerechtfertigt wird, dann ist das gesamte Messpriesterwesen überflüssig. Dann ist die Messe nicht als gutes Werk anzusehen, das irgendeinem Glaubenden zugeeignet werden könnte. Die Messe, das Abendmahl ist Gottes Geschenk an sein Volk. Durch das Abendmahl werden wir mit Christus vereinigt und im Glauben bestärkt! Wie konnte ich das nur übersehen? Warum ist mir das noch nie aufgefallen?' Georg ist völlig außer sich. Und dann wird ihm klar: Er muss mit dem Ratsherren Christian von Landsdorf reden, der ihn seit einem halben Jahr bezahlt und der bereits Messen für ein weiteres halbes Jahr bezahlt hat. Er muss mit ihm reden – und das möglichst rasch!

### *Bayreuth, 24. Januar 1523*

Bei der Frühmesse hat sich Georg noch einmal auf die Lippen gebissen. Kein Wort hat er verloren über die Schrift, die ihm Sebastian Linner am gestrigen Tag in die Hand gedrückt hat. Vielmehr hat er stattdessen noch einmal gesprochen über die Gewissheit, dass der Glaubende vor Gott gerechtfertigt wird, weil Gott gnädig und barmherzig ist, über die Gerechtigkeit, die vor Gott gilt, und das Heilswerk Jesu Christi. Am Ende des Gottesdienstes sind die von Sebastian Linner angebotenen Übersetzungen des Neuen Testamentes innerhalb weniger Minuten alle verkauft.

Aber Georg hat dafür kein Auge. Er macht sich sofort auf zu dem Ratsherren, der seine Messen zur Zeit bezahlt. Und tatsächlich findet dieser die Zeit, ihn zu empfangen: „Hochwürden, wie schön, dass Ihr mich besucht!" wird er freundlich von Landsdorf begrüßt, „nehmt doch Platz!" – „Vielen Dank, hochwürdiger Baron!" antwortet Schmalzing und Landsdorf lächelt: „Was kann ich für Euch tun?" – „Wie Ihr wisst", beginnt Schmalzing, predige ich seit einem knappen Jahr mit gewissem Erfolg gegen den Ablass, aber vor allem predige ich im Namen Gottes die Rechtfertigung des Sünders." Der Ratsherr nickt: „Ja, ich war auch schon oft Euer Predigthörer und gerade Eure Predigten sind der Grund, weshalb ich mir gewünscht habe, dass kein anderer als Ihr die Messen für meinen verstorbenen Vater – Gott habe ihn selig – lest. Möge er so schnell wie möglich aus dem Fegefeuer befreit werden." – „Genau darum geht es, verehrter Ratsherr! Ich habe mein theologisches Wissen aus den Veröffentlichungen eines Wittenberger Theologieprofessors namens Doktor Luther. Durch seine Worte bin ich zum Studium der Heiligen Schrift gelangt und habe festgestellt: Der Mann hat Recht! Wenn Gott wirklich barmherzig und gnädig ist, wenn er den Sünder im Glauben an Jesus Christus annimmt, dann brauchen wir weder Ablass noch Seelenmessen zu halten. Dann ist das auch gar nicht mehr nötig. Dieser Zusammenhang war mir bisher gar nicht klar. Aber jetzt habe ich eine lateinische Veröffentlichung von Doktor Luther bekommen, aus der hervorgeht: Die Messe ist gar kein gutes Werk, sie ist keine Wiederholung des Kreuzesopfers Jesu, sondern eine gute Gabe, die Gott uns Menschen schenkt, die Möglichkeit, mit Christus verbunden zu werden und den Glauben gestärkt zu bekommen, den Glauben, die Gewissheit, dass Gott auch mich einst annimmt – so wie er Euren Vater bereits jetzt bei sich aufgenommen hat." Georg holt tief Luft, aber dann fällt ihm erst einmal nichts mehr ein. Der Ratsherr ist ganz schweigsam geworden. Er blickt leer vor sich hin. „Ihr meint", sagt er dann, „ihr meint, mein Vater ist gar nicht mehr im Fegefeuer?" – „Also, wenn er an Jesus Christus geglaubt und darauf vertraut hat, dass Gott ihm in Christus gnädig ist, dann könnt Ihr gewiss sein: Jesus Christus hat ihn längst angenommen", erklärt ihm Georg. „Ja, das ist ja unfassbar", entfährt es Landsdorf, aber sofort, senkt er wieder die Stimme, „aber das hieße doch, dass die ganzen Messpriester arbeitslos werden, dass man die gar nicht mehr braucht." – „Eben", meint Georg, „und genau das ist mein Problem, und genau deshalb bin ich heute zu Euch gekommen. Weil ich es mit dieser überzeugenden Botschaft ernst meine, muss ich

Euch bitten, die Zahlung für alle Messen, die ich noch halten müsste – und das betrifft immerhin das nächste halbe Jahr – einzustellen." – „Und wovon wollt Ihr dann leben?" fragt Landsdorf sofort. Georg zuckt mit den Schultern: „Ich weiß es nicht. Ich vertraue auf Gott." Eine gefühlte Ewigkeit sagt keiner der beiden etwas. Der Ratsherr denkt nach. Schließlich sagt er: „Hochwürden, ich mache Euch einen Vorschlag: Ihr haltet im nächsten halben Jahr die gebuchten Messen weiter. Ich bezahle, was ich bestellt habe. Dabei bleibt es. Es sind dann eben keine Messen mehr für meinen Vater, sondern für die Bevölkerung. Ihr predigt das reine und lautere Evangelium so wie Ihr es bisher getan habt und lasst Euch nicht irre machen. Das halbe Jahr, das uns bis zum Auslaufen des Vertrags noch bleibt, werde ich nutzen, um im Stadtrat das Problem zu benennen. Denn es betrifft ja nicht nur Euch, sondern auch alle anderen dreizehn Messpriester. Vielleicht sieht der Stadtrat eine Möglichkeit, die Besoldung der Priester zu übernehmen. Sie leisten ja einen sehr wichtigen Dienst für unsere Stadt." –„Also, das wäre …", Georg weiß gar nicht, was er sagen soll, „also, das wäre etwas vollkommen Neues, eine neue Kirchenordnung … ich weiß gar nicht, wie ich Euch danken soll." Und Landsdorf sagt: „Ich danke Euch! Nur durch Euren Mut sorgt ihr dafür, dass die Kirche hier in Bayreuth sich wieder auf das besinnt, wozu sie eigentlich da ist: Die Menschen zu trösten und ihnen Hoffnung auf's ewige Leben zu vermitteln. An Euren Messebesuchern seht Ihr ja, wie sehr die Menschen nach dem reinen Wort des Evangeliums hungern und dürsten. In diesem Sinne: Fühlt Euch frei, weiterhin in Euren Messen das zu sagen, was zu sagen ist. Ich bin froh, dass Ihr das bisher getan habt." – „Ich danke Euch von Herzen!" Georg verabschiedet sich und geht ganz erfüllt nach Hause. Morgen wird er eine Predigt halten, die die Bayreuther noch nicht gehört haben.

Am nächsten Tag füllt sich der Bereich der Kirche vor dem Marienaltar wieder sehr schnell. Auch Anna ist wieder da. Sicher und gewandt zelebriert Georg die Messe. „*Geliebte Schwestern und Brüder*“, Georg beginnt seine Predigt eigentlich wie immer, aber dann wird er deutlich … und eigentlich sind seine Predigthörer dies auch gewöhnt, auch wenn die Richtung dieses Mal eine ganz neue ist, „*wir dürfen darauf vertrauen, dass wir in Christus von Gott gerechtfertigt werden. Christus ist am Kreuz für unsere Sünden gestorben, er hat ein für allemal unsere Sünden auf sich genommen und hat sie ans Kreuz geheftet. Gott ist uns nicht mehr böse. Sein Wesen ist die Liebe, ja, er kann gar nicht anders als zu lieben. Er weiß, dass wir uns im Glauben bemühen, das Richtige zu tun, auch wenn es immer wieder misslingt. Aus unserem Glauben sollen die guten Taten wachsen, von denen wir bisher stets gedacht hatten, dass sie uns in den Himmel bringen. Aber sie bringen uns nicht in den Himmel, sondern geschehen aus Dankbarkeit, weil Gott uns rechtfertigt. Und deshalb ist es auch ein Irrtum zu glauben, dass die Messe ein gutes Werk, nämlich die unblutige Wiederholung des einzigartigen Kreuzestodes Jesu sei, das demjenigen zugeeignet werden kann, der die Messe bezahlt. Das ist nicht nur ein Irrtum, sondern auch grober Unfug! Vor allem ist es gar nicht nötig. Gott muss nicht an das Opfer Christi erinnert werden. Das weiß er schon! Vielmehr schließt uns das Abendmahl in Brot und Wein zusammen zur Gemeinschaft untereinander und mit Christus. Wir gehören zusammen, weil wir an Christus glauben und wir gehören zu Christus. Das Abendmahl ist ein Geschenk Gottes an uns.*

*Und wo wir jetzt schon einmal dabei sind: Beim Abendmahl zitiere ich immer auf lateinisch die Worte, die Christus selbst bei seinem letzten Abendmahl gesagt hat. Sie lautet auf deutsch: ‚Nehmt, esst, das ist mein Leib!‘ und weiter: ‚Nehmt und trinkt alle daraus, das ist mein Blut!' Bisher haben die Gläubigen nie aus dem Kelch getrunken. Dies soll sich mit dem heutigen Tage ändern. Ich will ernstnehmen, was Christus selbst gesagt hat. Und deshalb seid Ihr alle herzlich eingeladen, heute mit mir Abendmahl zu feiern, miteinander und mit Christus in seinem Leiden, Sterben und Auferstehen verbunden zu sein und dies auch leiblich durch Brot und Wein zu spüren. Das ist gewisslich wahr. Amen."*

Das hat gesessen! Die Glaubenden fragen sich, ob sie richtig gehört haben. Die Messe soll kein gutes Werk mehr sein und sie sollen auch einen Schluck Wein beim Abendmahl bekommen ...? Tatsächlich trauen sich die meisten, auch einen Schluck Wein zu trinken. Manche sind so überrascht, dass sie sich – aus Gewohnheit – nur eine Hostie reichen lassen. Georg hatte sich so etwas schon gedacht: ‚Ändere den Ritus, und die Menschen tun sich schwer damit!' Aber er denkt sich auch: ‚Jetzt machen wir ernst mit dem reinen Evangelium. Und da dürfen wir vor dem traditionellen Ritus nicht Halt machen!'

Am Ende der Messe eilt Georg in die Sakristei – er will sich ganz rasch umziehen und hofft, danach noch kurz mit Anna sprechen zu können. Tatsächlich ist sie in einer Gruppe Menschen auf dem Kirchplatz, als er aus der Außentür der Sakristei tritt: „Gott zum Gruße!" ruft er fröhlich und gesellt sich dazu. Augenblicklich erstirbt das Gespräch und es tritt eine peinliche Stille ein. Georg versucht, diese zu überspielen, indem er sagt: „Da habe ich Euch ein bisschen vor den Kopf gestoßen, was?" Die meisten nicken, und Georg fährt fort: „Also, wenn es Euch tröstet: Ich habe auch Zeit gebraucht, um die Wahrheit dieser Überzeugung zu erkennen. Aber es ist wirklich so: Die Messe ist kein gutes Werk, sondern vereint uns miteinander und mit Christus." – „Wenn Ihr meint!" sagt einer, und ein anderer fügt hinzu: „Aber dann wären alle Messpriester arbeitslos!“ Georg lächelt: „Ihr habt Recht. Aber ich vertraue darauf, dass unser Stadtrat hierfür eine Lösung findet.“ Als sich die Gruppe langsam auflöst, ergibt sich für Georg die Gelegenheit, Anna kurz anzusprechen: „Anna, auf ein Wort, bitte!“ sagt er nur, und Anna bleibt bei ihm stehen. Dann meint er: „Verzeiht, dass ich Euch so unvermittelt anspreche, aber kann ich Euch heute nachmittag kurz sprechen?“ Anna ist verwirrt. Was soll sie jetzt sagen? Und bevor sie weiß, wie ihr geschieht, nickt sie. Georg spürt, dass er weiter reden muss: „Um drei Uhr am Unteren Tor?“ Anna nickt erneut und meint leise: „Bis dann!“

Georg ist völlig aus dem Häuschen. Heute nachmittag wird er Anna wiedersehen. Er hat eine heimliche Verabredung mit einer Frau! Nie hätte er sich so etwas träumen lassen. Als er Priester wurde, hatte er sich von der Vorstellung verabschiedet, jemals eine Frau lieben zu dürfen. Aber jetzt kann er keinen klaren Gedanken mehr fassen. Beim Mittagessen fällt ihm ein Teller auf den Boden. Die Mutter schimpft, aber Georg bekommt das gar nicht mit. Er kann den Nachmittag kaum erwarten.

Die Glocke der Stadtkirche schlägt dreimal. Georg denkt: ‚Dreiviertel drei! Ich muss mich auf den Weg machen!‘ Und augenblicklich verlässt er das Haus. Keine zehn Minuten später steht er am vereinbarten Treffpunkt und tritt von einem Bein auf's andere. ‚Ich hätte ihr ein kleines Geschenk mitbringen sollen!‘ denkt er sich und schilt sich im Geiste einen Trottel. Aber dann fällt ihm ein, dass Anna denkt, dass er als Messpriester nicht heiraten dürfe und dass sie nicht weiß, was Luther in seiner Schrift „An den christlichen Adel deutscher Nation“ alles gefordert hat. Georg weiß, dass es nur eine Frage der Zeit ist, dass die Priester auch heiraten dürfen. Das muss er ihr sagen! Und über all diesen Gedanken steht plötzlich verlegen lächelnd Anna vor ihm: „Anna!“ sagt Georg, „schön, dass

Ihr gekommen seid! Lasst uns ein paar Schritte gehen!“ So gehen die beiden nebeneinander vom unteren Tor den Weg Richtung Altenstadt. Georg spricht vom Evangelium, von seiner Aufgabe als Priester, … und schließlich spricht er von Luthers Schrift „An den christlichen Adel“, in der er fordert und biblisch begründet, dass auch Priester heiraten dürfen. Jetzt wirkt Anna, die ihm die ganze Zeit interessiert zugehört hatte, hellwach: „Ihr meint, Ihr dürftet dann auch heiraten?“ Georg nickt: „Das ist mein Ziel!“ Es folgt eine fast ein bisschen peinliche Stille, in der sie nebeneinander hergehen. Schließlich holt Anna tief Luft und fragt: „Und in welche Richtung gehen Eure Gedanken?“ Da bleibt Georg stehen,fasst sie mit beiden Händen an die Schultern und blickt ihr tief in die Augen: „Anna!“ sagt er lächelnd und sie schlägt die Augen nieder und errötet. In diesem Augenblick beenden die Glocken der Stadtkirche die einsame Szene. „Es ist ja schon halb vier“, sagt Anna, „ich muss nach Hause!“ – Georg lächelt immer noch: „Ich lasse Euch gehen, aber nur unter der Bedingung, dass wir einander wiedersehen – ich meine, nicht nur in der Messe.“ Anna nickt: „Ich lasse es Euch wissen, wann ich wieder Zeit haben werde.“ Jetzt nickt Georg und verbeugt sich hölzern: „Vielen Dank, Anna! Und auf bald!“ – „Auf bald!“ sagt Anna und wendet sich Richtung Altenstadt. Georg blickt ihr wieder lange nach. ‚Georg und Anna – das wäre schön!‘ denkt er sehnsüchtig und wendet sich der Stadtkirche zu.
Diese neue Form des Abendmahls ist in diesen Tagen das beherrschende Thema in Bayreuth: Bei Georg Schmalzing gibt es Abendmahl mit Brot und Wein!
Tatsächlich feiert Georg von jetzt an mit seinen Gottesdienstbesuchern das heilige Abendmahl immer mit Brot und Wein, und nach und nach tun es ihm die anderen Messpriester gleich. Auch die Gläubigen haben keine Schwierigkeiten mehr,

von dem bisher gewohnten Ritus abzuweichen. Es war ja auch nicht wirklich einzusehen, weshalb nur der Priester den Wein trinken sollte, wenn Jesus gesagt hatte: „Nehmt und trinkt alle daraus!“

Und auch an den folgenden Tagen nimmt Georg kein Blatt vor den Mund: Die Seelenmessen sind für ihn – wenn man sie versteht als unblutige Wiederholung des Kreuzesopfers Christi und als gute Tat für denjenigen, der sie bezahlt – nichts anderes als „Hundsmessen“, ja sogar „Teufelsmessen“. Sie sind zu nichts nütze, im Gegenteil: Wer so etwas bezahlt und nicht darauf vertraut, dass Christus ihn im Glauben rechtfertigt, der werde selbst in die Hölle fahren und damit das Gegenteil erreichen von dem, was er eigentlich erhofft. Die Seelenmessen seien nicht besser als der Ablass, und damit „Krämerei, schlimmer als Wucher“. Wer heutzutage noch Seelenmessen zelebriert, ist letztlich nichts anderes als ein Gotteslästerer, denn er traut Gott und Jesus die Rechtfertigung des Sünders nicht zu.

*„Ja, auch ich war bisher ein Gotteslästerer, weil ich das nicht erkannt habe, aber nun sehe ich viel deutlicher das unverdiente Geschenk von Gottes Gnade und Barmherzigkeit in Jesus Christus. Im Glauben werden wir gerechtfertigt und nicht, weil wir Ablass erwerben oder irgendwelche Messen für uns gelesen werden. Darauf dürfen wir vertrauen. Gott wird seine Zusagen wahr machen. Er hält, was er verspricht. Seelenmessen zu feiern, ist der Beweis, dass man nicht an diese Zusage Gottes glaubt. Und wenn Euch der Teufel vor Gott verklagt, wenn Ihr verzweifelt, weil Ihr feststellt, dass in Euch nichts Gutes zu sein scheint, dann widersteht dem Teufel ins Angesicht! Sagt ihm folgendes: ‚Ich weiß ganz genau, dass ich die Hölle und den Tod verdient habe! Na, wenn schon! Aber ich habe einen, der für mich eintritt, der am Kreuz für mich gelitten hat und der an meiner Seite steht: Jesus Christus! Und wo er ist, da will ich auch sein! Ihm werfe ich*

*mich in die Arme, auf ihn vertraue ich im Leben und im Sterben.' Da wird der Teufel gleich fliehen und Friede und Freude wird in Euer Herz einziehen.*" Begierig nehmen die Bayreuther die Predigten des Georg Schmalzing auf. Immer mehr strömen zu seinen Gottesdiensten und lassen sich das Abendmahl in beiderlei Gestalt reichen. Immer wieder sind für die Menge der Glaubenden nicht genug Wein und Hostien vorhanden, sodass Nachschub aus der Sakristei herbeigeschafft werden muss und Georg zweimal die Einsetzungsworte sprechen muss.

Diese grundsätzliche und tiefgehende Art der Kritik am Bisherigen bleibt weder dem Stadtpfarrer Prückner noch den anderen Messpriestern verborgen. Und eines Morgens stellen diese Georg in der Sakristei zur Rede: „Du gräbst uns das Wasser ab! Wenn Du weiter so predigst, werden wir arbeitslos und keiner bestellt mehr eine Seelenmesse bei uns. Außerdem bist Du dann auch am Ende! Wie kann man nur auf diese Art und Weise den Ast absägen, auf dem man selbst sitzt!" ‚Ich verstehe Euch', denkt sich Georg und erhebt beschwichtigend die Hände: „Liebe Brüder, lasst Euch gesagt sein: Als mir anhand der Schrift Martin Luthers ‚De captivitate Babylonica ecclesiae' die Erkenntnis kam, dass die Seelenmessen dem Evangelium zuwider laufen, habe ich erst einmal mit meinem derzeitigen Geldgeber, dem Ratsherren Baron von Landsdorf, gesprochen und ihm angeboten, sofort die Geldzahlung, die er noch ein weiteres halbes Jahr zu leisten vorhat, einzustellen. Er hat sich aufmerksam alles angehört und mir folgendes Angebot gemacht: Um der Freiheit und der Glaubwürdigkeit des Evangeliums willen steht er zu seinem Wort und zieht seine Geldzahlungen nicht zurück. Die uns verbleibende Zeit will er nutzen, um das Problem im Stadtrat vorzubringen und sich dafür einzusetzen, dass der Stadtrat die Bezahlung nicht nur des Stadtpredigers, sondern auch die Bezahlung von uns Messpriestern übernimmt, sodass wir uns darauf konzentrieren können, Gottes Wort vor den Gläubigen verkündigen zu dürfen, ohne Angst um unser Auskommen zu haben." – „Ja, und was ist, wenn der Stadtrat es ablehnt, uns zu bezahlen?" fragt Prückner ganz direkt, und Georg meint: „Habt Vertrauen in Gott und wartet doch erst ab, was kommt!" – „Dein Wort in Gottes Ohr!" meint einer, und ein anderer droht Georg: „Wenn das nicht klappt, dann kannst Du was erleben!"

## *Bayreuth, 30. Januar 1523*

„Meine sehr geehrten Kollegen Ratsherren", beginnt der der inzwischen neu gewählte Bürgermeister Leonhard Hammerbacher seine Einführung zur Stadtratssitzung, „eine wichtige Problemanzeige des Baron von Landsdorf zwingt uns, die Finanzierung unserer Messpriesterschaft hier in Bayreuth auf die Tagesordnung zu setzen." Dann holt er tief Luft und erläutert: „Wie Ihr alle wisst, predigt seit geraumer Zeit Pfarrer Georg Schmalzing, der Sohn unseres hochgeschätzten Stadtschreibers, Magister Leonhard Schmalzing. Die neueste Erkenntnis, die Pfarrer Schmalzing aus seinem eigenen Bibelstudium sowie aus den Schriften des Wittenberger Theologieprofessors Martin Luther gewonnen hat, besagt, dass die Messe offenbar kein gutes Werk ist, das – durch Bezahlung – einem Verstorbenen angerechnet werden könne oder müsse. Wenn nun alle Seelenmessen überflüssig geworden sind, dann stehen auch unsere Messpriester – es sind derzeit vierzehn an der Zahl – vor dem Nichts. Baron von Landsdorf hat jetzt den Antrag eingebracht, dass sich künftighin die Stadt um die

Finanzierung der Priesterschaft kümmert, sodass diese ihren Dienst weiter versehen kann. Darf ich dazu um Eure Meinung bitten?“ Heinrich von Aufseß hat sich bereits gemeldet und wird durch ein Kopfnicken vom Bürgermeister aufgerufen: „Das sehe ich überhaupt nicht ein! Wenn der Priesterschaft jetzt auffällt, dass sie eigentlich überflüssig ist, dann sollte man sie auch abschaffen. Uns reichen dann der Stadtpfarrer und der Stadtprediger – und letzteren bezahlt die Stadt ja sowieso.“ – „Das stimmt doch gar nicht!“ platzt Sebastian von Thann heraus, „die Priester leisten nach wie vor gute und wichtige Arbeit. Sie spenden die Sakramente und betreuen die Glaubenden. Gerade in einer Zeit der Umwälzungen, in der wir momentan stehen, müssen wir den Dienst der Geistlichkeit hochschätzen und entsprechend unterstützen.“ – „Ja, aber zu fragen ist, ob das überhaupt unsere städtische Aufgabe ist, die Geistlichkeit zu finanzieren. Müsste sich da nicht eher seine Exzellenz Bischof Weigand von Redwitz aus Bamberg darum kümmern?“ schaltet sich Siegmund zu Schwarzenberg ins Gespräch ein. Der Bürgermeister schüttelt den Kopf: „Ich glaube nicht, dass seine Exzellenz sich um die Bayreuther Pfarrerschaft finanziell kümmert, vor allem nicht, wenn er wüsste, was und wie hier gepredigt wird.“ – „Aber was ist mit seiner Durchlaucht, dem Markgrafen? Müsste dieser nicht einspringen?“ fragt Ulrich von Zedtwitz in die Runde. Auch hier ist der Bürgermeister anderer Meinung: „Ich selbst hatte die Ehre, seine Durchlaucht, den Markgrafen Kasimir vor acht Jahren kurz nach seiner Machtübernahme kennen zu lernen. Seine erste Maßnahme war die Erhöhung der Steuern. Es scheint mir undenkbar, dass seine Durchlaucht uns hier finanziell beistehen werden. Im Gegenteil! Wenn er wüsste, was wir hier diskutieren, würde er dem sofort ein Ende zu machen suchen. Mag sein, dass er die Tatsache begrüßt hat, dass der Ablasshandel in Bayreuth zum Erliegen kam, aber ich bin mir sicher, dass er keine Vorstellung davon hat, wie weit die kirchliche Entwicklung hier in Bayreuth bereits fortgeschritten ist. Wenn wir die zarte Pflanze der kirchlichen Fortschritte nicht gefährden wollen, dann sollten wir über diese Sitzung nicht einmal ein Protokoll anfertigen, ganz egal, was dabei herauskommt!" – „Moment, weshalb meint Ihr, dass seine Durchlaucht unsere Beratungen nicht dulden würden?" fragt Heinrich von Laineck, und der Bürgermeister erläutert: „Seine Durchlaucht ist ein schlauer Herrscher. Er hat ein Interesse daran, seinen Einfluss zu vergrößern. Mein Vorgänger hat mir erzählt, dass vor knapp zwei Jahren der Hauptmann des Oberlandes Christoph von Beulwitz in Bayreuth vorstellig geworden ist und im Auftrag seiner Durchlaucht gefragt hat, ob hier in Bayreuth Schriften von Doktor Martin Luther aufgetaucht sind. Ganz konkret soll er nach einem Messpriester gefragt haben, der hier möglicherweise lutherische Gedanken – er nannte sie ‚Ketzereien' – verbreitet. Seine Durchlaucht, der Markgraf, wünsche über die Vorgänge in Bayreuth informiert zu werden. Und mein Vorgänger hat sich gefragt, ob seine Durchlaucht plane, vielleicht ganz auf die Linie des Kaisers einzuschwenken." – „Und?" will Heinrich von Laineck wissen, „weiß man auch, was Beulwitz mitgeteilt wurde?" Der Bürgermeister grinst: „Mein Vorgänger muss ihn mit politischen Aussagen geradezu eingenebelt haben. Er hat behauptet, hier in Bayreuth wären nur treue Untertanen des durchlauchtigsten Markgrafen und er bräuchte sich mitnichten Sorgen zu machen. Ja, hier wären durchaus auch Lutherschriften bekannt, aber wir würden uns in erster Linie um den Bau unseres zweiten Turmes kümmern. Das wäre für Bayreuth derzeit das Wichtigste!" – „Und das hat ihm gereicht?" fragt Laineck weiter. Immer noch grinst der Bürgermeister spitzbübisch: „Ja, offenbar! Daraufhin – so wurde mir berichtet – ist er salutierend abgezogen. Aber jetzt zurück zu unserem Problem: Ich denke, es ist ein Gebot der Stunde, über den Verlauf dieser Sitzung weder ein Protokoll anzufertigen noch sonst etwas nach außen dringen zu lassen." – „Also, wenn wir jetzt die Bezahlung der Messpriesterschaft übernehmen", schaltet sich wieder Ulrich von Zedtwitz in die Diskussion ein, „was bringt das der Stadt?" Heinrich von Landsdorf erhebt jetzt erstmals seine Stimme: „Pfarrer Schmalzing hat mir die Bedeutung des Abendmahls folgendermaßen erläutert: Es ist ein Geschenk Gottes an die Gläubigen, durch welches die Gläubigen mit Jesus, aber auch untereinander verbunden werden. Nun bin ich kein Theologe, aber das leuchtet mir ein. Was ich damit sagen will, ist dies: Selbst wenn die Messe jetzt nicht mehr als ein Werk angesehen werden kann, das den Verstorbenen im Fegefeuer zugute kommen kann, es dient auf jeden Fall der Stärkung der Gemeinschaft der Glaubenden. Und an der Gemeinschaft und Stabilität des Gemeinwesens hat die Stadt ein großes Interesse." – „In der Tat", pflichtet Caspar von Waldenfels ihm jetzt bei, „wenn ich etwas von Pfarrer Schmalzing gelernt habe, dann die Tatsache, dass der Glaube an Jesus Christus, das Vertrauen auf Gott, mutige und starke Menschen macht. Dies würde ich gerne unterstützen – allerdings unter der Voraussetzung, dass wir als Stadt uns das auch leisten können, zumal wir derzeit ja das Bauprojekt des zweiten Turmes bezahlen." Der Bürgermeister nickt: „Liebe Ratsherren, das habe ich ganz vergessen zu sagen: Die Messpriester verdienen so wenig, dass die Übernahme ihres Gehaltes für die Stadt kein Problem darstellt. Wir könnten die in der Tat recht geringen Kosten für die Messpriesterschaft in den Baukosten für den zweiten Turm verstecken, sodass seine Durchlaucht von unseren Neuerungen gar nichts erfährt." Die Diskussion währt noch eine ganze Weile, aber die wichtigsten Argumente sind ausgetauscht. Am Ende wird der Vorschlag des Christian von Landsdorf sowie des Bürgermeisters angenommen: Von jetzt an übernimmt die Stadt die Gehälter der Messpriesterschaft. Der Markgraf jedoch erfährt davon kein Wort.

In diesem Jahr trifft sich Georg immer wieder mit Anna. Ihre Zusammenkünfte finden an unterschiedlichen Orten statt, und kein Bayreuther bekommt etwas davon mit. Bei dem fünften heimlichen Zusammentreffen gesteht Georg Anna, dass er sie liebe und bald heiraten wolle: „Anna, wenn ich in Deine Augen sehe und Du zurückblickst, fühlt sich alles so wundersam an, weil ich mich stärker und schwächer zur gleichen Zeit fühle. Ich bin aufgeregt und zugleich voller Angst. Die Wahrheit ist: Ich weiß, was ich empfinde, und ich weiß, was für eine Art Mann ich sein möchte. Ich liebe Dich." Anna erschrickt: „Aber Georg, Du bist doch Priester!" sagt sie, und Georg lächelt: „Ich weiß, dass die Bayreuther Gemeinde dafür noch nicht reif ist, aber es wird nicht mehr lange dauern und ich werde dies in meinen Predigten auch vorbereiten. Bist Du bereit, so lange zu warten?" fragt er Anna, und Anna nickt lächelnd: „Ja, schon, aber Georg, was soll denn daraus werden?" Und Georg umarmt schüchtern seine Braut, die von jetzt an seine heimliche Verlobte ist, und flüstert ihr ins Ohr: „Wenn der Weg schön ist, frag nicht, wohin er führt!" Als sie sich an diesem Tag trennen, denkt sich Georg: ‚Das Leben ist so schön!'

## *Ansbach, 4. Dezember 1523*

„Ein Brief des Hauptmanns Christoph von Beulwitz an seine Durchlaucht, Markgraf Kasimir!" Der Bote, der dies vor den Toren des Ansbacher Wasserschlosses ruft, ist außer Atem. Die Zugbrücke wird heruntergelassen, und der Bote eilt in den Innenhof des Schlosses. Kasimir ist gespannt, was für Neuigkeiten der Hauptmann ihm überbringen lässt, dass er einen Brief schreibt. Er liest: „*Gnädiger Herr, durchlauchtigster Markgraf, da Ihr mich vor Zeiten beauftragt habt, Euch immer wieder Bericht zu erstatten über die Vorgänge im Oberland, erlaube ich mir, Eure gnädige Aufmerksamkeit auf folgende Dinge zu richten: Wie ich kürzlich festgestellt habe, werden seit über einem halben Jahr in Bayreuth keine Seelenmessen mehr gelesen. Die Begründung, die man mir gab, lautete, dass die Messe kein gutes Werk sei und man im Glauben an Jesus Christus aus Gottes Gnade und Barmherzigkeit gerechtfertigt würde. Deshalb habe man in Bayreuth, aber auch in Kulmbach, Hof und Wunsiedel die Seelenmessen abgeschafft. Ebenso ist die Lutherbibel in kräftigem Gebrauch, wie auch weitere Schriften des geächteten und gebannten Doktor Luther. Ich erbitte Order, ob und – wenn ja – wie ich gegen die neuen Lehren vorzugehen habe. Euer ergebenster Diener Christoph von Beulwitz.*"

„Was sagst Du zu diesem Brief, Susanna?" Kasimir gibt ihn seiner Frau zu lesen. Die vertieft sich schweigend in das Blatt Papier und legt ihre Stirn in Falten. Dann holt sie tief Luft: „Wie oft habe ich es Dir schon gesagt? Diese Ketzerei hättest Du längst aufhalten müssen – hoffentlich ist es noch nicht zu spät! Mehr als zwei Jahre sind seit dem kaiserlichen Edikt von Worms vergangen, und Du hast nichts gegen die Lutheraner unternommen. Mein Bruder in Bayern ist ein treuer Gefolgsmann des Kaisers und geht gegen jedwede Ketzerei mit Erfolg vor. Das hättest Du auch tun sollen." – „Hm", sagt Kasimir und es scheint Susanna, als würde ihr Gemahl sich in der Sache endlich bewegen. Schließlich murmelt er vor sich hin: „Es hatte schon seinen Grund, weshalb ich gegen die lutherischen Gedanken noch nichts unternommen habe. Der Bischof von Bamberg versucht immer wieder, mir in meine inneren Angelegenheiten hineinzureden. Eigentlich finde ich es gut, wenn die im Unter- und Oberland kirchlich ihr eigenes Ding machen." „Pah!" ruft Susanna aus, „durch Dein törichtes Taktieren hast Du jetzt ein großes Problem in Ansbach: Seit einem Monat predigt dieser Johann Rurer in St. Johannis lutherische Ketzereien, während in St. Gumbertus der Stadtprediger Weinhardt der Kirche treu ergeben ist. Erst letzte Woche hat Weinhardt von der Kanzel herab den Rurer einen Ketzer genannt, in dessen Gottesdienste man nicht gehen darf." – „Die Pfaffen sollen sich nicht so wichtig nehmen. Wenn es drauf ankommt, entscheide immer noch ich", meint Kasimir leichthin, aber Susanna ist jetzt richtig in Fahrt: „Das meinst Du! Viele Gläubige aus St. Gumbertus sind nach St. Johannis gegangen, um zu hören, was an den Predigten von Rurer so ketzerisch ist. Ist Dir eigentlich klar, dass Deine Residenzstadt inzwischen gründlich zerstritten ist? Du musst den Rurer sofort verhaften und einsperren, wenn Du keinen Aufstand haben willst." Der Hinweis auf den Streit, der zwischen den Predigern der beiden großen Ansbacher Kirchen besteht, macht Kasimir nun doch nachdenklich. Dann sagt er: „Ich mache es so: Erstmal werde ich die beiden Streithähne auffordern, sich zu mäßigen. Dann werde ich einen Landtag nach Ansbach einberufen und dann werden wir gemeinsam überlegen, was zu tun ist. Entweder wir finden eine gemeinsame Grundlage, auf die sich alle, die Papsttreuen und die anderen verständigen können oder ich finde einen Weg, wie ich der Ketzerei Einhalt gebieten kann." Susanna lächelt süßsauer: „Da bist Du aber sehr spät dran!" Aber Kasimir reicht es jetzt: „Ich sag's Dir jetzt zum letzten Mal: Du hast mir keine Belehrungen zu erteilen, wie ich die Markgrafschaft führe! Geht das in Deinen Hirnskasten endlich hinein?" Mit diesem Satz verlässt er das Zimmer.

## *Bayreuth, 22. August 1524*

„An alle Untertanen aus dem Oberland! Der Markgraf lädt zum 25. September Anno Domini 1524 die Vertreter der Städte und Kirchen zum Landtag nach Ansbach ein! Es soll über die neue Lehre und die Schriften beraten werden." Als die Einladung Bayreuth erreicht, entbrennt sofort eine Diskussion darüber, wer kirchlicherseits die Bayreuther Ratsherren begleiten soll. Georg Schmalzing wäre gerne mitgekommen, aber man beschließt, dass nur die beiden obersten Repräsentanten der Bayreuther Stadtkirche, Stadtprediger Nikolaus Schamel und Stadtpfarrer Hans Prückner den Stadtrat begleiten dürfen. Georg schärft den beiden Kirchenmännern noch einmal ein, auf jeden Fall „hart zu bleiben" und bei Luthers Lehre keine Abstriche zu machen. Vielleicht wäre es ihnen sogar möglich, seine Durchlaucht von den kirchlichen Neuerungen zu überzeugen. Georg verabschiedet die Bayreuther Gesandtschaft mit vielen guten Wünschen, Bitten und Ratschlägen. Er macht sich Sorgen. Weder Schamel noch Prückner haben sich bisher in der Verkündigung nach lutherischer Weise besonders hervorgetan. Gut, sie haben ihn von Anfang an unterstützt, aber selbst gepredigt haben sie kaum. Oh, wie gerne wäre Georg jetzt nach Ansbach mitgekommen!

Zwei Tage braucht die Kutsche von Bayreuth nach Ansbach. Als sie am Abend des 25. September in Ansbach ankommt, beziehen Prückner und Schamel zuerst ihr Herberge. Dort treffen sie zufällig mit den Vertretern der Städte Wunsiedel, Hof und Kulmbach zusammen. Bei einem Bier verständigen sie sich über das Vorgehen. So wissen die Kulmbacher, dass auch in vielen Städten im Unterland die von Martin Luther vorgeschlagenen Reformen Einzug gefunden haben und man beschließt, am nächsten Morgen noch vor Eröffnung des Landtages zunächst auf jeden Fall das Gespräch mit den Vertretern der Stadt Ansbach zu suchen.

### *Ansbach, 26. September 1524*

Im Rahmen des eigentlichen Landtags stellt sich heraus, dass das Luthertum sowohl im Ober- als auch im Unterland sehr verbreitet ist. In einer Beratungspause setzen sich die Vertreter der Städte Ansbach, Schwabach, Crailsheim, Kitzingen, Gunzenhausen, Uffenheim, Wassertrüdingen, Neustadt/Aisch, Kulmbach, Wunsiedel und Bayreuth zusammen und verständigen sich auf einen Antrag: *„Durchlauchtiger, hochgeborener Fürst! Gnädiger Herr! Wir ersuchen und bitten Eure fürstliche Gnaden ganz untertäniglich und demütiglich um Gottes, des Allmächtigen und seines eingeborenen Sohnes, unsers lieben Herrn Erlösers und Seligmachers Jesus Christus willen, dass Eure fürstliche Gnaden als löblicher christlicher Fürst es zulasse, dass Gottes Wort allenthalben lauter und rein ohne menschliche Zusätze gepredigt werde und uns das Sakrament in beiderlei Gestalt gereicht werde, dass Eure fürstliche Gnaden uns weiterhin gestatten möge, die deutsche Messe zu hören und anderes, was das Evangelium mit sich bringt.“*

Als dem Markgrafen dieses Schreiben vorgetragen wird, hagelt es von der Seite der Abgesandten des Bamberger Bischofs lauthals Protest: „Was hier gefordert wird, ist von der Kirche schon lange entschieden und untersagt worden!" hält Anselm von Giech, der Abt des Bamberger Dominikanerklosters, dem Markgrafen entgegen: „Ihr dürft Euch das weder anhören noch bieten lassen!" – „Lasst uns doch erst einmal darüber reden und vielleicht sogar die Bibel befragen!" ruft Hans Prückner aus Bayreuth in die Runde. Da schlagen die Kulmbacher Delegierten Folgendes vor: „Es möge ein Ausschuss gebildet werden, der zur Hälfte aus Lutheranern und zur anderen Hälfte aus Papsttreuen besteht. Dieser soll eine gemeinsame Erklärung zu dem Antrag erarbeiten. Dann hätten wir eine Diskussionsgrundlage." Der Vorschlag wird angenommen und insgesamt zwölf Theologen, zu denen auch Nikolaus Schamel zählt, setzen sich zusammen.

Es dauert fünf Tage, bis das Gremium wieder vor den Landtag tritt. „Lasst hören, was habt Ihr vorzutragen!" fordert Kasimir die Theologen auf. Da tritt Magister Schamel aus Bayreuth vor, verbeugt sich und holt tief Luft: „Um Vergebung, Eure fürstliche Gnaden, aber wir konnten uns nicht einigen. Deshalb haben wir zwei Gutachten erstellt. Das unsrige fußt auf Gottes Wort, das in der Heiligen Schrift dargelegt ist, wir wünschen, dass das Evangelium rein und lauter gepredigt werde, dass die Messe in deutscher Sprache zu lesen und die Kinder deutsch zu taufen seinen, wir wünschen uns, dass das Heilige Sakrament des Altars unter beiderlei Gestalt dargereicht und empfangen wird – wie es in der Heiligen Schrift auch gesagt wird, und schließlich sollten alle Priester und geistliche Personen heiraten dürfen – dies wird auch in der Heiligen Schrift gestattet. Über alle diese Neuerungen weigern sich aber die Herren Prälaten überhaupt zu verhandeln. Deshalb hat jede

Seite ein eigenes Gutachten erstellt. So möge nun Eure Fürstliche Gnaden entscheiden." Kasimir springt auf: „Das darf doch nicht wahr sein! Ihr werdet Euch doch einigen können!"
In der Tat hat er mit einem derartigen Fehlschlag nicht gerechnet. Noch zwei Tage zuvor hat er ein kaiserliches Schreiben empfangen, das bis zu einem Konzil alle Änderungen im Gottesdienst und der Religion untersagt. Kasimir zögert. Wie soll er jetzt entscheiden? Es ist totenstill im Saal. Schließlich – Kasimir steht immer noch – sagt er wütend: „Meine Herren, ich werde mich jetzt nicht zu einer voreiligen Entscheidung hinreißen lassen. Die Sitzung ist für heute geschlossen. Bis morgen!"
Kasimir zermartert sich den Kopf. Hat er die Lutheraner zu lange gewähren lassen? Hatte seine Frau Susanna Recht gehabt? Er weiß es nicht. Schließlich liest er sich beide Gutachten noch einmal durch. Dann kommt ihm die Idee, eine – wie er findet – geniale Idee. Ihm fällt nämlich auf, dass alle Räte dafür seien, bei Gottes Wort zu bleiben; strittig sind nur die Folgerungen, die daraus zu ziehen sind. Deshalb lässt er folgenden Landtagsabschied formulieren: *„Es wird befohlen, dass allenthalben in meinem Fürstentum und Landen das heilige Evangelium und göttliche Wort Alten und Neuen Testaments nach rechtem wahren Verstand lauter und rein gepredigt werden sollte, dass auch die Pfarrherren nicht zänkisch und aufrührerisch predigen. Es sei aber meiner fürstlichen Gnaden gnädiges Bitten und Begehren, dass alle seine Untertanen geistlichen und weltlichen Standes Geduld haben und nichts Neues vornehmen, bis seiner Fürstlichen Gnaden fernere Meinung erfordert würde. Gegeben zu Ansbach, an Michaelis 1524 – seine Durchlaucht, der gnädige Fürst Kasimir von Brandenburg-Ansbach und Brandenburg-Kulmbach."*

## *Bayreuth, 3. Oktober 1524*

Als Schamel und Prückner mit dem Landtagsbeschluss in Bayreuth ankommen, werden sie von einem ungeduldigen Georg Schmalzing empfangen. Sie erzählen, was in Ansbach geschehen ist, und überlegen, was das Ergebnis für sie bedeutet. Georg ist zufrieden: „Da steht es doch!“ sagt er, „Gottes Wort soll lauter und rein gepredigt werden! Nichts anderes machen wir hier. Also, alles gut! Ich gratuliere zu diesem Beschluss!“ – „Nun ja“, wendet der Stadtprediger zögernd ein, „aber es ist doch auch klar, dass er mit dem ‚aufrührerischen Predigten‘ eigentlich Eure Predigten meint.“ Georg grinst: „Ihr lest doch zwischen den Zeilen. Ich sehe darüber großzügig hinweg. Mir reicht, dass wir weiter Gottes Wort und nicht das Wort des Papstes predigen dürfen.“ „Also“, schaltet sich jetzt Hans Prückner ein, „seine Durchlaucht hat auf mich den Eindruck gemacht, als erhoffe er sich vom Landtag eine Einigung zwischen den papsttreuen Prälaten und uns. Nachdem er gesehen hat, dass das nicht möglich ist, war er nur überfordert bei der Suche nach einer klaren Lösung. Deshalb hält er uns jetzt hin. Aber es könnte sein, dass er in der nächsten Zeit sich deutlicher dazu äußert. Außerdem deutet das Verbot von Neuerungen ohne Erlaubnis des Markgrafen an, dass es für uns schwierig werden könnte.“ – „Wir werden sehen“, meint Georg leichthin, „aber zunächst machen wir so weiter wie bisher. Stellt Euch vor, wir würden jetzt plötzlich wieder den Ablass und die Messen als gute Taten predigen und verkaufen ... das wären dann wirklich aufrührerische Neuerungen!“ – Jetzt grinst Nikolaus Schamel: „Nun wohlan, das kann man so sehen – aber der Markgraf weiß ja gar nichts davon, dass wir das alles schon eingeführt – Pardon: abgeschafft – haben.“ – „Hört auf, das Schlechte an dem Beschluss zu sehen!“ fordert

Georg den Stadtprediger und den Stadtpfarrer auf, „es bleibt dabei! Das, was Ihr aus Ansbach mitgebracht habt, ist ein Freibrief für die Wahrheit, das reine und lautere Evangelium!" Prückner zuckt mit den Schultern: „Wahrscheinlich ist es das Beste, wenn wir jetzt erst einmal tatsächlich so weiterpredigen wie bisher." – „Das ist es", bekräftigt Georg, und dann fügt er hinzu: „Heute abend trinken wir einen auf unseren durchlauchtigsten Fürsten!" – „Das machen wir!" sagt Nikolaus Schamel … und das geschieht an diesem Abend auch wirklich.

## *Bayreuth, 8. Januar 1525*

„Meine Ratsherren", beginnt der Bayreuther Bürgermeister die erste Stadtratssitzung im Neuen Jahr, „mir liegt hier ein Schreiben des Ansbacher Kanzlers Vogler vor, in dem er alle Städte des Unter- und des Oberlandes dazu auffordert, eine Eingabe an seine Durchlaucht, den Markgrafen, zu schreiben, aus der hervorgeht, er möge jetzt auch offiziell bekannt geben, dass in der Markgrafschaft das Evangelium Gottes rein und lauter gepredigt werden solle. Ich bitte um Wortmeldungen!" Die sich anschließende Erörterung endet einvernehmlich. Der Landtagsabschied vom letzten Jahr macht Hoffnung, dass seine Durchlaucht, Markgraf Kasimir dem lutherischen Gedankengut aufgeschlossen gegenüber steht. „Ich denke", sagt der Bürgermeister, „seine fürstliche Gnaden, unser durchlauchtigster Markgraf, benötigt lediglich einen kleinen Anstoß, um sich jetzt endgültig für das reine Evangelium zu entscheiden." So beschließen die Ratsherren, Boten nach Kulmbach, Hof und Wunsiedel zu schicken, um deren Unterstützung zu erhalten.

## *Bayreuth, 18. Januar 1525*

Nach und nach treffen die Boten aus Kulmbach, Hof und Wunsiedel in Bayreuth ein. Bürgermeister Leonhard Hammerbacher runzelt die Stirn: „Meine Ratsherren“, sagt er in der Stadtratssitzung: „Schlechte Nachrichten: Die drei Städte aus dem Oberland unterstützen uns zwar, sind aber nicht bereit, die Eingabe an den Markgrafen zu unterschreiben. Damit stehen wir alleine da. Ich bitte um Wortmeldungen.“ – „Dann machen wir auch nichts!“ schlägt sofort Ulrich von Zedtwitz vor, aber Christian von Landsdorf ist anderer Ansicht: „Wir können uns nicht einfach wegducken wie die anderen. Dann ändert sich nie etwas. Was riskieren wir denn, wenn wir unserem Fürsten die offizielle Einführung der nötigen kirchlichen Reformen vorschlagen?“ – „Wir riskieren sehr viel“, meint von Zedtwitz „denn auf dem Landtag in Ansbach war nicht klar, auf welche Seite sich seine Durchlaucht stellt. Mir schien, er wolle sich auf die Seite des Kaisers stellen.“ – „Ja“, pflichtet ihm Hans Kastner bei, „ich weiß, dass seine Frau überaus papsttreu ist. Wir sehen ja an den Nachrichten, die aus Bayern kommen, wie ihr Bruder gegen die reformatorischen Gedanken vorgeht.“ – „Und wenn wir jetzt die Erfahrung machen, dass seine fürstlich Gnaden mit uns nicht so verfährt, dann kann das ja nur heißen: Seine Durchlaucht ist den lutherischen Gedanken gegenüber sehr aufgeschlossen. Also: Nur Mut, meine Herren! Oder wollen wir uns jetzt tatsächlich wegducken?“ fragt der Bürgermeister. Der Ratsherr Christian von Landsdorf pflichtet ihm bei: „Ich denke auch: Wir sollten vorangehen. Wir sind die größte Stadt im Oberland und ich bin mir sicher: Wenn wir den Antrag stellen, dann werden auch die anderen Städte mutiger und sich uns anschließen. Außerdem glaube ich, dass seine Durchlaucht wissen sollte, dass man sich in der wichtigsten Stadt des Oberlandes bereits auf die Predigt des reinen Evangeliums verständigt hat. Möglicherweise benötigt er selbst nur noch unseres Anstoßes, um auch offiziell die Lehre Luthers anzuerkennen." Nach einer längeren Erörterung beschließt der Stadtrat mehrheitlich, den entsprechenden Antrag beim Markgrafen zu stellen, und der Stadtschreiber Leonhard Schmalzing wird beauftragt, ein entsprechendes Schreiben an den Markgrafen aufzusetzen und den Ratsherren vorzulegen. Schmalzing schreibt: *„An seine Durchlaucht, seine fürstliche Gnaden, Kasimir, Markgraf zu Brandenburg-Kulmbach: Durchlauchtigster hochgeborener Fürst und Herr, in untertänigstem Gehorsam bitten wir Eure Gnaden, dass Sie uns das hochheilige Evangelium unseres Herrn und Meisters Jesus Christus rein und lauter predigen lassen, befreit von aller menschlichen und papistischen Zutat und Vorschrift, und dass Sie etliche Missbräuche in der Kirche abstellen und verändern."* Diesem Antrag schließen sich durch Vermittlung des Kanzlers Vogler die Städte Kitzingen, Schwabach und Gunzenhausen aus dem Unterland an.

## *Ansbach, 4. Februar 1525*

„Niemals hätten sich irgendwelche Städte so etwas in Bayern bei meinem Bruder getraut! Ich hab' Dir immer gesagt, dass Du etwas gegen die Ketzerei unternehmen musst. Stadtprediger Weinhardt sieht das auch so. Ich habe erst kürzlich mit ihm geredet. Er hofft darauf, dass Du jetzt endlich der Ketzerei Einhalt gebietest!" Susanna schüttelt den Kopf, als sie vom Bayreuther Antrag hört. Kasimir äfft sie nach: „Pfarrer Weinhardt hat gesagt … Mein Bruder hätte …, mein Bruder hätte …! Ich kann's nicht mehr hören! Hättest Du halt Deinen Bruder geheiratet! Weißt Du was? Lass mich einfach in Ruhe mit Deinen naseweisen Ratschlägen! Mir fällt schon etwas ein!" – „Gar nichts wird Dir einfallen!" Susanna ist jetzt richtig wütend, „dazu kommt noch die Sache mit den Bauern. Wenn die sich erst erheben, dann hast Du wirklich ein Problem." – „Kannst Du nicht mal das Maul halten, einfach nur das Maul halten? Ich sag's nicht noch einmal: Ich bin es, der das Land regiert! Und auf Deine Ratschläge bin ich nicht angewiesen. Lass mich in Ruhe! Ich muss nachdenken!" mit diesen Worten verlässt Kasimir das Zimmer und zieht sich zurück. Nach einer halben Stunde bestellt er seinen Schreiber zu sich: „Schreib er meine Antwort an die Städte Kitzingen, Schwabach, Gunzenhausen und Bayreuth! Werte Ratsherren, den Antrag habe ich erhalten. In Anbetracht der bevorstehenden Krisen erwarte ich, dass geduldiglich alle Neuerungen in den Kirchen verschoben werden, bis ich eine endgültige Entscheidung getroffen habe. Ich gedenke, dies in einem neuen Landtag, der bald zusammengerufen wird, zu tun. Gegeben zu Ansbach, den 4. Februar und so weiter, und so weiter! Habt Ihr das?" Der Schreiber nickt. „Dann bringt es ordentlich zu Papier und schickt es mit Eilboten an die betroffenen Städte!" Unter tiefen Verbeugungen verabschiedet sich der Schreiber, und Kasimir murmelt vor sich hin: „Die Bayreuther werden langsam frech! Susanna hat Recht, ich muss ihnen zeigen, wer die Macht hat. Aber jetzt habe ich sie erst einmal hingehalten und kann mich um das Problem mit den Bauern kümmern." Und dann ruft er laut nach seinem Hauptmann: „Beulwitz soll kommen!" Es dauert nur wenige Minuten, ehe der Hauptmann vor ihm steht und salutiert: „Zu Befehl!" – „Beulwitz", meint Kasimir, „wie beurteilt Ihr das Problem mit den Bauern." – „Im Oberland sehr gering, im Unterland auch kaum größer. Die Bischöfe in den Hochstiften Bamberg und Würzburg haben aber ein großes Problem", meint Christoph von Beulwitz, und Kasimir fragt zurück: „Weshalb?" – „Na, wenn man sich den ersten Artikel von den 12 Artikeln der Bauernschaft ansieht, dann wird deutlich, dass die lutherischen Länder weniger Probleme mit den Bauern haben werden als die papsttreuen", erklärt Beulwitz und Kasimir will wissen: „Was steht denn da?" Beulwitz erläutert: „Da steht, dass sie das Evangelium lauter und klar ohne allen menschlichen Zusatz gepredigt haben wollen, da in der Schrift stehen würde, dass wir allein durch den wahren Glauben zu Gott kommen können." ‚Das kommt mir doch bekannt vor', denkt sich Kasimir und fragt: „Und Ihr meint: Die Verbreitung der lutherischen Gedanken sowohl im Oberland als auch im Unterland könnte die Bauern beruhigen? Oder werden sie dadurch eher aufgestachelt?" – „Ich meine, die Bauern werden eher beruhigt, aber ich weiß es nicht wirklich!" antwortet Beulwitz. „Vielleicht ist es dann nicht verkehrt, wenn ich versuche, herauszufinden, was die Bauern tatsächlich denken und wollen", denkt Kasmir laut und fügt hinzu: „Ihr könnt abtreten!" Als Beulwitz gegangen ist, ruft Kasimir nach seinem Schreiber: „Ihr setzt mir sofort ein zweites Schreiben an die Bauernschaft auf! Darin steht, dass ich die Anliegen der Bauern teile. Das heilige Wort Gottes solle rein und lauter ohne menschliche Zutat gepredigt werden. Außerdem bin ich bereit, mit ihnen zu reden und möchte alle anderen bäuerlichen Forderungen genau prüfen. Das war's!" Als der Schreiber wieder abgetreten ist, reibt sich Kasimir die Hände: ‚Dann war es doch nicht verkehrt, dass ich die Lutheraner in meinem Land so lange habe gewähren lassen. Mit meinem Schreiben an die Bauern schlage ich außerdem zwei Fliegen mit einer Klappe. Die Bauern in der Markgrafschaft halten still, weil sie sich von mir Entgegenkommen erhoffen, und wenn die Bauern in den Fürstbistümern erfolgreich sein sollten, dann kann ich mein Einflussgebiet erweitern. Außerdem vermeide ich es, mich jetzt schon auf eine Seite stellen zu müssen, und gewinne Zeit. Das müsste doch gelingen!‘

# Kapitel 7

## Markgraf Kasimir wendet sich gegen die lutherische Lehre

## *Ansbach, 25. Mai 1525*

Kasimir hält ein Schreiben der Bauern in der Hand. Obwohl er eigentlich keinen Wert auf den Rat seiner Frau legt, eilt er zu Susanna und liest ihr vor: „… ‚und beehren uns, Euch durchlauchtigsten Fürsten zu unserer Versammlung am 2. Juni in Schweinfurt als Ratgeber einzuladen'. Was sagst Du jetzt?" Susanna ist sprachlos: „Du gehst doch da nicht wirklich hin und triffst Dich mit diesem Lumpenpack?" – „Natürlich nicht!" meint Kasimir, „aber das Schreiben zeigt deutlich, dass sie mir vertrauen. Sollten sie gegen die Fürstbischöfe in Würzburg und Bamberg siegreich sein, dann werde ich unser Land bestimmt vergrößern können." – „Und wie hältst Du's mit den Lutheranern?" fragt Susanna weiter. Da legt sich Kasimirs Stirn in Falten: „Susanna, Du hast's immer noch nicht verstanden! Die nutzen mir! Bauernaufstände wird's in meinem Land nicht geben. Ich habe sie erst einmal hingehalten und werde bald einen Landtag einberufen, in dem ich meine Entscheidungen bekannt geben werde. Glaub mir, ich mache das wesentlich vernünftiger als Dein neunmalkluger Bruder in Bayern. Du wirst sehen!" – „Und wie antwortest Du auf das Schreiben der Bauern?" will Susanna noch wissen. Da zieht Kasimir die Mundwinkel herunter und meint: „Gar nicht!" Und nach einer kurzen Pause fragt Susanna: „Du hast doch die Bauern in Deinem Land wissen lassen, dass Du ihre Forderungen Dir anhören wolltest. Was ist denn daraus geworden?" – „Auch da ist mein Plan aufgegangen", grinst Kasimir, „die Bauern denken, ich würde sie verstehen, deshalb hatten viele von ihnen den Mut, öffentlich ihr Begehren mir gegenüber zu benennen. Ich weiß also, wer in meinem Land widerspenstig ist. Wenn im Konflikt die Bauern gegen die Fürsten gewinnen, werde ich mein Land vergrößern, wenn sie aber verlieren, dann werde ich gegen die Bauern, die ihr Maul aufgerissen haben, vorgehen und an ihnen ein Exempel statuieren. Du siehst: Ich kann nur gewinnen." Er lacht höhnisch. „Das denkst Du!" sagt Susanna, „währenddessen feiert Pfarrer Rurer in Ansbach St. Johannis seit Palmsonntag die Messe auf deutsch und gibt seinen Gottesdienstbesuchern das Abendmahl mit Brot und Wein. Und die Fronleichnamsprozession macht kaum noch jemand in der Stadt mit. Warum schaust Du so komisch? Das hast Du wohl noch nicht gewusst?" – „Nein!" räumt Kasimir ein und sein Mund wird plötzlich trocken, „das habe ich wirklich nicht gewusst." – „Merkst Du denn nicht, dass die heimlich, still und leise ihre Neuerungen einführen, bis man sie nicht mehr aufhalten kann?" fragt Susanna wütend. „Ja, das geht natürlich nicht!" sagt Kasimir verärgert, „da muss ich etwas dagegen unternehmen!" – „Was denn?" fragt Susanna schnippisch, und Kasimir fällt auf, dass er wohl wirklich zu lange nichts in kirchlichen Dingen unternommen hat. Deshalb sagt er: „Als erstes wird das Fronleichnamsfest in meinem Land wieder flächendeckend eingeführt. Bereits in diesem Jahr soll und muss es von jeder Pfarrei gefeiert werden. Dafür werde ich sorgen. Und diese Änderungen im Gottesdienst werde ich von nun an verbieten."

Der Bescheid des Markgrafen trifft am 15. Juni in Bayreuth ein. Darin steht geschrieben: „Am 18. Juni des Jahres 1525 ist allerorten das Fest des Heiligen Blutes und Leibes Jesu Christi, das Fronleichnamsfest mit einer Prozession zu feiern." Die Bayreuther Ratsherren besprechen sich hierüber nur kurz. Man kommt überein, dass die Anordnung zu spät erteilt worden sei und man die Bevölkerung nicht beunruhigen wolle. Ohne weitere Diskussion wird der – nicht protokollierte – Beschluss gefasst, dass es in Bayreuth keine Fronleichnamsprozession geben werde.

## *Ansbach, 20. Juni 1525*

Kasimir hält ein Schreiben eines Eilboten in der Hand. Er liest: „... und teilen Euch mit, dass der fränkische Bauernhaufen am 2. Juni anno domini 1525 von dem Heer seiner Exzellenz des Bischofs von Würzburg bei Königshofen geschlagen und vernichtet worden ist." Kasimir nickt. Eigentlich war die Niederlage der Bauern schon seit längerem absehbar gewesen, aber jetzt weiß er endgültig: Er muss gegen die Bauern auch in seinem Land vorgehen, wenn er nicht ein Rückzugsort der Geschlagenen und damit ein Ziel der siegreichen Fürstenheere sein will. Die Zeit des Abwartens ist vorbei – jetzt ist Handeln angesagt: „Beulwitz soll kommen!" ruft Kasimir entschlossen, und kurz darauf steht der Hauptmann vor ihm: „Beulwitz, ich habe Befehle. Es ist Zeit, dass die Bauern meine Macht und meinen Zorn spüren! Stellt eine Kompanie zum Ausrücken zusammen. Ich beabsichtige, alle größeren Städte des Unterlandes und des Oberlandes zu besuchen, um dort meine Urteile im Hinblick auf alle aufständischen Bauern zu verkünden und vollstrecken zu lassen. Morgen früh ist Abreise! Das ist alles!" Der Hauptmann salutiert und tritt mit dem Ausruf: „Zu Befehl!" ab. ‚Je nun', denkt sich Kasimir, ‚mit der Vergrößerung der Markgrafschaft hat es leider nicht geklappt, aber ich habe ja noch einen anderen Plan in der Hinterhand. Wer hat die Macht? Ich habe die Macht. Also: Dann sollen die Bauern jetzt meine Faust kennenlernen! Und danach zeige ich auch klare Kante bei den Lutheranern. Die werden sich auch noch wundern.' Die Rache, die Kasimir an den aufständischen Bauern nimmt, ist grausam. So lässt er in Kitzingen insgesamt 59 Personen, die gesagt haben sollen, sie wollten den Markgrafen nie wieder sehen, die Augen ausstechen. Am 26. Juli kommt der Markgraf auch nach Bayreuth. Auf seinen Befehl hin werden mehrere Bauern auf dem Marktplatz öffentlich enthauptet. Der gesamte Stadtrat sieht sprachlos zu. „Nach weiteren flüchtigen Bauern ist zu fahnden und deren Güter sind einzuziehen!" befiehlt Kasimir noch, ehe er nach Kulmbach abreist. „Jetzt wissen wir, was wir von diesem Markgrafen zu erwarten haben", murmelt der Bürgermeister leise vor sich hin. Die Stadt befindet sich in einem Schockzustand.

## *Bayreuth, 27. Juli 1525*

„Was hat das zu bedeuten?" fragt Georg beim Abendessen, „warum ist seine Durchlaucht so gnadenlos?" Georgs Vater Leonhard zuckt mit den Schultern, „im Stadtrat ist man genauso sprachlos. Der Bürgermeister hat versucht, den Markgrafen um Gnade für die betroffenen Bauern zu bitten, aber vergeblich." „Und was mag das für unsere kirchliche Bewegung heißen?" fragt Georg und erneut zuckt sein Vater mit den Schultern. „Auf unsere Bitte, auch offiziell das Evangelium rein und lauter predigen zu lassen, hat der Markgraf im Februar zwar schnell, aber ausweichend geantwortet." – „Und? Hat der Bürgermeister jetzt noch einmal nachgefragt?" fragt Georg und jetzt nickt sein Vater: „Hat er. Aber der Markgraf hat ihn auf den Landtag in Ansbach im nächsten Jahr vertröstet. Dann werde eine Lösung gefunden werden, so hat der Markgraf behauptet." – „Das ist doch unbefriedigend!" schimpft Georg, „es ist nichts Halbes und nichts Ganzes. Keiner weiß, was der Markgraf vorhat, aber wenn man gegen sein Vorhaben ist, riskiert man, geköpft zu werden. Was sollen wir denn jetzt machen?" Leonhard versucht zu beschwichtigen: „Nun ja, der Bürgermeister hat gemeint, seine Durchlaucht habe schon gesagt, dass man die Zeremonien, die nicht auf Gottes Wort gegründet wären, ändern dürfe. Und nichts anderes machen wir in Bayreuth. Also werden wir so fortfahren wie bisher. Das ist jedenfalls auch der Wunsch der Ratsherren." Georgs Miene hellt sich wieder auf: „Gut! Dann machen wir das genau so." Nach einer kurzen Pause sagt Leonhard zwischen zwei Bissen: „Übrigens, wusstet Ihr eigentlich, dass Doktor Luther geheiratet hat?" – „Bitte?" fragt Katharina, „ich dachte, der ist Mönch und Priester!" – „Eigentlich ist es nur folgerichtig zu heiraten", murmelt Georg, aber seine Mutter hat es gehört und fragt: „Weshalb?" Georg, der gerade den Mund voll hat, kaut erst einmal und nutzt die Pause zum Nachdenken: „Nun ja, er hat doch in seiner Schrift ‚An den christlichen Adel' das im Grunde schon gefordert. Aus der Heiligen Schrift ist die Ehelosigkeit der Priester nicht begründbar. Und ich finde, es wird Zeit, dass diese Erkenntnis sich auch in Bayreuth durchsetzt." Leonhard legt die Stirn in Falten und blickt seinen Sohn an: „Sag bloß, du denkst ans Heiraten?" Der Mutter fällt die Gabel aus der Hand: „Das kannst du uns nicht antun, Junge!" – „Wieso denn nicht, Mutter?" Georg findet, es ist an der Zeit, seine Eltern auf den Gedanken vorzubereiten, „Doktor Luther hat Recht. Wo bitte steht geschrieben, dass Priester nicht heiraten dürfen?" Die Mutter zuckt mit den Schultern: „Ich dachte immer, so etwas steht in der Heiligen Schrift. Wenn es aber da nicht steht, dann bestimmt in irgendeinem Gesetz, das der Heilige Vater erlassen hat. Der ist doch selbst auch ehelos." – „Na und?" sagt Georg trocken, „das spielt doch keine Rolle! Der Papst sagt viel, wenn der Tag lang ist! Der lässt auch den Ablass predigen! Aber nicht mehr in Bayreuth … dem haben wir einen Riegel vorgeschoben." Georg lächelt. Plötzlich springt er auf: „Ich muss noch einmal fort!" Und bevor seine Eltern irgendetwas sagen können, ist er schon aus dem Zimmer und aus dem Haus. Die Tür schlägt hinter ihm zu und Georg beginnt zu rennen. Atemlos erreicht er die Wohnung des Stadtpfarrers und läutet Sturm. Nach einer halben Minute, die Georg wie eine Ewigkeit vorkommt, hört er Schritte und Hans Prückner öffnet: „Bruder Schmalzing, was ist denn mit Euch los?" – „Ich brauche Eure Hilfe, Bruder Prückner!" keucht Georg. „Dann kommt erst einmal herein!" sagt Hans Prückner freundlich und lässt Georg eintreten. Als sie beide in die Stube kommen, bietet Prückner seinem Kollegen einen Platz an und fragt: „Ein Bier?" Georg nickt! Oh ja, jetzt kann er ein Bier brauchen. Als beide mit einem gefüllten Krug vor sich am Tisch sitzen, fragt Prückner: „Und? Was ist denn so eilig!" Georg erzählt von der Nachricht, dass Doktor Luther geheiratet habe, er erzählt, dass Luther bereits vor fünf Jahren in einer Schrift die Aufhebung des Verbotes der Priesterehe gefordert habe. Und er erzählt, dass auch er davon überzeugt ist, dass die Priesterehe nicht verboten werden dürfe, weil sie in der Heiligen Schrift nicht verboten sei – im Gegenteil. Von Doktor Luther habe er gelernt, dass Paulus im ersten Brief an Timotheus sogar fordert, ein Bischof sei der Mann einer einzigen Frau. Etwas erschlagen von dem Wortschwall fragt Prückner trocken: „Ja, und jetzt?" Und Georg fährt fort: „Ja, und jetzt wollte ich Euch fragen, ob Ihr bereit wärt, mich zu trauen, wenn es soweit ist?" Prückner grinst: „Ja, habt Ihr denn ein Weib, das Euch heiraten würde?" Georg nickt: „Ja, das heißt nein!" – „Was denn nun?" fragt Prückner und erkennt in Georgs verwirrtem Gesichtsausdruck, dass er sich verliebt hat. „Ja, schon", sagt Georg, „das heißt, ich wüsste schon, wen, aber sie weiß noch nichts davon." – Prückner ist ein Mann der Tat: „Dann machen wir es so: Ihr erklärt Euch erst einmal Eurer Liebsten, und wenn sie ‚ja' gesagt hat, dann kommt Ihr wieder zu mir, in Ordnung?"

Georg nickt, aber dann fällt ihm auf, dass er auf seine Frage noch keine Antwort bekommen hat: „Würdet Ihr uns jetzt trauen oder nicht?" fragt er, und Prückner wiegt den Kopf hin und her: „Sagen wir es so: Ich schätze Euch als mutigen und intelligenten Priester und Freund. Deshalb kann und will ich es nicht ausschließen. Ich werde darüber nachdenken." – „Danke!" sagt Georg, „das hilft mir schon weiter." Und nach einem tiefen Zug aus seinem Bierkrug fügt er hinzu: „Wisst Ihr, Bruder Prückner, ich hoffe ja, dass meine Hochzeit dazu führen wird, dass sich weitere Priester auch trauen, in den Ehestand zu treten. Irgendjemand muss doch den Anfang machen, oder?" Und der Stadtpfarrer nickt: „Mag sein!" sagt er – nicht ahnend, dass er selbst viele Jahre später auch noch heiraten wird. Am Ende des Gesprächs geht Georg langsam nach Hause. „Jetzt wird's ernst", murmelt er vor sich hin, „ich will und muss Anna fragen."
Am folgenden Tag trifft Georg Anna wieder an dem vereinbarten geheimen Ort auf der Jakobshöhe: „Anna, ich will nicht länger warten! Es ist soweit! Heute werde ich um Deine Hand anhalten." Anna glaubt, ihren Ohren nicht trauen zu können: „Das ist nicht dein Ernst!" sagt sie, aber Georg ist jetzt nicht mehr aufzuhalten: „Ich weiß es jetzt ganz genau: Wer sich in seinem Leben nicht ein einziges Mal richtig verliebt hat, der hat sein Leben gar nicht gelebt. Komm, lass uns zu Deinem Vater gehen!" Mit Anna im Schlepptau betritt Georg bald darauf den Hellbauer-Hof. Der Bauer sitzt gerade in der Stube. Als Georg eintritt, steht er auf: „Herr Pfarrer, willkommen!" – „Dank Euch! Seid gegrüßt!" antwortet Georg. Dann holt er tief Luft: „Werter Hellbauer, wie Ihr wisst, gibt es in der Kirche in Bayreuth derzeit viele Neuerungen, das heißt, es sind weniger Neuerungen als vielmehr die Wiedereinführung von alten guten Bräuchen." Der Hellbauer nickt verständnislos. Er hat

keine Ahnung, worauf das hinauslaufen soll, und Georg fährt fort: „Eine dieser Erkenntnisse ist, dass es nirgendwo in der Bibel steht, dass Pfarrer nicht heiraten dürfen." ‚Was will der Mann?' fragt sich der Hellbauer jetzt ernsthaft. „Ich selbst beabsichtige, bald zu heiraten." Dem Hellbauern wird es abwechselnd heiß und kalt. „Und möchte deshalb hier und heute um die Hand Eurer Tochter Anna anhalten." Der Hellbauer bekommt einen kleinen Hustenanfall. Als er sich ausgehustet hat, meint er: „Das ist nicht euer Ernst!" – „Doch!" beteuert Georg, „das ist mein voller Ernst! Noch in diesem Sommer möchte ich Eure Tochter heiraten, sofern Ihr sie mir gebt." – „Hm, ja, doch, ich weiß nicht so recht!" Hellbauer ist sichtlich überfordert, „so schnell kommt das alles." – Und Georg meint: „Wenn man begriffen hat, dass man den Rest des Lebens zusammen verbringen will, dann will man, dass der Rest des Lebens so schnell wie möglich beginnt." Dieser Satz zaubert dem Hellbauern ein Lächeln ins Gesicht, dann schaut er seine Tochter an und fragt: „Was sagst denn Du dazu, Anna?" Anna wird schon wieder rot. Sie nickt, und der Hellbauer meint nur: „Na dann, wenn meine Tochter will und das Ganze überhaupt möglich ist, … an mir soll's nicht scheitern! Dann kann der Rest Eures Lebens wirklich bald beginnen!" Georg umarmt seinen künftigen Schwiegervater. An diesem Abend wird noch das eine oder andere Bier im Hellbauer-Hof getrunken. Georg und Anna sind glücklich. Sie sind ab heute verlobt.

Als Georg am Abend beschwingt heimkommt, trifft er im Flur seine Mutter: „Georg, was ist mit Dir?" fragt sie verwundert, und Georg lacht sie an: „Mutter, ich werde heiraten!" Das Gesicht der Mutter ist wie in Stein gemeißelt: „Du wirst was?" Georg lacht ihr ins Gesicht: „Heiraten! Schon bald!" – „Du hast zu viel Bier getrunken!" seine Mutter glaubt immer noch, sich verhört zu haben, aber Georg lässt sich seine gute Laune nicht verderben: „Bier ist der Beweis, dass Gott uns liebt und uns glücklich sehen will!“ Die Mutter atmet durch: „Also bist Du doch betrunken!“ Georg schüttelt den Kopf, dann sagt er ernst: „Noch selten war es mir so ernst wie jetzt: Mutter, ich werde heiraten!“ „Das ist nicht dein Ernst, Georg! Du bist Priester!“ entgegnet die Mutter, und Georgs gute Laune ist schlagartig verschwunden: „So, jetzt bekommst Du meine letzte Erklärung: Nirgendwo in der Bibel steht, dass Priester nicht heiraten dürfen. Im Gegenteil: Ein Bischof sei der Mann einer Frau, hat Paulus an Timotheus geschrieben. Auch Professor Luther hat geheiratet … und jetzt heiratet Euer Sohn auch. Mehr ist dazu nicht zu sagen!“ Die Mutter startet einen letzten Versuch: „Aber, Georg, du handelst kopflos! Was ist, wenn Du Dich damit ins Unglück stürzt? Du hast keine Lebenserfahrung. Warte noch ab, bis sich die Dinge alle beruhigt haben! Sagen wir: Warte noch ein Jahr ab! Im nächsten Jahr sieht alles vielleicht ganz anders aus.“ Aber Georg ist jetzt richtig in Fahrt: „Geht das schon wieder los! Willst Du mich immer noch bevormunden? Es reicht mir jetzt: Ich bin 34 Jahre alt und ich werde heiraten und wenn's Euch nicht passt, dann werde ich ausziehen. Dann seid Ihr mich los! Und jetzt gehe ich ins Bett! Gute Nacht!“ Seine Mutter ist wie vom Donner gerührt. Aber mit dem Gedanken, dass ihr Sohn jetzt plötzlich heiraten, kann sie sich nicht anfreunden. „Hoffentlich schlägt er sich das noch aus dem Kopf!“ murmelt sie vor sich hin.

Am nächsten Morgen gleich nach der Frühmesse bittet Georg Hans Prückner, ihn demnächst zu trauen. Der Stadtpfarrer lächelt ihn an: „Bruder Schmalzing, Ihr seid von der schnellen Sorte. Ich habe viel über Euch nachgedacht und bin zu dem Schluss gekommen, dass es mir eine Ehre sein wird, den ersten

Priester in Bayreuth zu trauen. Habt Ihr schon einen Tag ins Auge gefasst?" – „Demnächst, ich gebe Euch sobald Bescheid wie möglich", sagt Georg. „Vielleicht informiert Ihr noch die anderen Priester, das wäre vielleicht angebracht", meint Prückner und Georg nickt: „Mache ich!"
Als Georg mit Verweis auf Doktor Luther nach und nach die anderen Priester über sein Vorhaben informiert, ist er überrascht: Fast alle beglückwünschen ihn. Einzig der aus Bamberg stammende Konrad Welsch meint: „Ich kann mich nicht erinnern, dass seine Heiligkeit, der Papst, oder seine Exzellenz, der Bischof, dies jemals erlaubt haben. Ihr dürft das nicht machen." Und Georg antwortet nur: „Ich darf, ich kann und ich werde!" Aber dann fügt er noch hinzu: „Es tut mir leid, dass Ihr das nicht gut findet, aber darauf kann ich keine Rücksicht nehmen." „Das denke ich mir schon", antwortet Konrad Welsch, „wahrscheinlich hattet Ihr die Hochzeit von Anfang an geplant und Eure aufrührerischen Predigten nur deshalb angefangen, weil Ihr irgendwann heiraten wolltet." – Georg schüttelt den Kopf: „Bruder Welsch, Ihr wisst, dass das nicht stimmt! Ich möchte nur dazu sagen: Ich hoffe und bete, dass Ihr Eure Meinung noch ändert." Schließlich denkt er sich: ‚Man kann es halt nicht allen recht machen'. Die folgenden Wochen erlebt Georg wie im Traum. Die Sommersonne scheint vom Bayreuther Himmel. Die Messen, die er zu lesen hat, sind hervorragend besucht. Und Georg hat einen konkreten Hintergedanken, wenn er seine Predigten auch dazu nutzt, um den Bayreuthern deutlich zu machen: Das Verbot der Priesterehe ist kein göttliches, sondern ein menschliches.

## *Bayreuth, 25. August 1525*

An diesem Tag ist es soweit. In einer kleinen, stillen Zeremonie in der Sakristei der Bayreuther Stadtkirche traut der Stadtpfarrer Hans Prückner den Messpriester Georg Schmalzing und Anna Hellbauer aus der Altenstadt. Georg strahlt über das ganze Gesicht. Nie hätte er sich träumen lassen, einmal in den Ehestand zu treten, und schon gar nicht mit einer solchen Frau, einer Frau, die er aus ganzem Herzen liebt. Die Trauung selbst erlebt Georg wie im Traum, so glücklich ist er. An die Worte, die Prückner spricht, wird er sich später nicht mehr erinnern. Er spürt, dass nicht nur in seinem Leben, sondern spätestens jetzt auch in Bayreuth eine neue kirchliche Zeit angebrochen ist. Georg ist nicht nur der berühmteste, sondern auch der erste Bayreuther Priester, der in den Ehestand tritt. „Möge Eure Ehe inmitten aller weltlichen und kirchlichen Umwälzungen von Gott gesegnet sein!“ wünscht der Stadtpfarrer, und als er gratuliert, flüstert er Georg ins Ohr: „Bruder Schmalzing, Ihr könnt Euch immer auf mich verlassen!“ Georg nickt ihm dankbar zu.

## *Bayreuth, 30. Mai 1526*

Dieser Tag ist ein weiterer Meilenstein in der Geschichte der Stadt Bayreuth. Georg kann sich auf die Frühmesse gar nicht richtig konzentrieren. Als er nach Hause kommt, schickt ihn die Hebamme gleich wieder weg: Seine Frau würde heute ein Kind zur Welt bringen. Da haben Männer nichts verloren. Georg bebt innerlich: ‚Du wirst Vater!‘ sagt er sich immer wieder und geht ziellos durch die Straßen der Stadt. Immer

wieder wird er angesprochen. Aber weder weiß er später, wer mit ihm geredet hat noch was er selbst gesagt hat. ‚Wir brauchen einen Namen', denkt er sich und er überlegt, welche Namen in Frage kommen. ‚Es müsste ein Prophetenname sein, denn die Geburt des ersten Pfarrerskindes von Bayreuth ist doch etwas Prophetisches!' denkt er sich und er überlegt, welche biblischen Namen ihm einfallen: Jesaja? Amos? Jeremia? Georg sinniert vor sich hin, und plötzlich steht er wieder vor seinem Wohnhaus. In dem Augenblick stürzt die Hebamme heraus. Als sie Georg erblickt, fragt sie: „Habt Ihr hier die ganze Zeit gewartet?" Aber statt eine Antwort abzuwarten, sagt sie: „Egal! Kommt herein, Ihr seid Vater einer gesunden Tochter geworden!" Georg ist überglücklich, und beim Eintritt ins Zimmer denkt er sich noch: ‚Ich hätte meiner Frau eigentlich Blumen mitbringen können!' Aber dann sieht er seine Frau lächelnd im Bett liegen und das kleine Wäschebündel, aus dem ein winzig kleiner Kopf herauslugt, neben ihr. Vorsichtig nähert sich Georg den beiden. Zuerst gibt er Anna einen Kuss, dann seiner Tochter: „Alles gut?" fragt er mit Blick zu Anna. Diese nickt und flüstert leise: „Alles gut!" Georg ist glücklich.
Am Abend, als sie allein sind, überlegen sie gemeinsam, welchen Namen sie ihrer Tochter geben könnten. Georg meint, es müsse ein schöner biblischer Name sein. Er erzählt seiner Frau, dass er schon an einen Prophetennamen gedacht habe, weil die Existenz des ersten Bayreuther Pfarrerskindes doch „irgendwie prophetisch" sei. Aber jetzt, wo es ein Mädchen geworden ist, müssten sie neu überlegen. Da fragt ihn Anna: „Ja gibt es denn keine Prophetinnen?" Und Georg fängt das Nachdenken an. Plötzlich hat er einen Geistesblitz: „Ja doch, es gibt eine Frau im Neuen Testament, die wird als Prophetin bezeichnet. Als sie das Jesuskind sieht, preist sie Gott und redet zu allen, die auf die Erlösung Jerusalems warten. So überliefert

es Lukas." „Ja und?" fragt Anna, „wie heißt denn diese Prophetin?" Georg lächelt: „‚Hanna', die Frau heißt ‚Hanna', Anna." Und jetzt lächelt Anna zurück: „‚Hanna', so soll sie heißen!" Es ist Georg selbst, der seine Tochter am folgenden Morgen in der Stadtkirche tauft „im Namen des Vaters und des Sohnes und des Heiligen Geistes. Amen."

In Bayreuth wächst und gedeiht das reformatorische Pflänzchen durch das Wirken des inzwischen verheirateten Messpriesters Georg Schmalzing weitgehend unbemerkt vom markgräflichen Hof. Denn wenn der Markgraf das Oberland besucht, residiert er auf der Kulmbacher Plassenburg, und Ansbach, der Ort, an dem sich Kasimir meistens aufhält, liegt immerhin zwei Tagesreisen entfernt.

Auf dem Reichstag zu Speyer im Juni 1526 bekommt Kasimir das Amt des kaiserlichen Kommissars übertragen, das bedeutet, dass er die Beschlüsse des Reichstags ausformulieren und verkündigen darf. Da Kaiser Karl V. nicht anwesend ist, übernimmt dessen Bruder, Erzherzog Ferdinand, die Leitung. Ferdinand gelingt es, Kasimir zu verpflichten, ihn im Kampf gegen die Türken, aber vor allem im Kampf gegen den Konkurrenten um die ungarische Krone Johann Zápolya zu unterstützen. Kasimir sagt zu, mit einem Regiment dem Erzherzog bei seinem Kampf um den Thron in Ungarn zur Seite zu stehen. Davon verspricht er sich eine Ausweitung seines Machtbereichs. Vorher ist aber noch die Kirche in seiner Markgrafschaft zu „ordnen". Hierfür beruft er – kaum zurückgekehrt vom Reichstag – wieder einen Landtag nach Ansbach ein. Kasimir weiß, dass er das Land demnächst verlassen muss. Jetzt sind aus seiner Sicht umfangreiche Maßnahmen und klare Richtlinien nötig.

## *Ansbach, 10. Oktober 1526*

So nimmt der von Kasimir einberufene Landtag einen völlig anderen Verlauf, als die Abgesandten des Oberlandes – aus Bayreuth waren wieder Nikolaus Schamel und Hans Prückner zugegen – gedacht hatten. Noch vor dem Beginn des Landtages fordert Kasimir seinen lutherisch orientierten Kanzler Vogler dazu auf, ein Abschlussdokument zu formulieren und ihm zur Überarbeitung vorzulegen. Vogler liefert eine Vorlage, die Kasimir von dem papsttreuen Ansbacher Stadtprediger Weinhardt von St. Gumbertus überarbeiten lässt.

Schließlich lässt Kasimir folgende Bestimmung drucken und verteilen: „*Ich, hochwohlgeborener und durchlauchtiger Fürst zu Brandenburg-Ansbach und Brandenburg-Kulmbach, Kasimir erlasse hiermit bis zur genaueren Festlegung durch ein allgemeines Konzil folgende Bestimmungen: In den Kirchen meines Landes soll das Evangelium rein und lauter gepredigt werden. Die Prediger sollen sich alles papistischen, lutherischen oder ketzerischen Scheltens enthalten. Öffentlich soll nicht mehr über die neue, lutherische Lehre disputiert werden. Die Messe muss lateinisch gehalten werden, einzig das Evangelium und die Epistel dürfen auf deutsch vorgetragen werden. Auch dürfen deutsche Lieder gesungen und Taufen auf deutsch gehalten werden. Beim Abendmahl darf den Gläubigen nur die Hostie gereicht werden. Diese ist – aufgrund der Wandlung – zu verehren, und es ist verboten, gegen die Wandlung der Substanz von Brot und Wein in Leib und Blut Christi zu reden. Das Fronleichnamsfest ist mit einer Prozession zu feiern. Die Priesterehe bleibt verboten. Zuwiderhandlungen werden bestraft.*“

Bevor ein Sturm der Entrüstung über ihn hereinbricht, erklärt Kasimir den Landtag für beendet. Die Wut von Nikolaus

Schamel und Hans Prückner hat sich noch nicht gelegt, als sie nach zwei Reisetagen Bayreuth erreichen, wo sie von Georg Schmalzing sehnsüchtig erwartet werden. „Unsere schlimmsten Befürchtungen sind eingetreten!“ sagt Nikolaus Schamel beim Eintritt in die Sakristei, wo sie auf Georg treffen. Und Hans Prückner reicht Georg das Abschlussdokument: „Seht Euch das einmal an!“ Georg nimmt den Zettel und liest ihn sorgsam durch. Dann meint er: „Das Evangelium soll ‚rein und lauter‘ gepredigt werden. Diese Formulierung klingt doch hervorragend!“ – „Ja“, sagt Prückner, „aber das ist auch das Einzige. Im Grunde liegt hier ein päpstlicher Katechismus vor!“ – „Ist Euch eigentlich aufgefallen, dass Ihr jetzt ein Problem habt?“ fragt Schamel, „Ihr seid verheiratet – und das hat der Markgraf ausdrücklich verboten“. Und bevor Georg etwas darauf antworten kann, meint Schamel: „Außerdem steht da wohl nicht zufällig, dass über die ‚neue, lutherische‘ Lehre nicht weiter disputiert werden solle. Die Lehre ist doch gar nicht neu – neu ist das, was der Papst daraus gemacht hat! Ich denke, hier zeigt sich zwischen den Zeilen, dass Kasimir, der uns lange hat gewähren lassen, jetzt unser Gegner geworden ist.“ Und Prückner fügt hinzu: „Er will den Bruder unserer kaiserlichen Majestät, Erzherzog Ferdinand, in Ungarn gegen dessen Feind Johann Zápolya mit einer Armee unterstützen und nach Ungarn ziehen. Deshalb soll noch einmal so geordnet werden, wie es sich seine Durchlaucht vorstellt. Bitte seht Euch vor!“ Georg ist ganz still geworden. Er hat immer noch das Abschlussdokument in der Hand, als er sagt: „Ja, jetzt sehe ich es auch: Es ist wohl kein Zufall, dass er ‚lutherisch und ketzerisch‘ direkt nebeneinander stellt. Was, meint Ihr, sollen wir tun? Was soll ich denn tun?“ – „Verhaltet Euch ruhig!“ rät Prückner, „vielleicht wird die Suppe nicht so heiß gegessen, wie sie gekocht wird. Bayreuth ist weit genug von Ansbach entfernt – vielleicht nutzt uns das ein bisschen. Wir werden sehen. Aber zunächst halte ich es für gut, wenn Ihr vorerst nicht mehr predigt, sondern abwartet."

## *Ansbach, 22. Oktober 1526*

„Beulwitz soll kommen!" der Befehl des Markgrafen ist kurz und in schneidigem Tonfall. Seine Diener wissen sofort, dass jetzt Eile geboten ist. Sofort flitzen zwei von ihnen los und suchen den Hauptmann in der Burg. Kaum hat dieser den Befehl erhalten, meldet er sich umgehend beim Markgrafen: „Durchlaucht haben mich rufen lassen?!" Kasimir macht keine Umschweife: „Beulwitz, ich werde das Land verlassen. Ich stehe beim Kaiser im Wort, dass ich seinen Bruder in dessen Kampf unterstütze. Ihr seid ein mir ergebener Diener und ich erwarte, dass Ihr meine Befehle während meines Fernseins umsetzt." „Was befehlt Ihr?" fragt Beulwitz eilfertig. „Zunächst stellt Ihr mir ein Regiment mit 1000 Mann zusammen. Mit dem werde ich nach Ungarn ziehen! In einer Woche breche ich auf." – Beulwitz salutiert: „Zu Befehl! In einer Woche ist das Regiment einsatzbereit." „Ja, und dann brauche ich Euren Rat", fährt Kasimir fort, „ich habe ja jetzt eine Kirchenordnung verabschieden lassen, bei der ich mir nicht sicher bin, ob sie eingehalten wird. Man hört, dass die Anhänger dieses Ketzers Luther gegen mich murren. Ich habe deshalb beschlossen, die wichtigsten Männer dieses Irrglaubens zu verhaften und dadurch dem Ungeheuer der Ketzerei in meinem Land buchstäblich den Kopf abzuschlagen. Ganz oben auf meiner Liste steht der Pfarrer von Ansbach St. Johannis Johann Rurer. Der muss ins Gefängnis. Außerdem ist mir mein Kanzler Vogler ein Dorn im Auge. Das war derjenige, der vor einem Jahr die Städte aufgestachelt hat, bei mir die Einführung der lutherischen Sitten offiziell zu beantragen. Auch Vogler muss hinter Schloss und Riegel. Aber wie sieht es im Oberland aus? Da habt Ihr wesentlich mehr Einblick. Wer ist hier gefährlich?" Beulwitz legt die Stirn in Falten, dann meint er: „Ein ausdrücklicher Freund der lutherischen Gedanken ist der Kulmbacher Landschreiber Clauß. Der ist außerdem – glaube ich – der Schwager Voglers." – Kasimir lächelt grimmig: „Die sind auch noch versippt! … Aber den zu verhaften, ist eine gute Idee! Dies werdet Ihr umgehend erledigen!" Dann fasst sich Kasimir an die Stirn: „Da fällt mir noch einer ein: Was haltet Ihr von dem Bayreuther Stadtschreiber Schmalzing? Die Bayreuther Eingabe aus dem letzten Jahr trug seine Unterschrift." Beulwitz schüttelt den Kopf: „Der ist harmlos", sagt er und überlegt. Schließlich meint er: „Ich weiß, wie man Schmalzing sehr schnell mundtot machen kann. Man verhaftet den Bayreuther Kopf der lutherischen Ketzerei; und das ist dessen Sohn Georg. Der ist der Priester in der Stadtkirche, der die lutherische Lehre in Bayreuth verbreitet hat. Dies habe ich kürzlich erfahren. Außerdem ist er schon verheiratet und das habt Ihr ja meines Wissens ausdrücklich verboten." – „Der ist was?" Kasimirs Stimme überschlägt sich fast. „Verheiratet? Und warum weiß ich das nicht?" Beulwitz zuckt mit den Schultern: „Ich habe es auch erst vor wenigen Tagen erfahren." – „Sei's drum!" meint der Markgraf. „Aber wenn der verheiratet ist, dann wollen wir an ihm ein Exempel statuieren: Wir liefern diesen Schmutzpriester seiner Exzellenz, Weigand von Redwitz, dem Bischof von Bamberg, aus. Der wird sich freuen und während meiner Abwesenheit nicht versuchen, Teile meines Landes dem seinen einzuverleiben. Ja, genau das werdet Ihr erledigen: Dieser Schmalzing, der Sohn des Stadtschreibers, ist zu verhaften und dem Bamberger Bischof auszuliefern! Mag der entscheiden, wie mit ihm zu verfahren ist!" Und nach einer kurzen Pause fügt er noch hinzu: „Ach, Beulwitz, und wenn Ihr schon dabei seid: Auch der Ansbacher Pfaffe, der Johann Rurer, den liefert Ihr mir auch an den Bamberger Bischof aus!" Beulwitz salutiert: „Zu Befehl, Durchlaucht!" Kasimir ist sehr angetan von seinen Beschlüssen: „Da schlagen wir zwei Fliegen mit einer Klappe: Der Bischof wird mir dankbar sein und sich friedlich verhalten. Außerdem wird sich diese lutherische Ketzerei nicht weiter ausbreiten – im Gegenteil: Die Ketzer sehen, was ihnen blüht, wenn sie versuchen, in ihrem Irrglauben weiter zu verharren." Dabei reibt er sich grinsend die Hände, dann sieht er auf seinen Hauptmann und schnauzt ihn an: „Was ist?" Er klatscht in die Hände: „Hurtig, hurtig, Hauptmann, ans Werk!" – „Zu Befehl, Durchlaucht!" sagt zackig erneut der Hauptmann und tritt ab.

## *Bayreuth, 20. November 1526*

„Hochwürden!" Ein Bote klopft schwer keuchend an die Haustür der Schmalzings. Georg öffnet: „Was gibt's? Ah, Wolf Fürst, willkommen." – „Hochwürden", flüstert dieser, „gerade komme ich aus Kulmbach und ich muss Euch sagen: Hochwürden, wir haben ein Problem!" – „Ein Problem?" fragt Georg zurück, und der Bote nickt und sagt: „Ich muss Euch leider sagen, dass Ihr nicht länger auf dem kräftigen Ende des Astes sitzt, sondern auf dem dünnen Teil, dem Zweig! Ihr könnt jederzeit herunterfallen. Deshalb müsst Ihr verschwinden! Und zwar sofort!" Georg weiß augenblicklich, worum es geht; deshalb fragt er: „Ist es so gefährlich?" Fürst nickt: „Sie haben schon Ende Oktober den Ansbacher Kanzler Vogler verhaftet und ins Gefängnis gesteckt. Dem Stadtpfarrer von Ansbach St. Johannis, dem Johann Rurer, ist die Flucht gelungen. Den haben sie nicht gekriegt. Man sagt, er wäre bis nach Schlesien geflohen. Und jetzt ist Hauptmann von Beulwitz seit einer Woche im Oberland und fahndet im Auftrag seiner Durchlaucht nach Luther-Anhängern. Vor ein paar Tagen hat er den Landschreiber Clauß – seid Ihr mit dem nicht verwandt? – gefesselt abgeführt. Der sitzt jetzt im Gefängnis der Plassenburg. Und jetzt ist zu befürchten, dass Ihr als nächstes dran seid." In diesem Augenblick kommt Anna mit der kleinen Hanna an der Hand in die Stube. Man sieht, dass sie erneut schwanger ist: „Oh", sagt sie, „entschuldigt! Ich wusste nicht, dass wir Besuch haben." – „Setz Dich, Anna!" fordert Georg sie auf. „Wolf Fürst kennst Du ja. Er rät mir, dass ich fliehen soll, weil seine Durchlaucht Lutheranhänger in seinem Land verhaften lässt." – „Du könntest zu meinem Onkel Hans Clauß nach Kulmbach fliehen. Der ist einflussreich und kann Dir vielleicht ein gutes Versteck nennen", überlegt Anna, aber Georg winkt ab: „Meister Fürst sagt, Dein Onkel ist bereits verhaftet. Deshalb ist es ja so dringend." Annas Gesicht wirkt wie eingefroren: „Onkel Hans? Verhaftet? Ist das wirklich wahr?" Der Fremde nickt: „Deshalb wollte ich Euch warnen!" – „Aber wohin sollen wir denn gehen?" fragt Georg, „ohne meine Familie kann und will ich nicht fort, und mit einer ganzen Familie kann man nicht einfach außer Landes reisen … es wäre ja fast so wie bei der Flucht der heiligen Familie nach Ägypten – bloß dass man nicht das Kind, sondern den Kindsvater sucht." – „Also, ich wollte es Euch nur sagen. Die Nachrichten aus Ansbach besagen, dass Johann Rurer die Flucht gelungen ist", meint Fürst – „Ja, aber der hatte auch keine Familie", wendet Georg ein, und nach einer kurzen Pause fügt er an: „Nein, nein, ich bleibe hier. Was kann mir denn geschehen? Wenn sie mich hier in Bayreuth einsperren, wird der Bürgermeister schon meine Freilassung erwirken können. Ich habe hier in Bayreuth viele einflussreiche Freunde." – „Gut", meint Wolf Fürst, „dann gehabt Euch wohl! Ich wollte Euch nur auf die Gefahr, die Euch droht, hinweisen. Möge alles gut gehen!" – „Dank Euch!" sagt Georg und steht auf, „wir werden sehen, was Gott noch mit uns vorhat. Deus providebit!" Wolf Fürst verabschiedet sich rasch und Georg ist mit seiner kleinen Familie allein.

„Niemals würde ich Euch im Stich lassen!" sagt Georg als erstes und streichelt seine Tochter. „Gott wird es schon alles wohl machen!" – „Ich weiß nicht", sagt Anna, „vielleicht ist es doch besser, wenn Du fliehst. Hast Du keine Angst?" Georg nickt: „Mehr als Du denkst", sagt er, „aber nur wer Angst hat, kann Mut entwickeln." Und nach einer kurzen Pause sagt er: „Es ist nicht gut, ein Leben als Flüchtling zu führen. Wer immer mich zur Verantwortung ziehen will, ich werde versuchen, ihm aufrecht zu begegnen. Ich habe nichts Unrechtes getan. Schau her!" Er nimmt ein Büchlein in die Hand, das auf dem Tisch liegt: „Das ist die neue Übersetzung der Psalmen von Doktor Luther. Wenn ich diese lese, dann wird mir warm ums Herz. Das gibt mir Kraft." Mit diesen Worten steckt er das Büchlein ein und geht auf seine Frau zu. Diese hat Tränen in den Augen: „Du wirkst so stark und mutig", sagt sie, und Georg antwortet leise: „Anna, Mut ist nicht die Abwesenheit von Angst, sondern das Wissen, dass es etwas Stärkeres gibt als meine Angst! Was auch passiert, Gott wird uns beschützen!" Anna schluchzt: „Aber wie soll es weitergehen, wenn sie Dich wirklich abholen? Ich habe keine …" In diesem Augenblick pocht jemand gegen die Haustür: „Aufmachen! Sofort aufmachen!" – „Ich komme!" ruft Georg nach unten, umarmt und küsst noch einmal seine Frau und sein Kind und flüstert ihnen ins Ohr: „Ich komme wieder!" Dann hastet er die Treppe herunter. Als er die Tür öffnet sieht er fünf Soldaten und den Hauptmann von Beulwitz. Dieser sagt geschäftsmäßig: „Pfarrer Schmalzing?" Georg nickt, und Beulwitz legt ihm sofort die Hand auf die Schulter: „Ihr seid verhaftet!" Georg bekommt augenblicklich einen trockenen Mund: „Was, was wirft man mir denn vor?" Beulwitz sagt nur kurz: „Ihr habt auf offener Kanzel gegen die heiligen Sakramente gepredigt, dieselben verspottet und geschmäht, auch ein Weib zur Ehe genommen. Das ist Hochverrat!" Und dann wendet er sich seinen Soldaten zu: „Abführen!" Einer legt Georg Handfesseln an und zieht ihn auf den bereitstehenden Wagen. Georg blickt nach oben, er sieht dort seine Frau und seine Tochter hinter dem Fenster stehen. Beide blicken ihn verzweifelt an. Georg macht mit den gefesselten Händen ein Kreuz, und Anna zeichnet in seine Richtung ebenso ein Kreuz in die Luft. Sie wissen sich in Christus verbunden. Dann schnalzt der Soldat mit der Zunge und das Pferd, welches den Wagen zieht, trabt los. Georg sagt nichts. Er rechnet damit, ins Bayreuther Stadtgefängnis geworfen zu werden, aber der Wagen scheint die Stadt Richtung Westen verlassen zu wollen. „Wo bringt Ihr mich hin?" fragt Georg, und sein Blick verrät eine gewisse Verzweiflung. „Maul halten!" herrscht ihn Beulwitz an, und Georg verstummt, aber innerlich ist er aufgewühlt. Wenn sie ihn aus Bayreuth heraus schaffen, dann vielleicht auch in das Gefängnis auf der Plassenburg? Das Pferd trabt ruhig durch Eckersdorf, dann kommen die Ortschaften Busbach und Hollfeld … das ist nicht der Weg nach Kulmbach. Und schließlich dämmert es Georg: Es geht nach Bamberg! Der Markgraf liefert ihn dem Bamberger Bischof aus. Und da rutscht sein Herz in die Hose. In Bamberg hat kein Bayreuther mehr irgendwelche Macht. Da herrscht

seine Exzellenz Weigand von Redwitz, und Georg kann sich schon denken, wie dieser die Gedanken des Doktor Luther unterdrückt. ‚Wäre ich doch geflohen – so wie Johann Rurer!' denkt er sich, aber er weiß: Jetzt ist es zu spät!
Es ist bereits tiefe Nacht, als sie in Bamberg ankommen. Beulwitz wird mit seinem Gefangenen offenbar bereits erwartet. Es ist ein hoher Turm, in dem man ihn einsperrt. Nachdem die Tür ins Schloss gefallen ist, versucht sich Georg umzusehen, aber es ist stockdunkel. Mühsam ertastet er eine Pritsche mit einem Strohsack und einer rauhen Pferdedecke darauf. Erschöpft lässt er sich darauf nieder … aber an Schlaf ist nicht zu denken. Unruhig wälzt er sich hin und her.

## *Bamberg, 21. November 1526*

Schließlich dämmert der Morgen und Georg kann einzelne Umrisse des Zimmers entdecken, in das man ihn gesperrt hat. Es sieht aus, wie eine Klosterzelle mit Pritsche, Tisch und Stuhl; allerdings auch ein Leibstuhl für die Notdurft in der Ecke und die Fenster sind vergittert. Georg blickt hinaus und sieht auf das langsam erwachende Bamberg. Da hört er Schritte. Er fröstelt. Ein Riegel wird zurückgeschoben, die Tür wird aufgesperrt und ein Soldat steht vor ihm: „Willkommen im Hofgefängnis seiner Exzellenz!" sagt er höhnisch und während er ein trockenes Brot und einen Krug Wasser auf den Tisch stellt, fügt er noch hinzu: „Wenn Ihr Euch anständig benehmt, werden wir keinen Ärger miteinander haben!" Sprach's und verschwindet wieder, die Türe sorgfältig hinter sich verschließend. Da erst merkt Georg, wie hungrig er ist. Das Brot ist hart, aber Georg macht das nichts aus, auch das Wasser hat er

schnell ausgetrunken. Dann blickt er wieder aus dem vergitterten Fenster. Ja, es wäre ein wirklich schöner Blick, den man von hier oben hat, auch der Dom ist gut sichtbar. ‚Dort bin ich zum Priester geweiht worden', erinnert sich Georg, aber jetzt kann er den Blick ihn nicht genießen und die Erinnerung daran tut weh. Er ist jetzt mit sich und seinen Gedanken alleine. Dann muss er gähnen, und er spürt die Müdigkeit in seinen Gliedern. Langsam geht er zu der Pritsche und legt sich auf den Strohsack. Da bemerkt er in seiner Rocktasche etwas Hartes. Er fasst hinein und … hat Luthers Psalmenübersetzung in der Hand. „Die habe ich ja ganz vergessen!" murmelt er. Es ist aber für ihn wie ein göttlicher Fingerzeig: ‚Nein', denkt er, ‚das ist kein Zufall!' Und so legt er sich auf die Pritsche und fängt an zu lesen: *„Der Herr ist mein Hirte, mir wird nichts mangeln … und ob ich schon wanderte im finsteren Tal fürchte ich kein Unglück, denn du bist bei mir. Dein Stecken und Stab trösten mich. Du bereitest vor mir einen Tisch im Angesicht meiner Feinde. Du salbest mein Haupt mit Öl und schenkest mir voll ein. Gutes und Barmherzigkeit werden mir folgen mein Leben lang und ich werde bleiben im Hause des Herrn immerdar.*" Langsam wird er ruhig und schließlich schläft er doch noch ein.
Als die Glocken des Bamberger Doms zwölf Uhr schlagen, wacht Georg auf. Bequem ist die Pritsche nicht. Außerdem ist es ziemlich kalt. Er steht langsam auf und legt sich die Pferdedecke um die Schultern. Dann durchmisst er die Zelle, fünf Schritte vom Fenster zur Tür … und wieder zurück. Er denkt an seine Frau, die sicher nicht weiß, wohin er verschleppt wurde. Zwei Tagesreisen ist er von Bayreuth jetzt entfernt. Dann denkt er: ‚Entfernungen sind eigentlich ohne Bedeutung. Sich nahe zu sein ist eine Sache des Herzens.' Schließlich bemerkt er das mitgebrachte Psalmbuch auf dem Tisch. Georg

nimmt ihn in die Hand, schlägt das Heftchen an irgendeiner Stelle auf und beginnt zu lesen: „*Gott ist unsere Zuversicht und Stärke, eine Hilfe in den großen Nöten, die uns getroffen haben. Darum fürchten wir uns nicht, wenngleich die Welt unterginge und die Berge mitten ins Meer sänken, wenngleich das Meer wütete und wallte und von seinem Ungestüm die Berge einfielen …*" ‚Ja', denkt sich Georg, ‚genau das ist meine Lage. Ich kann und ich will nur auf Gott vertrauen, er ist meine Burg.' Und dann fallen ihm seine Frau und seine Tochter ein. Wie es ihnen wohl geht? Sie werden nicht wissen, wo er festgehalten wird. Aber er kann darauf vertrauen, dass sie alles versuchen werden, herauszufinden, wohin er verschleppt wurde. Und vielleicht können sie ja doch etwas auch in Bamberg bewegen. Inmitten seiner düsteren Gedanken hört er Schritte die Treppe heraufkommen. Georg steckt schnell sein Büchlein ein. Nicht auszudenken, was wäre, wenn sie ihm das auch noch abnehmen würden! Der Riegel wird zurückgeschoben und die Tür aufgesperrt. Ein Soldat betritt die Zelle. Hinter ihm steht jemand. Dann tritt der Soldat zur Seite und Georg erkennt einen lächelnden Mönch, einen Dominikaner. Er breitet die Hände aus und geht auf Georg Schmalzing zu: „Lieber Bruder im Herrn!" Georg bewegt sich keinen Millimeter; auch seine Miene bleibt ernst. Der Mönch fasst ihn an die Schultern, dreht sich dann zu dem Soldaten um und bedeutet diesem mit einer Kopfbewegung, das Zimmer zu verlassen. Als die Tür geschlossen ist, sagt Georg tonlos: „Warum bin ich hier?" Der andere lächelt immer noch: „Ich bin Pater Anselm von Giech. Und ich bin von seiner Exzellenz, unserem hohen Bischof, beauftragt, Euch hier als seinen Gast zu begrüßen." – „Auf diese Gastfreundschaft pfeife ich!" sagt Georg trocken. Der andere lässt sich nicht aus der Ruhe bringen: „Aber lieber Bruder, nun seid doch nicht so abweisend!" „Hört zu!" sagt

Georg, „ich bin hier nicht auf eigenen Wunsch, sondern ich wurde verhaftet und bin hier jetzt in diesem Gefängnis gegen meinen Willen. Ich habe nichts Unrechtes getan. Außerdem habe ich Hunger. Und nennt mich nicht ‚Bruder'!" Pater Anselm lächelt weiter: „Aber lieber … Pfarrer Schmalzing! Dem Hunger kann abgeholfen werden." Er klopft an die Tür, die von außen augenblicklich geöffnet wird. „Bitte bringt Pfarrer Schmalzing etwas zu essen!" sagt er zu dem Soldaten. Dieser nickt und schließt die Tür sofort wieder. Geradezu verblüfft über so viel Entgegenkommen legt Georg nach: „Nochmal: Warum bin ich hier?" Anselm legt die Stirn in Falten und sagt in bedauerndem Tonfall: „Bruder Schmalzing, schon morgen könnt Ihr wieder frei sein." – Georg lacht: „Macht keine Versprechungen, die Ihr nicht einhalten könnt! Das bringt nur Enttäuschung und Ärger." – „Gut", sagt Pater Anselm, „dann will ich genauer werden: Ihr habt gefehlt."- „Ich habe gefehlt?" sagt Georg, „bitte was? Worin denn? Was habe ich denn falsch gemacht – Eurer Meinung nach?" Anselm atmet tief durch, dann sagt er: „Ihr habt gegen seine Heiligkeit, den Papst, geredet, Ihr habt den Vorschriften des Heiligen Stuhls widersprochen. Das hättet Ihr nicht tun dürfen. Aber es ist noch nicht zu spät!" – „Wie meint Ihr das?" fragt Georg und Anselm lächelt sofort wieder: „Ein Widerruf, und ich werde mich bei seiner Exzellenz dafür einsetzen, dass Ihr augenblicklich diesen Ort verlassen und nach Bayreuth zurückkehren könnt", antwortet Anselm. Da wird die Tür geöffnet und der wachhabende Soldat reicht Georg eine Brotzeitplatte. „Greift nur tüchtig zu!" fordert ihn Pater Anselm auf. Und Georg lässt sich das nicht zweimal sagen. Zwischen zwei Bissen fragt er dann: „Ich kann zurück … zurück zu Frau und Kind?" „Ja, das ist in der Tat ein Problem, aber kein unlösbares", meint Anselm, „Ihr müsstet Euch einen neuen Beruf suchen, denn Pfarrer könnt Ihr mit Frau und Kind natürlich nicht mehr sein. Denn Ihr habt ja in Unzucht gelebt. Aber sonst kann alles beim Alten bleiben." – „Niemals werde ich mich dieser Erpressung beugen!" entfährt es Georg. „Nun ja", sagt Anselm immer noch lächelnd darauf, „das kann sich ändern. Nehmt es erst einmal als Zeichen des Wohlwollens seiner Exzellenz, dass er Euch nicht in das Verlies bringen hat lassen, sondern Euch als geweihtem Priester eine Sonderbehandlung hier in diesem behaglich eingerichteten Raum zukommen lässt! Es wird Euch hier an nichts fehlen. Ich werde, soweit es meine Zeit zulässt, immer wieder Euch besuchen und mit Euch sprechen … vielleicht kommt Ihr ja doch irgendwann zur Einsicht und findet zurück zum Gehorsam gegenüber seiner Heiligkeit. Nein, Ihr braucht jetzt nichts darauf zu sagen. Ich empfehle mich!" – „Auf ein Wort noch!" sagt Georg und der Pater bleibt stehen: „Ja?" Georg blickt den Mann ernst an, dann fragt er zögernd: „Kann ich Papier, Feder und Tinte haben?" Anselm nickt: „Ich werde alles Nötige veranlassen! Habt Ihr sonst noch Wünsche?" Georg schüttelt den Kopf, aber dabei denkt er sich: ‚Ja, dass Du zur Hölle fährst!' Anselm klopft an die verschlossene Tür, die sich sofort öffnet. Nachdem er den Gefangenen verlassen hat, wird es wieder ganz still, und Georg fällt auf, dass er friert.

Das Büchlein mit Luthers Psalmenübersetzung, das er mehr zufällig als beabsichtigt in sein Gefängnis mitgebracht hat, hütet Georg wie einen Schatz. Immer wieder liest er darin, und es wir ihm immer deutlicher, dass er dieselben Erfahrungen macht, von denen die Psalmbeter sprechen. Auch er fühlt sich verlassen, verraten, verkauft und ausgeliefert an böse Mächte. Aber tatsächlich werden ihm am folgenden Tag mit dem Frühstück Papier, Feder und Tinte gebracht. Endlich! Georg setzt sich sofort hin. Er muss erst einmal seine Gedanken ordnen. Dieser Pater Anselm mag nach außen hin freundlich sein, aber im Grunde betrachtet er ihn als Feind. Seine Selbstgerechtigkeit widert Georg an. Von Anfang an hat er deutlich gemacht, dass Georg erst dann freigelassen wird, wenn er widerruft. ‚Aber was soll ich denn widerrufen? Es ist doch alles mit der Heiligen Schrift begründbar. Warum sehen die Papstgläubigen denn das nicht ein?' fragt sich Georg. ‚Steht denn der Papst über der Heiligen Schrift?' fragt er sich, und dann fällt ihm ein, dass schon Luther vor dem Kardinal Cajetan deutlich gemacht hat, dass die Heilige Schrift und nicht der Papst die einzige Richtschnur der Christenheit ist. Bei all diesen Grübeleien fällt ihm ein Lied ein, das Luther gedichtet hat. Sebastian Linner, der Wittenberger Händler, hatte es ihm kurz vor seiner Verhaftung mitgebracht. ‚Hätte ich es nur gleich auswendig gelernt!' denkt sich Georg und versucht, es sich ins Gedächtnis zu rufen. Dann schreibt er auf: *„Erhalt uns, Herr, bei deinem Wort und hemme deiner Feinde Mord, die Jesus Christus, deinen Sohn, wollen stürzen von deinem Thron.“* Es dauert eine halbe Stunde, bis er nach vielen Versuchen – das Blatt ist übersät mit durchgestrichenen Wörtern – die erste Strophe im Wesentlichen zu Papier gebracht hat. Bei dem Wort „hemme“ ist er sich nicht ganz sicher, es könnte auch ein anderes Verbum dort stehen, aber ein besseres fällt ihm jetzt nicht ein. Laut liest er die Strophe sich selbst noch einmal vor. ‚Ja, das ist es!' denkt er sich, ‚das ist, was ich jetzt brauche, dass Gott mich bei seinem – und nicht bei des Papstes – Wort erhält. Sorgfältig faltet Georg das Blatt zusammen und steckt es unter den Strohsack auf der Pritsche. ‚Darauf will ich jede Nacht schlafen', denkt er sich. In diesem Augenblick hört er wieder Schritte die Treppe hinaufkommen. Der Riegel wird zurückgeschoben und die Tür aufgesperrt. Pater Anselm besucht ihn erneut. „Lieber Bruder!“

fängt er an, „wie ich sehe, hat man Euch etwas zum Schreiben gebracht. Oh, ihr arbeitet?“ Georg brummt muffig vor sich hin: „Ich versuche zu arbeiten – das ist viel anstrengender!“ – „Wie schön!“ sagt freundlich Pater Anselm und tut, als hätte er den Satz nicht gehört, „nehmt Papier, Feder und Tinte als Zeichen des Wohlwollens seiner Exzellenz. Er will nur das Beste für Euch.“ – „Wie schön!“ sagt Georg, „habe ich schon ‚danke‘ gesagt?“ – „Nein“, meint Pater Anselm, und Georg entgegnet trocken: „Kommt noch! Warum hält man mich hier gefangen?“ „Ich dachte, das hätten wir schon geklärt“, meint Pater Anselm, „seine Exzellenz möchte Euch gerne wieder in den Schoß der heiligen Mutter Kirche zurückholen. Er hat kein Interesse an Eurem Tod, er möchte, dass Ihr umkehrt und Buße tut – ganz genauso wie unser Herr Jesus Christus seine verlorenen Schäflein zur Buße gerufen hat.“ – „Unser Herr Jesus Christus hat nie einen Menschen eingesperrt“, entgegnet Georg bitter und Pater Anselm lächelt wieder: „Lieber Bruder, manche Menschen müssen einfach auf ihre Fehler aufmerksam gemacht werden. Wie gesagt: Eine einfache Unterschrift unter den Widerruf und Ihr seid frei und könnt gehen, wohin Ihr wollt.“ – „Eher beiße ich mir die rechte Hand ab“, murmelt Georg leise und Pater Anselm fragt: „Wie bitte? Was habt Ihr gesagt?“ Georg beeilt sich zu sagen: „Ich sagte: Ich werde nicht widerrufen!“ Anselm nickt: „Bitte versteht mich nicht falsch. Euer Aufenthalt in diesem Raum ist nichts anderes als ein Erziehungsauftenthalt.“ Georg glaubt, nicht richtig gehört zu haben: „Wie bitte? Ich soll erzogen werden? Dann versucht doch einfach, mit der Heiligen Schrift oder mit Vernunftgründen die Lehre von der Rechtfertigung des Sünders allein aus Glauben zu widerlegen! Los doch! Erklärt es mir!“ Pater Anselm schüttelt den Kopf: „So kommen wir nicht weiter!“ Georg ist jetzt in seinem Element: „Natürlich kommen wir so nicht weiter, weil Ihr keinen einzigen Grund kennt. Und wenn Ihr ernsthaft nachdenken und das Neue Testament lesen würdet, dann würdet ihr genauso denken. Aber an einer inhaltlichen Auseinandersetzung ist Euch nicht gelegen, weil Ihr wisst, dass Eure Argumente schwach sind.“ Langsam wird Pater Anselm jetzt ärgerlich: „Ich bin überzeugt von dem, was seine Heiligkeit, der Papst, zu glauben mir vorlegt. Das ist allemal besser als das, was Ihr tut. Ihr denkt wohl, bloß ihr seid belesen, und alle anderen haltet Ihr für dumme und theologisch blinde Trottel.“ – „Nein“, widerspricht Georg, „ich halte Euch nicht für dumm.“ Pater Anselm braucht ein paar Sekunden, um zu verstehen, was Georg mit diesem Satz ausdrücken möchte. Dann sagt er: „Ich merke, Ihr seid noch nicht bereit für so eine Erörterung, aber die Zeit wird kommen. Ich lasse Euch jetzt wieder allein. Wenn Ihr einen Wunsch habt, sagt ihn dem Soldaten vor Eurer Tür!“ – „Wie wär’s mit ‚Freiheit‘?“ fragt Georg sofort und Anselm lächelt eisig, bleibt aber stehen. Da merkt Georg, dass er so nicht weiterkommt, deshalb sagt er: „Ich hätte nie gedacht, dass ich das mal sage, aber lasst Ihr mich jetzt bitte weiterarbeiten?“ – „So“, fragt der Abt neugierig, „was arbeitet Ihr denn?“ Da antwortet Georg wütend: „Ich denke nach. Und Denken ist die schwerste Arbeit, die es gibt. Das ist wahrscheinlich auch der Grund, dass sich so wenige Leute damit beschäftigen.“ Das hat gesessen. Wortlos klopft Anselm an die Tür, die augenblicklich geöffnet wird. Bevor er geht, dreht er sich noch einmal um: „Ihr habt Humor, das gefällt mir!“ Dann wird die Tür wieder geschlossen und von außen der Riegel vorgeschoben. Georg ist allein und murmelt finster vor sich hin: „Humor ist die Lust zu lachen, wenn einem zum Heulen zumute ist.“ Stumm blickt er auf den Tisch. Dort liegen Papier, Feder und Tinte. Dann zieht er langsam seine Psalmen aus der Tasche, setzt sich an den Tisch und beginnt zu lesen. Plötzlich kommt ihm ein Gedanke: ‚Ich könnte eine Predigt schreiben, eine Predigt über einen Psalm, eine Predigt nur für mich. Das wird mir helfen, dem Ansinnen von Pater Anselm zu widerstehen.' Er öffnet das Tintenfass und taucht die Feder ein. Beginnen will er mit Psalm 23. Und sehr schnell wird ihm klar: Was im Psalm beschrieben wird, soll bei ihm ein Gebet sein, ein Gebet, dass sich an Gott, den Herrn, den guten Hirten, richtet. Ja, er will mit Gott ins Gespräch kommen. Und seine Hand schreibt langsam: *„O Herr"* auf das Papier. Die Bitte, die er an Gott richtet, kann ja nur eine Bitte um die rechte Versorgung sein. Und plötzlich sprudeln die Gedanken nur so aus ihm heraus. Ohne groß nachdenken zu müssen, schreibt er das Gebet nieder: *„O Herr, mein Hirte, weide mich, dein elend Schäflein! So wird mir nichts mangeln. Lass mich lagern an dem Ort der überreichen Weide deines Wortes bei den lustigen Wasserbecken des Heiligen Geistes, dass ich erquickt werde. Lass mich unter deiner Sorge ruhen, kehre meine Seele zu dir und erfülle sie. Führe mich auf die Straßen deiner Gerechtigkeit um deines Namens willen. Und ob ich auch wandern muss im Tale der Finsternis und des Todes, so sei bei mir, dass ich mich vor keinem Unglück fürchte. Lass mich deinen Stecken und Stab, dein heiliges mächtiges Wort, trösten und dabei bleiben. Bereite vor mir einen Tisch deines Wortes, dass ich vernehme und gestärkt werde wider alle höllische Macht, dass sie meiner nicht mächtig werden. Mache mein Haupt feist mich dem Öle deines Geistes und der Freude und der Heiligung. Und mache mich betrunken mit deinem Kelche, dass ich meiner selbst ganz vergesse und verleugne und Dein Geist allein in mir regiere, dass mich deine Güte und Barmherzigkeit nimmermehr verlasse, dieweil ich lebe und lass mich allezeit bleiben in deinem Hause in deinem Schafstall, der du der oberste Hirte bist. Amen."*

Im Laufe der folgenden Wochen schreibt Georg an „seinem“ Psalter. Jeden einzelnen Psalm überträgt er als Gebet und legt ihn für seine bedrängte Lage aus. Sein Papierverbrauch ist sehr hoch, und Pater Anselm fragt natürlich, weshalb so viel Papier und Tinte benötigt wird. „Ich schreibe eine Psalmenauslegung“, gibt Georg leichthin zu, und Pater Anselm fragt, ob er das sehen dürfe. Georg vermutet, dass eine Ablehnung dieser Bitte wahrscheinlich zur Folge hätte, dass seine Zelle durchsucht werden würde. Also gibt er sich kooperativ: „Selbstverständlich – mir wird ja auch nichts anderes übrigbleiben“, sagt er und holt seine Skripten unter dem Strohsack hervor. Pater Anselm setzt sich ungefragt auf den einzigen Stuhl und beginnt zu lesen: „Auf deutsch?“ sagt er sofort und Georg nickt: „Ja, sonst versteht es das gemeine Volk ja auch nicht.“ „Aha“, meint Pater Anselm und vertieft sich in die Papiere. Immer wieder schüttelt er mit dem Kopf oder macht „ts, ts, ts“. Georg ist gewillt, sich nicht aus der Ruhe bringen zu lassen und sagt nichts dazu. ‚Solange er mir das Geschriebene nicht wegnimmt, werde ich keinen Widerstand leisten‘, denkt er sich. Schließlich legt der Pater das Manuskript wieder auf den Tisch, steht auf und sagt: „Reizend, reizend, da geht einem ja das Herz auf, wenn man das so liest“ – „Dazu müsstet Ihr erstmal eines haben!“ entfährt es Schmalzing. Pater Anselm lächelt wieder sein eisiges Lächeln, dann seufzt er tief und fügt hinzu: „Ihr wisst, dass das alles nicht genehmigte Gedankengänge sind?! Und ich erkenne: es wird noch ein langer Weg, bis Ihr bereit seid zu widerrufen. Aber solange Euer Manuskript diesen Raum nicht verlässt, könnt Ihr schreiben, was Ihr wollt. Das ist nichts anderes als ein Glasperlenspiel. Gehabt Euch wohl!“ Dann klopft er an die Tür, die augenblicklich geöffnet wird, und verschwindet.
Georg lässt sich nicht verdrießen. ‚Na, wenigstens hat er nicht versucht, mir meine Entwürfe wegzunehmen!‘ denkt er sich

und dann muss er fast lachen: ‚Komisch, dass er nicht gefragt hat, woher ich die Psalmen auf deutsch kenne.' Georg setzt sich wieder an den Tisch und sieht seine bisherigen Auslegungen an. Nachdem er mit dem Psalm 23 angefangen hatte, ist er dazu übergegangen, die Psalmen der Reihe nach auszulegen. Inzwischen ist er bereits bei Nummer 17. Er holt seine Psalmenausgabe aus der Rocktasche und beginnt, den Psalm 18 zu lesen: „*Herzlich lieb habe ich dich, Herr, meine Stärke! Herr, mein Fels, meine Burg, mein Erretter, mein Gott, mein Hort, auf den ich traue, mein Schild und Berg meines Heiles und mein Schutz! …*" Wie sehr ihm diese Worte aus der Seele sprechen! Georg legt sich ein unbeschriebenes Blatt Papier zurecht, öffnet das Tintenfass und beginnt zu schreiben: „*Entzünde mich, lieber Herr, in großer hitziger Liebe gegen dich, dass ich dich von Herzen lobe und Dank sage in Betrachtung der großen Gnade, die du mir erzeigt hast, in dem, dass du mich von so grausamem Zorn erlöst hast. Derhalben ich allezeit zu dir fliehe. Hilf, lieber Herr, und sei meine Stärke, mein Fels, meine Burg, mein Erretter, mein Gott, mein Hort, meine Zuversicht, mein Schild, mein Schutz und Horn meines Heils. Ich rufe dich an mit Loben. Erlöse mich von meinen Feinden! …*"

### *Bayreuth, 23. November 1526*

„Bruder Schamel, auf ein Wort!" Hans Prückner, der Stadtpfarrer wirkt verunsichert. „Was gibt es?" fragt dieser, als er sich gerade in der Sakristei einen Talar überwirft. „Wie soll es nun weitergehen, jetzt, wo Bruder Schmalzing verhaftet ist und seine Durchlaucht uns im Grunde auch mit dem Gefängnis droht, wenn wir den Landtagsabschied nicht umsetzen?"

– „Dann setzt ihn doch um!“ rät Schamel, aber Prückner schüttelt den Kopf: „Ihr versteht mich nicht! So einfach geht das nicht. Im Landtagsabschied steht, dass die Messen auf lateinisch zu halten sind. Aber wir halten sie doch längst auf deutsch!“ Der Stadtprediger scheint richtig genervt zu sein von den Problemen des Stadtpfarrers, deshalb sagt er jetzt kurz: „Dann haltet sie einfach auf lateinisch, wenn es Euch dann besser geht!“ – „Meint Ihr wirklich?“ fragt Prückner zurück, aber Schamel nickt nur kurz und verlässt die Sakristei mit den Worten: „Jetzt habe ich zu tun!“ Langsam zieht Prückner seinen Talar an, nimmt die Hostienschale und den Kelch und verlässt die Sakristei. Dreißig bis vierzig Leute sind heute zu seiner Messe gekommen. Der Stadtpfarrer ist hin und her gerissen. Schließlich eröffnet er die Messe mit den altbekannten Worten: „In nomine patris et filii et spiritus sancti. Amen. Dominus vobiscum.“ Verwirrt blicken ihn die Gläubigen an. Einige sagen auf deutsch: „Und mit Deinem Geist“, andere auf lateinisch: „et cum spiritu tuo“, die meisten aber wenden sich um und verlassen die Kirche. Prückner lässt sich aber nicht beirren. Er hat bei sich beschlossen, die Messe auf lateinisch zu feiern, und macht dementsprechend weiter. Er feiert diese Messe bis zum Schluss in lateinischer Sprache, obwohl bereits nach etwa fünf Minuten kein Einziger mehr vor dem Hochaltar steht. So ist es nur eine einzige Hostie, die Prückner an diesem Tag bricht und isst, nämlich die Hostie für ihn selbst. Nachdem ihm die Bayreuther durch das Verlassen der Kirche klargemacht haben, dass sie die lateinische Messe ablehnen, kommt er zu der Entscheidung, fortan nur noch die deutsche Messe zu feiern, auch wenn er dadurch seine eigene Verhaftung riskiert.

## *Bamberg, 25. Februar 1527*

Als am Abend Georgs Zellentür geöffnet wird, wundert er sich sehr, denn Pater Anselm ist abends noch nie gekommen. Aber es tritt ein Soldat ein; in der Hand hält er eine Decke und einen Strohsack. Achtlos wirft er beides in eine Ecke und sagt kurz: „Ihr bekommt Besuch! Ihr Lutheraner habt eine hohe Inhaftierungsrate!“ Da erst erblickt Georg zwei weitere Soldaten, die zwischen sich einen kleinen, etwa 50jährigen Mann in die Zelle schubsen. Die drei Soldaten verlassen den Raum, sperren ab und legen den Riegel vor. Unsicher steht Georg vor dem Mitgefangenen. Er ist sich nicht sicher, ob er ihm trauen kann. Da streckt der Fremde seine Hand aus und sagt: „Ich bin Jörg Krauß, Pfarrer aus Forchheim.“ – Georg lächelt, nimmt die Hand und sagt: „Mein Name ist Schmalzing, Georg Schmalzing, ich bin … ich war Priester in Bayreuth.“ Krauß lächelt: „Es gibt angenehmere Orte, einander kennen zu lernen. Warum seid Ihr hier?“ – „Ich bin Lutheraner und habe lutherisch gepredigt“, sagt Georg, „und Ihr?“ Krauß nickt: „Dasselbe! Irgendwer hat mich an den Bischof verraten, dann wurde ich verhaftet und jetzt bin ich hier. Aber erzählt: Die Macht des Bischofs reicht doch nicht wirklich bis Bayreuth. Wie kommt Ihr also hierher.“ – „Seine Durchlaucht, Markgraf Kasimir, hat mich an den Bischof ausgeliefert, wahrscheinlich weil der Fürst sein Land verlassen musste – und da wollte er seine Exzellenz wohlwollend stimmen“, meint Georg resigniert. „Und wie lange seid Ihr schon da?“ fragt Krauß. „Ein Vierteljahr“, sagt Georg traurig, „aber jetzt erzählt: Man sagt mir gar nichts über das, was im Land vor sich geht. Wie steht es um die Sache Luthers?“ Krauß zuckt mit den Schultern: „Ich kann Euch nur sagen, wie es in Forchheim aussieht. Ich habe einige Schriften von Luther gelesen und meine, dass der Mann Recht

hat. Ich habe gegen die lateinische Messe auf deutsch gepredigt, ich habe für das von Doktor Luther übersetzte Neue Testament geworben, und das ist mir zum Verhängnis geworden." – „Gibt es noch viele Anhänger Luthers?" will Georg wissen, und Krauß nickt: „Ja schon, aber es gibt in Forchheim immer wieder Hausdurchsuchungen. Alle Schriften Luthers sind verboten und es sieht so aus, als würde alles im Keim erstickt. Eigentlich fanden viele in meiner Heimatstadt die Lehre Luthers richtig und gut, aber ich war der Einzige, der öffentlich etwas gesagt hat … und jetzt bin ich hier." – „Haben Sie Euch gesagt, was sie von Euch wollen?" fragt Georg und Krauß nickt: „Den Widerruf!" „Und?" fragt Georg weiter, „werdet Ihr widerrufen?" – „Wie kann man die Wahrheit widerrufen?" fragt Krauß und Georg nickt: „Wir verstehen einander!" Nach einem langen Gespräch über die lutherische Lehre schlafen die beiden schließlich ein.
Die folgenden Tage verlaufen ziemlich eintönig. Georg ist froh, dass er einen Leidensgenossen hat, der ihn zu verstehen scheint. Zugleich arbeitet er fieberhaft an seinem Psalmenkommentar. Zuweilen fragt er Krauß um seine Meinung. Krauß scheint aber, die Haft nicht so gut zu verkraften wie Georg. „Was ist, wenn draußen die ganze Welt wieder papstgläubig geworden ist?" fragt er, und er fügt hinzu: „Dann verschimmeln wir hier drin und keiner holt uns je wieder heraus." Ab und zu kommt Pater Anselm, um mit den beiden zu sprechen. Er hat immer dieses eiskalte Lächeln im Gesicht, das Georg zeigt: Er tut nur freundlich, ist aber im Inneren steinhart. Pater Anselm bekommt zu Georg keinen Draht, aber bei dem Forchheimer Jörg Krauß sieht das anders aus: „Sieh doch, Bruder!" sagt er zu ihm, „die Welt draußen kommt langsam wieder ins Lot. Was Doktor Luther durcheinander gebracht hat, wird jetzt endlich wieder zurecht gebracht.

Außer ein paar Ketzern in Wittenberg ist nichts mehr übrig geblieben. Alle akzeptieren, dass der Heilige Vater in Rom die Schrift auslegt und dass er sie richtig auslegt. Lutherbibeln gibt es in deutschen Landen nicht mehr. Was zögerst Du? Reihe Dich wieder ein in die Schar der gläubigen Christen! Werde wieder Teil der heiligen Mutter Kirche!" – „Meint Ihr?" fragt Krauß zurück, und Georg, der das alles mit anhört, beißt sich auf die Zunge und denkt sich: ‚So ein Schwätzer!' „Ja natürlich!" Pater Anselm ist jetzt richtig in Fahrt, „wenn Ihr widerruft, wird Euch die heilige Mutter Kirche genauso in die Arme schließen wie der Vater den verlorenen Sohn – der ist ja auch von seinem falschen Wegen umgekehrt und hat sich an seinen wahren Vater gewandt." – „Jetzt reicht's!" Georg platzt der Kragen, „der verlorene Sohn ist zu seinem Vater zurückgekehrt, das stimmt, aber sein Vater ist Gott, der Vater Jesu Christi, nicht der Papst in Rom! Außerdem hat der ihn angenommen, bevor er seine Sünden gebeichtet hat. Lest bitte die Heilige Schrift genau! In gleicher Weise ist es mit Gott: Er nimmt Dich an, er schließt Dich in die Arme, weil er gnädig und barmherzig ist – und die einzige Voraussetzung dafür ist, dass Du an Jesus Christus glaubst und nicht dass Du eine biblische Wahrheit widerrufst." Die Blicke von Jörg Krauß eilen zwischen Georg und Pater Anselm hin und her. Er scheint nicht mehr zu wissen, was er glauben soll. Schließlich sagt er: „Ich werde darüber nachdenken!" Und in diesem Augenblick weiß Georg: Krauß wird widerrufen!

Nach sieben Wochen Haft ist es soweit. Bei einem Besuch von Pater Anselm verkündet ihm Jörg Krauß, dass er der Lehre Martin Luthers entsagen und dem Bischof in Zukunft Gehorsam geloben werde. Pater Anselms Lächeln wird breiter, und Georg hätte ihm am liebsten ins Gesicht geschlagen. Freundlich führt Pater Anselm den früheren Forchheimer Pfarrer nach draußen mit den Worten: „Na, dann wollen wir mal den Widerruf zu Papier bringen!“ Dann wird die Tür wieder geschlossen und der Riegel vorgelegt. Georg kocht vor Wut! So ein Wendehals! Aber dann fallen ihm seine Frau und seine Tochter ein. Sollte er sie vielleicht nie mehr wiedersehen? Wie es ihnen wohl geht? Kümmert sich vielleicht der Stadtrat um sie? Und vielleicht hat seine Frau schon sein zweites Kind zur Welt gebracht? Wie wird sie es nennen? Zum ersten Mal ist Georg richtig verzweifelt. Was wird aus mir? Schließlich nimmt er seinen Psalmenkommentar zur Hand und schreibt weiter – inzwischen ist er bei Psalm 66 angelangt. Er schreibt: *„Lobet, ihr Völker, unsern Gott, lasst seinen Ruhm weit erschallen, der unsre Seelen am Leben erhält und lässt unsere Füße nicht gleiten. Denn, Gott, du hast uns geprüft und geläutert, wie das Silber geläutert wird; du hast uns in den Turm werfen lassen, du hast auf unsern Rücken eine Last gelegt, du hast Menschen über unser Haupt kommen lassen, wir sind in Feuer und Wasser geraten. Aber du hast uns herausgeführt und uns erquickt …“*

## *Budapest, 31. März 1527*

„Georg, dass ich Dich noch einmal sehen darf!“ Kasimir ist bereits seit zwei Wochen mit seinem Regiment zur Unterstützung von König Ferdinand in Budapest. Georg eilt an Kasimirs Bett. „Mein Bruder, gerade komme ich aus meinen schlesischen Ländern. Da höre ich, dass es Dir nicht gut geht. Was ist mit Dir geschehen?“ Kasimir keucht, dann sieht er Georg fest an und meint: „Keiner weiß genau, was ich habe. Das Fieber geht nicht weg. Ich habe Bauchkrämpfe und muss ständig auf den Leibstuhl." – „Und Deine Ärzte bekommen das nicht in den Griff?" fragt Georg besorgt. Kasimir schüttelt vorsichtig den Kopf: „Bis jetzt jedenfalls noch nicht, es wird eher schlimmer. Vor einem Monat konnte ich noch der Krönung von Ferdinand zum König von Ungarn beiwohnen, aber jetzt sieht es viel schlechter aus. Heute abend wollen die Ärzte mich noch einmal zur Ader lassen. Davon versprechen sie sich viel." Georg zieht sich einen Stuhl ans Bett: „Kann ich etwas für Dich tun?" Jetzt nickt Kasimir vorsichtig: „Georg, mein Bruder, tu mir einen Gefallen: Wenn es Gott gefällt, dass ich nicht mehr aus Ungarn in die Heimat zurückkehre, dann musst Du die Markgrafschaft übernehmen. Das Unterland ist ja sowieso deines. Und das Oberland … bitte verwalte es bis mein Sohn Albrecht Alcibiades volljährig ist. Und kümmere Dich um meine Familie!" Jetzt ist es Georg, der nickt: „Kasimir, Du kannst Dich auf mich verlassen!" Und nach einer kurzen Pause, fragt Georg dann doch: „Wie sieht es zuhause denn aus? Hat sich seit meinem letzten Besuch vor zwölf Jahren viel verändert?" Kasimir antwortet leise: „Und ob! Diese verdammten lutherischen Ketzer haben alles auf den Kopf gestellt, aber ich habe ihnen beim letzten Landtag Einhalt geboten." Kasimir merkt nicht, wie sich die Stirn seines Bruders in Falten legt, er redet weiter: „Ich habe diese Ketzer einsperren lassen, und den schlimmsten im Oberland, so einen widerlichen Messpfaffen, der gegen den Heiligen Vater und die Messen gepredigt hat, den habe ich gleich an seine Exzellenz, den Bischof von Bamberg ausgeliefert. Dort soll er schmoren bis er widerruft. Du siehst: Wenn ich nicht wieder nach Ansbach zurückkehre, übergebe ich Dir ein geordnetes Land." – „Kasimir!" ruft Georg aus, „Du hast wirklich die Lutheraner ins Gefängnis geworfen und teilweise sogar an den Bamberger Bischof ausgeliefert?" Kasimir nickt: „Gut, was?" Jetzt schüttelt Georg den

Kopf: „Ich sage Dir eins: Das war alles andere als gut! Selbst hier in Budapest habe ich Schriften dieses Doktor Luther gelesen. Diese Schriften haben mich so überzeugt, dass ich den Entschluss gefasst habe, in meinen schlesischen Ländereien gemäß der Bibel predigen zu lassen." Jetzt schnappt Kasimir nach Luft: „Georg, Bruder! Das ist nicht dein Ernst! Die Leute sind Ketzer!" Georg ist jetzt ganz ruhig, er sagt zu seinem kranken Bruder: „Kasimir, Du bist verblendet! Doktor Luthers Gedanken sind alles andere als Ketzerei. Sie sind gut begründet und überzeugend formuliert. Doktor Luther will nichts anderes als, die Kirche zu reformieren. Es soll wieder das Evangelium – und ‚Evangelium' heißt „gute Nachricht" – von der Liebe und Gnade Gottes gepredigt werden. Es darf den Gläubigen keine Angst gemacht werden mit dem Fegefeuer und der Hölle – nein, es ist der barmherzige Gott, der die Menschen liebt und sie im Glauben an Jesus Christus annimmt." Kasimirs Gesicht verzieht sich zu einer Fratze: „Wenn ich könnte, würde ich ausspucken. Du hörst Dich an wie ein Lutheraner. Der Heilige Vater hat gesagt: Luther ist ein Ketzer, und dann ist er für mich auch ein Ketzer. Außerdem hat seine Majestät der Kaiser ihn geächtet und befohlen, seine Bücher zu verbrennen." Georg lächelt jetzt fast: „Kasimir, Du glaubst doch sonst nicht alles, was Dir andere vorsagen. Was ist los mit Dir?" Und Kasimir antwortet: „Ich glaube an den, der mich reich und mächtig macht – und das ist sicher nicht ein Doktor Luther." Georg nickt traurig: „Ich verstehe!" sagt er, und fügt hinzu: „dann will ich Dir jetzt eines sagen: Ich war ziemlich ratlos, wie ich dafür sorgen könnte, dass in meinen Ländereien in Schlesien das reine Evangelium gepredigt wird. Deshalb habe ich schon vor vier Jahren einen Brief an Doktor Luther geschrieben." Kasimir ringt nach Luft: „Ich glaube das nicht! Er hat hoffentlich nicht darauf geantwortet." – „Doch!" Georg grinst,

„das hat er. Er hat mich beraten, wie das am besten zu bewerkstelligen ist. Er hat mir geschrieben, dass ich Theologen brauche, die jede Kirche in meinem Land einzeln visitieren und Pfarrer und Gemeinde befragen und beraten." – „Das hast Du aber nicht wirklich gemacht?" fragt Kasimir, und Georg antwortet: „Doch! Natürlich habe ich das gemacht. Doktor Luther hat mir sogar Theologen vorgeschlagen, die diese Visitationen durchführen können. Nebenbei hat er mir noch weitere Schriften von sich geschickt; und die habe ich alle gelesen." – „Er hat Dich umgedreht!" konstatiert Kasimir, und Georg schüttelt den Kopf: „Nein, er hat mich überzeugt. Umgedreht worden bist Du!" Kasimir dreht sich im Bett um. Er will seinem Bruder nicht mehr in die Augen blicken. Dann murmelt er: „Jetzt muss ich auf jeden Fall wieder gesund werden. Sonst wirst Du alle Anstrengungen, die ich in unserer Heimat unternommen habe, um sie bei dem wahren Glauben zu halten, zunichte machen, Du Ketzer!" Georg spürt, dass sein Bruder wirklich todkrank ist. Er will keinen Streit und streicht ihm kurz über die Bettdecke: „Werde Du nur erst einmal gesund!" sagt er, „alles andere wird sich weisen! Aber lass Dir eines gesagt sein: Menschen, die sich an das halten, was in der Bibel steht, sind mit Sicherheit keine Ketzer. Das sind eher diejenigen, die etwas im Namen Jesu Christi behaupten, was gar nicht in der Bibel steht. Doch jetzt schlafe Dich erst einmal richtig aus!"

*Budapest, 21. September 1527*

„Seine königliche Hoheit Ferdinand und seine Durchlaucht, Fürst Georg!" Der Diener an der Tür von Kasimirs Schlafzimmer kündigt dem todkranken Markgrafen Kasimir hohen

Besuch an. Der Kranke versucht, den Kopf zu heben. Er weiß, dass er nicht mehr lang zu leben haben wird. König Ferdinand und Georg betreten das Zimmer. Beide erschrecken. In den letzten Tagen hat Kasimir noch weiter abgebaut. „Durchlaucht!“ sagt Ferdinand, „wie geht es Euch?“ – Kasimir keucht: „Ich weiß, dass ich sterben muss. Ich danke Euch, dass Ihr noch einmal gekommen seid, um meinen Abschied entgegen zu nehmen.“ – „Kasimir, ich habe Euch zu danken!“ sagt Ferdinand, „Ihr habt stets meinen Bruder Karl unterstützt, ihr seid mir mit einem Regiment gegen Zápolya zu Hilfe geeilt und nur durch Eure Hilfe habe ich vor zwei Monaten den Emporkömmling besiegen können. So viel habt Ihr für seine kaiserliche Hoheit und für mich getan“, sagt Ferdinand, und Kasimir versucht zu lächeln: „Es war zu wenig. Vieles von dem, was ich versuchte, ist Stückwerk geblieben. Und jetzt muss ich vor meinen himmlischen Richter treten.“ – „Soll ich einen Priester holen?“ fragt Georg seinen Bruder, aber Kasimir entgegnet: „Noch nicht, ich habe noch eine andere Bitte an Dich.“ Georg tritt näher an das Bett, und Kasimir flüstert geradezu: „Mein Bruder, bitte versprich mir, dass Du Dich um meine Frau und meine drei Kinder, ganz besonders aber um Albrecht Alcibiades, kümmerst. Er soll einmal Herr über das Oberland werden.“ Georg nickt: „Das verspreche ich Dir! Ich werde ihr das neue Schloss in Neustadt an der Aisch übergeben. Dort wird es Deine Familie gut haben.“ Müde nickt Kasimir: „Ich danke Dir! Aber da ist noch etwas: Unser Vater – ich habe ihn auf der Plassenburg einsperren lassen. Bitte ihn um Vergebung und lass ihn frei!“ Georg nickt, und Kasimir fährt fort: „Außerdem bin ich bin ein treuer Gefolgsmann unseres Heiligen Vaters in Rom. Wir beide haben uns ja über die lutherische Ketzerei nicht einigen können. Bitte versprich mir, dass Du auch in meinen Landen – wenigstens im Oberland – die lutherische Ketzerei ebenso bekämpfst wie ich das getan habe!“ Jetzt schüttelt Georg den Kopf: „Kasimir, Du weißt, dass ich Dir das nicht versprechen kann. Du weißt, dass ich mit Doktor Luther in Briefkontakt stehe. Du weißt, dass ich der Überzeugung bin: Was Doktor Luther lehrt, ist in der Heiligen Schrift gut begründet und keiner hat ihn bisher widerlegt. Deshalb ist seine Lehre auch keine Ketzerei. Ich bitte Dich, dieses Wort nicht mehr in den Mund zu nehmen. Wenn ich in unsere Stammlande komme und sehe, dass die Menschen nach der Lehre Luthers dürsten, dann werde ich dafür Sorge tragen, dass sie diese auch bekommen.“ Enttäuscht versucht Kasimir, sich wegzudrehen: „So ist mein ganzes Leben umsonst gewesen!“ Georg schüttelt den Kopf: „Kasimir, glaube mir: Im Glauben an unseren gekreuzigten und auferstandenen Herrn Jesus wird auch Dich der gnädige und barmherzige Gott annehmen.“ Kasimir geht auf diesen Satz nicht ein: „Hol mir einen Priester, der mir die Sterbesakramente gibt!“ Georg nickt und verlässt den Raum. Als Kasimir mit Ferdinand allein ist, flüstert er dem König zu: „Mein König, gebt auf Georg acht! Er ist ein Lutheraner!“ Ferdinand nickt. Er weiß, dass er nichts dagegen machen kann, wenn Georg in seinen Ländern reformatorisch predigen lässt, aber er möchte Kasimir nicht weiter aufregen. Deshalb geht er nicht darauf ein, sondern sagt zu Ihm: „Durchlaucht, mein Bruder und ich haben Euch viel zu verdanken. Dies werde ich Euch nie vergessen.“ Bald darauf erscheint ein Priester und Ferdinand verlässt den Raum. Georg hält sich im Hintergrund auf. Er ist Zeuge, als der Priester seinem Bruder die letzte Ölung spendet. Nachdem der Priester den Raum verlassen hat, setzt sich Georg schweigend ans Sterbebett seines Bruders. Wenige Stunden später stirbt Kasimir und Georg drückt ihm die Augen zu.

Als Georg das Sterbezimmer verlässt, erhält er den Befehl, sich bei König Ferdinand zu melden. Dies tut er umgehend: „Fürst Georg, wie geht es Eurem Bruder?" fragt Ferdinand als erstes, und Georg antwortet leise: „Kasimir ist soeben verstorben." Dies nimmt Ferdinand wortlos zur Kenntnis und kommt umgehend zur Sache: „Der Grund, weshalb ich Euch hergebeten habe, ist folgender: Euer Bruder wünscht, dass die Länder Brandenburg-Ansbach und Brandenburg-Kulmbach papsttreu bleiben. Mein Bruder, seine Majestät Kaiser Karl, und ich selbst unterstützen diesen Wunsch. Mit anderen Worten: Solltet Ihr vorhaben, die in den genannten Ländern lutherisch predigen zu lassen, werde ich Gegenmaßnahmen einleiten. Außerdem werdet Ihr Euch meinen Bruder zum Feind machen." – Georg bleibt ruhig: „Ihr wollt mir drohen?" – „Nennt es, wie Ihr wollt, das ist mir gleich! Sollten Eure fränkischen Länder aber der lutherischen Ketzerei anheimfallen, bekommt Ihr Probleme. Und ich rate Euch lediglich, diesen Problemen aus dem Weg zu gehen." Georg lässt sich nicht aus der Ruhe bringen: „Majestät, ich bin genauso wie mein Bruder hier, um Euch gegen Zápolya zu unterstützen. Es liegt auch in meinem Interesse, diesen Emporkömmling in die Schranken zu weisen. Meine Gegenwart sei für Euch der Beweis meiner Loyalität. Ihr werdet aber verstehen, dass ich angesichts der Tatsache, dass mein Bruder nun gestorben ist und sowohl mein eigenes Stammland Brandenburg-Ansbach als auch das mir von meinem Bruder anvertraute Brandenburg-Kulmbach jetzt verwaist ist, nun nach Ansbach zurückkehren muss und alle Dinge dort zu ordnen habe. Die Reste des siegreichen Regiments werde ich nach Ansbach zurückführen, sofern Ihr keine Verwendung mehr für die Soldaten habt." Ferdinand erkennt zwar sogleich, dass Georg seiner Forderung ausgewichen ist, aber er sieht auch, dass er nichts gegen ihn in der

Hand hat. Außerdem ist er ja in der Tat für die Unterstützung der beiden Brüder dankbar. Deshalb nickt er: „Ihr dürft Euch zurückziehen!“ Georg verbeugt sich: „Majestät, ich empfehle mich!“ Damit verlässt er den Audienzsaal.

# Kapitel 8

## Markgraf Georg der Fromme führt die Reformation ein

## *Ansbach, 14.2.1528*

„Markgraf vor den Toren! Lasst die Zugbrücke herab!" Der Tross Georgs von Hohenzollern fährt in den Innenhof des Ansbacher Wasserschlosses ein. „Georg! Willkommen!" ruft Margarete und eilt der Kutsche entgegen. Ein Diener öffnet den Schlag und Georg steigt heraus. Doch bevor er seine Schwester umarmt, hilft er seiner Frau, die ein etwa einjähriges Kind auf dem Arm trägt, aus dem Wagen. Dann wendet er sich seiner älteren Schwester zu: „Margarete, ich weiß nicht, ob Du es erfahren hast, aber ich bin seit drei Jahren wieder verheiratet. Darf ich Dir meine Frau vorstellen? Hedwig von Münsterberg, meine Frau – Margarete von Hohenzollern, meine Schwester." „Seid willkommen, Schwägerin!" sagt Margarete freundlich und deutet eine Umarmung an; dann wendet sie sich dem kleinen Kind zu. Georg erklärt stolz: „Das ist Anna Maria, unsere Tochter!" „Wie reizend!" sagt Margarete und streichelt das Kind vorsichtig über die Wange. Dann meint sie: „Kommt herein. Ihr werdet müde sein!"
Auf dem Weg zu ihren Gemächern erkundigt sich Georg nach den Geschwistern. Margarete erklärt: „Sophie ist mit dem Herzog von Liegnitz verheiratet, Anna mit dem Herzog von Teschen. Albrecht ist mit Prinzessin Dorothea von Dänemark verheiratet, Johann ist vor einem Jahr verstorben. Er war Vizekönig von Valencia, Elisabeth ist mit Markgraf Ernst von Baden verheiratet – aber das weißt Du ja noch, Barbara hat den Landgrafen von Leuchtenberg geehelicht, Friedrich ist Chorherr in Würzburg, Wilhelm Erzbischof von Magdeburg und Gumprecht ist Domherr in Bamberg geworden. Ich bin die Einzige, die noch hier in Ansbach geblieben ist." – „Und Kasimirs Frau Susanna?" fragt Georg weiter, während sie einen langen Gang durchlaufen. „Ja, seit der Nachricht vom Tod

Kasimirs hat sie sich mit ihren Kindern in ihre Gemächer zurückgezogen und will keinen sehen. Sie trauert, aber ich vermute: Sie trauert mehr um den Verlust der Macht als um dem Verlust ihres Mannes." Georg geht nicht weiter darauf ein, er meint: „Ich habe Kasimir auf seinem Totenbett versprochen, mich um sie und die Kinder zu kümmern. Und ich gedenke, dieses Versprechen auch zu halten." – „Hier sind wir!" sagt Margarete und öffnet die Tür eines großen Audienzzimmers, von dem weitere Türen abzweigen. „Ich habe die Dienerschaft angewiesen, die Öfen anzuheizen. Außerdem ist im Speisesaal ein bescheidenes Mahl für Euch vorbereitet." – „Danke!" sagt Georg, „wir kommen gleich. Ach, und was meine Nachricht aus Jägerndorf anlangt: Sind die Einladungen für den Landtag in zwei Wochen herausgegangen?" Margarete nickt: „Alles ist versandt worden. Der Landtag kann wie geplant stattfinden." „Noch etwas", sagt Georg dann, „lass bitte ausrichten, dass mein Hauptmann Wilhelm von Wiesenthau sich umgehend bei mir einfinden soll." – „Mache ich!" sagt Margarete eilfertig und wendet sich zum Gehen. Georg schließt die Tür und atmet durch. Dann nimmt er seine Frau mit seiner kleinen Tochter in den Arm und sagt: „Willkommen in Eurer neuen Heimat!"

Als Georg mit seiner Familie beim Essen ist, wird der Hauptmann Wilhelm von Wiesenthau angekündigt. „Soll reinkommen!" sagt Georg. „Aber Georg!" meint Hedwig, seine Frau, „wir essen doch gerade!" Mit vollem Mund antwortet Georg: „Das ist jetzt egal! Was ich von ihm will, duldet keinen Aufschub!" Ein Diener öffnet die Tür und der Hauptmann betritt den Raum. Er verbeugt sich tief und sagt: „Durchlaucht haben mich rufen lassen!" Georg nickt: „Wiesenthau, mein Bruder hat mir noch gesagt, dass er einige Lutheranhänger verhaften hat lassen, stimmt das?" Der Hauptmann nickt: „Seine Durchlaucht, Fürst Kasimir, hat vor seiner Abreise den Kanzler Vogler aus Ansbach und den Landschreiber Clauß aus Kulmbach ins Gefängnis werfen lassen. Der Ansbacher Pfarrer Rurer ist zusammen mit zwei Kaplänen nach Schlesien geflohen. Der Bayreuther Pfarrer Schmalzing hat das nicht geschafft. Den hat Euer Bruder an seine Exzellenz, Bischof Weigand von Redwitz nach Bamberg ausgeliefert." – „Wiesenthau, Ihr sorgt mir umgehend dafür, dass Kanzler Vogler und Landschreiber Clauß frei gelassen werden und in ihre angestammte Tätigkeit wieder ausüben können", befiehlt Georg mit vollem Mund. „Dann schickt ihr einen Boten nach Schlesien. Der soll Pfarrer Rurer aufspüren – am besten mitsamt seinen beiden Kaplänen, wenn sie noch bei ihm sind – und ihn bitten, wieder nach Ansbach zurückzukehren. Wir brauchen ihn hier. Nun, und was diesen Bayreuther Pfarrer angeht, da schickt Ihr einen Boten mit einem Schreiben von mir ... nein, das macht Ihr am besten höchstselbst. Ihr bekommt von mir einen Brief an seine Exzellenz mit der Bitte, diesen Bayreuther Priester – wie heißt er doch gleich?" – „Schmalzing", antwortet Wilhelm von Wiesenthau, „Georg Schmalzing!" – „Ja, genau, diesen Schmalzing freizulassen. Dann sieht seine Exzellenz gleich, dass die Freilassung uns am Herzen liegt. So, das wäre erst einmal alles!" – „Durchlaucht", sagt Wilhelm von Wiesenthau sich verbeugend, „ich empfehle mich!" Nachdem er den Raum verlassen hat, murmelt Georg: „So, das wäre erledigt! Als nächstes gehe ich zu meiner Schwägerin Susanna. Willst Du mitkommen, Hedwig?" Aber Hedwig schüttelt den Kopf: „Erst einmal nicht. Ich kümmere mich lieber um unsere Tochter." – „Wie Du willst!" sagt Georg.

Nach dem Essen macht er sich tatsächlich sofort auf den Weg in die Gemächer seiner Schwägerin. Sie empfängt ihn ganz in Schwarz. Im Nebenraum hört Georg die drei Kinder spielen und manchmal sogar streiten. „Georg!“ ruft Susanna aus, als sie ihren Schwager sieht, und eilt auf ihn zu. Er umarmt sie kurz, dann fragt er nüchtern: „Wie geht es Dir?“ Susannas Augen füllen sich mit Tränen: „Wie ist Kasimir gestorben?“ fragt sie, und Georg erzählt ihr alles, was er davon weiß. Er erzählt auch, dass er dabei war, als Kasimir starb, und dass er ihm auf dem Totenbett versprochen hat, sich um seine Frau und seine Kinder zu kümmern. „Und?“ fragt Susanna, „wie geht es jetzt mit uns weiter?“ Georg fährt fort: „Ich habe Kasimir versprochen, dass ich Euch auf das Schloss in Neustadt an der Aisch bringen lasse. Dort wird es Euch an nichts fehlen. Das Erbteil von Albrecht Alcibiades, das Oberland, werde ich verwalten, bis Albrecht sein Erbe antreten kann. Ist das in Deinem Sinne?“ Susanna nickt: „Wann werden wir Ansbach verlassen?“ Und Georg antwortet: „Wenn Du bereit dafür bist. Wenn Du willst, morgen schon. Du kannst aber auch erst einmal hierbleiben.“ – „Danke, Georg!“ sagt Susanna, „ich denke, es wird das Beste sein, wenn wir spätestens in einer Woche nach Neustadt fahren.“ – „So machen wir es!“ meint Georg und verabschiedet sich ohne erkennbare Gemütsregung von seiner Schwägerin.

Kaum im Arbeitszimmer angelangt setzt sich Georg an den Schreibtisch und verfasst einen freundlichen Brief an den Bamberger Bischof Weigand von Redwitz, in dem er die Freigabe von Georg Schmalzing erbittet. Sorgfältig versiegelt er sein Schreiben und lässt umgehend seinen Hauptmann Wilhelm von Wiesenthau holen. Diesem übergibt er den Brief und trägt ihm auf, sich unverzüglich nach Bamberg zu begeben und ja nicht ohne einen Bescheid wieder zurückzukehren. Wiesenthau salutiert und verschwindet. Georg ist dankbar, einen so tüchtigen Hauptmann zu haben. Für ihn sind noch viele Vorbereitungen für den bevorstehenden Landtag zu treffen, einzelne Delegierte sind von seinem Vorhaben in Kenntnis zu setzen und Entschließungen sind vorzubereiten. Außerdem will er noch genaue Erkundigungen einziehen, wie die Stimmung sowohl im Unterland als auch im Oberland ist. „Hedwig, ich muss Dich für kurze Zeit verlassen", eröffnet er wenige Tage später seiner Frau. Hedwig, die gerade an einer Häkelarbeit sitzt, blickt auf: „Wohin verreist Du?" fragt sie, und Georg erläutert ihr: „Ich muss ins Oberland nach Kulmbach, mit meinem Vater reden. Der ist immer noch auf der Plassenburg eingesperrt. Mein Bruder hat ihn vor 12 Jahren dort gefangen gesetzt. Außerdem will ich die Lage im Oberland kennenlernen." – „Ich verstehe", sagt Hedwig, „weißt Du schon, wie lange Du wegbleiben musst?" Georg wiegt den Kopf hin und her: „Kulmbach ist zwei Tagesreisen entfernt, ich werde sehen, wie lange ich dort gebraucht werde. Außerdem möchte ich auch kurz nach Bayreuth, um die Lage dort kennen zu lernen. Spätestens zum Landtag am 2. März werde ich wieder in Ansbach sein. Wilhelm von Wiesenthau wird morgen aus Bamberg wieder zurück sein und Dir zu Diensten stehen." – „Ist gut!" sagt Hedwig sanft und Georg geht kurz auf sie zu und umarmt sie. „Pass auf Dich auf!" sagt sie noch und wendet sich wieder ihrer Häkelarbeit zu. Georg verabschiedet sich noch von seiner Tochter und rüstet sich für den Weg nach Kulmbach.

### *Kulmbach (Plassenburg), 25. Februar 1528*

„Markgraf vor den Toren! Zugbrücke herunter lassen!" lange war dieser Ruf nicht mehr in der Plassenburg ertönt. Aber jetzt steht tatsächlich Georg vor dem Tor und sieht, wie langsam die Zugbrücke herunter gelassen wird. Dann reitet er in den Burghof ein. Ein eifriger Diener eilt herzu und nimmt den Zügel des Pferdes. Georg steigt ab: „Beulwitz soll herkommen!“ befiehlt er scharf, dann fragt er sofort: „Wo ist mein Vater untergebracht?“ Der Diener, der das Pferd am Zügel hält, sagt bereitwillig: „Willkommen, Durchlaucht, ich zeige Euch den Weg.“ Dann führt er ihn zum Westturm der Plassenburg. Georg steigt die Wendeltreppe empor. Als er vor der verschlossenen Türe steht, fällt ihm auf, dass er gar keinen Schlüssel dabei hat: „Wo ist der Schlüssel?“ Der Dienstbote wird verlegen und zuckt die Schultern: „Seine Durchlaucht, Markgraf Kasimir, hat ihn immer bei sich getragen. Ich weiß es nicht.“ – „So hole er den Schlüssel oder irgendjemanden, der mir die Tür öffnen kann, notfalls mit Gewalt. Los, beeile er sich doch!“ schnauzt ihn Georg an, und der Diener entfernt sich rasch. Georg geht zur Tür und öffnet die Türluke. Drinnen sieht er auf dem Bett seinen Vater liegen und an die Decke starren. „Vater!“ sagt er, da kehrt Leben in den fast 70jährigen zurück. Langsam richtet er sich auf. Als er das Gesicht seines Sohnes Georg in der Tür sieht, lächelt er: „Georg!“ – „Vater, ich hole Dich hier heraus!“ In diesem Augenblick kommen schon ein Diener und der Hauptmann von Beulwitz. Er hat den Schlüssel. „Aufsperren!“ befiehlt Georg, und als er durch die geöffnete Tür geht, zischt er dem Hauptmann des Oberlandes Christoph von Beulwitz zu: „Ihr könnt gehen, aber haltet Euch zu meiner Verfügung. Ich habe mit Euch zu reden!“ Beulwitz salutiert und geht die Treppe langsam wieder herunter. Georg geht auf seinen Vater zu, der sich in zwischen erhoben hat, und umarmt ihn: „Vater, jetzt wird alles gut!“ Friedrich sagt kein Wort. Zwölf Jahre Einzelhaft haben aus dem aufbrausenden, cholerischen Markgrafen einen gebrochenen Mann gemacht. „Gut, dass Du da bist!“ krächzt er heiser, und Georg führt seinen Vater langsam die Treppe hinunter. „Wo ist Kasimir?“ fragt der Vater, und Georg erzählt, dass dieser vor einem halben Jahr in Budapest an der Ruhr verstorben ist. Er erzählt auch, dass er ihm den Auftrag gegeben hat, den Vater um Verzeihung zu bitten. Doch Friedrich schweigt, dann murmelt er leise vor sich hin: „Zu wenig, zu spät!“ Georg führt ihn in die Markgrafengemächer. „Jetzt wird alles gut!“ sagt er, und befiehlt, seinem Vater augenblicklich etwas zu essen und zu trinken zu bringen. „Lass uns später reden!“ meint er, und sein Vater nickt.

Kaum dass Georg seinen Vater verlassen hat, lässt er Beulwitz rufen und fragt ihn scharf: „Was ist hier eigentlich los? Ich will auf der Stelle einen ausführlichen Bericht!“ Christoph von Beulwitz erzählt von Kasimirs Politik des Abwartens, er erzählt, dass dadurch die Reformation in den Städten des Oberlandes sich ohne Probleme ausgebreitet hat. Er macht aber auch deutlich, dass sich Kasimirs Einstellung seit dem Reichstag zu Speyer vor zwei Jahren geändert hatte. Auf dem Landtag von Ansbach habe er eine überwiegend papsttreue Kirchenordnung befohlen und die wichtigsten Lutheraner verhaften lassen. „Und dieser Bayreuther Priester Schmalzing? Wer ist auf den Gedanken verfallen, den Mann an seine Exzellenz auszuliefern?“ fragt Georg wie in einem Verhör. Beulwitz zögert. Soll er zugeben, dass es seine Idee war? Aber Kasimir ist ja tot. Deshalb zuckt er mit den Schultern und sagt: „Ich habe bloß die Befehle seiner Durchlaucht ausgeführt.“ Georg entgegnet: „Ich glaube Euch nicht, aber sei’s d’rum! Ich bin auf jeden Fall gerade dabei, die Ungerechtigkeiten wieder zu bereinigen. Ist der Landschreiber Clauß wieder auf freien Fuß gesetzt?“ Beulwitz nickt: „Wie seine Durchlaucht es befohlen haben!“ – „Gut!“ sagt Georg, „holt ihn, ich will mit ihm reden. Außerdem schickt einen Boten nach Bayreuth. Ich will mit dem dortigen Stadtpfarrer und dem Stadtprediger sprechen. Die sollen umgehend herkommen! Ihr könnt gehen!" Christoph von Beulwitz salutiert und verlässt unter Verbeugungen den Raum. Draußen atmet er auf. Das ist gerade noch einmal gut gegangen. Dann macht er sich an die Ausführung der Befehle Georgs.

Am folgenden Tag stehen der Bayreuther Stadtpfarrer Hans Prückner und der Stadtprediger Nikolaus Schamel vor der Plassenburg. Umgehend werden sie eingelassen und in das Audienzzimmer geführt. Nach etwa einer halben Stunde Wartezeit, erscheint der Markgraf. Beide senken den Kopf: „Durchlaucht!" „Meine Herren!" sagt Georg, „ich möchte von Euch einen ausführlichen Bericht, wie es kirchlich in Bayreuth aussieht!" Prückner blickt zu Schamel und Schamel zu Prückner. Sie sind unschlüssig, weil sie nicht wissen, was der neue Markgraf vorhat. Ist er eher lutherisch eingestellt oder will er sie nur aushorchen und vielleicht auch noch gleich inhaftieren? Schließlich holt Schamel tief Luft und sagt: „Durchlaucht, unser Bruder in Christus Georg Schmalzing hat bereits vor acht Jahren angefangen, im Sinne von Doktor Luther zu predigen. Er hat die heilige Messe, von der wir immer dachten, dass sie ein gutes Werk sei, das demjenigen zugeeignet werden könne, der dafür bezahlt, als ‚Teufelsmesse' bezeichnet und die Rechtfertigung des Sünders im Glauben an Jesus Christus allein aus Gottes Gnade verkündigt. Die Gläubigen aus Bayreuth und Umgebung sind ihm in Scharen zugelaufen. Wir haben gesehen, dass sie nach dem reinen und lauteren Evangelium dürsten. Schließlich haben auch wir uns überzeugen lassen. Vor eineinhalb Jahren hat seine Durchlaucht, Euer gnädiger Bruder, unseren Bruder Schmalzing verhaften lassen und an seine Exzellenz, den Bamberger Bischof, ausgeliefert. Seither haben wir nichts mehr von ihm gehört." „Aber die

Predigt vom reinen und lauteren Evangelium haben wir weiter geführt", fällt ihm Hans Prückner jetzt ins Wort. „Obwohl Bruder Schmalzing uns genommen wurde, haben wir das Gotteswort weiter gepredigt. In Bayreuth werden schon seit fünf Jahren keine Seelenmessen mehr gelesen und wir feiern die Messe auf deutsch und reichen den Glaubenden Brot und Wein zum Abendmahl. Auch Luthers Schriften sind weit verbreitet. Viele Häuser besitzen ein deutsches Neues Testament." „Durchlaucht", führt jetzt wieder Schamel den Gedanken zu Ende, „sollten Sie uns wegen unserer Predigt des reinen und lauteren Evangeliums jetzt zur Verantwortung ziehen wollen, hier sind wir!" Georg lächelt. Er spürt, dass die beiden keine Ahnung von seiner Einstellung haben. Deshalb sagt er nach einer kurzen Pause: „Meine Herren von der Geistlichkeit! Sofern es Sie beruhigt, so sollt Ihr wissen, dass ich seit fünf Jahren mit Doktor Luther in Briefkontakt stehe. In meinen schlesischen Ländern habe ich mit Luthers Hilfe dafür gesorgt, dass das Evangelium dort rein und lauter gepredigt wird. Selbiges habe ich mit meinen fränkischen Ländern jetzt ebenfalls vor durchzuführen. Hierfür erhoffte ich mir auch von Ihnen wichtige Auskünfte, die Sie mir soeben erteilt haben. Was Pfarrer Schmalzing angeht, habe ich meinen Hauptmann vom Unterland bereits mit einem Bittschreiben nach Bamberg geschickt in der Hoffnung, dass seine Exzellenz unserem Pfarrer die Freiheit schenkt. Hat dieser doch mehr als wir alle für das wahre und reine Evangelium in Bayreuth geleistet! Dies dürft Ihr ihm nie vergessen." Schamel und Prückner sind sprachlos. Damit hätten sie nie gerechnet. Die kurze Pause nutzt der Markgraf, um den beiden noch etwas mitzuteilen: „In einer Woche findet in Ansbach ein neuer Landtag statt. Ich hoffe, dass Ihr beide uns die Ehre gebt, an diesem teilzunehmen." – „Ja, selbstverständlich kommen wir!" stottert

Schamel, und Prückner fügt hinzu: „Wir danken Euch von ganzem Herzen, Durchlaucht!"
Nachdem sich beide verabschiedet haben, sucht Georg noch einmal seinen Vater auf, um sich zu verabschieden: „Vater, ich muss so schnell wie möglich nach Ansbach aufbrechen, um den Landtag vorzubereiten. Wenn Du mit mir nach Ansbach kommen willst, sei willkommen. Wenn Du aber hierbleiben willst, dann kannst Du auch das tun. Das ganze Land steht Dir offen." – „Mein Junge", sagt Friedrich sanft, und Georg erinnert sich gar nicht daran, seinen einst so steifen und unnahbaren Vater so freundlich gesehen zu haben, „mein Junge, ich danke Dir. Gerne komme ich mit nach Ansbach. Wann brechen wir auf?" – „Schön!" sagt Georg, „dann kann ich Dir auch meine zweite Frau Hedwig von Münsterberg vorstellen. Schaffen wir es, in einer Stunde reisefertig zu sein?" Sein Vater nickt: „Ich habe ja nicht viel!" Tatsächlich steht die Kutsche eine Stunde später im Innenhof bereit. Friedrich und Georg steigen ein. Georg hat sich entschlossen, nicht auf dem Pferd zu reiten, weil er unterwegs mit seinem Vater über die vergangenen Jahre und über die bevorstehenden Entscheidungen sprechen möchte.

## *Ansbach 28. Februar 1528*

Der Tross aus Kulmbach erreicht das Ansbacher Wasserschloss. Georg hat sich mit seinem Vater nicht nur ausgesprochen, sondern auch versöhnt. Der alte Mann ist durch die jahrelange Haft auf der Plassenburg und die Nachricht vom Tod seines ältesten Sohnes Kasimir sanft und ruhig geworden. Nichts ist mehr da von dem einst so aufbrausenden Vater.

Georg freut sich darauf, seinem Vater dessen neue Schwiegertochter und Enkel vorstellen zu können. Nach seiner Ankunft in Ansbach lernt Friedrich außerdem die drei Kinder Kasimirs und dessen Frau Susanna kennen.
Georg hat aber für die Familie wenig Zeit. Kaum ist er wieder im Wasserschloss angekommen meldet sich sein Hauptmann Wilhelm von Wiesenthau an. „Wiesenthau! Euch habe ich erwartet. Welche Nachrichten bringt Ihr aus Bamberg?" fragt Georg fröhlich, aber dann sieht er die düstere Miene seines obersten Soldaten. „Schlechte, das heißt: keine, Durchlaucht", sagt dieser finster. „Was heißt das?" fragt Georg scharf und Wiesenthau erläutert: „Als ich vor dem Tor der Hofhaltung sagte, wer ich wäre und was ich wollte, hieß man mich warten. Nach drei bis vier Stunden kam ein Torwächter, der meinte, der Generalvikar sei momentan zu beschäftigt, mich zu empfangen. Da fragte ich, ob ich wenigstens den Brief seiner Durchlaucht übergeben dürfe. Und er meinte, ich solle den Brief ihm geben. Er werde versuchen, das Schreiben an den Generalvikar Paul Neydecker weiterzuleiten. Dann habe ich gefragt, wann ich denn mit einer Antwort rechnen könne. Und der Torwächter meinte, dass er das nicht wisse und dass ich den Brief ja auch wieder mitnehmen könne. Da habe ich ihm den Brief übergeben mit der inständigen Bitte, diesen an seine Exzellenz oder wenigstens an den Generalvikar weiter zu leiten. Aber ich habe meine Zweifel, ob er das tut." – „Gut … oder vielmehr schlecht!" meint Georg nachdenklich. Dann sagt er: „Wiesenthau, ich danke Euch! Ich werde mir überlegen, was ich noch tun kann, um diesen mutigen Mann aus den Fängen des Bischofs zu befreien. Sobald ich Eure Hilfe benötige, lasse ich es Euch wissen!" Wiesenthau verabschiedet sich, und Georg schiebt den Gedanken an Schmalzing erst einmal beiseite. Wichtig ist jetzt zunächst der bevorstehende Landtag!

## *Ansbach, 2. März 1528*

Freundlich begrüßt Georg die Abgesandten aller Landstände in Ansbach und bittet jeden um seine eigene Einschätzung der Lage. Dabei zeichneten die Abgesandten des Bamberger Bischofs – unter ihnen auch Pater Anselm vom Bamberger Dominikanerkloster – ein düsteres Bild der Lage: „Durchlaucht, Ihr müsst der lutherischen Ketzerei Einhalt gebieten, wenn Ihr es nicht riskieren wollt, der Reichsacht anheim zu fallen. Wir fordern Euch auf, das Werk Eures seligen Bruders, seiner Durchlaucht Markgraf Kasimir, weiter zu führen. Lasst die Lutherschriften verbrennen und diejenigen, die lutherisch predigen, ins Gefängnis werfen. Dann – und nur dann – wird Euch auch der Heilige Vater nicht bannen. Oder wollt Ihr wie ein Verbrecher enden?" Georg ist während dieser Rede äußerlich ganz ruhig geblieben, aber innerlich bebt er. Dann sagt er: „Ihr habt mir weder zu drohen noch irgendwelche Ratschläge zu erteilen. Jetzt will ich die Gegenseite hören!" Da tritt Hans Prückner, der Bayreuther Stadtpfarrer, vor und erzählt von Georg Schmalzing und dessen Predigten. Er erzählt, wie begierig die Botschaft vom reinen Evangelium von den Gläubigen aufgenommen worden ist. Er erzählt, dass sie die Seelenmessen in Bayreuth längst abgeschafft hätten und das Abendmahl mit Brot und Wein feiern würden. Auch andere Delegierte melden sich zu Wort, so etwa Pfarrer Johann Schnabel aus Kulmbach, der von den kirchlichen Zuständen in der Residenzstadt Kulmbach erzählt. Georg wird klar, dass in weiten Teilen des Landes bereits viele lutherische Schriften und vor allem das Neue Testament in der deutschen Sprache von Martin Luther bekannt ist. Und doch will er seine Exzellenz, den Bamberger Bischof, und dessen Abgesandten nicht gegen sich aufbringen. Sein Bruder hat ihm ein überschuldetes Land hinter-

lassen. Eine kriegerische Auseinandersetzung kann er sich auf gar keinen Fall leisten. Georg grübelt immer wieder über einer geeigneten Formulierung für den Landtagsabschied, eine Formulierung, auf die sich alle verständigen könnten.
Im Rahmen der tagelangen anschließenden Beratungen findet Georg auch Zeit, einmal mit Pater Anselm aus Bamberg unter vier Augen zu sprechen. Dabei sagt er: „Pater, Georg Schmalzing ist mein Untertan. Ich möchte, dass seine Exzellenz ihn an mich überstellt." Pater Anselm lächelt eisig: „Durchlaucht, Pfarrer Schmalzing ist ein Gefangener seiner Exzellenz des Bischofs, und auch der Generalvikar hat kurz vor unserer Abreise ausdrücklich noch einmal bestätigt, dass eine Freilassung eines Ketzers nicht verantwortet werden kann." „Wisst Ihr, wie es Schmalzing geht?" fragt Georg, und Pater Anselm nickt: „Es geht ihm gut. Es fehlt ihm an nichts und so lange er nicht widerruft, wird er Bamberg nicht verlassen."
Georg erkennt, dass er auch hier weder mit bittenden noch mit fordernden Worten etwas erreichen wird. Deshalb bricht er das Gespräch ab und lässt Kanzler Vogler zu sich rufen: „Vogler, ich beabsichtige, den Landtag in den nächsten Tagen zu beenden. Schreibt mir eine Vorlage für ein Abschlussdokument im Sinne Doktor Luthers!" Der Kanzler nickt und zieht sich zur Arbeit zurück.
Bereits am folgenden Tag lässt er sich beim Markgrafen anmelden und legt ihm seinen Entwurf vor. Darin steht: *„Seine Durchlaucht Georg, Markgraf zu Brandenburg-Ansbach und Verwalter der Markgrafschaft Brandenburg-Kulmbach. Unseren Gruß zuvor, liebe Getreue, wir schicken Euch hierbei den Abschied unseres Landtags. In den Kirchen meines Landes soll das Evangelium rein und lauter gepredigt werden. Die Messe soll auf deutsch gehalten werden, damit alle Gläubigen sie verstehen können. Auch sollen deutsche Lieder gesungen*

*werden. Das Abendmahl soll mit Brot und Wein den Gläubigen gereicht werden. Die Priesterehe ist erlaubt.*" „Ja freilich, das ist schon in Ordnung", sagt Georg, als er den Entwurf liest, „aber das ist zu ausführlich. Außerdem würden die Bamberger den Landtag unter Protest verlassen. Schließlich möchte ich dem, was mein Bruder vor zwei Jahren beschlossen hat, nicht so ausdrücklich widersprechen. Deshalb soll der Entwurf gekürzt werden." Der Markgraf liest sich alles noch einmal durch, dann nimmt er eine Feder, taucht diese in ein Tintenfass und beginnt, darin herum zu streichen. Am nächsten Tag ergeht folgender Landtagsbeschluss: „*Seine Durchlaucht Georg, Markgraf zu Brandenburg-Ansbach und Verwalter der Markgrafschaft Brandenburg-Kulmbach. Unseren Gruß zuvor, liebe Getreue, wir schicken Euch hierbei den Abschied unseres Landtags. Es wurde beschlossen, dass nun das lautere und reine Predigen des heiligen Evangeliums und Gottes Wortes des Alten und des Neuen Testaments überall in unseren Landen durchgeführt werden soll. Dies soll durch Visitationen überprüft werden. … Ansbach, am Montag nach Okuli, 16. März 1528 – an alle Amts- und Kirchenleute im Unterland und Oberland!*"

Jetzt ist Georg zufrieden und lässt den Beschluss in Druck gehen. Nahezu alle Delegierten – sogar die Gesandten des Bamberger Bischofs – machen sich zufrieden auf den Heimweg. Hatte doch bereits Kasimir diese Formulierung von der reinen und lauteren Predigt des heiligen Evangeliums gebraucht! Schamel und Prückner sitzen wieder gemeinsam in einer Kutsche und sind glücklich über diesen Beschluss. Jetzt dürfen sie auch offiziell das reine Evangelium predigen und brauchen keine Angst mehr zu haben, verhaftet zu werden. Zugleich denken sie auch immer wieder an Georg Schmalzing, der noch immer in Bamberg in Haft sitzt und von dem sie keine Nachricht haben. Wenn sie ihm nur helfen könnten!

Nachdem der Landtag wieder auseinander gegangen ist, muss sich Georg an die Visitationen machen. Wie gut, dass er bei der kirchlichen Neuordnung seiner schlesischen Besitztümer bereits erste Erfahrungen gemacht hat! Als erstes schreibt er einen Brief an Doktor Luther mit der Bitte ihm einen oder zwei gute Theologen zu nennen, die alle Pfarreien im Ober- und Unterland visitieren und überprüfen können, ob wirklich das reine Evangelium dort gepredigt wird. Nachdem dieser Brief auf die Reise geschickt ist, fällt ihm wieder das Problem Schmalzing ein. Und plötzlich kommt ihm eine Idee: Zu Gumprecht, seinem jüngsten Bruder, hat er doch immer ein besonderes Verhältnis gehabt! Und Gumprecht ist inzwischen Bamberger Domherr. ‚Ja!' denkt er sich, ‚an den kann ich mich wenden! Warum ist mir das nicht schon längst eingefallen?' Und sofort setzt er sich hin, verfasst einen Brief an seinen jüngsten Bruder und bittet diesen, sich für die Freilassung seines Untertanen einzusetzen.

## *Bayreuth, 22. März 1528*

Es ist der Stadtprediger Schamel selbst, der an diesem Tag, dem Sonntag Laetare, von der Kanzel der Stadtkirche Bayreuth den Landtagsbeschluss verkündet: *„Liebe Gemeinde, jetzt endlich brauchen wir hier in Bayreuth, ja im ganzen Oberland, keine Angst mehr davor zu haben, dass wir verfolgt und inhaftiert zu werden, wenn wir Euch das reine und lautere Evangelium verkündigen. Es ist uns eine große Freude, dass wir jetzt hier die frohe Botschaft gefahrlos weiter erzählen können. Einzig das Schicksal unseres Bruders in Christus Georg Schmalzing macht uns Sorgen. Er ist nach wie vor im Gefängnis seiner Ex-*

*zellenz, des Bischofs von Bamberg, aber seid gewiss, seine Durchlaucht, unser allergnädigster Markgraf Georg, – ich habe bisher keinen frömmeren Fürsten gesehen als ihn – versucht alles, ihn wieder frei zu bekommen. Auch ich selbst war anfangs sehr argwöhnisch, als Pfarrer Schmalzing anfing, Euch zu predigen, dass Ihr im Glauben an Jesus Christus von Gott angenommen werdet, weil unser Gott gnädig und barmherzig ist. Aber auch ich selbst bin durch seine Predigten und durch die Gespräche mit ihm überzeugt worden, dass Gott seine Verheißungen, die er uns in der Heiligen Schrift gegeben hat, wahr machen wird. So beten wir heute ganz besonders für unseren Bruder, der nach wie vor wie ein Märtyrer in Haft sitzt, Gott möge ihm einen festen Glauben schenken und ihn bald mit uns wieder zusammenführen. Amen.*“ Wie ein Lauffeuer breitet sich die Nachricht von dem Landtagsabschied in der Stadt aus. Bayreuth atmet auf. Stadtpfarrer und Stadtprediger sind sich einig, dass von nun an in den Gottesdiensten für Georg Schmalzing gebetet werden soll.

## *Bamberg, 4. April 1528*

Nach wie vor sitzt Georg Schmalzing in Einzelhaft im Bamberger Hofgefängnis. Aber an diesem Tag bekommt er erneut einen weiteren Mitgefangenen in seine Zelle einquartiert: „Ich bin Pankraz Stahel, Pfarrer aus Staffelstein!“ sagt der Fremde. „Angenehm!“ sagt Georg und stellt sich vor. Sie tauschen sich aus und stellen fest, dass sie aus demselben Grund inhaftiert wurden. „Kennt Ihr den neuen Generalvikar?“ fragt Stahel. Georg schüttelt den Kopf: „Ich bekomme hier überhaupt keine Nachrichten von außen, man lässt mich hier verschimmeln. Immer wieder kommt ein geradezu giftig lächelnder Dominikanermönch hier vorbei und fragt mich, ob ich nicht widerrufen wolle. Dann würde er sich dafür einsetzen, dass ich freikomme. Stimmt es, dass die ganze Welt die Gedanken Luthers ablehnt? Der Pater behauptet, es gebe kaum noch Lutheranhänger. Manchmal stellt er es so dar, als wäre ich der einzige und Doktor Luther sei schon lange tot." Stahel wiegt den Kopf hin und her: „Ob Luther tot ist oder nicht, weiß ich nicht, aber in Staffelstein gab es durchaus einige, die die Botschaft von der Rechtfertigung des Sünders im Glauben an Christus geteilt haben. Ich habe ein paar Büchlein von Doktor Luther erst vor einem guten Jahr in die Hand bekommen und mir beim Lesen immer wieder gedacht: ‚Der Mann hat Recht!' Ja, und dann habe ich dafür gesorgt, dass die Schriften Doktor Luthers auch in Staffelstein bekannt wurden. Aber bald darauf kamen die Soldaten seiner Exzellenz und haben nach den Schriften gesucht. Als schließlich herauskam, dass ich derjenige war, der das reine Evangelium verkündigt hat, haben sie mich verhaftet." Bevor Georg etwas sagen kann – irgendwie kam ihm die Geschichte ziemlich bekannt vor –, wird der Riegel beiseite geschoben und ein fremder Mann tritt in die Zelle. Er blickt Georg an und dann Pankraz Stahel, dabei lächelt er ähnlich wie Pater Anselm. „Mein Name ist Neydecker, Doktor Neydecker, Generalvikar!" stellt er sich vor, „meine Herren, Ihr dürft mich mit ‚Euer Gnaden' anreden. Der Grund meines Kommens besteht in Folgendem: Ich wollte Euch nur noch einmal darauf hinweisen, dass Ihr weiter die Gäste seiner Exzellenz bleiben werdet, solange Ihr nicht widerruft. Komme, was wolle! Und um Euch die Entscheidung etwas zu erleichtern, sei Euch gesagt, dass der von Euch bisher so verehrte Ketzer Martin Luther verstorben ist. Kein Hahn kräht draußen noch nach diesem Unruhestifter. Überlegt Euch, ob Ihr Eure Heimat noch einmal wiedersehen wollt, oder nicht!"

„Niemals!“ zischt Georg, „niemals werde ich die Wahrheit widerrufen“, und er fügt hinzu: „Wenn die Welt ein Paradies ist für Ja-Sager wie Ihr es seid, dann will ich die Schlange sein, die durch den Garten kriecht!“ Aber Neydecker lächelt ihn ungerührt an: „Lieber Bruder Schmalzing, es ist schon bewundernswert, wie tapfer Ihr hier für nichts und wieder nichts aushaltet. Es ist ja nur zu Eurem Besten, dass wir Euch hier behalten. Denn draußen in der Welt würde wahrscheinlich kein Mensch mehr mit Euch sprechen, weil Ihr ketzerische Gedanken geäußert habt. Jaja, seine Exzellenz meint es wirklich nur gut mit Euch. Denkt ruhig weiterhin darüber nach! Zeit habt Ihr ja zur Genüge! Ich kann Euch nichts vormachen, was Eure Aussichten angeht, aber solltet Ihr weiter so verbohrt bleiben … sonst sieht es für Euch ziemlich trübe aus.“ Und nach einer kurzen Pause, fügt er hinzu: „Sagen wir’s so: Fehler machen wir alle mal. Doch einen Fehler einzugestehen, dazu gehört Charakter!“ Mit diesen Worten wendet sich Neydecker zur Tür, und Georg ruft ihm nach: „Aber ich habe keinen Fehler gemacht. Ich habe nichts als das reine Evangelium verkündigt. Das jetzt als Fehler zu bezeichnen, wäre Verrat am Wort Gottes.“ Da wendet sich Neydecker noch einmal um und blickt Georg genau an: „Bruder Schmalzing, Ihr habt da ein Funkeln in den Augen, und ich muss Euch sagen: Das gefällt mir gar nicht. Deshalb ist es wohl das Beste, Ihr bleibt bis auf Weiteres Gast seiner Exzellenz.“ – „Ich will Euch einmal etwas sagen“, Georg ist jetzt richtig in Fahrt, „Ihr habt keine Macht über mich, Ihr könnt mich nicht stumm schalten. Mein Selbstbewusstsein ist von Euren ständigen Versuchen, mich zu brechen, unbeeindruckt.“ Neydecker würdigt ihn keines Blickes mehr und verlässt den Raum. Kaum ist er verschwunden, die Tür ins Schloss gefallen und der Riegel vorgeschoben, flüstert Georg seinem neuen Zellengenossen zu: „Der ist ja noch widerlicher als Pater Anselm … und das will etwas heißen. Mit ‚Euer Gnaden' werde ich den nie anreden, höchstens mit ‚Euer Gnadenlos'!" Stahel nickt und wendet aber ein: „Lieber nicht, wir wollen ihn doch nicht verärgern, solange wir von ihm abhängig sind. Er hat die Macht." – „Aber wir haben die Wahrheit!" zischt Georg. Dann fragt er: „Wie lange seid Ihr denn schon hier?" Georg zuckt mit den Schultern: „Ich weiß nicht so recht. Ein Tag ist wie der andere. Niemand sagt mir etwas. Wann hat man Euch denn verhaftet?" – Stahel legt die Stirn in Falten: „Das war vor drei Tagen, also am 1. April Anno Domini 1528." Georg atmet tief durch: „Dann bin ich schon ziemlich genau eineinhalb Jahre in Haft … eineinhalb Jahre lang habe ich meine Frau und meine Tochter nicht mehr gesehen. Und inzwischen hat meine Frau längst unser zweites Kind geboren … es ist furchtbar, was man hier mit mir macht!" Stahel nickt mitfühlend. Dann fragt er: „Wie habt Ihr denn die Zeit bisher herumgebracht, ohne verrückt zu werden?" Da lacht Georg schelmisch: „Ich habe aus Versehen die Psalmenübersetzung Professors Luthers in der Rocktasche gehabt, als man mich verhaftet hat. Und meine Aufseher hatten nichts gegen meinen Wunsch, Papier, Feder und Tinte zu bekommen … da habe ich eine Auslegung der Psalmen geschrieben. Erst vor ein paar Tagen bin ich damit fertig geworden." – „Darf ich sie sehen?" fragt Stahel interessiert und Georg zögert kurz. Was wäre, wenn Pankraz Stahel ein Spion des Bischofs ist? Aber dann verwirft er den Gedanken wieder, geht zu seinem Bett und hebt den Strohsack hoch. Darunter liegen die Blätter seines Kommentars. Vorsichtig übergibt er sie Stahel. Der setzt sich an den Tisch und beginnt bedächtig, Blatt für Blatt zu lesen.

*„Erlöse mich, Herr, von den bösen Taten und Freveln der Menschen, die Arges in ihrem Herzen gedenken und nur Lust haben zu zanken, die ihre Zungen schärfen wie die Schlangen und*

*unter ihren Lefzen ist Otterngift. Bewahre mich, dass ich ihnen nicht in die Hände gehe, dass sie nicht ihren Mutwillen mit mir treiben. Denn sie gedenken, mich umzustoßen, legen mir Stricke und breiten mir Seile aus zum Netz und stellen mir Fallen an den Weg, durch ihre Gleißnerei mich von deinem Wort zu führen. Ich aber habe keinen besseren Trost, denn dass ich bete und sage zu Dir: O Herr, du bist mein Gott, erhöre die Stimme meiner Klage!*" Es ist die Auslegung zu Psalm 150. Georg hat sie erst kürzlich geschrieben. Als Pankraz aufblickt, hat er Tränen in den Augen: „O Bruder Schmalzing! Ihr seid innerlich so stark. Ich bewundere Euch." – „Da gibt's nichts zu bewundern! Ich bin oft so verzweifelt und manchmal überlege, wenn ich jetzt tot wäre, ob man mich überhaupt vermissen würde. Täglich weine ich um meine Lieben daheim, meine Frau Anna, meine Tochter Hanna und mein zweites Kind, von dem ich nicht einmal weiß, ob es lebt und – wenn ja – ob es ein Bub oder ein Mädchen ist und welchen Namen es trägt." – „Bruder Schmalzing, lasst Euch eines gesagt sein", meint Pankraz Stahel, „gebt diese Blätter nie aus der Hand und nehmt Euch vor allem vor dem Generalvikar in Acht! Zeigt ihm auf gar keinen Fall, was Ihr hier geschrieben habt! Weiß denn irgendjemand sonst von dieser Auslegung?" Georg nickt: „Pater Anselm weiß davon. Er hat gesagt: Solange die Blätter diesen Raum nicht verlassen, darf ich schreiben, was ich will." – „Dann könnt Ihr nur hoffen, dass er das inzwischen vergessen hat. Hebt alles gut auf, und wenn Ihr irgendwann die Freiheit erlangen solltet, dann gebt es einem Drucker. Das müssen die Menschen lesen!" rät ihm Stahel. Georg lächelt bitter: „Ja, wenn überhaupt dann noch ein Drucker das haben will. Schließlich scheint es draußen keinen einzigen Lutheraner mehr zu geben, wenn man dem Glauben schenken will, was Neydecker da gesagt hat." Jetzt zuckt Stahel mit den Schultern:

„Das ist egal! Dann hebt es für Euch selbst auf! Wenn Ihr aber wollt, dass Eure Arbeit verbrannt wird, dann übergebt sie dem Generalvikar!“ Georg Schmalzing und Pankraz Stahel unterhalten sich noch lange an diesem Tag und es ist tiefe Nacht über Bamberg, als die beiden endlich auf ihren Strohsäcken einschlafen.

## *Ansbach, 15. Mai 1528*

An diesem Tag erhält der Markgraf in Ansbach einen Brief aus Bamberg. „Mein ‚kleiner‘ Bruder Gumprecht schreibt – wahrscheinlich in Sachen ‚Schmalzing‘“, erklärt er seiner Frau, die gerade neben ihm steht und ihn verständnislos anblickt. Deshalb beeilt sich Georg, seine Spannung zu erläutern: „Der Pfarrer Schmalzing stammt aus Bayreuth, und mein Bruder Kasimir hat ihn vor eineinhalb Jahren an seine Exzellenz, den Bamberger Bischof ausgeliefert. Seither sitzt er dort im Hofgefängnis. Und die Bayreuther würden gerne ihren Pfarrer wiederhaben. Ich hatte Gumprecht – er ist ja dort Domherr – gebeten, sich für die Freilassung einzusetzen. Mal sehen, was er schreibt!“ Ganz aufgeregt erbricht er das Siegel, faltet den Brief auf und liest laut vor: *„Hochgeehrter, gnädiger Markgraf, lieber Bruder Georg, Dank Dir für dein Schreiben an mich und das Domkapitel. Ich bin dort freimütig und mit Nachdruck für die Freilassung des Bayreuther Pfarrers eingetreten. Alle anderen Domherren waren auch der Meinung, dass man Deinem Wunsch unbedingt entsprechen müsse. In der anschließenden Sitzung des Domkapitels haben wir dem Vertreter seiner Exzellenz, Generalvikar Doktor Paul Neydecker, Dein Ansinnen vorgetragen. Wir haben ihm gesagt, dass nach all dem, was bis-*

*her in der Markgrafschaft Brandenburg-Kulmbach geschehen ist – ganz egal, wie man dazu stehen mag –, kein Grund mehr besteht, Pfarrer Schmalzing im Gefängnis zu behalten. Deshalb sehen wir es als ein Gebot der Nächstenliebe, dem Gefangenen sofort die Freiheit wiederzugeben und ihn in seine Heimat nach Bayreuth zu entlassen. Der Generalvikar hat sich alles in Ruhe angehört und dann gesagt, diese Angelegenheit gehe das Domkapitel gar nichts an und wir sollten uns heraushalten. Georg Schmalzing werde, so sagte er, in den Schoß der heiligen Mutter Kirche zurückkehren oder im Gefängnis bleiben. Mehr gebe es dazu nicht zu sagen. Wir haben erregt mit ihm gestritten. Aber es war wie immer: Der Generalvikar blieb bei seinem Standpunkt. Das Domkapitel hat leider keine Macht, sich über ihn hinwegzusetzen. Ich bedauere, dass ich Dir keine besseren Nachrichten übermitteln kann. Beste Wünsche und Grüße auch an unsere Schwester Margarete – Gumprecht, Domherr zu Bamberg.*" – „So eine Schweinerei!" entfährt es dem Markgrafen, „jetzt sehe ich keine weitere Möglichkeit mehr." Hedwig tritt an seine Seite: „Dann wird er wohl widerrufen müssen?!" Georg nickt: „So wie es aussieht, wird ihm nichts anderes übrig bleiben. Ich selbst kann jetzt auch nur noch abwarten."

Zwei Tage später erhält der Markgraf einen weiteren Brief, diesmal aus Wittenberg. Es ist Martin Luther, der ihm rät, seinen Schüler Andreas Althamer aus Brenz, derzeit Diakonus an St. Sebald in Nürnberg nach Ansbach zu holen und um die Durchführung der Visitationen zu bitten. Althamer sei ein tüchtiger, überzeugter und redegewandter Theologe, auf den man bauen könne. „Je nun, wenigstens kommen aus Wittenberg gute Nachrichten!" murmelt Georg und beschließt, nicht nur Althamer aus Nürnberg abzuwerben, sondern ihn auch mit dem inzwischen aus Schlesien zurückgerufenen Johann Rurer zusammen zu bringen. „Diese beiden sollen die Visitationen im Unterland gemeinsam durchführen!“ beschließt Georg, „und wenn das geschehen ist, sollen sie sich um das Oberland kümmern.“

## *Ansbach, 10. August 1528*

„Pfarrer Althamer, wie schön, dass Ihr hier seid!“ Markgraf Georg begrüßt freudestrahlend den Nürnberger im Audienzsaal des Ansbacher Wasserschlosses. Althamer verbeugt sich und erwidert den Gruß. Georg fährt fort: „Kein Geringerer als Doktor Luther hat Euch mir empfohlen. Ihr habt seinerzeit bei ihm studiert?“ Althamer nickt: „Ganz recht, Durchlaucht!“ Und Georg redet weiter: „Ich habe Euch bereits geschrieben, dass ich Euch dringend benötige, um in meinen Ländereien Visitationen durchzuführen. Ihr sollt jede einzelne Pfarrei überprüfen und mit den Pfarrern, aber auch mit den Gläubigen ohne Beisein der Pfarrer sprechen und so feststellen, ob wirklich das Evangelium dort rein und lauter gepredigt wird. Traut Ihr Euch das zu?“ Wieder nickt Althamer: „Durchlaucht, es ist mir eine große Ehre, Euch in Euren Ländern bei der Umsetzung der rechten Verkündigung des Evangeliums behilflich zu sein. Allein – ich kenne mich in Euren großen Ländern nicht wirklich aus.“ Der Markgraf lächelt: „Pfarrer Althamer, dieses Problem ist bereits gelöst, denn ich habe beschlossen, Euch einen bewährten Theologen aus Ansbach an die Seite zu stellen. Mein Bruder wollte ihn schon wegen seiner lutherischen Predigten verhaften und wahrscheinlich an seine Exzellenz, den Bamberger Bischof, ausliefern, doch dem konnte er sich durch Flucht entziehen. Inzwischen habe ich ihn wieder zurückgeholt. Er heißt Johann Rurer und wird Euch mit Rat und Tat zur Seite stehen.“ Andreas Althamer ist

beeindruckt von der Weitsicht des Markgrafen. „Außerdem", fährt der Landesherr fort, „habe ich ein Schreiben an alle Städte und Gemeinden meines Landes verfasst, in dem ich die Visitationen ankündige. Ihr selbst werdet ein Exemplar davon auch bekommen, damit Ihr Euch ausweisen könnt, falls es Schwierigkeiten gibt." Andreas Althamer lächelt und legt dem Markgrafen ein Heft vor. „Was ist das?" fragt Georg und Althamer antwortet: „Doktor Philipp Melanchthon, Professor in Wittenberg, hat dieser Tage eine Abhandlung vorgelegt, die er ‚Unterricht der Visitatoren' nennt. Ich erlaube mir, Durchlaucht, Euch ein Exemplar davon zu überreichen, damit Ihr im Bilde seid, was ich als Visitator zu tun gedenke." Georg lächelt: „Das passt ja wunderbar! Wann könnt Ihr anfangen?"
Nachdem Althamer mit Rurer bekannt gemacht worden ist, beginnen die beiden wenige Tage später damit, die einzelnen Gemeinden zu visitieren. Diejenigen Pfarrer, die sich um die lutherische Lehre in den vergangenen Jahren besonders verdient gemacht haben, werden von den beiden zu Superattendenten, also zu Vorgesetzten der einzelnen Gemeindepfarrer, bestimmt. Dadurch sollte gewährleistet werden, dass auch weiterhin das reine Evangelium ohne irgendwelche päpstlichen Zusätze oder Bestimmungen gepredigt werden würde.

## *Speyer, 15. März 1529*

Nach fünf Tagen erreicht Markgraf Georg mit seinem ganzen Tross Speyer. Der Kaiser hatte zum Reichstag geladen, und Georg ist gespannt auf die Darstellung der Lage im Reich. Kurz vor Beginn der ersten Sitzung trifft er mit König Ferdinand zusammen, den er noch aus Ungarn gut kennt. „Das

Problem mit Zápolya ist immer noch nicht vom Tisch!" erklärt er Georg, „die Ungarn wollen ihn unbedingt auf dem Thron haben, aber ich bin ja gewählt. Außerdem stehen die Türken an den Grenzen." Georg nickt. Er ist froh, dass er seine ungarischen Besitztümer gegen schlesische getauscht und jetzt in Ansbach und Kulmbach zu tun hat. Da sind die ungarischen Querelen weit weg. „Seine kaiserliche Hoheit, mein Bruder, wird durch den Krieg mit Frankreich in Spanien gebraucht, deshalb werde ich den Reichstag leiten. Wir müssen jetzt endlich das Edikt von Worms reichsweit durchsetzen. Ich setze auf Eure Unterstützung – so wie Ihr mich in Ungarn auch unterstützt habt." – „Königliche Hoheit, wie meint Ihr das mit der Unterstützung?" fragt Georg zurück, um Zeit zu gewinnen. „Nun ja", antwortet Ferdinand, „Ihr wisst schon … der lutherischen Ketzerei muss Einhalt geboten werden, und ich gehe davon aus, dass Ihr inzwischen auf der kaiserlichen und päpstlichen Linie seid." Georg lächelt undurchsichtig: „Mit Verlaub, königliche Hoheit, ich bin ein treuer Diener Eures Bruders, seiner kaiserlichen Hoheit, aber was den Glauben anlangt, …" Georg kommt nicht dazu den Gedanken zu Ende zu führen, denn ein Bote stürmt in den Raum: „Königliche Hoheit, die Kurfürsten sind eingetroffen!" Ferdinand erhebt sich und sagt im Vorbeigehen: „Dann wollen wir nun den Reichstag eröffnen." In gebotenem Abstand folgt ihm Georg in den Versammlungssaal. Alle Anwesenden erheben sich. Ferdinand holt tief Luft, dann sagt er laut: „Hohe Reichsfürsten und Städtevertreter, im Namen seiner kaiserlichen Hoheit, Karls V., meines Bruders, heiße ich Euch alle willkommen in Speyer. Der Reichstag ist hiermit eröffnet. Zentraler Punkt der Beratungen ist die Frage nach der Durchsetzung des Wormser Edikts. Dieses hat besagt, dass die Schriften Doktor Luthers zu sammeln und öffentlich zu verbrennen sind.

Außerdem hat seine kaiserliche Hoheit beschlossen, dass der Reichstagsabschied von vor drei Jahren aufgehoben werden soll, weil daraus großer Unrat und Missverstand entstanden ist. Alle diejenigen, die die Menschen zu unrechtem Glauben verführen, sollen reichsweit genauso geächtet werden wie Doktor Luther. Keine einzige kirchliche Neuerung darf in deutschen Ländern eingeführt werden bis zu einem künftigen Konzil. Dies alles sind kaiserliche Anordnungen, die von nun an gewissenhaft von den Reichsfürsten und Reichsstädten umzusetzen sind. Darüber hinaus ist lediglich von uns darüber zu beratschlagen, wie diese Gesetze umgesetzt werden können. Außerdem fordere ich denjenigen Landesherrn auf, der Doktor Luther nach wie vor Schutz bietet, Luther an den Kaiser auszuliefern. Die Diskussion ist eröffnet."
Kurfürst Johann von Sachsen tritt sofort vor, verneigt sich und sagt: „Königliche Hoheit, da Ihr mich direkt ansprecht, möchte ich auch direkt antworten: Doktor Luther steht nach wie vor unter meinem Schutz, weil ich nicht bereit bin, mir das Wort Gottes streitig machen zu lassen. Der Heilige Vater in Rom steht nicht über der Heiligen Schrift, durch die uns Gottes Evangelium nahegebracht wird. Die Gläubigen in meinem Kurfürstentum dürsten nach diesem reinen Wort, nach der froh machenden Botschaft von der Rechtfertigung des Sünders. Genauso wenig wie Doktor Luther vor acht Jahren bin ich bereit, mir das Evangelium streitig machen und durch päpstliche Dekrete übermalen zu lassen." – „Schweigt!" schreit Ferdinand, der jetzt erst seine Stimme gefunden hat, in die Runde, „ich sage es noch einmal: Seine kaiserliche Hoheit erwartet, dass das Edikt von Worms endlich reichsweit umgesetzt wird – auch in Sachsen!" Kurfürst Johann ist inzwischen wieder in die Reihe der Kurfürsten zurückgetreten, um Ferdinand nicht noch weiter zu reizen. Markgraf Georg, der hin-

ter den Kurfürsten neben Philipp, dem Landgrafen von Hessen, steht, flüstert diesem zu: „Kurfürst Johann, er heißt zu Recht ‚der Beständige'!" Und Philipp nickt.
Die Beratungen gestalten sich sehr zäh, aber durch großes diplomatisches Geschick versteht es Ferdinand, die Papsttreuen hinter sich zu scharen und zu vereinigen. Am Ende des Reichstags legt er folgenden Reichstagsabschied vor: „*Der Kaiser, die Kurfürsten und alle Reichsfürsten beschließen: Das Wormser Edikt soll überall dort weiter gelten, wo es bisher eingehalten worden ist. Alle Länder werden keine kirchlichen Neuerungen durchführen. Kein geistlicher Stand darf seines Amtes enthoben werden. Die Messe muss auch weiterhin auf lateinisch gehalten werden. Alle Sekten, welche dem Sakrament des wahren Leibes und Blutes Christi widersprechen, sollen ausgerottet werden – ebenso die Wiedertäufer.*"
Als dieser Reichstagsabschied mit der Mehrheit der Fürsten und Abgesandten angenommen wird, stehen Johann von Sachsen, Georg von Brandenburg-Ansbach, Philipp von Hessen, Ernst von Braunschweig-Lüneburg und Wolfgang von Anhalt-Köthen auf und verlassen den Saal. Irgendjemand ruft ihnen nach: „Beugt Euch der Mehrheit!" Draußen besprechen sie den Beschluss und überlegen, was zu tun wäre.
Zwei Stunden später – der Reichstag steht kurz vor der Auflösung – kehren die Rebellen wieder zurück. Kurfürst Johann stellt sich vor Ferdinand und verbeugt sich: „Königliche Hoheit, wir haben eine Entgegnung verfasst und bitten Euch, sie anzuhören!" – „Gar nichts werde ich anhören! Der Reichstag ist hiermit geschlossen!" schreit Ferdinand ihn an, erhebt sich und verlässt den Saal. Als er an der Tür steht, dreht er sich noch einmal um, schaut auf Markgraf Georg und zischt: „Georg, was Ihr mir heute angetan habt, werde ich nicht vergessen!" Die Widerständler stehen kurz etwas verblüfft da,

dann fragt Philipp von Hessen: „Und jetzt?“ In Markgraf Georg kommt Leben. Er ruft in die Menge der noch anwesenden Fürsten und Reichsstände: „Hört, ihr Fürsten und Reichsstände! Wir laden Euch ein, unsere Protestation zu lesen und zu unterschreiben. Auch wenn seine königliche Hoheit nicht bereit war, sie anzuhören, werden wir dafür Sorge tragen, dass sie veröffentlicht wird.“

Tatsächlich drängen sich viele um das von Kurfürst Johann gehaltene Papier. Darin steht: *„Protestation: Wir protestieren und bezeugen hiermit offen vor Gott, unserem alleinigen Erschaffer, Erhalter, Erlöser und Seligmacher, der allein unser aller Herzen erforscht und erkennt, auch demnach recht richten wird, auch vor allen Menschen und Kreaturen, dass wir für uns und die uns anvertrauten Menschen den Reichstagsabschied nicht halten noch billigen, sondern aus vorgesetzten und anderen redlichen gegründeten Ursachen für nichtig und nicht bindend erklären.“* Und so wird die „Protestation“ nicht nur von den sechs genannten Reichsfürsten, sondern auch von insgesamt vierzehn Reichsstädten unterschrieben.

Als Georg acht Tage später wieder in Ansbach ankommt, unterhält er sich mit seiner Frau darüber. Hedwig fragt ihn: „Könnte es sein, dass uns der Kaiser jetzt mit Krieg überzieht?“ Georg zuckt mit den Schultern: „Derzeit sicher nicht. Er ist mit seinen Soldaten noch in Spanien gebunden. Außerdem hat Ferdinand immer noch in Ungarn die Auseinandersetzung mit Zápolya. Und die Türken stehen ja auch noch an Ungarns Grenzen. Aber es könnte schon sein, dass es über kurz oder lang zu Kämpfen kommt. Ich bin aber nach wie vor hoffnungsvoll, dass sich die Wahrheit über kurz oder lang durchsetzen wird, auch wenn in den päpstlichen Gebieten die lutherischen Schriften nur im Geheimen weitergegeben werden können.“ – „Sind die Lutheraner sich denn immer so einig wie in Speyer?" fragt Hedwig und Georg ist erstaunt: „Du hast Recht! Das mit der Einigkeit ist so eine Sache. Da gibt es nämlich noch so einen Neuerer in der Schweiz, der heißt Ulrich Zwingli. Philipp, der Landgraf von Hessen, hatte die Idee, Doktor Luther einmal mit diesem Zwingli ins Gespräch zu bringen, sodass – wenn die sich einigen – auch unsere militärische Macht wächst. Wir werden sehen, ob das durchführbar ist."

## *Bamberg, 30. August 1529*

„Bruder Schmalzing, wie geht es Euch?" fragt Paul Neydecker bei einem Besuch im Hofgefängnis, und er fügt hinzu: „Habt Ihr alles, was Ihr zum Leben braucht?" – „Wie wäre es mit Freiheit?" entgegnet finster Georg seinem Kerkermeister. „Aber lieber Bruder, ich dachte, wir wären bereits weiter", sagt der Generalvikar kalt lächelnd, „Ihr wisst doch: Freiheit gibt es nur gegen den Widerruf! Ihr wäret nicht der erste, der seinen Irrtum einsieht. Erinnert Euch an Eure früheren Mitgefangenen: Sowohl Jörg Krauß als auch Pankraz Stahel erfreuen sich der Freiheit, die ihnen seine Exzellenz geschenkt hat, weil sie ihre Irrtümer widerrufen haben. Und erst kürzlich konnte Pfarrer Johann Gernter von Nürnberg aus der Haft entlassen werden. Auch er hat widerrufen und darf nun sogar in Nürnberg wieder predigen. Ihr müsst wissen, dass draußen keiner mehr nach Luther fragt. Die Ketzerei ist eingedämmt. Ihr seid der letzte, der sich weigert zu widerrufen. Und das seht Ihr doch ein, dass wir Euch ohne Widerruf nicht nach Bayreuth zurückgehen lassen können?! Ihr würdet die heilige Herde der Gläubigen nur erneut in Aufruhr bringen. Ihr solltet erkennen, dass es nur einen gibt, der Euch die Freiheit schenken kann: unser heiliger Vater in Rom. Und sobald Ihr Euch zu ihm bekennt, seid ihr frei." Georgs Augen funkeln, als er ihm entgegnet: „Und ich sage Euch: Es kann nur einen geben: Jesus Christus!" – „Bitte!" meint Neydecker gelangweilt, „wenn Ihr der letzte Lutheraner bleiben wollt, dann bleibt Ihr eben hier! Ich kann Euch nichts vormachen, was Eure Aussichten angeht, aber Ihr habt mein Mitgefühl!" Mit einem eisigen Lächeln im Gesicht wendet er sich zum Gehen. Georg glaubt, sich verhört zu haben: „Ich kann nicht glauben, dass die Kirche wieder ein Heer von dumpfen ‚Ja, heiliger Vater'-Sagern geworden ist. Ihr erschafft aus der Kirche eine geistliche Wüste und nennt es Frieden? Ich kann nicht glauben, dass es niemanden mehr gibt, der das Evangelium rein und lauter predigt." Der Generalvikar antwortet gleichgültig: „Nennt es, wie Ihr wollt! Ich sage Euch – wie beim letzten Mal: Es gibt keinen mehr, der die ketzerischen Gedanken des Doktor Luther predigt. Seine Schriften sind alle dem Feuer übergeben worden. Ihr seid der Letzte!" – „Und Luther soll wirklich tot sein?" fragt Georg, aber der Generalvikar zuckt mit den Achseln: „So ist es!" – „Ihr lügt!" schreit ihn Georg an, aber der Generalvikar lächelt immer noch eisig und schüttelt den Kopf: „Bruder Schmalzing, Ihr lebt nach dem Motto: Da schließ' ich lieber messerscharf, dass nicht sein kann, was nicht sein darf! Und ich sage Euch: Es ist so, wie ich es Euch sage. Deshalb noch einmal mein Rat: Widerruft Eure Ketzereien, ehe es sich seine Exzellenz anders überlegt! Wenn einer ein totes Pferd reitet, kann ich ihm nur raten, abzusteigen. Die Toten brauchen niemanden mehr, der für sie kämpft." Georg ist leichenblass. Die Worte des Generalvikars haben ihn tief getroffen. Was ist, wenn er Recht hat, wenn er – Schmalzing – der letzte Lutheraner in deutschen Landen ist? Neydecker hat ihm mehr als einmal deutlich gemacht, dass er ohne Widerruf niemals die Freiheit zurückbekommen wird. Mitten in diese Gedanken hinein sagt Neydecker: „Habt Ihr nicht Frau und Kind? Die habt Ihr aber jetzt schon sehr lange entbehren müssen. Wer weiß, ob sie überhaupt noch am Leben sind …" Er schüttelt dabei den Kopf. Dann fügt er hinzu: „Nun ja, es ist ja vielleicht noch nicht zu spät! Überlegt es Euch mit dem Widerruf! Ich empfehle mich!" Bereits an der geöffneten Tür stehend wendet er sich noch einmal um: „Ihr müsst das so sehen: Alles, was Ihr zu verlieren hattet, ist sowieso schon verloren! Deshalb: Widerruft – und Ihr habt wenigstens Eure Freiheit wieder!" Als die Tür ins Schloss fällt und der Riegel vorgeschoben wird, wirft sich Georg auf seinen Strohsack und beginnt hemmungslos zu weinen. Neydecker hat Recht. Was ist mit seiner Frau, seiner Tochter und seinem zweiten Kind, das er noch nie gesehen hat? Werden sie sich noch an ihn erinnern? Werden sie noch auf ihn warten? Aber er kann doch nicht einfach seine innerste Überzeugung über Bord werfen. Vor dem Reichstag zu Worms hat Doktor Luther auch gesagt: „… *wenn ich nicht durch Zeugnisse der Schrift und klare Vernunftgründe überzeugt werde, so bin ich durch die Stellen der heiligen Schrift überwunden in meinem Gewissen und gefangen in dem Worte Gottes. Daher kann und will ich nichts widerrufen, weil wider das Gewissen etwas zu tun weder sicher noch heilsam ist. Gott helfe mir! Amen.*" Als die Tränen langsam versiegen, greift Schmalzing unter seinen Strohsack. Hier findet er nicht nur Luthers Psalmenübersetzung, sondern auch seinen inzwischen fertiggestellten Kommentar dazu. Er beginnt zu lesen: „*Gütiger Gott, leite mich nach deinem Rat, lass mich auf Erden zu nichts Lust haben, denn zu dir allein. Sei du meines Herzens Hort und mein Teil ewiglich. Lass mich nicht von dir entfernen noch wider dich huren, sondern zu dir halten und meine Zuversicht auf dich setzen, dass ich allezeit verkündige deine Worte und Werke und nicht der Menschenlehre noch Ruhm. Amen" (aus Ps 73).* Und langsam wird Georg wieder ruhig. Die Tränen trocknen. Es wird alles gut werden. Er spürt, wie die schwierige Zeit in seinem Leben ihn innere Stärke entwickeln lässt. Nein, ein Widerruf kommt für ihn nicht in Frage. Egal, wie finster die Nacht für ihn auch sein mag, es kommt immer ein neuer Morgen!

### *Ansbach, 20. September 1529*

„Durchlaucht, Pfarrer Althamer und Pfarrer Rurer bitten untertänigst um eine Audienz." Georg blickt von seinem Schreibtisch auf. Die Finanzen der Markgrafschaft bereiten ihm Sorgen. Aber vielleicht bringen die beiden Pfarrer wenigstens gute Nachrichten. „Bringe er sie ins Audienzzimmer. Ich komme gleich!" sagt Georg und sieht wieder in den vor ihm liegenden Papierstapel. Dann atmet er ein paarmal tief durch und verlässt den Raum.
In seinem Audienzzimmer warten bereits die beiden Pfarrer. Als Georg den Raum betritt, senken beide den Kopf: „Durchlaucht!" – Georg will wissen, wie es um die Visitationen steht. Deshalb kommt er schnell zur Sache: „Meine Herren, wie sind Ihre Visitationen verlaufen?" Andreas Althamer tritt einen Schritt vor: „Durchlaucht, ich freue mich Euch sagen zu können, dass im Unterland nahezu jede Pfarrei von einem Pfarrer versehen wird, der das Evangelium rein und lauter predigt, der das Abendmahl seinen Gläubigen unter beiderlei Gestalt reicht und der keine Seelenmessen mehr liest. Der Ablass ist im Unterland längst zur Gänze abgeschafft. Auch die Seitenaltäre, die an die Messpriesterwirtschaft erinnern, sind zum

Großteil bereits abgebaut." – „Na, endlich einmal gute Nachrichten!" freut sich Georg, „dann können wir an die Visitationen im Oberland gehen! Auch hierfür hat mir Doktor Luther in seinem letzten Schreiben Euch, Pfarrer Althamer, empfohlen. Da ich Pfarrer Rurer gerne hier in Ansbach behalten möchte, würde ich Euch am liebsten den Georg Schmalzing an die Seite stellen. Aber der wird immer noch von seiner Exzellenz, dem Bischof von Bamberg, im Gefängnis gehalten. Deshalb habe ich mir folgendes überlegt: Johann Schnabel, der bis vor kurzem noch hier in Ansbach gewirkt hat und derzeit Spitalprediger in Kulmbach ist, soll Euch unterstützen. Und Buch führen über Eure Visitationen im Oberland soll der Bayreuther Stadtschreiber Leonhard Schmalzing. Ich habe aus den Unterlagen, die mir mein Bruder hinterlassen hat, ersehen können, dass er vor vier Jahren bereits eine Eingabe an seine Durchlaucht, meinen Bruder, verfasst hat, in der er im Namen der Ratsherren von Bayreuth um die reine und lautere Predigt des Evangeliums bittet. Mein Bruder muss diese Bitte unter den Tisch fallen gelassen haben. Ich tue das nicht." Althamer senkt den Kopf: „Durchlaucht, es wäre mir eine große Ehre. Euer Wunsch ist mir Befehl!" – „Bestens!" stellt Georg fest, „dann macht Euch am besten morgen schon auf den Weg nach Kulmbach! Ich werde Euch zwei Briefe mitgeben, einen an die Bayreuther Ratsherren mit der Anordnung, den Stadtschreiber für die Visitationen freizugeben, und einen an die Kulmbacher Ratsherren mit der Anordnung, dasselbe für Johann Schnabel zu tun." „Durchlaucht, ich danke Euch für Euer Vertrauen!" sagt Althamer und verbeugt sich, Georg nickt huldvoll; dann sagt er: „Meine Herren, ich danke Euch für Eure Arbeit bei den Visitationen. Ich bin mir sicher, die Mühe war nicht umsonst. Ach ja, Pfarrer Rurer, Euch bitte ich, wieder die Predigtstelle in Ansbach St. Johannis zu überneh-

men sowie als Superintendent der Ansbacher Pfarrerschaft vorzustehen. Hier habt Ihr ja bereits Erfahrungen gesammelt, und Euer Gegenspieler aus der Zeit der Markgrafschaft meines Bruders – Doktor Weinhardt – ist, wie Ihr ja wisst, längst seines Amtes enthoben worden." „Ich danke Euch, Durchlaucht!" sagt Rurer lächelnd, ehe beide, Althamer und Rurer, das Audienzzimmer verlassen.
Tatsächlich beginnen Pfarrer Althamer und Pfarrer Schnabel zusammen mit Georg Schmalzings Vater bereits wenige Tage später mit den Visitationen im Oberland.

### *Bayreuth, 26. September 1529*

Nikolaus Schamel hat keine Ahnung, dass sich unter seinen Predigthörern an diesem Sonntag auch Andreas Althamer und Johann Schnabel, die Visitatoren des Oberlandes, befinden. Aber seine Predigt wäre auch keine andere gewesen, wenn er es gewusst hätte. Schamel predigt über die Rechtfertigung: *„Der Glaube an Jesus Christus macht's, dass wir nicht verloren gehen. Nur wer an ihn glaubt, kann seines Heils gewiss sein. Kurz vor ihrem Tode erzählte mir eine alte Frau, dass gerade ein römischer Priester bei ihr gewesen sei. Er habe ihr die Angst vor dem Tod nehmen wollen und habe gesagt: ‚Ihr könnt ja ruhig sterben.' ‚Warum?' habe sie ihn zurückgefragt und er habe gemeint: ‚Weil Ihr so fromm gelebt habt.' Da sei sie wütend geworden und habe ihm gesagt: ‚Ihr seid mir ein schöner Tröster! Wie sollte ich im Gericht bestehen können, wenn man Rechenschaft geben muss von jedem unnützen Wort, das man geredet hat? Nein, nur im Vertrauen auf meinen Erlöser Jesus Christus kann ich getrost sterben.' Da sei der Priester gegangen. Das Wort der Frau aber* *schlug wie der Blitz in meine Seele. Deshalb lasst es Euch heute gesagt sein: Nur im Vertrauen auf Jesus Christus, können wir getrost leben und getrost sterben. Er wird seine Verheißungen wahr machen. Verlasst Euch auf ihn, und ihr geht nicht verloren. Amen.“*

Nach der Messe, die – zelebriert von Hans Prückner – mit Brot und Wein gefeiert wird, bitten die Althamer und Schnabel die beiden Bayreuther zu einem Gespräch in die Sakristei. Althamer beginnt: „Liebe Brüder im Herrn, Ihr habt uns sehr beeindruckt. Und wir danken Euch für Eure Worte. Wir haben auch an der gefüllten Kirche gesehen, wie sehr die Gemeinde nach dem Wort Gottes dürstet. Es war eine Messe, in der das Evangelium rein und lauter gepredigt wurde.“ Johann Schnabel fällt ihm jetzt aber fast ins Wort: „Seit wann wird so in Bayreuth denn gepredigt? Ihr wirkt so firm in dem, was Ihr tut, dass ich vermute: In Bayreuth sind die lutherischen Gedanken schon länger bekannt.“ Schamel nickt und blickt zu Leonhard Schmalzing: „Ich muss gestehen, dass weder ich noch Bruder Prückner den Anfang gemacht haben. Es war kein Geringerer als der Messpriester Georg Schmalzing, der noch immer im Bamberger Gefängnis ist. Wir haben – wenn Ihr Euch erinnert – auch in der Messe für ihn gebetet. Möge seine Exzellenz, der Bischof, doch ein Einsehen haben, und unseren Bruder Georg freilassen. Er hat bereits vor über neun Jahren angefangen, so zu predigen. Wir haben ihn damals kaum unterstützt, sondern nur gewähren lassen.“ – „Wie kam es dazu?“ fragt jetzt Althamer, „als Messpriester hat er doch überhaupt keinen Predigtauftrag.“ – „Wenn ich dazu etwas sagen darf“, mischt sich Leonhard Schmalzing jetzt ins Gespräch ein und Althamer nickt ihm zu: „Zuerst hat sich mein Sohn furchtbar aufgeregt über den Ablass. Und als er dann die 95 Thesen des Doktor Martin Luther in die Hand bekam, war er nicht mehr zu halten. Er hat …“ – „… als erstes hat er mich angesprochen“, fällt ihm der Stadtprediger Schamel ins Wort. „Er hat gemeint, da müsse man doch etwas machen.“ – „Und?“ fragt Althamer. „Ja“, meint Schamel, „ich habe schon gesehen, dass Georg Recht hat, aber ich habe mich nicht so richtig getraut. Ich habe ihm gesagt, er solle auf den neuen Stadtpfarrer warten.“ Die Blicke richten sich auf Hans Prückner. Der meint: „Ja, und als ich vor zehn Jahren nach Bayreuth kam, war ich damit völlig überfordert und habe Bruder Schmalzing vertröstet. Ich wollte mich zunächst um den Bau des Südturms der Stadtkirche kümmern, der – wie Ihr seht erst vor wenigen Monaten fertiggestellt wurde. Er ist für uns ein Zeichen für die Reformation der Kirche in Bayreuth. Als ich neu in die Gemeinde kam, wollte ich sie nicht gleich in Aufruhr stürzen. Dann habe ich mit Schamel gesprochen. Und beide sind wir zu dem Schluss gekommen, dass unser Bruder Georg Schmalzing mit seiner Kritik an den kirchlichen Zuständen Recht hat. Aber irgendwie haben wir beide es nicht gewagt, das Maul aufzumachen. Deshalb beschlossen wir, Schmalzing zu ermutigen und ihm keine Steine in den Weg zu legen. Wir sagten ihm aber auch, dass er aber selbst etwas tun müsse, wenn er unzufrieden sei.“ „Und dann hat er gepredigt?“ fragt Althamer. „Und wie!“ sagt Prückner und Schamel nickt: „Er hat so großen Zulauf gehabt, dass der Platz vor seinem Altar schnell nicht mehr ausgereicht hat. Die Leute waren begierig danach, seine Predigten zu hören.“ – „Woher konnte er predigen?“ fragt Althamer, und jetzt mischt sich Leonhard wieder ein: „Georg hat sich alles selbst beigebracht. Er hat schon als Schulmeister Bücher geradezu verschlungen. Jedes Buch, das er von Doktor Luther bekommen konnte, hat er sofort gelesen und sich gefragt, was das für seine Predigt bedeuten könnte.“ „Aber“, fragt Althamer jetzt weiter, „als Messpriester war er doch darauf angewiesen, dass die Leute ihn für seine Messen bezahlen." Prückner nickt: „Das ist ihm auch ziemlich bald klar geworden, dass er den Ast, auf dem er sitzt, absägt. Deshalb hat er sich an die Ratsherren gewandt, die ja auch Hörer seiner Predigten waren." – „Und?" fragt Althamer. „Der Rat der Stadt", beginnt Leonhard jetzt wieder, „hat beschlossen, die Besoldung der Messpriester bis auf Weiteres zu übernehmen." – „Das hätte doch vom Markgrafen genehmigt werden müssen", schaltet sich jetzt Schnabel ins Gespräch ein. Schamel und Prückner grinsen. Dann sagt Prückner: „Ja, aber wir hatten genug Ausgaben mit dem Bau des Südturms. Darin haben wir die Kosten für die Messpriester erst einmal versteckt. Die Ratsherren rechneten damit, dass seine Durchlaucht, Markgraf Kasimir, nie und nimmer die Einstellung der Seelenmessen dulden würde." – „Dann gibt es in Bayreuth schon lange keine Seelenmessen mehr?" Prückner und Schamel nicken: „Schon seit etwa sieben Jahren!" Althamer und Schnabel sind beeindruckt. Dann fragt Schnabel: „Und das alles wegen eines Mannes, der eigentlich gar nicht predigen sollte oder durfte, Georg Schmalzing?" Jetzt nicken Schamel, Prückner und der Stadtschreiber Leonhard Schmalzing. „Sobald unsere Visitationen abgeschlossen sind, werde ich bei seiner Durchlaucht, Markgraf Georg, darum bitten, dass er sich erneut für die Freilassung des Bayreuther Reformators einsetzt." Althamer räuspert sich: „Da wäre noch etwas: Ich habe gesehen, dass die Messpriesteraltäre in der Stadtkirche nach wie vor nicht abgebaut sind …" Prückner nickt: „Ihr habt Recht. Auch für uns ist es keine Frage, dass die Nebenaltäre verschwinden müssen. Die Messe ist kein Opfer, sondern ein Geschenk Gottes. Das Messpriestertum wird abgeschafft. Das ist alles keine Frage. Wir haben diesbezüglich bereits Kontakt mit dem Stadtrat aufgenommen. Der Bürgermeister hat uns nahegelegt, mit dem Abbau der Altäre noch zu warten, bis sich die Sache stabilisiert hat. Aber spätestens Anfang des nächsten Jahres werden wir handeln. Ihr könnt Euch darauf verlassen." Jetzt sind die Visitatoren zufrieden. Nach dem Gespräch unterhalten sich Althamer und Schnabel noch unter vier Augen: „Ich bin schwer beeindruckt!" sagt Althamer. „Dieser Georg Schmalzing hat bereits vor neun Jahren angefangen, hier lutherisch zu predigen. Ich selbst war da in Schwäbisch Gmünd Pfarrer, habe aber erst im Jahr 1524 erste Versuche gewagt, das reine und lautere Evangelium zu predigen. Wissen die Bayreuther überhaupt, was sie dem jungen Schmalzing zu verdanken haben?" – „Wohl kaum!" sagt Schnabel, „ich wohne seit einem guten Jahr ja gar nicht so weit entfernt in Kulmbach, aber von Schmalzing habe ich noch nie etwas gehört." „Sachen gibt's!" sagt Althamer und nimmt sich vor, den Namen nicht mehr zu vergessen und den Markgrafen darauf anzusprechen.

# Kapitel 9

## Freiheit für Georg Schmalzing

## *Bamberg, 11. Februar 1530*

Der Bamberger Generalvikar Paul Neydecker besucht erneut Georg in seinem Gefängnis. Als der Soldat die Tür öffnet, erschrickt Neydecker fast. Georg ist blass, seine Augen sind rot vom Weinen. „Geht es Euch nicht gut?“ – Georg schüttelt den Kopf, der Generalvikar ist der Letzte, mit dem er jetzt reden will. „Ich wollte Euch nur sagen, Bruder Schmalzing, dass wir heute Kaplan Mathes Nussberger aus Fürth in die Freiheit entlassen können. Er hat den ketzerischen Gedanken abgeschworen und widerrufen. Er wird wieder froh, dankbar und in Freiheit seiner Kirche und dem heiligen Vater dienen.“ Georg schnürt es die Kehle zu. Er denkt sich: ‚In Freiheit – dass ich nicht lache!‘ Aber ihm ist zum Heulen zumute. Seit über drei Jahren hat er seine Familie nicht gesehen. Schon wieder füllen sich seine Augen mit Tränen. Da redet Neydecker weiter, als habe er Georgs Gedanken erraten: „Als Familienvater weiß ich, dass man manchmal Sehnsucht hat nach seinen Kindern, nach seiner Frau ... Da fällt mir ein: Wir haben bisher kaum über Eure Familie gesprochen. Meint Ihr nicht, dass auch diese Sehnsucht hat nach dem Ehemann, dem Vater?“ – „Lasst meine Familie aus dem Spiel!“ presst Georg heraus, aber Neydecker spürt, dass Georg hier seine Schwachstelle hat. Deshalb redet er weiter: „Wisst Ihr, es ist wirklich schön, seine Kinder heranwachsen zu sehen. Ich nehme an, wenn Ihr Euer Fenster öffnet, habt Ihr manchmal auch schon Bamberger Kinder beim Spielen und Rufen hören können.“ Georg hält sich die Ohren zu, aber trotzdem hört er gedämpft, wie Neydecker fragt: „Meint Ihr nicht, dass Eure Familie Sehnsucht nach Euch hat?“ Als sich Neydecker wieder zum Gehen wendet, nimmt Georg die Hände von den Ohren und Neydecker sagt: „Ich sage es noch einmal: Die lutherische Ketzerlehre ist in deutschen Landen ausgerottet. Alle anderen haben ihre Irrtümer widerrufen und sind zurückgekehrt in den Schoß der heiligen Mutter Kirche. Auch für Euch ist es nur ein kleiner Schritt. Sobald Ihr so weit seid, lasst mich rufen. Dann können wir den Widerruf aufsetzen und formulieren. Gehabt Euch wohl!"

Als die Tür wieder verschlossen und der Riegel vorgelegt ist, wirft sich Georg auf seinen Strohsack und lässt erneut seinen Tränen freien Lauf. Da ist niemand, der ihm Mut zuspricht, keiner der ihm sagt: „Halte durch! Du schaffst das." Wo ist seine Stärke geblieben? In den letzten Wochen ist es ihm immer deutlicher geworden, dass er ohne Widerruf seine Familie nie mehr wiedersehen wird. Er wird zeitlebens hier eingesperrt bleiben. Und was ist, wenn es stimmt? Wenn tatsächlich Luther tot ist und keiner mehr das Wort Gottes predigt, sondern nur noch das Wort des Papstes? ‚Eigentlich kann ich es mir nicht vorstellen', denkt sich Georg, ‚die Wahrheit kann nicht sterben. So überzeugend sind die theologischen Gedanken Luthers gewesen. Dass die Papstkirche das reine und lautere Evangelium tatsächlich vernichtet hat, dass wieder Ablass gepredigt und Seelenmessen gehalten werden, das kann doch nicht sein!' Aber dann kommt der Zweifel: ‚Was ist, wenn Neydecker Recht hat? Was ist, wenn ich tatsächlich der letzte Anhänger der lutherischen Gedanken bin?' Georg wagt nicht, diesen Gedanken zu Ende zu denken. Aber dann hört er, wie er vor sich hin murmelt: „Dann war alles umsonst. Dann sitze ich vergeblich hier drin. Und dann werde ich hier drin auch sterben – ohne meine Familie, meine geliebte Frau, meine kleine Tochter und mein zweites Kind je wieder gesehen zu haben. Es ist zum Verzweifeln." Wenn Georg noch Tränen gehabt hätte, wären seine Augen spätestens jetzt wieder glasig geworden, aber in den letzten Tagen hat er so viel geweint, es ist nichts mehr übrig. Georg fühlt sich völlig entkräftet und leer.

In dieser Nacht schläft Georg noch schlechter als sonst. Das heißt: Eigentlich schläft er gar nicht. Auf seinem Strohsack wälzt er sich hin und her. Dann steht er auf, zündet eine Kerze an und nimmt sich seinen Psalmenkommentar zur Hand. Dort liest er, was er über den Psalm 25 geschrieben hat: „*Zu dir, Herr, erhebe ich meine Seele, mein Gott, ich hoffe auf dich. Lass mich niemals zuschanden werden, dass sich meine Feinde nicht freuen über mich und meiner spotten. Denn keiner wird zuschanden, der deiner harrt, sondern nur die losen Verächter. Herr, zeige mir deine Wege und lehre mich deine Steige. Bewahre mich vor dem Unglauben und gottlosen Wesen und lass mich nicht fehlen an deinem Wort in keiner Weise. Leite mich in deiner Wahrheit und lehre mich, denn du bist der Gott meines Heils. Täglich harre ich deiner. Amen.*“

Es sind seine eigenen Worte – es ist über zwei Jahre her, dass er sie niedergeschrieben hat. Seither ist der Himmel stumm geblieben. „Herr, zeige mir Deine Wege!“ sagt er laut in die nur durch eine Kerze erhellte Dunkelheit der Bamberger Nacht, „bitte, zeige sie mir!“ Lange denkt er über diese Worte nach. Er hat immer geglaubt, dass Gott ihn aus seinem Gefängnis befreien würde – so wie er einst Petrus und die anderen Apostel aus dem Gefängnis in Jerusalem befreit hatte (Apg 5,19). Aber nichts war geschehen. Wenn er jetzt für immer im Gefängnis bliebe, wem würde das nützen? Oder vielleicht will Gott, dass er widerruft, weil alles nur ein leerer Traum gewesen ist, ein Traum von einer besseren, menschenfreundlicheren Kirche, einem menschenfreundlicheren Gott? Und was ist mit seiner Familie? Ob sie noch an ihn denken? Ob sie überhaupt noch leben? Einsames Fragen treibt Spott mit Georg. Aber als am Ende dieser Nacht morgens langsam die Stadt unter ihm

erwacht und der Soldat ihm sein kärgliches Frühstück durch die Luke in der Tür reicht, weiß er, was zu tun ist: „Holt bitte den Generalvikar!" sagt Georg zu dem Soldaten mit fester Stimme. Dieser schaut ihn durch die Luke verwirrt an. Noch nie hat Georg nach Neydecker verlangt. Als Georg die Verwirrung des Soldaten erkennt, sagt er: „Bitte! Ich bin zum Widerruf bereit!" Da schließt der Soldat die Luke und eilt die Treppe hinab. Georg macht sich müde und hungrig über das Frühstück her.
Als Neydecker eisig lächelnd – in der Hand zwei Papierbögen, Tintenfass und Schreibfeder – den Raum betritt, ist Georg gerade mit dem Essen fertig: „Bruder Schmalzing, was darf ich hören?" sagt Neydecker, „Ihr leistet Widerruf? Woher dieser plötzliche Sinneswandel?" Georg denkt sich: ‚Ich würde meine rechte Hand dafür geben, Dir das selbstgefällige Grinsen aus dem Gesicht zu wischen.' Dann holt er tief Luft und antwortet tonlos: „Ich habe zu meiner Frau gesagt, ich käme wieder – und ich möchte kein Lügner sein. Außerdem gibt es Zeiten, da muss ein Mann kämpfen, und es gibt Zeiten, da muss er sich seinem Schicksal ergeben, das Handtuch werfen und einsehen, dass nur ein Narr weitermachen würde." „Sehr richtig!" bestärkt ihn lächelnd Neydecker und fügt hinzu: „Willkommen im Schoße der Heiligen Mutter Kirche!" Georg antwortet trocken: „Kann ich jetzt gehen?" – „Sachte, sachte!" ermahnt ihn der Generalvikar, „vorher muss noch getan werden, was zu tun ist. In Eurem Fall ist ein schriftlicher Widerruf nötig. Darin müssen wir festhalten, was Ihr widerruft. Wenn Ihr so freundlich seid, niederzuschreiben, was wir jetzt gemeinsam erarbeiten." Neydecker legt die Blätter auf den Tisch, schraubt das Tintenfass auf und legt die Schreibfeder daneben. Dann fordert er Georg auf, sich hinzusetzen und die Feder in die Hand zu nehmen – was dieser ohne irgendeine Gesichts-

regung tut. Er wirkt wie ferngesteuert. „Schreibt!“ sagt Neydecker und fährt fort: „*Ich, Georgius Schmalzing von Bayreuth, Priester, bekenne hiermit offenbar, vor Euch, dem ehrwürdigen Herren Paul Neydecker, Propst des Stiftes zu Sankt Gangolf, in geistlichen Sachen Generalvikar zu Bamberg, dass ich aus eigenem Mutwillen bereits vor zehn Jahren zu Bayreuth auf offener Kanzel und an anderen Orten unchristlich und mit böser ketzerischer, verführerischer Lehre gepredigt habe. Ich habe nämlich die Zeremonien und Ordnungen der heiligen christlichen Kirche als Menschenlehre verachtet und verworfen. Außerdem habe ich die heilige Messe, die von alters her in der Kirche so gehalten wurde, in meinen öffentlichen Predigten Hundsmesse und Teufelsmesse und die Zeremonien Gauklerei und Narrenwerk genannt. Außerdem habe ich die Priester, die die Messe nach alter Sitte gehalten haben, Gotteslästerer gescholten und die Messe nicht als gutes Werk gelten lassen, sondern Teufelsdienst genannt. So verdamme und verfluche ich alle Ketzerei und besonders die lutherische Ketzerei, aus der ich meine ketzerischen Irrtümer bezogen habe. Jetzt glaube ich mit der heiligen, apostolischen und römischen Kirche, was diese zu glauben lehrt. Ich schwöre bei dem allmächtigen Gott, dass ich mein Lebtag lang bei dem Heiligen Vater, unserem römischen Papst, und bei meinem gnädigen Herrn, Weigand, dem Bischof von Bamberg bleiben will. Auch will ich verzichten auf Rache für die die Jahre der Gefangenschaft in Bamberg, weil mein Herr, der gnädige Bischof, diese mir aus Liebe auferlegte, um mich auf den rechten Weg wieder zu führen. Gegeben zu Bamberg am 12. Februar 1530 – Georgius Schmalzing (mit eigener Hand geschrieben).*“

„Fertig!“ sagt Georg, und er fügt hinzu: „Kann ich jetzt gehen?“ Neydecker schraubt das Tintenfass zu und nimmt das Blatt Papier an sich. Dann geht er zur Tür und sagt: „Bruder Schmalzing, das war ein wichtiger, vielleicht der wichtigste

Schritt! Ich werde Euren Widerruf seiner Exzellenz vorlegen und ihm nahelegen, Euch freizulassen. Geduldet Euch noch ein wenig!" – „Aber Ihr habt mir versprochen, dass ich gehen darf, wenn ich widerrufe", beharrt Georg. Neydecker sieht ihm tief in die Augen: „Vertraut Ihr mir etwa nicht?" Langsam wird Georg wütend: „Ich vertraue nur zwei Menschen. Der eine ist Jesus Christus und der andere seid nicht Ihr." Da wendet sich der Generalvikar lachend zur Tür: „Immerhin habt Ihr noch Euren Humor. Das gefällt mir!" Und ehe Georg noch etwas sagen kann, ist die Tür wieder verschlossen und Georg hört, wie der Riegel vorgelegt wird. Ohnmächtig vor Wut bleibt er zurück. So hatte er sich das nicht vorgestellt, aber es bleibt ihm nichts anderes übrig als zu warten. Es kann ja nicht länger als ein paar Stunden dauern!

## *Bamberg, 13. Februar 1530*

„Exzellenz, Schmalzing hat widerrufen!" Paul Neydecker ist zufrieden, als er dem Bamberger Fürstbischof diese Nachricht verkündet. „Was meint Ihr?" fragt der Bischof, „kann er jetzt auf freien Fuß gesetzt werden?" Neydecker schüttelt den Kopf: „Er scheint mir nicht wirklich überzeugt. Der Text, den ich ihm diktiert habe, ist zwar eindeutig, aber wir sollten noch eine weitere Sicherheit einbauen." „Woran denkt Ihr da?" fragt der Bischof, und Neydecker antwortet: „Ich habe mir erlaubt, einen Boten nach Bayreuth zu schicken. Ich verlange, dass mir die Bayreuther insgesamt fünfhundert Dukaten versprechen, sollte Schmalzing doch wieder zurückfallen in die Lehre Luthers." Dann grinst er: „Das wird nie und nimmer passieren … fünfhundert Dukaten! So viel Geld können die nicht auftreiben!" – „Das ist schlau, Neydecker! Das gefällt mir", meint der Fürstbischof und Neydecker lächelt erfreut über das Lob. Dann fährt er fort: „Nun warte ich ab, welche Nachricht der Bote aus Bayreuth mitbringt. Schmalzing kommt so einfach nicht frei. Er selbst hat von dem Ganzen keine Ahnung!" – „Sehr gut, Neydecker, sehr gut gemacht!" lobt ihn der Bischof. „Exzellenz, ich empfehle mich!"

### *Bamberg, 22. Februar 1530*

„Der Bote aus Bayreuth ist zurückgekehrt!" Hocherfreut nimmt der Generalvikar diese Nachricht entgegen: „Ich lasse bitten!" Demütig nähert sich der Reiter aus Bayreuth und Neydecker fragt: „Was für Nachrichten bringt Ihr aus Bayreuth?" Der Bote überreicht einen versiegelten Brief, Neydecker nimmt ihn in die Hand, erbricht das Siegel und beginnt zu lesen:

*„Folgende Herrschaften sind bereit, fünfhundert Dukaten an seine Exzellenz zu bezahlen, sollte Pfarrer Georg Schmalzing nach seiner Freilassung von seinem Widerruf Abstand nehmen: Freiherr Christian von Landsdorf, Baron Ulrich von Zedtwitz, Heinrich von Laineck, Jakob von der Höhe, Moritz von der Höfen. Gegeben zu Bayreuth, 20. Februar 1530, Leonhard Hammerbacher, Bürgermeister."*

„Hm, damit habe ich nicht gerechnet!" murmelt Neydecker und wendet sich noch einmal dem Boten zu: „Sprecht, wie ist die Nachricht in Bayreuth aufgenommen worden?" Der Bote holt Luft, um dann zu erläutern: „Zuerst wollten sie im Rathaus gar nicht glauben, dass der Priester widerrufen hätte, aber dann haben sie die Köpfe zusammengesteckt und getuschelt. Ich habe nichts verstanden. Dann haben sie mich fortgeschickt. Ich solle später wiederkommen und einen Brief mitnehmen. Das habe ich dann auch getan." „Ihr könnt gehen!" sagt Neydecker und macht sich umgehend auf dem Weg zum Bischof.

„Exzellenz", sagt er, als er den Fürstbischof in dessen Audienzzimmer antrifft. Dieser sieht fragend auf: „Was gibt es?" fragt er, und Neydecker schwenkt das Schreiben aus Bayreuth: „Ich glaube es nicht! Es haben sich tatsächlich fünf Bayreuther Bürger gefunden – wohl alles Ratsherren –, die bereit sind, fünfhundert Dukaten zu zahlen, sollte Schmalzing seinen Widerruf widerrufen. Aber ich traue Schmalzing nicht. Er wird ganz sicher, wenn er erst wieder in Bayreuth ist, von seinem Widerruf Abstand nehmen. Ich rate, ihn nicht freizulassen." – „Neydecker, jetzt reicht es wirklich! Wir haben doch, was wir wollten: Den Widerruf, die Versicherung, dass er niemals Rache üben wird, und sogar noch eine Zusicherung von fünf Ehrenmännern über fünfhundert Dukaten, sollte Schmalzing sein Wort brechen. Ich glaube, wir können ihn jetzt entlassen. Er ist ein gebrochener Mann." – „Exzellenz, bitte erlaubt mir einzuwenden: Ich kenne Schmalzing aus vielen Gesprächen. Ich glaube, er tut nur so gebrochen. Ich gebe zu: Das Funkeln in seinen Augen ist scheinbar erloschen, aber es kann bestimmt wieder entzündet werden", gibt Neydecker zu bedenken. „Neydecker, ich wiederhole mich nur ungern. Es reicht jetzt! Lasst den Mann gehen! Oder wollt Ihr Euer Wort brechen?" Neydecker schüttelt den Kopf: „Wie Ihr wünscht, Exzellenz! Dann werde ich jetzt Anweisung geben, dem Mann die Freiheit zu schenken."

Georg hat in seiner Zelle die Hoffnung fast schon aufgegeben. Immer wenn die Luke in der Tür geöffnet wird, um ihn mit Essen zu versorgen, fragt er, ob er jetzt gehen dürfe. Doch immer schüttelt der wachhabende Soldat den Kopf. Er redet nur das Nötigste. In Georg wächst die Überzeugung, dass der Generalvikar sein Wort gebrochen hat. Aber dann geschieht es doch: Zehn Tage nach der Unterzeichnung seines Widerrufs, öffnet sich die Tür. Der Generalvikar erscheint – er lächelt schon wieder. Georg holt tief Luft, um ihn zu beschimpfen, da sagt Neydecker: „Im Namen seiner Exzellenz, unseres gnädigen Bischofs Weigand: Ihr seid frei!" – „Weshalb jetzt erst?" fragt Georg mit gepresster Stimme. Neydecker lächelt immer noch: „Ihr müsst verzeihen, aber die paar Tage Verzug habt Ihr sicher doch verschmerzen können. Ich stehe zu meinem Wort, wenn mir danach ist. Es waren noch einige Dinge zu klären, aber jetzt hat alles seine Ordnung. Ihr könnt gehen, wohin Ihr wollt!" Statt sofort zur Tür und an Neydecker vorbei zu gehen, wendet sich Georg noch einmal seinem Bett zu. Er hebt den Strohsack an und zieht den Druck von Luthers Psalmenübersetzung und die Blätter mit seinem handschriftlichen Kommentar hervor. Als Neydecker sich umwendet und dem Soldaten befiehlt die Zelle Schmalzings aufzuräumen, schiebt Georg beides unauffällig in seine Rocktasche. Dann drückt er sich an Neydecker vorbei und eilt die Wendeltreppe hinunter. Der Generalvikar hat fast Schwierigkeiten, ihm zu folgen: „Und denkt an Euer Versprechen: Ihr werdet auf Gegenschläge jeglicher Art und Weise verzichten." Fast wäre er mit Georg zusammengestoßen, der plötzlich stehen geblieben ist. Er sieht Neydecker scharf an: „So wichtig seid Ihr mir nicht! Ich bin mir zu wertvoll, als dass ich Euch hassen könnte." Der Generalvikar entgegnet: „Bruder Schmalzing, ich weiß nicht, ob ich Euch trauen kann." Da blickt Georg seinem Gegenüber ernst ins Gesicht. Neydecker erschrickt, weil er erkennt, dass das Funkeln in Georgs Augen wieder da ist: „Dann lasst Euch folgendes sagen: Rache üben zu wollen – das wäre so, als würde ich Gift schlucken und darauf warten, dass Ihr endlich sterbt. Und diesen Gefallen tue ich Euch nicht. Meine Rache an Euch besteht darin, dass ich glücklich werde." Darauf wendet sich wieder zum Gehen. Unten angekommen, sperrt Neydecker mit einem großen Schlüssel umständlich die Außentür auf: „Ich bin wie Petrus, der die Schlüsselgewalt zum Himmel besitzt", sagt er lachend. Georg tritt wortlos ins Freie und atmet tief durch, während Neydecker neben ihn tritt und meint: „Das hättet Ihr alles schon viel früher haben können, Bruder Schmalzing!" – Georg würdigt ihn keines Blickes und sagt beim Weggehen lediglich: „Merkt Euch eines: Ich bin nicht Euer Feind, aber ich bin auch nicht Euer Bruder!" Neydecker sieht Georg Schmalzing nach und murmelt: „Er wird seinen Widerruf zurücknehmen." Dann schlägt er sich mit der rechten Faust in die linke Handfläche: „Es ist ein Fehler. Wir hätten ihn hierbehalten sollen." Schließlich wendet er sich um. Georg wird nach etwa hundert Schritten langsam klar, dass er keinerlei Ahnung hat, wie er nach Bayreuth kommen soll. Die Stadt liegt gut zwei Tagesreisen von Bamberg entfernt. Zugleich meldet sich ein Gedanke in ihm zu Wort, ein schrecklicher Gedanke: ‚Du hast versagt! Du hast die Wahrheit des Evangeliums geleugnet und widerrufen.' „Aber was hätte ich denn tun sollen?" murmelt er leise vor sich hin, „Frau und Kind hätte ich nie wiedergesehen!" – ‚Einerlei', so spricht seine innere Stimme zu ihm, ‚du hast versagt! Was willst du zu deiner Verteidigung vorbringen, wenn du dereinst vor deinem himmlischen Richter stehst?' – Georg holt tief Luft: „Es stimmt, ich weiß zu meiner Verteidigung nichts zu sagen, aber ich bin gewiss, dass Christus für mich einstehen wird!" – ‚Welcher Christus?' hört er die Stimme in sich, ‚meinst du den Christus, den du gerade verleugnet hast?' Da schießen Georg die Tränen in die Augen. Es ist wahr. Er hat zur Verteidigung seines Widerrufs nichts vorzubringen und schlägt sich an die Brust: „Gott, sei mir Sünder gnädig!" Innerlich zutiefst zerrissen lenkt er langsam seine Schritte Richtung Bayreuth. Es ist jetzt spätnachmittags und kalt ist es auch noch. Als es längst dunkel geworden ist, erreicht er Litzendorf. Sein Nachtlager findet er in einem Heuhaufen am Ortseingang. Spätnachts fällt er in einen kurzen, unruhigen Schlaf. Hungrig erwacht er früh am Morgen. Das Stroh wärmt nicht mehr. So macht er sich auf den Weg. Als er abends Hollfeld erreicht, gewährt ihm ein Bauer Unterschlupf in seiner Scheune.

## *Bayreuth, 24. Februar 1530*

Am 24. Februar kommt Georg abends müde und ausgehungert in Bayreuth an. Als er vor seiner Frau Anna in der Wohnungstür steht, erkennt diese ihn sofort. Glücklich fällt sie ihm um den Hals: „Georg, Georg, dass Du nur wieder da bist! Wir haben nie die Hoffnung aufgegeben, dass Du einmal wiederkommen wirst." Georg selbst ist am Ende seiner Kräfte: „Es gibt so viel zu erzählen!" sagt er, und Anna merkt, dass ihr Mann kaum noch die Kraft hat, sich auf den Beinen zu halten. „Du wirst Hunger haben", sagt sie, und Georg nickt. Da kommt Hanna ins Zimmer und fragt: „Wer ist der Mann, Mutter?" Anna hat Tränen in den Augen: „Hanna, Hannalein, das ist Dein Vater!" Hanna hat Angst vor dem fremden Mann und versteckt sich hinter der Mutter. Da fällt Georg ein, nach dem zweiten Kind zu fragen: „Anna, haben wir ein zweites Kind?" Anna nickt: „Fides schläft schon", sagt sie und Georg fragt nach: „Du hast sie ‚Fides' genannt?" Anna nickt und sagt: „Allein aus Glauben!" Georg weiß genau, was sie damit meint.

Dann fragt er: „Kann ich sie sehen?“ Anna führt ihn wortlos ins Nachbarzimmer, wo die Kleine in ihrer Wiege schon schläft. Vorsichtig streichelt Georg seiner zweiten Tochter über das Köpfchen und flüstert: „Sie ist so schön wie ihre Mutter und ihre Schwester!“ Dann gehen beide leise wieder in die Stube. Als Anna ihrem Mann ein Abendessen bereitet, fragt sie Georg: „Anna, erzähl! Was ist in der Zwischenzeit hier passiert? Sind wirklich alle wieder dem Papst in Rom gehorsam geworden? Und lebt Doktor Luther wirklich nicht mehr?“ Anna blickt ihn erstaunt an: „Was redest Du da? Von Doktor Luther weiß ich nicht, ob er noch lebt. Aber in Bayreuth, ja in der ganzen Markgrafschaft wird seit zwei Jahren das Evangelium rein und lauter verkündigt.“ Georg glaubt, sich verhört zu haben: „Bitte, was? Mein Kerkermeister, der Generalvikar, hat mich glauben gemacht, die Lehre Luthers wäre ausgestorben und ich wäre der letzte Lutheraner auf der Welt. Ja, er hat gesagt: Die ganze Welt liegt wieder dem Heiligen Vater zu Füßen, und ich solle auch in den Schoß der heiligen Mutter Kirche zurückkehren.“ – „So ein Unsinn!“ sagt Anna, „vor zweieinhalb Jahren ist seine Durchlaucht, Markgraf Kasimir, gestorben. Sein Bruder, Markgraf Georg, den sie hier ganz ehrfürchtig nur ‚den Frommen‘ nennen, hat sofort einen Landtag einberufen und noch einmal festgehalten, dass nur das reine und lautere Evangelium gepredigt werden darf, nein, gepredigt werden muss. Ja, und dann hat er zwei Pfarrer eingesetzt, die seither jede Pfarrei besuchen und überprüfen, ob dort päpstliche Lehre oder das reine Evangelium gepredigt wird. Wer papistisch predigt, wird seines Amtes enthoben. Seine Durchlaucht hat befohlen, dass Dein eigener Vater die beiden Pfarrer begleitet und über ihre Visitationen Buch führt.“ – Da wird Georg klar: „Man hat mich belogen und betrogen.“ Ihm schießen die Tränen in die Augen: „Anna, mein Traum, den ich vor

zehn Jahren hatte, ist damit in Erfüllung gegangen. Seine Durchlaucht scheint wirklich ein frommer Mann zu sein."
Anna nimmt ihren Mann in den Arm. Dabei merkt sie, wie abgemagert er ist. Deshalb sagt sie nur kurz: „Georg, ich bin so glücklich, Dich wiederzuhaben! Aber jetzt iss endlich etwas!"
Heißhungrig macht sich Georg über die Brote her. Seit über zwei Tagen hat er kaum etwas gegessen. Die kleine Hanna versteckt sich immer noch hinter der Mutter. ‚Das wird sich bestimmt bald geben', denkt sich Georg und freut sich, dass er wieder daheim ist. Dann fragt er: „Sag mal, Anna, wie seid ihr eigentlich über die Runden gekommen in den drei Jahren?"
Anna dreht sich um und lächelt: „Der Stadtrat hat die Bezahlung der Messpriester erst einmal übernommen – das weißt du doch –, und mich haben sie so behandelt, als würde mein Mann für die Stadt nach wie vor arbeiten … und in gewisser Weise hast Du das ja auch." – „Anna", sagt Georg, „ich musste Widerruf leisten, um freizukommen. Ich bin offiziell jetzt einer von den Papisten!" Anna schaut ihren Mann an: „Für mich nicht!" sagt sie, „für mich bist Du immer noch der, der du warst, als sie dich mitgenommen haben. Willkommen daheim!"
Georg schaut sie dankbar an und isst weiter. Er hat wirklich großen Hunger. Als er aufgegessen hat, zieht er seinen Psalmenkommentar aus der Rocktasche: „Sieh doch, was ich aus meinem Gefängnis mitgebracht habe!" – „Was ist das?" fragt Anna, und Georg erzählt ihr von Luthers Psalmenübersetzung, die er zufällig – oder vielleicht am Ende doch nicht zufällig – bei sich getragen hat, als er verhaftet wurde. Er erzählt, dass man ihm sogar Papier und Tinte zur Verfügung gestellt hat, sodass er eine eigene Auslegung der Psalmen schreiben konnte. Und er erzählt auch, dass er es nur deshalb so lange im Gefängnis ausgehalten hat, weil ihn die Worte aus dem Psalter immer wieder aufgerichtet haben. Anna blickt auf

die vollgeschriebenen Seiten. „Schwer zu entziffern", meint er, „ich muss zugeben, meine Schrift ist nicht die beste, aber wenn Du willst, lese ich Dir etwas vor." Anna nickt, und Georg blättert an einer zufälligen Stelle sein Skript auf. Es ist die Auslegung von Psalm 42:

*„O Herr, wie der Hirsch schreit nach den Wasserbächen, also hat meine Seele Verlangen nach dir. Meine Seele dürstet nach dir, dem starken und lebendigen Gott. Wann werde ich dahin kommen, dass ich dein Angesicht sehe? Lieber Gott, lass dich sehen, so oft mein Glaube angefochten wird und man zu mir sagt: Wo ist nun dein Gott? Lass mich in solcher Anfechtung meine Seele ausschütten in mir und durch deinen Trost meines Herzens Angst verjagen, dass ich nicht von der Gemeinschaft aller Heiligen abgesondert werde, sondern mit dem Haufen in Dein Haus gehe, dich zu loben und zu preisen, dass ich möge tröstlich zu meiner Seele sagen: Was betrübst du dich, meine Seele und bist so unruhig in mir? Harre auf Gott, denn ich werde ihm noch danken um das Heil seines Angesichts. O mein Gott, betrübt ist meine Seele in mir. Eine Kümmernis jagt die andere, alle deine Wasserwogen und Wellen gehen über mich, deshalb begehre ich zu hören dein Evangelium. Wenn es aber dein Wille ist, dass wir, wenn es uns gut geht, deine Barmherzigkeit, die in uns handelt, loben und ich im Unglück wegen der Wahrheit deiner Verheißung und der vorigen deiner Wohltaten, die du an mir getan hast, nicht verzage in der Trübsal, lehre mich, wie ich dich recht bitten soll, dass du mich erhörest. Amen."*

Jetzt ist es Anna, die Tränen in den Augen hat. Sie nimmt Georg in den Arm und sagt: „Mein lieber Georg, was hast Du alles erdulden müssen!" Georg lächelt: „Anna, jetzt wird alles wieder gut!"

In dieser Nacht machen beide kaum ein Auge zu. Sie haben einander so viel zu erzählen. Als der Morgen graut, fallen beide in einen kurzen Schlaf, ehe sie durch ein lautes Pochen geweckt werden. „Aufmachen, sofort aufmachen!“ Draußen steht ein „alter Bekannter“: Der Hauptmann Christoph von Beulwitz mit vier Soldaten. „Was mag der bloß wollen?“ fragt Georg und öffnet schlaftrunken die Tür. „Georg Schmalzing, Ihr seid verhaftet!“ sagt laut der Hauptmann und legt ihm – genau wie bei der Verhaftung vor über drei Jahren – die Hand auf die Schulter. Ein Soldat fesselt umständlich Georgs Hände. Dieser ist so verblüfft, dass er gar nichts sagen kann. Anna, seine Frau, schreit den Hauptmann an: „Seid ihr verrückt? Was fällt Euch ein? Mein Mann ist gestern aus dem Gefängnis in Bamberg nach über drei Jahren heimgekehrt und Ihr wollt ihn jetzt wieder einkerkern? Lasst ihn sofort frei!“ Beulwitz schiebt sie beiseite: „Ihr habt hier gar nichts zu sagen!“ Ein Soldat zerrt Georg auf den bereitstehenden Pferdewagen und schnalzt mit der Zunge. Das Pferd trabt los. „Wo bringt Ihr ihn hin?“ will Anna wissen, aber keiner gibt ihr Antwort. Völlig aufgelöst bleibt sie zurück. Sie muss etwas unternehmen. Aber zuerst muss sie sich um ihre Kinder kümmern, die inzwischen wach geworden sind. Danach will sie zum Bürgermeister.

Georg weiß genauso wenig, wie ihm geschieht. Auf seine Fragen gibt ihm keiner der Soldaten irgendeine Antwort. Auch der Hauptmann, der ihn ja schon einmal festgenommen hatte, spricht kein Wort mit ihm. Genau wie damals verlassen sie Bayreuth. Aber diesmal geht es nicht Richtung Bamberg, sondern in nordöstlicher Richtung. Bald erkennt Georg, dass er in die markgräfliche Residenzstadt nach Kulmbach gebracht wird. Ein bisschen atmet er auf. Es dämmert schon, als sie die Plassenburg erreichen. Im Innenhof werden ihm die Fesseln abgenommen. ‚Ein gutes Zeichen!‘ denkt er sich. Beulwitz befiehlt ihm: „Folgt mir!“ Gehorsam trottet Georg hinter dem Hauptmann her. Zwei Soldaten folgen ihm. Es geht in Obergeschoss des Westturms. Georg weiß nicht, dass in der Zelle, in die er gerade gebracht wird, Kasimir seinen eigenen Vater zwölf Jahre eingesperrt hatte. Als die Tür geöffnet wird, sieht er insgesamt vier fremde Männer hinter einem Tisch sitzen. ‚Was ist denn das für ein Tribunal?' denkt er sich. Vor dem Tisch steht ein einzelner Stuhl und der Hauptmann kommandiert: „Hinsetzen!" Georg setzt sich, dann verlassen die Soldaten und von Beulwitz den Raum und schließen hinter sich die Tür. Georg kommt sich jetzt tatsächlich wie ein Angeklagter vor. Die Fackeln an der Wand werfen ein gespenstisches Licht auf die Männer, die ihm gegenüber sitzen. Schließlich fängt einer an zu reden: „Georg Schmalzing, mein Name ist Andreas Althamer, und dies hier sind die Pfarrer Schnabel, Roder und Krug. Es ist unsere Aufgabe, im Namen seiner Durchlaucht, des Markgrafen, alle Pfarrer der Markgrafschaft zu prüfen, ob sie das lautere und reine Evangelium predigen. Nun wissen wir über Euch, dass Ihr ursprünglich die Lehre Doktor Luthers gepredigt habt, aber wir wissen auch, dass Ihr wieder auf den Pfad des Papstes eingeschwenkt seid und widerrufen habt." – „Woher wollt Ihr das wissen?" fragt Georg, und Althamer lächelt: „Bruder Schmalzing, Ihr habt wohl keine Ahnung davon, dass seine Exzellenz, der Bischof, nach Eurem Widerruf einen Boten nach Bayreuth mit einem Brief geschickt hat. Darin stand, dass Ihr widerrufen hättet. Aber Ihr würdet erst freikommen, wenn sich jemand fände, der sich verpflichten würde, fünfhundert Dukaten an seine Exzellenz zu zahlen, solltet Ihr es wagen, Euren Widerruf in Freiheit zurück zu nehmen." – „Bitte was?" fragt Georg und Althamer nickt: „Ihr habt schon richtig gehört!" – „Ich hoffe, dass sich kein einziger Bayreuther auf diesen Kuhhandel eingelassen hat", stößt Georg hervor. Althamer lächelt: „Oh doch! Tatsächlich haben sich fünf Ratsherren sofort bereiterklärt, gemeinsam die Ver-

pflichtungserklärung zu unterschreiben. Sonst wärt Ihr niemals freigekommen." – Georg schlägt sich auf die Stirn: „Deshalb ist nach meinem Widerruf über eine Woche lang nichts passiert. Ich hatte die Hoffnung schon aufgegeben, dass sich der Generalvikar an sein Wort hält. Aber Moment! Wenn ich jetzt meinen Widerruf widerrufe, dann müssen die Ratsherren zahlen. Das kann doch nicht im Interesse der Stadt sein!" Althamer lächelt immer noch: „Bruder Schmalzing, ein unter Zwang ausgesprochener Widerruf ist ebenso wenig wert wie das Papier, auf dem eine Verpflichtungserklärung steht. Was ich damit sagen will: Wir werden jetzt gemeinsam herausfinden, ob Euer Widerruf erzwungen war oder ob Ihr durch Eure Haft von ganzem Herzen papsttreu geworden seid. In jedem Fall dürft Ihr diese Burg als freier Mann verlassen. Wir sind hier nicht die Inquisition. Es geht um nichts weniger, als um die Frage, ob Ihr noch als Pfarrer in Bayreuth tätig sein könnt oder ob ihr Euren Dienst nur im Hochstift Bamberg verrichten könnt." Georg ist bei diesen Worten ganz ruhig geworden, er weiß ja, wie er nach wie vor denkt, er weiß, woran er glaubt. ‚Ach, hätte ich jetzt nur meinen Psalmenkommentar dabei!' Dabei fasst er in seine Rocktasche und seine Hand ertastet dort tatsächlich noch zwei Blätter. Georg nimmt sich vor, diese im Lauf des Gespräches als Beweis vorzulegen.
Althamer fährt fort: „Wir haben in Vorbereitung dieses Verhörs einige Fragen ausgearbeitet, die wir von Euch wahrheitsgemäß beantwortet haben möchten." „Fragt nur!" sagt Georg, „ich habe nichts zu verbergen." Althamer beginnt: „Wie beurteilt Ihr Eure eigene Ehe? Ist sie rechtmäßig oder widerrechtlich geschlossen? Dann wollen wir wissen: Wie denkt Ihr über die Rechtfertigung des Sünders und die Vorsehung Gottes? Welche Voraussetzungen müssen Eurer Meinung nach erfüllt werden, damit ein Mensch gerechtfertigt werde?"

Georg holt tief Luft, dann erzählt er von der Rechtfertigung des Sünders im Glauben an Jesus Christus aus Gottes Gnade und Barmherzigkeit. Er begründet diese Lehre mit Röm 3,28 und macht auch deutlich, dass seine eigene Ehe aus der Überzeugung geschlossen wurde, dass die verpflichtende Ehelosigkeit von Priestern biblisch nicht begründbar ist, zumal in 1. Tim 3,2 sogar stehe, ein Bischof sei der Mann einer einzigen Frau. Althamer und die anderen Pfarrer sehen sich beeindruckt an. Georg nutzt das allgemeine Erstaunen und zieht die beiden Zettel, die er noch in seiner Tasche gefunden hat, heraus. Er erläutert, dass er im Bamberger Gefängnis Luthers Psalmenübersetzung hatte und über die Psalmen eine Auslegung geschrieben habe. Zwei Seiten daraus habe er zufällig noch in der Tasche. Der Rest liege zuhause in Bayreuth in seiner Wohnung. Althamer und die anderen beugen sich über die Zettel. Es handelt sich um Schmalzings Auslegung von Psalm 103. Sie lesen: „*Herr, meine Seele und all mein Inwendiges muss dich loben und deinen heiligen Namen preisen für alle deine Wohltat, so du mir getan hast. Lieber Herr, sei gnädig aller meiner Missetat! Heile alles, was noch übrig an Bösem in meinem Fleisch ist. Erlöse mein Leben vom Tode. Bewahre mich mitten unter meinen Feinden im Tod und in der Hölle. Kröne mich mit Güte und Barmherzigkeit. Das heißt: Regiere über Sünde, Tod, Teufel und alle widerwärtige Macht. Sättige meinen Mund mit Gütern, die ich zum Leib und Geist nötig habe, und wenn ich allenthalben sonst verzage, so stehe du mir bei und verjünge mich durch den Trost deines Heiligen Geistes und mache mich keck und frisch. O lieber Herr, schaffe Barmherzigkeit, Gerechtigkeit und Gericht allen, die Unrecht leiden. Sei uns allen gnädig und barmherzig, langmütig über unsere Sünde, dass du sie nicht bald strafest. Wollest auch nicht immerdar zürnen über uns, auch nicht nach unseren vielfältigen Sünden mit uns handeln und nicht vergelten nach unser Missetat, sondern dieselben fern von uns tun. Und deine Güte als ein Himmel darüber decken. Sei unser Vater und lass uns deine Kinder sein! Du erkennst, woraus wir gemacht sind, nämlich aus Staub und Asche und unsere Tage wie eine Blume auf dem Felde, die der Wind verweht und verdorrt. Aber deine Güte und Gerechtigkeit währet ewiglich gegenüber dem Gläubigen. Gib uns deine Furcht und mach, dass wir deine Gebote und deinen Bund halten und lass deine Güte ewig über uns sein und hilf uns aus aller unserer Not. Amen.*"

Da steht Althamer auf und Georg erkennt, dass er vor Rührung Tränen in den Augen hat. Er sagt: „Lieber Bruder Schmalzing, was Ihr erleiden musstet, können wir nur erahnen. Bitte verzeiht uns die Verschleppung auf die Plassenburg! Seid uns willkommen! Wenn es Euch Recht ist, reisen wir morgen wieder zurück nach Bayreuth und klären dort die Lage." Georg will eigentlich fragen, warum er überhaupt auf die Plassenburg gebracht worden ist, aber er ist nur noch überwältigt. Er kann gar nichts sagen. Aber dann bricht es doch aus ihm heraus: „Ich widerrufe meinen Widerruf! Ich bin ein Anhänger des reinen Evangeliums wie es Martin Luther wiederentdeckt hat. Durch Luthers Schriften ist mir deutlich geworden, was wirklich in der Heiligen Schrift steht. Dieser Mann hat mir beigebracht, dass Gottes Liebe unendlich ist und dass – wie der heilige Paulus schreibt im Brief an die Römer – uns nichts trennen kann von der Liebe Gottes, die in Christus Jesus ist, unserem Herrn. Deshalb will ich alle meine Hoffnung auf ihn setzen in der Gewissheit, dass er mich nicht enttäuschen wird." Am liebsten wäre er noch am gleichen Tag nach Bayreuth zu seiner Frau zurückgekehrt. Sie wird sich bestimmt Sorgen machen. Doch dazu ist es schon zu spät. Früh am nächsten Morgen erst können sie nach Bayreuth aufbrechen.

In Bayreuth zurückgeblieben hat Anna nach der erneuten Verhaftung ihres Mannes ihre beiden Töchter angezogen und ist mit ihnen ins Rathaus geeilt. Dort lässt sie sich von niemandem aufhalten und dringt bis zu Leonhard Hammerbacher, dem Bürgermeister, vor. „Sie haben meinen Mann aus dem Hofgefängnis in Bamberg entlassen, weil er widerrufen hat. Gestern ist er nach Hause gekommen und heute hat ihn der gleiche Hauptmann schon wieder gefangen weggeführt. Das kann doch gar nicht sein! Was haben die mit ihm vor?" sprudelt es aus ihr heraus. Der Bürgermeister fasst Anna am Arm und geleitet sie zu einem Stuhl: „Jetzt setzt Euch erstmal!" sagt er, und Anna faucht ihn an: „Erstmal will ich wissen, was für ein Spiel hier gespielt wird. Wisst Ihr etwas darüber?" Der Bürgermeister blickt Anna nachdenklich an, dann sagt er: „Anna Schmalzing, Euer Mann ist nicht nur deshalb freigekommen, weil er widerrufen hat, sondern weil fünf Ratsherren seiner Exzellenz, dem Bischof zu Bamberg, zugesichert haben, sie würden – sofern er seinen Widerruf widerrufen würde – fünfhundert Dukaten bezahlen." Anna ist blass geworden. „Das ist nicht wahr! Ist mein Mann bloß eine Figur in einem großen Spiel?" Der Bürgermeister schüttelt den Kopf: „Nein, natürlich nicht! Es geht auch gar nicht um das Geld. Was ich sagen will ist folgendes: Wir wussten, dass Euer Mann in absehbarer Zeit wieder nach Hause zurückkehren wird. Was wir aber nicht wissen, ist, wie ernst es Eurem Mann mit seinem Widerruf ist, ob er wirklich auch mit dem Herzen zurückgekehrt ist in die Papstkirche. Deshalb wurde er auf Veranlassung seiner Durchlaucht auf die Plassenburg gebracht. Dort verhören ihn vier lutherische Theologen. Und wenn die zum Schluss kommen, dass die drei Jahre Festungshaft in Bamberg nichts an seiner evangelischen Einstellung geändert haben, wenn er also seinen Widerruf aus vollem Herzen widerruft, dann ist er in Bayreuth herzlich willkommen. Aber Ihr versteht, dass das doch erst geklärt werden muss.“ Anna ist immer noch blass: „Aber, dann müssen doch die fünfhundert Dukaten an den Bischof gezahlt werden?!“ Jetzt schüttelt der Bürgermeister lächelnd den Kopf: „Das glaube ich nicht. Was will seine Exzellenz denn machen, wenn die fünf Ratsherren einfach nicht bezahlen? Ich will es Euch sagen: Rein gar nichts kann er machen. Die Zusage der Zahlung ist das Papier nicht wert, auf dem sie gemacht worden ist.“ „Ihr meint, ich kann beruhigt nach Hause gehen?“ fragt Anna. „Das könnt Ihr!“ versichert ihr der Bürgermeister, „Euer Mann wird ganz bestimmt bald von der Plassenburg zurückkommen – da bin ich mir ganz sicher.“ Dankbar und erleichtert nimmt Anna Abschied vom Bürgermeister und kehrt nach Hause zurück.

### *Bayreuth, 26. Februar 1530*

Tatsächlich kommt Georg noch am Vormittag – mitsamt Andreas Althamer und Johann Schnabel – in Bayreuth an. Glücklich schließt Anna Georg in die Arme. Dieser will ihr sofort erklären, doch Anna legt ihm den Zeigefinger auf den Mund und flüstert ihm zu: „Ich weiß alles! Ich war beim Bürgermeister. Jetzt wird alles gut!“ Hanna und Fides verstecken sich erneut schüchtern hinter der Mutter. Die vielen fremden Männer machen ihnen Angst. Althamer klopft Georg auf die Schulter und meint: „Bruder Schmalzing, es freut mich ungemein, dass nun alles wieder in seine gewohnten Bahnen kommt. Wir werden umgehend den Ratsherren Bericht geben." Dann wendet er sich zum Gehen, dreht sich aber doch noch einmal um und sagt: „Noch etwas! Ihr habt uns auf der Plassenburg aus Eurem Psalmenkommentar vorgelesen?" Georg nickt, und Althamer meint: „Wenn Ihr tatsächlich alle Psalmengebete auf diese Art und Weise kommentiert habt, dann gebt das Ganze einem Buchdrucker! So eine Arbeit darf nicht in einer Schreibtischschublade verschwinden!" Georg ist gerührt: „Bruder Althamer, meint Ihr wirklich? Ich bin doch nur ein kleiner Messpriester, der von Theologie nicht viel versteht." Althamer sieht ihm jetzt genau in die Augen: „Bruder Schmalzing, ich will Euch einmal etwas sagen: Es ist zwar schade, dass Ihr nie Theologie studiert habt, aber meines Erachtens versteht Ihr mehr von der Theologie als manch ein Studierter. Überlegt Euch das mit dem Buchdruck! Gehabt Euch wohl! Ich hoffe, wir werden einander einmal wiedersehen!" „Ich danke Euch!" sagt Georg, und er fügt hinzu: „Wenn alle Theologen so überzeugend und zugleich mtifühlend wären wie Ihr, dann wäre unsere Welt ein besserer Ort!" Althamer lächelt ihn an und meint: „Ob die Welt ein guter oder schlechter Ort ist, das liegt auch an Euch! Gott segne Euch und Eure Familie!"

Als Althamer mit den anderen Theologen um die Hausecke verschwunden ist, wendet sich Georg seinen beiden Töchtern zu: „Hanna, Fides!" sagt er, „ich bin so glücklich, dass ich jetzt wieder bei Euch bin! Kommt ihr mal zu mir?" Nur sehr zögerlich trauen sich die beiden Mädchen hinter ihrer Mutter nach vorne. Schließlich lässt sich die ältere Hanna von ihrem Vater sogar auf den Arm nehmen. Gemeinsam gehen sie in die Wohnung, und Georg fragt: „Was ist eigentlich mit meinen Eltern?" Anna antwortet: „Dein Vater ist ja der Schriftführer von Althamers Visitationen geworden. Momentan weiß ich gar nicht, wo er steckt. Wahrscheinlich ist er noch irgendwo im Oberland und hält die Ergebnisse der Visitationen fest. Deine Mutter ist gleich hier im Nachbarhaus." – „Lass uns zu ihr gehen!" bittet Georg, und gemeinsam suchen sie Katharina, Georgs Mutter, auf. Georg hat ja auch sie über drei Jahre lang nicht gesehen. Er erkundigt sich ausführlich nach dem Vater und seinen Geschwistern. Katharina weiß, dass ihr Mann noch in Kulmbach weilt. Althamer wollte offenbar nicht, dass er beim Verhör seines Sohnes auf der Plassenburg dabei ist. Aber heute oder morgen müsste er zurückkommen.

Georg merkt erst nach und nach, wie dreist ihn Neydecker belogen hat: In der gesamten Markgrafschaft Brandenburg-Kulmbach wird das reine Evangelium, wie es Martin Luther wiederentdeckt hat, gepredigt. Und Neydecker hatte ihm im Gefängnis weisgemacht, dass er der letzte Lutheraner auf der ganzen Welt wäre. ‚Klar, dass die Angst hatten, dass ich meinen Widerruf widerrufe!' denkt sich Georg und sein Herz krampft sich zusammen. Tief in sich verspürt er jetzt doch Wut auf den scheinheiligen Heuchler Neydecker, Wut und Verachtung. Aber im selben Augenblick fällt ihm das Wort aus der Bergpredigt ein: Liebt eure Feinde! „Weißt du", sagt er am Abend zu seiner Frau, als die Töchter im Bett sind, „an den erpressten Widerruf fühle ich mich nicht gebunden. Aber ich habe auch versprochen, dass ich mich für die erlittene Haft nicht rächen werde. Und dieses Versprechen werde ich halten. Wahrscheinlich dauert es noch seine Zeit, bis ich mich über die Lügen, die mir Neydecker aufgetischt hat, nicht mehr ärgere. Aber jetzt bin ich einfach froh, dankbar und glücklich, wieder daheim zu sein. Morgen will ich zu Prückner und Schamel. Ich will sie fragen, ob sie mich wieder brauchen können."

## *Bayreuth, 27. Februar 1530*

Georg rasiert sich und nach dem Frühstück macht er sich auf die Suche nach Nikolaus Schamel und Hans Prückner. Beide trifft er – wie könnte es anders sein – in der Stadtkirche. Sowohl Schamel als auch Prückner glauben, ihren Augen nicht trauen zu können: „Schmalzing, Ihr?" Georg nickt und lächelt. Da umarmen sie ihren Bruder in Christus herzlich und der Stadtprediger sagt: „Dann hat Gott unsere Gebete erhört." – „Wie meint Ihr das?" fragt Georg und Hans Prückner beeilt sich zu sagen: „Wir haben seit zwei Jahren in unseren Messen immer wieder für Euch gebetet." „Ja", sagt Georg, „dann hat Gott die Gebete wirklich erhört." In einem langen Gespräch erzählt Georg ausführlich über seine Haft. Seinen Bericht beschließt er mit dem Satz: „Ja, meine Brüder, meine Lebensgeschichte ist nichts für schwache Nerven!" Da müssen alle befreit lachen. Aber dann erzählten auch Schamel und Prückner von den kirchlichen Neuerungen, die durch die Reformation und die Maßnahmen des Markgrafen durchgeführt worden sind. Schließlich meint Prückner: „Bruder Schmalzing, Ihr müsst unbedingt noch zum Bürgermeister! Auch der soll wissen, dass Ihr wieder frei und in der Stadt seid!" „Das müsste ihm Andreas Althamer schon gesagt haben. Aber Ihr habt Recht. Am besten, ich mache mich gleich auf den Weg!" Schamel und Prückner begleiten ihn ins Rathaus. Auch Bürgermeister Hammerbacher begrüßt Georg herzlich. Georg fragt sofort nach dem Brief, in dem Neydecker fünfhundert Dukaten gefordert habe. Der Bürgermeister nickt: „Pfarrer Schmalzing, keine fünf Minuten hat es gedauert, dann haben Freiherr Christian von Landsdorf, Baron Ulrich von Zedtwitz, Heinrich von Laineck, Jakob von der Höhe, Moritz von der Höfen gesagt: ‚Am Geld darf die Freilassung von unserem Pfarrer Schmalzing nicht scheitern!‘ Die fünf Männer haben gemeinsam die Verpflichtungserklärung unterschrieben.“ – „Und jetzt?“ fragt Georg, „jetzt müssen sie meinetwegen zahlen. Das kann ich doch nie wieder gutmachen.“ Der Bürgermeister nickt: „Dann soll der Generalvikar oder gar seine Exzellenz erst einmal hierherkommen und versuchen, das Geld einzutreiben! Macht Euch keine Sorgen! Die Ratsherren werden ganz sicher nicht zahlen. Papier ist geduldig.“ „Wie kann ich Euch nur danken?“ fragt Georg, und der Bürgermeister gibt zur Antwort: „Viel wichtiger ist die Frage: Wie geht es jetzt mit Euch weiter? Was habt Ihr vor?“ Georg lächelt: „Verehrter Herr Bürgermeister, ich komme gerade aus einer über drei Jahren währenden Haft. Ich habe keine Ahnung!“ Der Bürgermeister zuckt mit den Schultern: „Dann fangt am besten da wieder an, wo Ihr aufgehört habt: beim Lesen von Messen … und beim Predigen! Wir alle hier in Bayreuth hoffen sehr, dass Ihr das tut.“ – „Ja, wenn man mich wieder gebrauchen kann …“ Georg blickt den Stadtpfarrer und den Stadtprediger eindringlich an. Beide nicken: „Natürlich, willkommen daheim!“ sagt Hans Prückner und klopft Schmalzing väterlich auf die Schulter.

So wird Georg Schmalzing in Bayreuth mit offenen Armen aufgenommen. Wie ein Lauffeuer spricht sich die Rückkehr des „verlorenen Sohnes“ in der Stadt herum. Und zu seiner ersten Messe ist die Stadtkirche übervoll. In seiner Predigt erzählt Georg von seiner Haft und liest zum Schluss seine in der Haft verfasste Auslegung zu Psalm 150: *„Lieber Herr und Gott, wir loben dich in dir selber, der du bist über alles Lob. Wir loben dich in deiner Heiligkeit, der du allein heilig bist und durch dich allein werden wir heilig gemacht. Wir loben dich deiner Stärke, die da ewig ist und uns alle erhält. Wir loben dich in deiner Gewalt und Macht, durch die du selig machst und ver-*

*dammst. Wir loben dich in der Menge deiner Heiligkeit, die ohne Ende ist und wir dadurch auch herrlich werden. Dass wir aber solches rechtschaffen mit fröhlichem, willigem Gemüt und im Jauchzen unseres Herzens mögen ewiglich tun. So gib uns, lieber Herr, deine Gnade und deinen heiligen Geist, der uns allezeit errege, führe, treibe und lehre. Amen. O Herr, alles, was Odem hat, muss dich loben, der du ihr aller Leben bist, aber der Gläubigen ewiges Leben durch Jesum Christum, unseren Herrn, mit welchem seist du, himmlischer Vater, samt dem Heiligen Geist ein Gott, gelobt und gepriesen in alle Ewigkeit. Amen.“*

## Bayreuth, 15. März 1530

Fast scheint es, als würde in Bayreuth wieder alles so sein wie vier Jahre zuvor. Doch dann geschieht erneut etwas Unerwartetes: Eines Tages steht ein Bote vor Schmalzings Haus: „Pfarrer Schmalzing, Ihr sollt sofort zum Stadtrat kommen!“ teilt der Bote mit und verschwindet sogleich wieder. „Was können die von Dir wollen?“ fragt Anna und Georg zuckt mit den Schultern. Dann meint er: „Hoffentlich gibt es keinen Ärger wegen der fünfhundert Dukaten, die sie dem Bischof versprochen haben.“ Georg zieht noch Schuhe an und wirft sich einen Mantel über. Dann geht er die wenigen Schritte hinüber zum Rathaus. Dort wird er augenblicklich in den Sitzungssaal gebeten. Alle Ratsherren sind versammelt. Im Hintergrund erkennt Georg seinen Vater, der an einem kleinen Tischchen sitzt und das Protokoll schreibt. Beide nicken einander unauffällig zu. Da geht der Bürgermeister auf Georg zu, holt tief Luft und beginnt eine kleine Rede: „Hochwürdiger Pfarrer Schmalzing, was Ihr für Bayreuth und die Reform der

Kirche getan habt, ist unermesslich. Zehn Jahre ist es her, dass Ihr angefangen habt, die Missstände in der Kirche beim Namen zu nennen. Ihr habt den Boden bereitet, auf dem seine Durchlaucht Markgraf Georg, den wir zu Recht, ‚den Frommen' nennen, die offizielle Reformation von Kirche und Gesellschaft durchführen konnte. Ihr habt aber dafür auch teuer bezahlt. Über drei Jahre eures Lebens musstet Ihr im Gefängnis verbringen als Zeuge für die Wahrheit des reinen Evangeliums. Und Ihr seid Euch und dem Evangelium, Ihr seid Christus – allen Anfechtungen zum Trotz – treu geblieben. Der hochwürdige Pfarrer Andreas Althamer, der Euch vor einem Monat auf Herz und Nieren geprüft hat, hat es uns bestätigt. Er hat außerdem eine Anregung gemacht, die wir heute aufnehmen können. Übrigens ist auch seine Durchlaucht, unser gnädiger Markgraf Georg, davon in Kenntnis gesetzt. Er unterstützt unser Angebot an Euch: Wir, der gesamte Stadtrat von Bayreuth möchten Euch zum Wintersemester dieses Jahres nach Wittenberg schicken, damit ihr bei dem hochberühmten Professor Martin Luther studieren könnt. Bis dahin sollt Ihr Euch auf das Studium vorbereiten, aber auch von den Beschwerlichkeiten der ungerechten Haft erholen können. Und …" Der Bürgermeister spricht langsam weiter, weil er gemerkt hat, dass Georg tief Luft geholt hat „… bevor Ihr Euch jetzt beklagt, dass Ihr dann ja schon wieder Eure Frau und Eure Töchter hier in Bayreuth zurücklassen müsstet: Die Stadt bezahlt den Umzug und einen drei Semester währenden Studienaufenthalt in Wittenberg für Euch und Eure ganze Familie. Wir würden uns freuen, wenn Ihr in zwei Jahren wieder in Eure Heimat zurückkehrt und dann Nikolaus Schamel als Stadtprediger zur Seite stehen würdet." Die Ratsherren applaudieren und Georg ist sprachlos: „Ich weiß nicht, was ich sagen soll", bringt er schließlich heraus,

und nach einer kurzen Pause fügt er hinzu: „Hochgeehrter Herr Bürgermeister, werter Stadtrat, auch ich verdanke der Stadt Bayreuth sehr viel. Ich bin zutiefst gerührt über Euer Angebot. War es doch der Traum meines Lebens, einmal Doktor Luther höchstpersönlich kennenlernen und bei ihm studieren zu dürfen. In der Tat: Für mich wird ein Traum wahr. Ich hoffe sehr, dass ich mich dieser Ehre als würdig erweisen kann.“ Georg hat fast Tränen in den Augen. Nie hätte er gedacht, dass sein Leben diese Wendung nehmen würde.
Als er zuhause das Angebot der Stadt erzählt, weint Anna vor Freude: „Jetzt wird alles gut!“ sagt sie. Das halbe Jahr nutzt Georg tatsächlich, um sich mit theologischer Literatur zu beschäftigen. Sebastian Linner, der immer wieder vorbeikommt, verkauft ihm alles, was er an Lutherschriften auftreiben kann. Bei einem seiner Besuche zeigt ihm Georg seinen Psalmenkommentar, den er inzwischen noch einmal überarbeitet und mit einem Vorwort versehen hat. Linner überfliegt das Manuskript: „Darf ich das einem Buchdrucker zur Veröffentlichung geben?“ fragt er, und Georg nickt: „Wenn für mich – sagen wir – zehn Exemplare abfallen?“ „Geht klar!“ Linner hat schon wieder ein Geschäft gewittert: „Mach ich doch glatt! Wenn ich das nächste Mal komme, bringe ich alles mit!“ Georg freut sich: „Dann war meine Arbeit in Bamberg nicht umsonst!“ Tatsächlich kommt Sebastian Linner wenige Wochen später wieder mit etwa 30 Druckexemplaren nach Bayreuth. Nur zehn davon überlässt er dem Autor. Den Rest verkauft er erfolgreich an Bayreuther Bürger. Georg ist es eine große Freude, dem Bürgermeister und jedem der Ratsherren einen Abdruck seiner Psalmengebete überreichen zu können: „Eine kleine Danksagung für alle Unterstützung!“

## *Augsburg, 24. Juli 1530*

Auf dem Reichstag zu Augsburg im Sommer versucht der nun anwesende Kaiser Karl V. die Religionsfrage abschließend zu klären. Zunächst verlangt er von den widerspenstigen Fürsten und Städten, sie sollten sich ihm, dem Kaiser, sowie der päpstlichen Gewalt unterwerfen. Aber zusammen mit fünf weiteren Landesfürsten neigt auch Markgraf Georg sein Haupt vor dem Kaiser mit dem Satz: „Eher lasse ich mir das Haupt abschlagen, als dass ich meinen Glauben aufgebe." Darauf erklärt sich der Kaiser bereit, eines jeden „Gutdünken, Opinion und Meinung" zu hören. Es ist Luthers bester Freund und Weggefährte, der Wittenberger Professor Philipp Melanchthon, der das Augsburgische Bekenntnis, die Confessio Augustana, verfasst. Dieses wird vom sächsischen Kanzler Christian Beyer am 25. Juni dem Kaiser vorgetragen und ihm anschließend übergeben. Es ist bis heute das wichtigste Bekenntnis der lutherischen Kirchen. Melanchthon versucht dabei, die Gemeinsamkeiten mit der Papstkirche herauszuarbeiten. Unterzeichnet ist das Bekenntnis von Kurfürst Johann, Herzog zu Sachsen, Georg, Markgraf zu Brandenburg-Ansbach und Brandenburg-Kulmbach, Ernst, Herzog zu Lüneburg, Philipp, Landgraf zu Hessen, Hanns Friedrich, Herzog zu Sachsen, Franz, Herzog von Braunschweig-Lüneburg, Wolfgang, Fürst von Anhalt-Köthen, Bürgermeister und Ratsherren von Nürnberg, Reutlingen … später noch von Weißenburg, Heilbronn, Kempten und Windsheim.

## *Wittenberg, 14. November 1530*

Das halbe Jahr Erholung für die erlittene Haft ist schnell vorüber gegangen. Georg hat die Zeit genutzt und mit Feuereifer alle Lutherschriften gelesen, derer er habhaft werden konnte. Als er sich mit seiner Familie auf den Weg nach Wittenberg macht, ist Anna erneut schwanger. Trotzdem geht beim Umzug alles gut über die Bühne. Es gibt genügend Bayreuther Hände, die ihrem berühmten Pfarrer unter die Arme greifen. An der Universität in Wittenberg wird der inzwischen fast 40jährige Student immatrikuliert als „Georgius Schmaltzing de Barreit". Im Wintersemester findet wieder eine Vorlesung über den Römerbrief statt. Georg ist einer der ersten im Hörsaal. Er weiß, dass Luthers Vorlesungen stets überfüllt sind. Froh darüber, noch einen Sitzplatz ergattert zu haben, packt Georg seine Unterlagen und macht sich bereit zum Mitschreiben. Und dann kommt er: Professor Luther! Die Studenten klatschen Beifall. Luther macht den Eindruck, als wäre ihm das gar nicht Recht. Er legt geschäftig ein paar Zettel auf den Katheder und wartet, bis Ruhe eingekehrt ist. Georg kann seinen Blick von diesem Mann gar nicht wenden: ‚Dieser Mensch hat mein Leben – ohne es zu wissen – entscheidend beeinflusst', denkt er sich. Dabei hat er gar nicht bemerkt, dass die Vorlesung bereits begonnen hat. Luther doziert, ohne auf seine Unterlagen zu blicken. Er scheint alles im Kopf zu haben. Georg ist wie gebannt von diesem Mann. Es ist noch einmal ganz anders, wenn man dem berühmten Professor direkt gegenüber steht, als wenn man nur seine Veröffentlichungen liest. ‚Es ist ein Segen, dass ich hier sein darf!' denkt sich Georg. Inhaltlich bekommt er von der ersten Vorlesungsstunde kaum etwas mit – so fasziniert und gebannt ist er von dem Mann.

Am Ende der Vorlesung kommt er mit dem einen oder anderen Mitstudenten doch ins Gespräch, und es stellt sich heraus, dass es durchaus noch weitere junge Männer aus dem Oberland gibt, die hier studieren. So lädt er Johann Medler aus Wunsiedel gleich zu sich nach Hause ein.
Im Laufe dieses ersten Semesters wird Georg Schmalzing immer deutlicher, wie Luther den Brief des Paulus an die Gemeinde zu Rom versteht. Georg schreibt mit: „*Summe und Absicht des Briefes ist es, alle eigene Gerechtigkeit und Weisheit zu zerstören und die Sünde und Torheit, an deren Dasein wir in unserer Selbstgerechtigkeit gar nicht mehr glaubten, wiederherzustellen, vermehren und groß zu machen, und dass wir, ums sie wirklich zu zerstören, Christus und seine Gerechtigkeit nötig haben … denn vor Gott verhält es sich nicht so, dass einer durch gerechte Tun ein Gerechter wird, sondern wenn er ein Gerechter ist, tut er Gerechtes. … Gerecht sind wir allein aufgrund der Zurechnung Gottes. Darum liegt unsere Gerechtigkeit nicht in uns und nicht in unserer Macht. In Wirklichkeit sind wir Sünder, Gerechte sind wir in Hoffnung. Sind wir schon vollkommen gerecht? Nein, sondern zugleich Sünder und Gerechter; Sünder in Wirklichkeit, aber gerecht aufgrund der sicheren Zurechnung und Verheißung Gottes. Der Gerechte ist noch nicht vollkommen gesund, aber er hat den Anfang der Gerechtigkeit, um sie immer mehr zu suchen, wobei er sich immer bewusst bleibt, ungerecht zu sein.*“
Als Luther zur Auslegung der Stelle Röm 8,26 kommt, ist es, als würde er Georg Schmalzings eigenes Schicksal beschreiben. Georg schreibt mit: „*Es ist kein schlechtes, sondern das allerbeste Zeichen, wenn auf unsere Bitten hin scheinbar gerade das Gegenteil eintrifft. So wie es kein gutes Zeichen ist, wenn unseren Bitten alles ganz nach Wunsche widerfährt. Denn: Gott ist der Schöpfer, und wir sind die Geschöpfe. Gottes Gedanken*

*sind himmelhoch erhaben und über Menschengedanken. Außerdem kann Gottes Wille nur geschehen, wenn unser unheiliger Wille zerbrochen wird. Es ist die Natur Gottes, erst zu zerstören und zunichte zu machen, was in uns ist, bevor er seine Gaben geben kann. … Außerdem ist es notwendig, dass Gottes Werk verborgen und nicht begriffen wird dann, wenn es geschieht. Es wird aber nicht anders verborgen als unter dem Gegenbild unsere Begreifens und Denkens … Denn so hat Gott in seinem eigensten Werk, dem vornehmsten und Muster aller seiner Werke gehandelt, nämlich in Christus. Den hat er, als er ihn verherrlichen und in sein Reich einsetzen wollte, genau im Gegenteil sterben, zuschanden werden und in die Hölle hinabsteigen lassen. So macht es Gott mit allen seinen Heiligen. Wenn wir diesem fremden Werk Gottes standhalten, gibt er am Ende mehr, als wir erbeten haben.*"

Mit drei jungen Studenten aus dem Oberland, Johann Medler aus Wunsiedel, Friedrich Streitberger aus Hof und Jakob Bruschius aus Untersteinach, die er immer wieder zu sich nach Hause einlädt, diskutiert Georg lange über diese Auslegung. „Es ist", sagt er, „als würde Professor Luther von mir sprechen." Und dann erzählt er von seinem Schicksal und seiner Gefangenschaft in Bamberg. Tatsächlich bewundern die jungen Studenten die Lebenserfahrung des Georg Schmalzing, und im Sommersemester schreibt Johann Medler an seine Eltern nach Wunsiedel: „Alleine bin ich nach Wittenberg gekommen, wurde aufgenommen in die Familie des Georg Schmalzing und von ihm in die Studien eingeführt, ..."

## *Wittenberg, 30. Januar 1532*

Nach 3 Semestern wird Georg Magister der Theologie und muss damit auch seine Studienzeit beenden. Tränenreich verlässt die nach der Geburt von Margarete auf fünf Köpfe angewachsene Familie Wittenberg. Tief bewegt verabschiedet sich Georg von seinen Lehrmeistern Philipp Melanchthon und Martin Luther: „Professor Luther, in Wittenberg verbrachte ich die bisher schönste Zeit meines Lebens. Wie gerne würde ich länger hier verweilen. Hier ist gut sein!“ Martin Luther, der genau weiß, dass Georg mit diesem Satz auf ein Petruswort bei Verklärung Jesu anspielt (Markus 9,5), reicht ihm die Hand: „Nein, Ihr müsst wieder ‚hinunter‘ in den Alltag! Möge Gott Euch so begleiten, wie er Euch bisher begleitet hat! Gott befohlen!“ Georg nickt: „Ja, Gott befohlen! So sei auch Euer Dienst gesegnet! Habt Dank für alles, was Ihr mich gelehrt habt!“

## *Bayreuth, 7. Februar 1532*

Als der Pferdewagen nach fünf Tagen beschwerlicher Reise in Bayreuth ankommt, meldet sich Georg umgehend im Rathaus. Dort wird er allerdings nicht vom Bürgermeister Hammerbacher empfangen, sondern vom erst vor Kurzem vom Markgrafen ernannten Stadtvogt Baron Wenzel von Neuschuh: „Solange der Bürgermeister nicht im Rathaus ist, werdet Ihr mit mir Vorlieb nehmen müssen. Ich bin der neue Stadtvogt Baron von Neuschuh! Aber seid getrost! Zwischen Bürgermeister Hammerbacher und mich passt kein Blatt Papier!“ Der Ton des Stadtvogtes gefällt Georg nicht so recht.

„Stadtvogt?“ fragt Georg. „Natürlich könnt Ihr das nicht wissen“, Wenzel Neuschuh schlägt sich an den Kopf, „seine Durchlaucht, der Markgraf, hat mich zu seinem Vertreter in Bayreuth ernannt, damit in dieser Stadt nichts beschlossen wird, was er nicht gutheißt.“ – „Aha!“ sagt Georg immer noch ziemlich verständnislos. „Also, dann hätten wir das auch geklärt!“ meint Neuschuh. Dann fügt er hinzu: „Wir waren über Eure Ankunft hier bereits informiert und haben uns auf die Suche nach einer Bleibe für Euch und Eure Familie gemacht. Ihr sollt ja als ‚diaconus‘ dem Stadtprediger zur Hand gehen.“ Georg nickt und fragt sich, was jetzt kommt. „Nun, tatsächlich hat die Stadt derzeit eigentlich kein Haus für Euch zur Verfügung. Deshalb war die Überlegung, ob Ihr nicht in einem der Nachbarorte unterkommen könntet. Wir hatten auch schon eine Bleibe in Gesees im Auge.“ Georg fragt sich, worauf der Stadtvogt hinauswill. „Aber“, fährt er fort, „der Bürgermeister war der Meinung, die tägliche einstündige Wanderung über den Berg wäre Euch nicht zuzumuten. Deshalb habe ich nach langer, reiflicher Überlegung der Stadt ein Haus zur Verfügung gestellt, das eigentlich meiner Dienerschaft zugestanden hätte; es ist das das Kirchendienerhaus auf dem Friedhof der Stadtkirche. Da habt Ihr es dann auch nicht weit zu Eurer Arbeitsstelle.“ Der Stadtvogt lächelt undurchsichtig. „Das Kirchendienerhaus?“ fragt Georg zurück. Er kennt es – zuletzt wohnte dort die Stadthebamme. ‚Es wird doch hoffentlich wenigstens ein bisschen renoviert sein!‘ denkt sich Georg. Vor zwei Jahren nach dem Tod der Hebamme war das Haus ziemlich heruntergewohnt. „Genau!“ bekräftigt der Stadtvogt, „wie gesagt, es steht eigentlich mir und meiner Dienerschaft zu. Deshalb habt Ihr es nur meinem Großmut zu verdanken, dass Ihr dort wohnen könnt.“ – „Wie freundlich, Euer Hochwohlgeboren! Habt vielen Dank dafür!“

murmelt Georg. „Nun ja, dafür verlangen wir natürlich auch gute Predigten, Herr Magister!“ meint gönnerhaft der Stadtvogt und lacht künstlich. Dann fügt er hinzu: „Der Stadtkämmerer hat die Schlüssel! Lasst sie Euch von ihm aushändigen! Und jetzt entschuldigt mich! Ich habe zu arbeiten!“ – „Ja, vielen Dank nochmal!“ sagt Georg und macht sich im Rathaus auf die Suche nach dem Stadtkämmerer. Dieser drückt ihm sofort die Schlüssel des Häuschens an der Stadtkirche in die Hand und sagt: „Verzeiht! Das Haus ist etwas klein, aber wir haben hier in Bayreuth nichts anderes für Euch finden können!“ – „Ist es immer noch so schäbig wie vor zwei Jahren, oder hat man es in der Zwischenzeit renoviert?“ fragt Georg hoffnungsfroh, aber der Stadtkämmerer zieht eine Grimasse: „Bayreuth ist nach wie vor knapp mit finanziellen Mitteln … jetzt schaut es Euch einmal in aller Ruhe an. Sooo schlecht ist es auch wieder nicht!“ Georg zieht die Stirn in Falten und macht sich auf die Suche nach seiner Familie.

„Das ist aber heruntergekommen!“ meint Anna, als Georg ihr die neue Dienstwohnung zeigt. „Ja“, sagt Georg, aber ich hoffe, dass es für's Erste reicht. Wenn wir erst einmal hier wohnen, finden wir vielleicht auch etwas Besseres!“ Ein paar alte Möbel stehen noch in dem Häuschen, und Georg ist froh, dass wenigstens diese vorhanden sind. „Zwei Zimmer und eine klitzekleine Küche, die den Namen ‚Küche‘ eigentlich gar nicht verdient … für eine fünfköpfige Familie – das ist doch nicht ihr Ernst?“ fragt Anna, aber Georg zieht die Schultern nach oben. „Ich fürchte doch! Übrigens hat Bayreuth jetzt neuerdings einen Stadtvogt, den Herrn Baron von Neuschuh. Der hat mir sehr huldvoll zu verstehen gegeben, dass das Haus eigentlich ihm und seiner Dienerschaft zustünde. Aber weil er so gnädig ist, überlässt er es erst einmal uns.“ – „Das ist ja überaus großzügig!“ meint Anna ironisch, „und diesem Neuschuh müssen wir jetzt wohl auch noch dankbar sein, oder?“ „Sieht so aus“, meint Georg, und dann fügt er hinzu: „Ich weiß nicht recht, aber ich glaube, dieser Mann mag uns nicht!“ – „Das beruht auf Gegenseitigkeit … und ich sage das, ohne ihn überhaupt zu kennen“, fügt Anna hinzu, „aber wer so eine Bruchbude als milde, gönnerhafte Gabe versteht, kann nicht ganz richtig im Kopf sein. Er sollte nicht ‚Neuschuh‘, sondern besser ‚Althaus‘ heißen!“- „Der denkt eben, er wäre etwas Besseres!“ vermutet Georg, „aber jetzt hilft nichts. Wir müssen hier einziehen, oder willst Du in irgendeiner Scheune wohnen?“ Ihre wenigen Habseligkeiten sind schnell abgeladen und in dem Häuschen verstaut. Das Kinderzimmer wird von den drei Töchtern schnell in Beschlag genommen. Schließlich sagt Georg zu seiner Frau: „Anna, sobald ich die erste Stadtpredigerstelle bekomme, kriegen wir bestimmt auch ein größeres, schöneres und besseres Haus.“ – „Dein Wort in Gottes Ohr!“ murmelt Anna, die ihre Enttäuschung kaum verbergen kann.

Nach dem Einzug macht sich Georg gleich auf den Weg zu Magister Schamel. Der empfängt ihn freudig: „Willkommen daheim, Magister Schmalzing!“ Georg lächelt: „Danke, lieber Bruder, genug der Ehre! Ich komme, um Euch meine Rückkehr in die Heimat mitzuteilen und mit Euch über die nächsten Predigten zu sprechen.“ „Sachte, sachte“, meint Schamel, „jetzt erzählt erst einmal aus Wittenberg! Wie war es, bei Professor Luther zu studieren?“ Georg erzählt ausführlich von den drei Semestern bei Martin Luther und Philipp Melanchthon. Er schließt seinen Bericht mit dem Satz: „Es war eine wunderschöne Zeit!“ Schamel lächelt: „Das freut mich. Leider ist die Wohnsituation hier in Bayreuth sehr schlecht. Der neue Stadtvogt ist ein unangenehmer Bursche. Aber wenigstens hat er Euch das alte Kirchendienerhaus freigemacht!“ Georg nickt und blickt dabei säuerlich drein: „Das ist leider ziemlich heruntergekommen … und mir gegenüber hat er es als große Gnade dargestellt, dass wir dort wohnen dürfen." – „Wenn Ihr mich fragt", meint Schamel, „geht ihm aus dem Weg!" „Das wird das Beste sein!" pflichtet ihm Georg bei. Schamel wechselt sofort wieder das Thema: „Bin ich froh, dass ich jetzt in Euch einen Vertreter habe. Denn meine Kraft neigt sich langsam dem Ende zu!" Georg lächelt ihn an. Auch er ist froh, wieder in Bayreuth zu sein. Voller Tatendrang übernimmt er immer mehr die Aufgaben des Nikolaus Schamel. Gemeinsam wird eine neue Kirchenordnung für Bayreuth erarbeitet, in der jetzt auch offiziell das Amt des Messpriesters abgeschafft wird. In Absprache mit den Ratsherren wird die Besoldung der Pfarrer und Prediger neu geregelt und auch ein Kirchenvorstand – bestehend aus zehn tatkräftigen Gläubigen – eingesetzt, der sich in Absprache mit dem Stadtpfarrer um die kirchlichen Belange sowie um die Finanzen der Kirchengemeinde kümmert.

## *Bayreuth, 23. Juli 1533*

„Georg, so geht es nicht weiter! Das Haus ist zu klein!" Anna Schmalzing fühlt sich im Kirchendienerhäuschen alles andere als wohl. „Ich weiß", sagt Georg, „aber es gibt derzeit nichts Besseres in Bayreuth. Außerdem: Solange Magister Schamel noch offiziell der Bayreuther Stadtprediger ist und ich nur sein ‚diaconus', können wir keine Ansprüche stellen." – „Weißt Du, was mich außerdem wütend macht?" fragt Anna, und Georg schüttelt den Kopf. „Dieser Stadtvogt! Ich könnte ihn an die Wand klatschen. Jedesmal, wenn ich ihn sehe, lächelt er süßlich und hält mir einen Vortrag, wie gnädig er ist, dass er uns in diesem Kabuff wohnen lässt. Soll er es doch einem seiner Diener zur Wohnung geben, der eingebildete Laffe!" Georg holt tief Luft: „Anna, ganz ehrlich: Ich sehe das genauso wie Du, aber wir haben keine andere Wahl. Solange Schamel sein Amt versieht, kann ich nicht aufsteigen. Und solange ich nicht erster Stadtprediger bin, bekomme ich keine bessere Wohnung." – „Und wie lange, meinst Du, kann das noch dauern?" fragt Anna. Georg zuckt die Achseln: „Keine Ahnung! Vielleicht drei, vielleicht fünf Jahre …"

# Kapitel 10

## Schmalzings Abschied aus Bayreuth

## *Bayreuth, 12. Januar 1534*

„Ah, die Frau Stadtprediger! Gott zum Gruße!“ Anna Schmalzing findet, dass dieser scheinbar freundliche Gruß des Stadtvogtes Baron Wenzel von Neuschuh direkt gehässig klingt. Sie bleibt stehen und blickt den adeligen Herrn an. Dann sagt sie auch: „Gott zum Gruße, euer Hochwohlgeboren!“ Wenzel von Neuschuh lächelt: „Es ist schön, dass die Familie Schmalzing hier wieder heimisch geworden ist. Wir schätzen den Dienst Eures Mannes sehr!“ Irgendwie hat Anna das Gefühl, dass der Stadtvogt das Gesagte nicht wirklich ernst meint, deshalb fragt sie zurück: „Ist das Euer Ernst?“ Der Stadtvogt nickt: „Natürlich!“ Und nach einer kurzen Pause sagt er: „Und? Ist alles zu Eurer Zufriedenheit?“ Anna wiegt den Kopf hin und her: „Das Haus, das man uns zugewiesen hat, ist eine Bruchbude. Damit sind wir nicht zufrieden. Ansonsten wäre jedoch alles in Ordnung.“ Der Stadtvogt legt die Stirn in Falten: „Ihr meint, das wunderschöne Kirchendienerhäuschen ist nicht gut genug für die Frau Stadtprediger?“ Anna holt Luft, dann meint sie: „Wir sind eine fünfköpfige Familie, mein Mann ist Magister der Theologie, da lebt man in einem Haus mit zwei Zimmern und einer Kochecke ein bisschen beengt. Außerdem wird es im Winter gar nicht richtig warm, weil der Wind Tag und Nacht durch die Ritzen pfeift. Unsere Kinder frieren und haben andauernd eine Erkältung. “ „Also“, meint Neuschuh, „ich hätte mir von Euch ein bisschen mehr Dankbarkeit gewünscht. Denn eigentlich steht das Haus mir und meiner Dienerschaft zu. Und wir haben der Familie des Herrn Stadtpredigers zuliebe darauf verzichtet. Der Stadtrat hat mich geradezu bedrängt, das Haus für Euch freizuhalten.“ „Jaja, danke auch!“ sagt Anna und kann ihren Groll kaum verbergen, „aber klein und heruntergekommen ist es trotzdem!“ – „Vergesst nicht: Ihr seid in diesem Haus, weil ich so gnädig war und auf einen weiteren Diener verzichtet habe. Sonst müsstet Ihr in Gesees wohnen", mahnt der Stadtvogt, aber Anna hat sich schon abgewendet und sagt halblaut – aber so, dass es der Stadtvogt noch gut hören kann: „Mach Dich nicht so wichtig! Da wohne ich lieber in Gesees." – „Bitte was?" fragt er sofort: „Was habt Ihr da gesagt?" – „Nichts, nichts!" behauptet Anna, die gemerkt hat, dass sie dem Adeligen zu nahe getreten war. Aber der Stadtvogt ist nicht mehr aufzuhalten: „Ich habe es genau gehört: Ihr habt gesagt: ‚Mach Dich nicht so wichtig!' Frau Stadtprediger, das wird Euch noch leidtun!"

## *Bayreuth, 15. Januar 1534*

„Meine Ratsherren, bitte Ruhe!" Der Bürgermeister beginnt die Stadtratssitzung mit dem Hinweis, dass der Vertreter seiner fürstlichen Gnaden, der Stadtvogt Baron Wenzel von Neuschuh, einen Antrag an den Stadtrat richten möchte und bittet um Ruhe. „Werte Ratsherren", beginnt der Stadtvogt, „vor drei Tagen wagte es Frau Stadtprediger Schmalzing mit mir über das Kirchendiener-Haus an der Stadtkirche zu streiten, welches ihnen die Stadt freundlicherweise als Wohnstatt überlassen hat, und welches eigentlich meiner Dienerschaft zusteht. Sie äußerte sich darin geringschätzig über die Größe des Hauses und verlangte außerdem, dass es zu renovieren sei. Als ich sie deshalb zur Rede stellte, war sie ganz außer sich. Dabei machte sie mich mit dem einfachen Mann gemein, indem sie auch ‚Du' zu mir sagte und meine Güte und Langmut geradezu mit Füßen trat. Habt Ihr verstanden? Sie sagte ‚Du' zu mir, dem Vertreter seiner fürstlichen Gnaden, unseres gnädigen Herrn, seiner Durchlaucht Markgraf Georg von Brandenburg-Ansbach. Ich erwarte, dass der Stadtrat dieses Lästermaul stopft und sie zwingt, die Lästersteine einmal quer durch die Stadt zu tragen." „Euer Hochwohlgeboren, dies ist in der Tat zu bestrafen", meldet sich Ulrich von Zedtwitz zu Wort, „aber ob es jetzt gleich der Lästerstein sein muss?" „Ich verlange das!" betont noch einmal der Stadtvogt. „Aber bedenkt, was dies für die Ehre des Stadtpredigers bedeutet. Seine Frau wird von der gesamten Bevölkerung verhöhnt und verspottet. Sein Ansehen ist ruiniert", gibt der Bürgermeister zu bedenken, aber der Stadtvogt bleibt hart: „Na und! Da hätte sie eben vorher nachdenken müssen!" – „Ja, das ist wohl wahr", meint Heinrich von Laineck, „man sollte viel öfter nachdenken ... am besten vorher!" „Die Frage ist doch", versucht der Bürgermeister wieder zum eigentlichen Problem zurück zu lenken, „ob Euer Hochwohlgeboren sich vielleicht doch eine geringere Strafe vorstellen kann." „Nein, kann ich nicht! Solche Lästereien können nicht geduldet werden! Und da ist die von mir vorgeschlagene Strafe angemessen." Der Stadtvogt rückt keinen Millimeter von seiner Forderung ab. „Also, ich gebe folgendes zu bedenken", meldet sich Jakob von der Höhe zu Wort: „Wenn man den Zank einer Frau immer so strafen will, kann die Stadt am Ende nicht genug Lästersteine aufbringen. Wie ich Schmalzing kenne, wird er die Stadt verlassen, wenn wir seiner Frau diese Strafe auferlegen. Und einen so tüchtigen Stadtprediger werden wir sicher nicht wieder bekommen. Deshalb rate ich dringend dazu, eine andere weniger demütigende Strafe zu verhängen." Die meisten Ratsherren murmeln beifällig und der Stadtvogt fürchtet, dass seine Forderung abgeschmettert werden wird. Deshalb holt er tief Luft und fordert laut: „Ruhe! Ihr Ratsherren, ich werde nicht zulassen, dass mir meine Ehre abgeschnitten wird. Notfalls informiere ich seine Durchlaucht, unsere fürstliche Gnaden. Ich erwarte, dass die Ratsherren mir folgen und die von mir geforderte Strafe über die Frau Stadtprediger aussprechen. Es wurde bereits für weit geringere Vergehen der Lästerstein verhängt. Und es ist überhaupt nicht einzusehen, dass sich die Frau Stadtprediger mehr Freiheiten nimmt als andere. Wo kommen wir denn da hin, wenn derlei Vergehen nicht mehr gestraft werden? Nächstens müssen es sich auch die hohen Ratsherren gefallen lassen, dass die gemeine Frau auf der Straße zu ihnen ‚du' sagt!" Die Rede verfehlt ihre Wirkung nicht. Schweren Herzens stimmen die Ratsherren zu, dass Anna Schmalzing zum Tragen des Lästersteins verurteilt wird. „Es ist uns klar, dass wir damit rechnen müssen, dass Magister Schmalzing daraufhin Bayreuth verlassen wird", sagt resigniert der Bürgermeister und lässt den Beschluss ausfertigen.

## *Bayreuth, 16. Januar 1534*

„Du hast was?" fragt Georg seine Frau. Diese ist ziemlich kleinlaut: „Ja, der Stadtvogt war so ein Widerling. Er hat wieder seine Gnade gerühmt, dass wir in dieser Hütte hier wohnen dürfen. Und ich habe ihm gesagt, dass wir in diesem Fall lieber nach Gesees gezogen wären." – „Anna", meint Georg ernsthaft, „das ist doch kein Grund, Dich zu verurteilen, den Lästerstein durch die Stadt zu tragen!" Anna antwortet leise: „Nun ja, und dann habe ich ihm meine Meinung gesagt." – „Ich höre", meint Georg und Anna antwortet: „Ich habe gesagt: ‚Mach Dich nicht so wichtig!'" Da muss Georg grinsen: „Anna, Du magst vielleicht Recht haben, aber das darf man doch nicht machen!" Und dann wird er ernst: „Du hast ‚Du' zu dem

Mann gesagt. Der ist hochwohlgeboren, den kann man nicht einfach duzen!“ „Jaja, ich weiß, aber der Satz ist mir einfach entwischt“, Anna wirkt sehr schuldbewusst. Georg zeigt ihr den Beschluss des Stadtrats: „Da, lies!“ Anna liest und erbleicht: „Den Lästerstein!“ Georg nickt: „So sieht es aus!“ „Aber Georg, das kann doch nicht ihr Ernst sein!“ Anna glaubt nicht, was sie da gerade gelesen hat, „Du hast doch viele Freunde unter den Ratsherren!“ – „Offenbar nicht genug, jedenfalls nicht genügend einflussreiche. Du musst den Lästerstein einmal quer durch die Stadt tragen.“ – „Aber, dann können wir uns in der Stadt nie mehr sehen lassen. Die Leute werden mich auslachen, wir sind ruiniert. Keiner wird Deinen Predigten noch zuhören und auch Du wirst zum Gespött der Leute.“ Georg muss sich erst einmal setzen, und Anna fügt hinzu: „Georg, was machen wir jetzt?“ Georg zuckt mit den Schultern: „Ich weiß es nicht. Ein guter Ruf ist schnell verloren, und kaum mehr wiederzugewinnen.“ Annas Augen füllen sich mit Tränen: „Gibt’s denn keinen Ausweg?“ Georg sitzt da wie in Stein gemeißelt. „Georg, bitte sag was!“ Nach einer kleinen Pause sagt Georg Schmalzing trocken: „Wie es aussieht, ist der liebe Gott mit seinen Prüfungen für uns noch nicht am Ende.“ – „Und jetzt?“ fragt Anna unter Tränen. Da steht Georg auf und sagt mit fester Stimme: „Wir gehen!“ Anna versteht ihren Mann nicht: „Wohin willst Du denn jetzt gehen?“ Und Georg antwortet: „Wenn ich etwas im Gefängnis von Bamberg gelernt habe, dann darauf zu vertrauen, dass am Ende alles gut werden wird … und wenn es noch nicht gut ist, dann ist es noch nicht das Ende.“ – „Was meinst Du damit?“ fragt Anna mit tränenerstickter Stimme. Georg räuspert sich: „Im Moment gehen wir nirgendwohin, aber wir werden Bayreuth verlassen. Das können wir uns nicht bieten lassen.“ – „Aber hast Du denn eine Idee, wohin wir gehen könnten?“ fragt

Anna, und Georg nickt. Annas Tränen versiegen langsam. „Sprich doch!" bittet sie, und Georg geht an seinen Schreibtisch. Dort zieht er einen Brief heraus. Diesen reicht er ihr und fordert sich auf: „Lies!" Und Anna liest. Es ist ein Brief der Ratsherren von Kitzingen an Georg Schmalzing: *„Hochgeehrter Magister Schmalzing, nach dem Ableben unseres geschätzten Stadtpredigers Kaspar Megelein wandten wir uns an Professor Luther mit der Bitte, uns einen neuen Stadtpfarrer und Stadtprediger zu empfehlen. Professor Luther höchstselbst legte uns brieflich als Pfarrherr und Prediger Herrn Georg Schmalzing ans Herz. Deshalb wollten wir untertänigst anfragen, ob Ihr nicht die Stelle hier bei uns in der Stadt Kitzingen haben wolltet. Hiermit Gott befohlen. Amen. 1533 am Tage Michaelis, Bürgermeister und Rat zu Kitzingen."* – „Das ist kein Zufall!" murmelt Anna, und Georg nickt: „Das glaube ich auch – das ist Gottes Fügung." Und dann seufzt er: „Und ich hatte gedacht, wir könnten hier unseren Lebensabend verbringen. Aber plötzlich gibt es mehr Gründe zu gehen als zu bleiben." Dann nimmt er seine Frau in den Arm: „Meine Anna, ich sage es Dir doch: Gott führt uns den Weg, den wir gehen sollen. Ich werde noch heute mein Kündigungsschreiben an die Stadt fertigmachen, und ebenfalls heute meine Zusage nach Kitzingen schicken. Dort bekommen wir bestimmt auch ein größeres Haus. Dann kann der Stadtvogt mit der Hütte machen, was er will." Anna hält ihren Mann ganz fest: „Georg, Du bist der beste Mann, den ich mir vorstellen kann. Ich liebe Dich!" Und Georg lächelt: „Ich Dich auch – dank Gott wird alles gut werden, mein Schatz!"

## *Bayreuth, 17. Januar 1534*

„Jetzt haben wir's!" Als der Bürgermeister an diesem Tag den Ratsherren Heinrich von Laineck auf dem Marktplatz trifft, ist er traurig: „Schmalzing hat gekündigt. Ich habe es kommen sehen!" Der Ratsherr ist wütend: „Bloß weil seine Hochwohlgeboren, der Stadtvogt so auf die Strafe gedrungen hat. So einen Stadtprediger bekommen wir nie wieder!" – Der Bürgermeister gibt sich einen Ruck: „Ich werde Schmalzing aufsuchen und bitten, dass er die Kündigung wieder zurücknimmt. Vielleicht gibt es noch eine Möglichkeit. Wenn er kein besseres Angebot hat, bleibt er vielleicht doch." – „Das ist gut!" Heinrich von Laineck sieht es ähnlich wie der Bürgermeister.
Tatsächlich findet sich noch am selben Tag der Bayreuther Bürgermeister in dem kleinen Haus der Schmalzings neben der Stadtkirche ein. Aber als er von dem Angebot der Kitzinger hört, das Georg auf dem Schreibtisch liegt, weiß er sofort, dass seine Bitten vergeblich sein werden: Die Schmalzings werden gehen. Georg sagt zu ihm: „Hochverehrter Herr Bürgermeister, wenn ich etwas in meinem Leben gelernt habe, dann ist es dies: Wer glücklich sein will, braucht den Mut zur Veränderung. Ich hätte nicht gedacht, dass ich diesen Mut noch einmal in meinem Leben aufbringen muss, denn ich bin gerne hier gewesen. Bayreuth ist meine Heimat, und Bayreuth wird immer meine Heimat bleiben. Ich verdanke der Stadt so unendlich viel. Das werde ich nie vergessen!" Der Bürgermeister nickt: „Und Bayreuth wird Euch nie vergessen. Die Stadt verdankt Euch noch viel mehr! Wenn Ihr nicht den Mut aufgebracht hättet, gegen die alten unhaltbaren Zustände Eure Stimme zu erheben, wäre alles anders gekommen." „Nein", wehrt Georg bescheiden ab, „das glaube ich nicht. Vielleicht wäre es etwas komplizierter geworden, aber ich kenne meine

Bayreuther inzwischen ganz gut. Die hätten auch ohne mich etwas von Professor Luther erfahren!" „Wenn Ihr meint!" sagt der Bürgermeister und steht auf. Als er Georg die Hand drückt, hat er Tränen in den Augen. Dann sagt er: „Magister Schmalzing, danke für Euren Dienst! Ich sage es noch einmal: Bayreuth wird Euch das nie vergessen!"

## *Bayreuth, 25. Januar 1534*

An diesem Sonntag – drei Tage bevor seine Frau den Lästerstein quer durch die Stadt zu tragen hat – hält Georg seinen Abschiedsgottesdienst in der überfüllten Stadtkirche. Seiner Predigt legt er den Text aus 1. Mose 12 zugrunde: „*Und der Herr sprach zu Abraham: Geh aus deinem Vaterland und von deiner Verwandtschaft und aus deines Vaters Hause in ein Land, das ich dir zeigen will. Und ich will dich zum großen Volk machen und will dich segnen und dir einen großen Namen machen, und do sollst ein Segen sein. Ich will segnen, die dich segnen und verfluchen, die dich verfluchen; und in dir sollen gesegnet werden alle Geschlechter auf Erden. Da zog Abraham aus, wie der Herr zu ihm gesagt hatte.*" Georg fragt sich dabei zunächst: „*Wie kann ich wissen, dass Gott mit mir ist? Wie kann ich wissen, dass er mich und meine Familie begleitet? Ganz einfach: Wenn ich zurückblicke, dann war zwar mein Lebensweg nicht immer gerade. Wahrscheinlich habe ich es deshalb auch gelernt, mein Leben ganz in Gottes Hand zu legen. Er wird es wohl machen. Denn wenn ich mir die Stationen meines Lebens ansehe, dann war jede Station richtig und gut, dann spüre ich im Rückblick: Gott war immer an meiner Seite.*" Und dann lässt Georg die wichtigsten Stationen noch einmal Revue passieren:

seine ersten Predigten und das Herzklopfen, das er dabei empfunden hat … *„ja"*, sagt er, *„damals habe ich erkannt, dass Worte und Gedanken die Welt verändern können. Beglückt habe ich festgestellt, dass Ihr hungrig und durstig wart nach dem reinen und lauteren Gotteswort, dem Evangelium. Und wie dankbar habt ihr meine Predigten aufgenommen!"* Dann erzählt Georg, wie ihn die Menschen hier in Bayreuth ermuntert haben, weiter zu predigen. Er erzählt aber auch von den Schwierigkeiten, die gekommen sind, weil man nicht wusste, welche Linie seine Durchlaucht, der Markgraf Kasimir, verfolgt. Georg erinnert an den Mut der Bayreuther, seine fürstlich Gnaden zu bitten, die lutherische Theologie auch öffentlich anzuerkennen, um dann erkennen zu müssen, dass sich der Markgraf dann doch auf die Seite des Papstes stellte. Georg erinnert an seine Haftzeit und seine Psalmengebete, die ihn fast vier Jahre lang nicht verzweifeln ließen. Und dann erinnert er daran, dass fünf Bayreuther bereit waren, die Verpflichtungserklärung über fünfhundert Dukaten für ihn zu unterschreiben. *„Ich wäre sonst noch immer im Hofgefängnis des Fürstbischofs."* Und schließlich erzählt er von seiner Verwunderung, als es aus Bamberg wieder nach Bayreuth kam und feststellte, dass man sich dort noch an seine Predigten erinnert, ja, dass inzwischen dort das Evangelium von Jesus Christus frei und unverfälscht gepredigt wird: *„Ja, dass sich die Erkenntnis von der freien und unverdienten Gnade Gottes einmal so durchsetzen würde, das habe ich in meinen kühnsten Träumen gehofft."* Und Georg erzählt eine Geschichte, wie er die Durchsetzung der freien Predigt des reinen Evangeliums in Bayreuth empfunden hat: *„Die Kirche war früher wie eine Ansammlung von Brunnen, die nicht mit Wasser, sondern bis an den Rand mit Sand, Abfall, Geröll und Steinen zugeschüttet waren. Das war so lange der Fall bis ein alter Brunnen sich dachte: ‚Wozu bin ich* *eigentlich gut? Könnte es nicht doch eine Quelle unter mir geben? Ich werde mich auf die Suche machen.' Und in mühsamer Arbeit begann er, das Geröll und den Sand wegzuräumen, der sich seit Jahrhunderten angesammelt hatte. Immer wieder dachte er ans Aufgeben, aber irgendetwas verlieh ihm dann doch die Kraft zum weitergraben. Dann – eines Tages – hatte er es geschafft: Von allem Unrat befreit sprudelte plötzlich aus ihm frisches Quellwasser. Bald schon sprossen die ersten Pflanzen aus dem Boden, die Tiere stillten ihren Durst am Brunnen und auch die Menschen nahmen weite Wege auf sich, um zu dem frischen Wasser zu kommen. Die anderen Brunnen, die über die Säuberungsaktion gelächelt hatten, staunten. Und viele begannen nun ebenfalls, ihre zugeschütteten Lebensquellen freizulegen. Nach und nach sah man es überall fließen und bald schon verwandelte sich das gesamte Land in eine fruchtbare, grüne Landschaft. Spätestens jetzt fragte man sich, wo wohl der Ursprung der eigentlichen Quelle ist. Und wieder war es der alte Brunnen, der die Antwort fand: Jesus Christus, Gottes Sohn, der den Menschen rechtfertigt im Glauben aus Gottes Gnade und Barmherzigkeit! Wer mit ihm verbunden ist und sich von ihm füllen lässt, wird zum lebendigen, glücklichen und dankbaren Christen, der sich selbst und seine Umgebung mit dem Wasser des Lebens versorgt, das er von Christus empfangen hat."* Dann redet Georg sichtlich bewegt von seinem Studienaufenthalt in Wittenberg: *„Meine lieben Bayreuther, das vergesse ich Euch nie! Ihr habt mir einen Traum erfüllt, von dem ich nie gedacht hätte, dass er noch in Erfüllung geht: zu studieren bei den Professoren Luther und Melanchthon in Wittenberg. Diese eineinhalb Jahre gehörten zur glücklichsten Zeit meines Lebens. Ja, es ist wahr, ich verdanke Euch so viel! Und dann dachte ich eigentlich, dass ich hier in Bayreuth meinen Lebensabend verbringen würde. Nun ist doch alles anders gekommen und ich lenke meine Schritte* *nach Kitzingen. Ich weiß, dass Ihr das versteht. Aber Ihr sollt wissen, dass die Stadt Bayreuth, und jeder einzelne von Euch tief in meinem Herzen ist. Danke für die Zeit mit Euch und bei Euch! Im Vertrauen darauf, dass Gott mich und meine Familie auch bis nach Kitzingen und in Kitzingen geleitet sei Euch Gottes reicher Segen zugesprochen: Er wird vollenden, was er hier angefangen hat. Ich bin dankbar, dass ich Teil Eurer Geschichte sein durfte. Gott möge diese wunderschöne Stadt durch alle Zeiten beschützen und bewahren. Gott steht zu seinem Wort, Euch im Glauben an Jesus Christus aus Gnade und Barmherzigkeit zu rechtfertigen. Und darum lasst es mich Euch noch einmal sagen: Ihr seid Gott im Glauben an Jesus Christus recht! Das ist die Gerechtigkeit, die vor Gott gilt.*“ Georg hält kurz inne und beendet dann seine Predigt mit den Worten: „*Die Orte haben es so an sich, dass sie uns Menschen überleben. Möge die Stadt Bayreuth dem reinen Evangelium treu bleiben! Das ist mein Vermächtnis. Amen.*“

# Epilog

## Von Bayreuth nach Kitzingen

Einen Tag, nachdem seine Frau den Lästerstein quer durch die Stadt hatte tragen müssen, am 29. Januar des Jahre 1534, verließ das Ehepaar Schmalzing mit den drei Töchtern, Hanna, Fides und Margarete die Stadt, in der sie einen Großteil ihres Lebens verbracht hatten. Im Jahr 1545 starb Schmalzings Frau Anna in Kitzingen. Georg heiratete am 4. Mai 1546 die aus Bamberg stammende Apollonia Schmid. Sie zog zusammen mit ihrem Vater zu Georg in das Kitzinger Pfarrhaus. Am 3. August 1547 wurde Schmalzings einziger Sohn Gottlieb geboren und am 15. April 1550 seine vierte Tochter Serene. Bis zu seinem Tod am 12. Mai 1554 wirkte Georg Schmalzing als Kitzinger Stadtprediger und Stadtpfarrer. In seinem Nachruf hieß es: „*Den 12. Mai nach vier Uhr nachmittags ist der ehrwürdige, gottselige, christliche und wohlgelehrte Herr M. Georg Schmalzing, ein getreuer, beständiger und rechtschaffener Diener unseres Herrn Jesu Christi, weiland Pfarrer, aber letztlich Prediger in der Pfarrkirche zu Kitzingen, ganz sanft und geduldig von diesem elenden Leben durch Mittel eines starken, gewaltigen und unabwendsamen Flusses, der auf die Lunge gegangen und also das noch vernünftige und lebendige Herz erstickt hat, im Beisein ehrlicher christlicher Leute abgeschieden seines Alters im 63. Jahre weniger 23 Tage …, als er der Kirche zu Kitzingen 20 Jahre und 14 Wochen ungefähr christlich, treulich und wohl mit reiner Lehre und gutem Wandel gedient und vorgestanden hat …*" Begraben wurde Georg Schmalzing auf dem Kitzinger Stadtfriedhof unter großer Anteilnahme der Bevölkerung.

Der Bayreuther Stadtprediger Nikolaus Schamel, der Georg Schmalzing so bereitwillig predigen hatte lassen, starb 75jährig im Jahr 1541 „als der letzte Messpriester in Bayreuth, der evangelisch geworden war". Hans Prückner, der Bayreuther Stadtpfarrer und Freund von Georg Schmalzing, trat schließ-

lich auch noch in den Ehestand. Er heiratete als alter Mann am 6. Mai 1560 die Bayreutherin Anna Fischer. Ein knappes Jahr später starb er am 22. März 1561.
Im Jahr 1541 musste Markgraf Georg der Fromme das Oberland, also die Markgrafschaft Brandenburg-Kulmbach, zu der auch Bayreuth gehörte, an seinen inzwischen volljährigen Neffen Albrecht Alcibiades übergeben und sich ganz in den Ansbacher Teil der Markgrafschaft zurückziehen. Albrecht Alcibiades verlegte zwar seine Hofkanzlei nach Bayreuth, regierte das Land aber weiter von der Kulmbacher Plassenburg aus. In ähnlicher Weise wie sein Vater Kasimir hatte er wenig Interesse an religiösen Dingen, sondern wollte vor allem seinen Machtbereich erweitern. So stürzte er das Oberland in einen schrecklichen Krieg, der seine eigene Ächtung sowie die Verwüstung der Städte Bayreuth, Kulmbach und Hof im Jahr 1553 zur Folge hatte. Aber allen Zerstörungen zum Trotz blieb die reformatorische Einstellung der Einwohner der Markgrafschaft Brandenburg-Kulmbach-Bayreuth erhalten. Markgraf Christian verlegte schließlich im Jahr 1603 mit dem Bau des Alten Schlosses seine Residenz endgültig nach Bayreuth. Damit überflügelte die Stadt auch politisch die bisherige Residenzstadt Kulmbach. Das Fürstentum trug für die folgenden 200 Jahre den Namen „Brandenburg-Bayreuth“.
Im dreißigjährigen Krieg (1618-1648) wurde sowohl die Markgrafschaft Brandenburg-Ansbach als auch die Markgrafschaft Brandenburg-Bayreuth zum Zufluchtsort für viele Menschen, die wegen ihrer lutherischen Überzeugung aus Österreich vertrieben wurden. Hier, in den mittel- und oberfränkischen Ländern, konnten sie ihren evangelisch-lutherischen Glauben leben und sich eine neue Existenz aufbauen. Bis heute erinnern die Nachnamen an die österreichische Vergangenheit dieser Familien: Ameseder, Ammon, Angerer,

Backer, Brendel, Demel, Dietel, Ensenberger, Freiberger, Hebart, Holzner, Hüttner, Opitz, Pfaffenberger, Preu, Reuschel, Rottler, Ruckdeschel, Ruckriegel, Rusam, Scherl, Six, Weigel, Tremel, Wendel, Wipfler und viele andere.

# Schlussbemerkung

Im vorliegenden Roman tauchen unterschiedliche Namen auf. Einige sind historisch, wie zum Beispiel der des Stadtpfarrers Hans Prückner oder der des Stadtpredigers Nikolaus Schamel. Tatsächlich gegeben hat es die Haftgenossen Schmalzings Jörg Kraus, Pankraz Stahel oder Mathes Nußberger, aber auch der Stadtvogt Wenzel Neuschuh hat in Bayreuth ebenso gewirkt wie Hans von Heydenab auf der Plassenburg. Die Namen der genannten Bischöfe, Generalvikare, Weihbischöfe und Fürsten sind ebenfalls historisch (Markgraf Georg hatte tatsächlich 16 Geschwister, von denen zwölf das Säuglingsalter überlebten). Anderes entstammt meiner Phantasie, wie zum Beispiel die Namen der Bayreuther Ratsherren oder der beiden Bayreuther Bürgermeister Cornelius Matheus und Leonhard Hammer-bacher.

Es finden sich darüber hinaus aber noch elf Namen, die in einem anderen Zusammenhang bedeutsam sind: Während des dreißigjährigen Krieges wurde das damals weit überwiegend lutherische Österreich gewaltsam rekatholisiert. Am 15. Mai des Jahres 1625 ließ der katholische Statthalter Bayerns in Oberösterreich, Adam Graf Herberstorff, die evangelischen Gemeindevertreter, Räte und Richter der österreichischen Ortschaft Frankenburg durch seine Soldaten zusammentreiben. Dann erklärte er ihnen, sie hätten es allesamt verdient, lebendig gerädert und aufgespießt zu werden, aber weil er Gnade walten lasse, sollten sie nur aufgehängt werden. Darüber hinaus wolle er der Hälfte von ihnen das Leben schenken; sie sollten miteinander würfeln, je zwei und zwei, und wer von den beiden die geringere Zahl von Augen werfe, sei dem Tode verfallen. Das Würfelspieldenkmal auf dem Haushamerfeld bei Vöcklamarkt in Oberösterreich erinnert bis heute an das Verbrechen. An diesem Tag wurden folgende Märtyrer evangelischen Glaubens hingerichtet: Tobias Hörlesberger, Hans

Scheichl, Hans Neuhödl, Adam Lachperger, Wolf Fürst, Sebastian Linner, Melchior Ölbauer, Hans Schwekh, Leopold Pinder, Wolf Hoß und Hans Schrambl. Es war mir ein Anliegen, diesen Menschen durch die Verwendung ihres Namens in meinem Roman ein kleines literarisches Denkmal zu setzen. Sie haben – anders als viele andere evangelische Österreicher – die rettende Markgrafschaft Brandenburg-Bayreuth nie erreicht.

WWW.FREIMUND-VERLAG.DE